D1871679

भवानीप्रसाद संचयिता

महात्मा गांधी अन्तरराष्ट्रीय हिन्दी विश्वविद्यालय
के लिए प्रकाशित

महात्मा गांधी अन्तरराष्ट्रीय हिन्दी विश्वविद्यालय

भवानीप्रसाद संचयिता

संपादक

प्रभात त्रिपाठी

राजकमल प्रकाशन

ISBN : 978-81-267-0660-0

मूल्य : ₹1450

© अनुपम मिश्र

पहला संस्करण : 2003
दूसरा संस्करण : 2025

प्रकाशक : राजकमल प्रकाशन प्रा. लि.
1-बी, नेताजी सुभाष मार्ग, दरियागंज
नई दिल्ली-110 002

शाखाएँ : अशोक राजपथ, साइंस कॉलेज के सामने, पटना-800 006
पहली मंजिल, दरबारी बिल्डिंग, महात्मा गांधी मार्ग, प्रयागराज-211 001
1, अनमोल सोराबजी सन्तुक लेन, धोबी तलाव, मरीन लाइंस, मुम्बई-400 002
वेबसाइट : www.rajkamalprakashan.com
ई-मेल : info@rajkamalprakashan.com

मुद्रक : बी.के. ऑफसेट
नवीन शाहदरा, दिल्ली-110 032

BHAWANI PRASAD SANCHAYITA
Edited by Prabhat Tripathi

इस पुस्तक के सर्वाधिकार सुरक्षित हैं। प्रकाशक की लिखित अनुमति के बिना इसके किसी भी अंश को, फोटोकॉपी एवं रिकॉर्डिंग सहित इलेक्ट्रॉनिक अथवा मशीनी, किसी भी माध्यम से, अथवा ज्ञान के संग्रहण एवं पुनर्प्रयोग की प्रणाली द्वारा, किसी भी रूप में, पुनरुत्पादित अथवा संचारित-प्रसारित नहीं किया जा सकता।

विश्वविद्यालय का वक्तव्य

आमतौर पर यह धारणा है कि विश्वविद्यालय स्तर पर हिन्दी साहित्य, भाषा और संस्कृति का जो अध्ययन-अध्यापन होता है वह अधिकतर रूढ़िग्रस्त और उबाऊ हो गया है। महात्मा गांधी अन्तरराष्ट्रीय हिन्दी विश्वविद्यालय के प्राथमिक सरोकारों में से एक यह है कि पाठ्यक्रम, पाठ्यचर्या और पाठ्यसामग्री को एक नई शताब्दी की नई चुनौतियों और प्रश्नाकुलता के अनुरूप ताजातरीन करते हुए इस क्षेत्र में नए विकल्पों को खोजा, विकसित और विन्यस्त किया जाए। तभी यह विश्वविद्यालय हिन्दी अध्ययन-अध्यापन और अनुसन्धान के क्षेत्रों में कुछ ठोस, प्रासंगिक और कारगर विकल्प प्रस्तुत कर सकता है।

हमारे विश्वविद्यालय ने देश और विदेश के श्रेष्ठ विशेषज्ञों से विचार-विनिमय कर इस दिशा में कुछ प्रयत्न करना शुरू किया है। हमारा लक्ष्य हिन्दी साहित्य, भाषा और संस्कृति को उसकी समग्रता, जटिलता और बहुलता में आलोकित करते हुए उनकी नए प्रश्नों, चिन्ताओं और उत्सुकताओं से दो-चार होने की अपार क्षमता और उसकी वर्तमान अनेक दिशाओं को इंगित करना भी है।

चूँकि नए किस्म के पाठ्यक्रम और पाठ्यचर्या के लिए नए किस्म की पाठ्य-सामग्री अनिवार्य है, इस विश्वविद्यालय ने एक अपेक्षाकृत महत्त्वाकांक्षी प्रकाशन-योजना हाथ में ली है। यह पुस्तक उसी योजना का एक हिस्सा है।

इस प्रकाशन योजना में हिन्दी के प्रमुख लेखकों के प्रतिनिधि संचयनों, विविध विषयों पर आधारित संकलनों, यथा प्रेम, प्रकृति, अध्यात्म, मृत्यु और अनुपस्थिति, समाज, नदी, ऋतु विषयक कविताओं के संकलनों के साथ-साथ ऐसे लेखकों के चयन भी प्रकाशित करने की योजना है जो साहित्य की तथाकथित मुख्यधारा में कतिपय कारणों से विशेष उल्लेख न पा सके किन्तु जिनकी रचनात्मकता से परिचित होने पर हिन्दी साहित्य की समझ समृद्ध ही होगी।

इनके साथ ही अनेक विशिष्ट प्रकाशनों की योजना है। बीसवीं सदी के उत्तरार्ध की हिन्दी-कुल की भाषाओं (भोजपुरी, अवधी, बुंदेलखंडी, मालवी आदि) की कविताओं का संचयन, हिन्दी के आरम्भिक गद्य का संचयन, मध्यकालीन काव्य का संचयन, सूफी-काव्य का संचयन, बीसवीं सदी के उत्तरार्ध की हिन्दी कथा, कविता, आलोचना आदि के चयन, महत्त्वपूर्ण लेखकों और कृतियों के

द्विभाषी संस्करण (हिन्दी-उर्दू, हिन्दी-अंग्रेजी, हिन्दी-पोलिश आदि) तैयार किए जा रहे हैं।

इस प्रकाशन योजना की एक विशेषता यह है कि इसके निर्माण में लोकतांत्रिक और पारदर्शी प्रक्रिया अपनाई गई है। अपने-अपने क्षेत्र के विशेषज्ञों की समितियों ने प्रकाशन योग्य सामग्री के साथ-साथ सम्पादकों का चुनाव भी किया है। निश्चय ही पुस्तकों में उनकी अपनी दृष्टि तो झलकती है, उसके साथ ही वे एक सामूहिक विवेकसम्मत प्रक्रिया का परिणाम भी हैं। इन्हें तैयार करते समय इस बात का ध्यान तो रखा ही गया है कि इस सामग्री का उपयोग भारत के बाहर उन केन्द्रों में भी किया जाना है जहाँ हिन्दी पढ़ाई जा रही है। यदि ये पुस्तकें सामान्य पाठकों के अतिरिक्त हिन्दी के छात्रों और शिक्षकों के लिए उपयोगी सिद्ध हुईं तो हमें संतोष होगा।

भूमिका

भवानीप्रसाद मिश्र की कविता को साहित्यिक इतिहास के समकालीन नामकरणों के आधार पर समझना मुश्किल है। उनका कृतित्व इन नामों में नहीं अँटता। प्रगति, प्रयोग परम्परा जैसे वाद उनके स्वत:स्फूर्त काव्य के लिए न सिर्फ नाकाफी साबित होते हैं, बल्कि शायद उनकी रचनाशीलता की विलक्षण अद्वितीयता को ओझल करते से लगते हैं। आज जब हम उनकी उस समय की प्रकाशित कविताओं को पढ़ते हैं, तो रूपगत रूढ़िवादिता के बावजूद यह महसूस करते हैं कि ये कविताएँ सचमुच कुछ नया और मार्मिक कह रही हैं। यह नयापन महज ज्ञानात्मक या प्रयोगात्मक स्तरों पर ही विन्यस्त नहीं है। इसमें प्रतिष्ठित काव्य-परम्परा या कि छायावादी कविता अथवा बच्चन, अंचल जैसों की छायावादोत्तर कविता या सर्वहारा और साम्यवादी विचार को मुख्य प्रेरणा की तरह स्वीकार करनेवाली प्रगतिशील कविता की प्रतिक्रिया उतनी परिलक्षित नहीं होती, जितनी अपनी अन्त:प्रेरणा और अपनी काव्य-निष्ठा के आधार पर एक नई राह खोजने की सकर्मक उत्सुकता दिखाई देती है। वास्तव में अपने अन्तर्जगत के भावों, विचारों को प्रकट करने की कोशिश और कशिश से ही इन कविताओं में प्राणवत्ता आई है। शुरू से ही इनके नएपन और इनकी अद्वितीयता में इनके संस्कारवन्त संवेदनशील मन की भूमिका प्रमुख रही है। यह मन आधुनिक समय की आत्मसजगता से सम्पन्न है, पर इस सम्पन्नता की बुनियाद लोकचित्त के साथ उसके नैसर्गिक जुड़ाव में है। इसलिए ही उनकी समूची कविता सार्वजनिकता से आतंकित कविता नहीं है। वह न तो सार्वजनिकता को बरकाती है और न ही उसे उस तरह महिमामंडित करती है कि उसके बावजूद उनकी कविता में विन्यस्त, उनके व्यक्तित्व की कोई सार्थक पहचान ही सम्भव न हो सके। यह ऐसा मन भी है, जिसे सहज ही भारतीय आस्तिकता के एक सार्थक प्रतीक की तरह भी पढ़ा जा सकता है। परम्परागत आस्तिकता को रूढ़ि के स्तर पर घटानेवाला धार्मिक उपचार मात्र नहीं है यह, बल्कि मानवीय नियति के कठिन प्रश्नों से आज और अभी के सन्दर्भ में भिड़ती, जुझारू आस्था का काव्यात्मक रूपाकार है। इस अर्थ में आस्तिकता के इस गहन संस्कार को हर सार्थक कविता के अनिवार्य घटक के रूप में लिया जा सकता है। बेशक इस आस्था अथवा आस्तिकता में भक्त कवियों का सा समर्पण नहीं है और न ही छायावादी कवियों की तरह सूक्ष्म चिन्तन-मनन

है। दरअसल यह लोकचित्त की सहज आस्तिकता के वैविध्य को स्वीकार करती ऐसी भावना है, जो प्रश्नों, जिज्ञासाओं की आलोचनात्मक दृष्टि से एकदम कटी हुई नहीं है। एक सामान्य मध्यवर्गीय भारतीय के मन में बीसवीं सदी के पूर्वार्द्ध में जो चिन्ताएँ प्रमुख रूप से क्रियाशील रही हैं, भवानीप्रसाद मिश्र का मन उन चिन्ताओं को शब्द-कर्म की अपनी चिन्ताओं से जोड़कर देखता है। समय, समाज, व्यक्ति, प्रकृति, परिवेश, देश और दुनिया को, शब्द-कर्म में आयत्त कर सकने की अथक और अटूट चेष्टा उनकी इन कविताओं में है, पर कविता को इस या उस ढाँचे का पर्याय मान लेना न तो उनके विचारों में है और न उनके स्वभाव में। सचाई तो यह है कि विचार-प्रक्रिया भी, उनके लिए स्वभाव प्रेरित प्रक्रिया है। इस स्वभाव के परिप्रेक्ष्य में ही उनके शब्दों के विन्यास को और उनके वैचारिक से लगते विश्वासों को सार्थक ढंग से समझा जा सकता है। यह भी शायद इसलिए कि सन् 1935-36 से लेकर सन् 1985 तक यानी मृत्युपर्यन्त उन्होंने जो हजारों रचनाएँ लिखी हैं, वे अपनी अद्‌भुत भावात्मक विविधता में, उनके अपने स्वभाव की खासियतों को सामने लाती हैं, ऐसी खासियतें, जो उन्हें विशिष्ट कवि तो बनाती हैं, लेकिन विशाल जनसमुदाय की साधारणता से अलग नहीं करतीं। यह आकस्मिक नहीं है कि हिन्दी में नए ढंग की या तथाकथित नई कविता लिखनेवालों में भवानीप्रसाद मिश्र शायद अकेले ऐसे कवि हैं, जो हिन्दी के सजग पाठकों के बीच ही नहीं, बल्कि सामान्य पाठकों के बीच भी खासे लोकप्रिय हैं। उनके स्वभाव में मौजूद लोकधर्मिता की वजह से ही उनकी कविता का प्रभाव-क्षेत्र अन्यों की तुलना में ज्यादा प्रसारित और व्यापक है।

यहाँ यह स्पष्ट करना जरूरी है कि कवि-स्वभाव से आशय उनके जीवनीमूलक सन्दर्भ तक ही सीमित नहीं है। दूसरे शब्दों में, जन्मना जिस तरह के गुणों-विशेषताओं को लेकर वे आए और परिवार के संस्कारों से जो कुछ उन्हें मिला, उनसे ही उनके स्वभाव को नहीं समझा जा सकता। बेशक बचपन के संस्कारों, अनुभवों को एकदम से दरकिनार नहीं किया जा सकता, लेकिन अगर एक कवि के रूप में उनके व्यक्तित्व और उनके स्वभाव की बात की जा रही है, तब उचित और सार्थक यही है कि उनकी कविता के स्वभाव की विशेषताओं के सन्दर्भ में उन्हें समझने की कोशिश की जाए। सत्यापन अथवा द्वन्द्व की विशेषताओं को रेखांकित करने के लिए अगर उनके जीवनी के सन्दर्भ सामने लाए जाएँ तो यह अधिक प्रासंगिक और अर्थवान रास्ता होगा उन्हें पढ़ने का। यों भी किसी कवि का वास्तविक अन्तर्जीवन तो उसके रचनाकर्म में लिखित होता है, पर भवानीप्रसाद मिश्र जैसे कवि के लिए तो यह शायद अनिवार्य है कि उनके जीवन को उनकी कविता के रूप में पढ़ा जाए। अपनी सारी चेतना का सार उन्होंने कविता में ढाल दिया, या कहें कि कविता ने ही उनकी वास्तविक व्यावहारिक चेतना का निर्माण किया। आठवीं जमात से लेकर महाप्रयाण के क्षण तक, जिसके साथ या कि जिसके पास वे अपने को लगातार उघारते रहे हैं, वह कविता ही है। वह अनेक रूपों में उनके पास रही है, और सम्भवतः उन्हें

गढ़ती रही है। इसलिए आज जब हम उनके रचनाशील व्यक्तित्व या स्वभाव की बात करते हैं तो हमारे लिए यह आवश्यक है कि उनकी कविताओं के अन्तरंग में प्रवेश करें, और उस जीवन को जानें जो एक समर्पित शब्दकर्मी का अद्वितीय जीवन है, और जिसे सिर्फ घटनाओं की सूची बनाकर समझना बिलकुल ही नाकाफी है।

हजारों की संख्या में प्रकाशित भवानीप्रसाद मिश्र की कविताओं पर सोचते हुए कई बातें मन में आती हैं। पहली बात तो यह कि कविता ही शायद उनका स्वभाव और स्वधर्म दोनों है, और अपने भाव और अपने धर्म को, वे इस तरह रचते हैं कि उन्हें पढ़कर हम सहज भाव से समय को अनेक रूपाकारों में देखते हैं और समभाव की तरह अनुभव भी करते हैं। इस अर्थ में उनकी कविता सामयिक और समयातीत के दो छोरों पर निरन्तर आवाजाही करती मालूम पड़ती है। पर इन दोनों ही स्तरों पर कविता का विन्यास, कविता का अपना समय भी निर्मित करता है। ऐसी ढेर कविताएँ उनकी रचनावली में मौजूद हैं, जो सामयिक घटनाओं की प्रतिक्रिया में लिखी गई हैं और जिनके विन्यास में कविता की ऐसी गम्भीरता और विशदता नहीं आ पाई है कि उसे सामयिकता से भिन्न किसी व्यापक इहलौकिक प्रसंग में सार्थक ढंग से पढ़ा जा सके। इस तरह की कविताओं की बनावट से ही यह पता चल जाता है कि सामयिकता की रक्षा करने की सदाशयता और काव्य-कौशल की दक्षता की वजह से ही इस तरह की रचनाएँ सम्भव हुई हैं। इनमें राजनीतिक घटनाओं से लेकर व्यक्तिगत प्रसंग तक शामिल हैं। उनकी प्रारम्भिक कविताओं में यह सामयिकता एक सहज नैसर्गिक संवेदनात्मक, और कई बार भावुक सदाशय प्रतिक्रिया की तरह आई है और कई बार उसमें एक तरह से आत्मचिन्तन करने की कोशिश भी है। अधिकांशत: सामयिकता से बद्ध ऐसी कविताओं में उनके मन का आदर्श या उस आदर्श पर पड़ती चोट की पीड़ा के स्वर ही प्रमुख हैं। स्वतंत्रता के पहले की ऐसी रचनाओं में, स्वतंत्रता एक स्वप्न, एक आदर्श लक्ष्य की तरह हर कहीं मौजूद है, पर वहाँ भी वास्तविक अनुभव के संसार को बिलकुल ओझल नहीं कर दिया गया है। उदाहरण के लिए सन् 37 में लिखी गई कविता 'मंत्रियों का स्वागत' ली जा सकती है, जहाँ अपनी भावनाओं को वास्तविक सामुदायिक अनुभव के सन्दर्भ में व्यक्त करते हुए कवि ने उसे निरे स्वागतगान से भिन्न, यथार्थ की पहचान से जोड़ने की कोशिश की है और जिसे पढ़कर यह भी लगता है कि तत्कालीन प्रगतिशील कविता की तुलना में एक किशोर कवि की यह रचना कम प्रगतिशील नहीं है। भारत की स्वतंत्रता पर लिखी गई पन्द्रह अगस्त सैंतालीस की छन्दोबद्ध रचना एक सरल आदर्शवादी मन की मासूम भावना की अभिव्यक्ति ही लगती है, पर उसी तारीख को लिखी गई रचना 'साम्यवादी मित्र के नाम पत्र' में स्वतंत्रता को महज एक आदर्श और भावुक सन्दर्भ में नहीं देखा गया है। स्वतंत्रता से पहले कवि ने भारतीय गाँवों और कस्बों के जिस यथार्थ का अनुभव किया था, वह अनुभव इस उल्लास के पर्व के दिन भी उन्हें चेताए हुए था और सम्भवत: यह

कहना भी ठीक है कि इस राजनीतिक स्वतंत्रता की सीमाओं और क्रूरताओं की पहचान कालक्रम में उनके मन में तीव्र और सघन होती गई है।

नितान्त सामयिक घटनाओं पर लिखी गई उनकी रचनाओं के सन्दर्भ में गांधी जी की हत्या के बाद की रचनाओं का स्मरण एक प्रखर प्रासंगिक और अर्थवान स्मरण है। अपने समय को घटनाओं की स्थूलता में अखबारी ढंग से व्यक्त करने का दोषी तो उन्हें उनकी सामान्य कविताओं के आधार पर भी नहीं ठहराया जा सकता, पर गांधी जी की हत्या के बाद की अपनी लगभग बदहवास मन:स्थिति में उन्होंने जिस अद्‌भुत संयम के साथ, अपनी प्रतिक्रिया लिपिबद्ध की है, वह इस बात का प्रमाण है कि शब्द-कर्म उनके लिए एक सुचिन्तित और सुकल्पित कर्म था, जैसे उन्होंने पहली बार जाना था कि अपना दु:ख, अपनी हताशा, अपनी बेचैनी ही कविता नहीं है। यह बात भी संकल्प के स्तर पर बहुत पहले से उनके भीतर मौजूद थी, लेकिन जिस महात्मा को उन्होंने जीवन-मूल्य की तरह अपनी आत्मा में बसाकर अपना कर्म-जीवन शुरू किया था, उसी को स्वतंत्र भारत में हत्या के द्वारा मौत मिली—यह तथ्य उनके लिए असह्य था। एक कवि होने की अपनी नियति और वरण के चलते उन्होंने इसे सहने के लिए जैसे कविता की शरण ली। इस दौर में लिखी गई उनकी कविताओं में निश्चय ही भावुकता की भूमिका प्रमुख है, बल्कि कहना यह चाहिए कि यह भाव-प्रवणता और कई बार तो भाव-ऊर्जा की तरह भी व्यक्त हुई। सामयिकता से प्रेरित अधिकांश कविताओं में भावना की स्वत:स्फूर्तता तो है ही, उसमें एक तरह की पवित्रता भी है। लगभग मासूमियत की तरह लगती हुई भी उससे भिन्न।

सामयिक घटनाओं पर लिखी गई उनकी कविताओं में सर्वाधिक महत्त्वपूर्ण कविताएँ आपातकाल की घोषणा के बाद लिखी गई हैं। इस दौर में उन्होंने हर रोज तीन कविताएँ लिखने का संकल्प किया था और उसे 'त्रिकाल सन्ध्या' नाम दिया था। इस तथ्य पर टिप्पणी करते हुए 'भवानीप्रसाद मिश्र रचनावली' के सम्पादक विजय बहादुर सिंह ने लिखा है : "सर्वोदय और सर्व सेवा संघ के सदस्यों में यह बहस छिड़ी कि छात्रों के आह्नान पर विनोबा और जयप्रकाश को जाना चाहिए या नहीं। विनोबा इसके लिए किसी भी स्थिति में तैयार नहीं थे, किन्तु भवानीप्रसाद मिश्र विनोबा का साथ छोड़, छात्रों के आह्वान के उत्तर में जयप्रकाश के साथ सर्वोदय से बाहर आ गए। एक विराट जनआन्दोलन सम्पूर्ण क्रान्ति के नाम से मौजूदा शासन के खिलाफ सर्वोदयी जयप्रकाश नारायण की अगुआई में उठ खड़ा हुआ। प्रत्युत्तर में प्रधानमंत्री इन्दिरा गांधी ने देश-भर में 26 जून, 1975 को इमरजेंसी लागू कर दी। अखबारों के समाचारों पर शासकीय पाबन्दी जारी की गई। कवि भवानीप्रसाद मिश्र ने कांग्रेस सरकार के जुल्मों का खुलकर विरोध करते हुए आपातकाल लागू होने से पहले ही कानपुर की जनसभा में भाषण देते हुए भयानक हृदयाघात का अनुभव किया। कानपुर में तभी उनको पहला पेसमेकर लगा। परिणामत: कवि की

सक्रियता कुछ दिनों के लिए शून्य हो गई। फिर भी 26 जून, 1975 से दिसम्बर, 1976 तक—आपातकाल के विरोध में लगभग त्रिकाल सन्ध्या करते हुए उसने कुल अठारह सौ कविताएँ लिखीं। इनमें से कुछेक बाद में 'त्रिकाल सन्ध्या' के नाम से प्रकाशित हुईं।"

उद्धरण से यह स्पष्ट होता है कि आपातकाल की घोषणा से कवि-मन को कितना गहरा धक्का लगा था, पर यह भी हम जानते हैं कि इस धक्के के बावजूद कवि शब्द-कर्म की प्रासंगिकता और वरण की नैतिकता को लेकर कितने सर्जनात्मक स्तर पर उद्वेलित है। कविता की सामयिकता एक आस्तित्विक और मूल्यचेतस् वरण की तरह भी ली जा सकती है—इस तथ्य को कवि तो महसूस कर ही रहा था, उसने अपने पाठकों को भी महसूस कराया कि जिन्हें हम सामयिक कहते हैं, उन्हीं में से अस्तित्व के सार्थक प्रश्नों की शाश्वतता को ठोस इहलौकिक सन्दर्भों में समझा जा सकता है। आपातकाल की प्रतिक्रिया में लिखी गई इन कविताओं में कुछेक के पाठ से तो यह भी लगता है, मानो इस दौरान ही कवि ने अस्ति और काल-चिन्तन के काव्यात्मक रूपाकार की तलाश के लिए एक नई दिशा खोजी। यह भी अनुभव होता है कि निजी जिन्दगी की तकलीफों के बीच कर्म की नैतिकता स्थिर करने की उसकी कोशिश इस आपातकाल के दौरान ही अधिक वयस्क हुई। घोषणा के एकदम शुरुआती दिनों में तो कविता में रोष-आक्रोश, दुःख और बेचैनी ही प्रमुख हैं, और उन्हें पढ़ते हुए ऐसा भी लगता है कि उदार प्रजातंत्र की मूल्य चेतना के बिखर जाने की आशंका के चलते ही प्रतिरोध का यह स्वर उभरा है पर धीरे-धीरे कविता 'काल' को आत्मिक अन्तरात्मिक परिवेश के अधिक अर्थवान् अनुभवों में पहचानती है। बेशक तब भी जनतंत्र की बुनियादी मूल्य चेतना की प्रेरणा यहाँ सक्रिय है, और यह ऐसी प्रेरणा है जो जन को निरे व्यक्ति और उससे जुड़े विचार को व्यक्तिवाद के रूपों में नहीं देखती, लेकिन ऐसी प्रेरणा भी है, जो समुदाय में अपने होने की चेतना के चलते, अपनी अन्तरात्मिक हलचलों की ठोस व्यक्तिमत्ता से कतराती नहीं है। जाहिर है कि इस आपातकाल का विरोध निरा राजनीतिक प्रतिरोध नहीं रहता, और प्रसंग सीमा से बाहर जाकर हमें सोच-विचार के लिए उकसाता है। उदाहरण के लिए, इस 'आपातकाल' पर प्रत्यक्ष टिप्पणी करते हुए कवि ने 27 जून, 1976 को ही ये पंक्तियाँ लिखीं :

अधिकार और कर्तव्य
आशा और भय
तय होते हैं सृष्टि के रूप की
किसी अपनी कल्पना के कारण
अलग-अलग मनों में
और फिर वे फलीभूत होते हैं

प्रेम में घृणा में
सहयोग में रणों में

जुड़ पाता है आदमी
इन्हीं के बल पर
अभी शासन से और विद्रोह से
अभी राग से या फिर द्वेष से
आरोह से अवरोह से
अखंड काल
आपातकाल में बदल जाता है
विराट हो जाता है कोई
मायावी पल
समूचे युग को निगल जाता है

इस पूरी कविता के विन्यास की सपाट गद्यात्मकता से यह स्पष्ट होता है कि कवि ने इसे अपनी भावुकता को संयमित रूप देने की बौद्धिक कोशिश के चलते ही लिखा है। इसके ठीक पहले 'रक्तक्षण' जैसी कविता में, उसने भावुकता को जस का तस कह देने की कोशिश की थी। दोनों ही कविताओं में आपातकाल में रहने-जीने का अनुभव प्रमुख नहीं है। तानाशाही की ओर बढ़ते भारतीय राज्य की तत्कालीन स्थिति पर एक त्वरित गुस्सा है, एक सात्त्विक वेदना भी है, पर अभी स्वर में 'तत्काल' ही प्रमुख है, वह मन नहीं, जिसके भीतर कवि के ही शब्द इस्तेमाल करें, तो कहेंगे और भी मन हैं। सिर्फ समुदाय के नहीं, व्यक्ति के भी। कवि इस तत्काल से उबरता है। और इसके लिए पहले अपनी तकलीफ को परिवेश की बदली वास्तविकता से जोड़कर अपने भीतर झाँकता है तो पाता है :

स्थिति यह मेरी किन्तु
अलिप्त नहीं है
अकूल मेरा मन
घनिष्ठ है
अँधेरे के तीर से
अँधेरे के नीर से
तारों से और आसमान से
भासमान से कल्पनाएँ नहीं
उतर रहे हैं भाव और अनुभाव
और भावनाएँ
और नक्षत्रों के स्वभाव से

मेल खाता लग रहा है मेरा मन

अभेद्य और नीरव
और काला एक वन है वह भी
सघन जिसका स्वरूप
न समझाया जा सकता है
और न
समझा जा सकता है उसका
कोई सिलसिला

अवास्तव से एक
समग्र प्रतीति में घिरी
मंडलाकार किसी व्याप्ति में
घूमता हुआ
सफेद और स्याह को एक साथ
चूमता हुआ मेरा अस्तित्व
बन्धनहीन एक बनाव है
तन्तुहीन एक तनाव है
सन्निपात से ग्रस्त
सूरज के अस्त हो जाने के बाद

यह आपातकाल की घोषणा के महीने भर के भीतर ही लिखी गई कविता है और जाहिर है कि जिन शब्दों में यह भीतर झाँकना सम्भव हुआ है, वहाँ काल महज तात्कालिक राजनीतिक स्वरूप में ही विन्यस्त नहीं है, और न ही इसके दिक् को एक विशिष्ट आधुनिक राष्ट्र राज्यीय चौहद्दी में सीमित किया जा सकता है। आशय यह कि आपातकाल महाकाल की चेतना से विच्छिन्न नहीं है, पर यह जरूर है कि न सिर्फ इस दौर की कविताओं में, बल्कि अत्यन्त निजी स्तर पर सामयिकता को सुझानेवाली कविताओं में भी होने के बोध की एक ठोस जमीन है। कवि की राष्ट्रीयता, उसका आत्मचिन्तन, उसकी प्रकृति-चेतना जैसे विषयों में भी ठोस और मौजूद समय और परिवेश की निरन्तर सक्रियता है। खास कर उसकी राष्ट्रीय कही जानेवाली प्रवृत्ति में तो यह सहज भाव से लक्ष्य किया जा सकता है कि आधुनिक राष्ट्र-राज्य की वैचारिक स्वीकृति के बावजूद वह राष्ट्र को एक राजनीतिक आर्थिक इकाई के रूप में ही नहीं देखता। चूँकि भवानीप्रसाद मिश्र के सन्दर्भ में राष्ट्रीयता की चर्चा कुछ अतिरिक्त उत्साह के साथ की जाती रही है, और इस सन्दर्भ में उनकी जीवनी के प्रसंगों के अलावा माखनलाल चतुर्वेदी या बालकृष्ण शर्मा 'नवीन' जैसे कवियों के प्रत्यक्ष प्रभाव का भी उल्लेख किया जाता रहा है, इसलिए शायद यह प्रासंगिक और सार्थक है कि 'राष्ट्र' के प्रति उनके लगाव को, थोड़े करीब से समझने की कोशिश की जाए।

अपने प्रारम्भिक चरण में राष्ट्रीयता की यह भावना किशोर उत्साह की तरह ही कविता में अपना रूप पाती है। उन्नीसवीं सदी से अंग्रेजों की गुलामी के प्रति भारतीय मध्यवर्गीय बुद्धिजीवी की प्रतिक्रिया स्वतंत्रता के चरम मूल्य के रूप में व्यक्त होने लगी थी। बीसवीं सदी में गांधी के नेतृत्व के बाद तो भारतीय शिक्षित वर्ग का एक बहुत बड़ा हिस्सा स्वतंत्रता-आन्दोलन में भागीदारी करने लगा था। गांधी के विस्तृत प्रभाव क्षेत्र में, उस समय के नवयुवक स्वतंत्र भारत और आधुनिक राष्ट्र-राज्य की जो छवि गढ़ने लगे थे, उससे भवानीप्रसाद मिश्र जैसे सहज भाव-प्रवण कवि का अलग-थलग रहना सम्भव ही नहीं था। सम्भवतः इसीलिए राष्ट्र की स्वतंत्रता के प्रति और गांधी-विचार के प्रति अपनी एकान्त निष्ठा को व्यक्त करते हुए विद्यार्थी जीवन में ही अपने कैशोर्य की मासूमियत के साथ अपनी जो पहली कविता उन्होंने लिखी, उसमें उनका व्यक्तिगत जीवन नहीं, बल्कि राष्ट्रीय जीवन ही विषय के रूप में सामने आया। इस सम्बन्ध में अपनी प्रारम्भिक रचनाओं का हवाला देते हुए कवि ने स्वयं लिखा है : "अपनी सबसे पहली रचना जो मुझे याद आती है, वह गांधी के चलाए आन्दोलनों के बीच ही लिखी गई थी। मैं होशंगाबाद के हाई स्कूल में पढ़ता था। यह रचना उन दिनों की प्रभात फेरियों में गाई जानेवाली नरसिंह दास अग्रवाल की रचना 'रणभेरी बज चुकी, वीरवर पहनो केसरिया बाना' की इन दो पंक्तियों 'माता के सच्चे पूतों की आज परीक्षा होना है, देखें कौन निकलता माटी, कौन निकलता सोना है' के जवाब में तत्काल लौटकर छात्रावास के एक कमरे में लिखी गई, 'मैं माता का पूत कसौटी का कोई पत्थर ले आए, मुझमें ऐसी रेख खिंचेगी जिससे सोना भी शरमाए'।"

उनकी रचनावली में यह कविता नहीं है। सम्पादक की टिप्पणी है कि 1926-30 के बीच किशोर जीवन की उनकी अधिकांश कविताएँ उपलब्ध नहीं हो सकी हैं; पर इसके बावजूद कवि की स्मृति से प्राप्त उनकी इन पंक्तियों का उनके समग्र सृजनशील व्यक्तित्व के सन्दर्भ में काफी महत्त्व है। एक तो यह कि यह तत्काल प्रतिक्रिया या जवाब के स्तर पर लिखी गई पंक्ति है। यह उनकी रचनाशीलता का एक बुनियादी गुण है कि उन्होंने इस 'तत्काल' को कभी बरकाया नहीं। उनके काव्य में सामयिकता की चर्चा करते हुए हम यह संकेत कर ही चुके हैं कि उपस्थित समय उनके लिए कार्य-समय ही है। बेशक इस तत्काल में बँध जाने, उसमें रमने या उसी में रस लेते रहने में उनकी दिलचस्पी नहीं। वे तत्काल को दिक् और काल के वृहत्तर आयामों से ही नहीं बल्कि मानवीय अस्तित्व और आत्मचिन्तन के गम्भीर प्रश्नों से भी जोड़ते हैं पर तत्काल-विमुख होना उनके स्वभाव में नहीं है। दूसरा महत्त्वपूर्ण गुण जो सामान्य पद्यात्मक कविता से ही भासित होता है वह है देश और मातृछवि की निकटता। उनके लिए मातृभूमि महज एक रूढ़ि नहीं है। उनकी कविता में देश को माँ की तरह उत्कटता से चाहने के एकाधिक उदाहरण सहजता से मिल सकते हैं, पर किसी भी हालत में यह उत्कट लगाव विचार-विवेक विमुख नहीं है। एक

तीसरी बात जो इसी प्रारम्भिक कविता से ही झलकती है, वह है आत्मचैतन्य की एक आभा, जिससे वे अपनी कहन के आंगिक बनावट को सचाई की एक लय देते हैं। यहाँ देश-परिवेश और मानवीय सम्बन्ध शुरू से ही कवि के भीतर की दुनिया के सृजनात्मक संघर्ष से जुड़े लगते हैं। इस कविता के ये तीनों गुण उनकी वयस्क कविता में भी लक्ष्य किए जा सकते हैं। उनकी राष्ट्रीय कविता अन्ततः आध्यात्मिकता की ओर गति करती दिखाई पड़ती है तो यह भी सच है कि प्रथमतः भी वह इस वृहत्तर आत्मशोध के कर्म के सन्दर्भ में ही राष्ट्रीयता की पहचान करना चाहती है। उनकी मशहूर कविता जो कि 1930 में ही लिखी गई थी, बड़े सहज भाव से कवि के आत्मविस्तार की दिशा की ओर संकेत करती है :

यह कि तेरी-भर न हो तो कह
और बहते बने सादे ढंग से तो बह
जिस तरह हम बोलते हैं, उस तरह तू लिख
और इसके बाद भी हमसे बड़ा तू दिख

बेशक इस कविता में इस बात के संकेत हैं कि यह कविता यथार्थ की चेतना से सम्पन्न है, पर इसमें इससे अधिक अर्थगर्भ संकेत आत्मविस्तार का है। वास्तव के अनुकरण का ही नहीं बल्कि वास्तव से ऊर्ध्वगमन का गुण कवि को, अपनी राष्ट्रीय भावना के सहज रोमानीपन से ऊपर उठाता है। यह स्वीकार करना जरूरी है कि वास्तव या यथार्थ से भागकर यह कभी सम्भव नहीं हो सकता था। उससे टकराहट जरूरी थी। स्वतंत्रता के चरम मूल्य को लगभग भावुक स्तर पर स्वीकार करने के युवा दिनों में भी राजनीतिक स्वतंत्रता के प्रश्न को कवि ने सामुदायिक जीवन के वास्तविक अनुभवों से जोड़कर देखा है। यह महज रूमानी सहानुभूति का दर्शन मात्र नहीं है, बल्कि सहज मानवीय स्वभाव की ऐसी विकलता है जो बोध के स्तर पर कभी यह नहीं भूलती कि स्वतंत्रता का अर्थ मूलतः किनकी स्वतंत्रता है। और इस तरह की विकलता हम कवि में तभी से मौजूद देखते हैं, जबकि वह राष्ट्रीय भावना को सहज उत्साह और युवा-संकल्पों की जमीन पर पहचान रहा था, जबकि उसके मन में गांधी के मार्ग पर चलने और कविता में इस संघर्ष को लिखने की मासूम और पवित्र इच्छाएँ अकुला रही थीं, और इसलिए सन् 1939 में 'मंत्रियों का स्वागत' नामक अपनी कविता में उसने लिखा था :

उनको यह लाल-हरी झंडी, उनको यह तोरण और सभा
यह चहल-पहल, यह दौड़-धूप, उनको वस्त्रों की शुभ्र प्रभा
उनको जयघोष तुम्हारा यह, उनको स्वतंत्रता के नारे
कुछ सुखी नहीं कर पाते हैं, वे निस्सहाय वे बेचारे

कवि की राष्ट्रीय भावना में वर्ग-चेतना का यह पहलू महत्त्वपूर्ण है। एक तो इसलिए कि इस वर्ग-चेतना का उस मार्क्सवादी विचारधारा से कोई सीधा सम्बन्ध

नहीं है, जो प्रगतिशीलता के नाम पर उन दिनों की प्रतिष्ठित विचारधारा थी। दूसरे, इसमें गांधीवाद के सरकारी नजरिए से भिन्न एक ऐसी ऊष्मा भी है, जो इसे उनकी राष्ट्रीय चेतना का महत्त्वपूर्ण घटक बनाती है। यहाँ राष्ट्र की स्वतंत्रता तक, लोगों के अपने जीवन-संघर्ष के बरक्स प्रश्नबिद्ध होती दिखाई देती है। इसके बावजूद शायद यह भी गौरतलब है कि इस शुरुआती दौर में ही गांधी के प्रभाव की पूर्ण स्वीकृति के बावजूद मार्क्स की विचारधारा को उन्होंने उपेक्षणीय नहीं माना था, उसको पूरे में स्वीकार कर सकना बेशक उनके लिए सम्भव नहीं था, लेकिन वे उसकी नैतिक दृष्टि से और कुछ हद तक उसके विश्लेषण से भी, लगातार अपना सम्बन्ध बनाए हुए थे। इस सन्दर्भ में असहयोग आन्दोलन के दौरान, जेल में मार्क्स के अनुवाद से सम्बन्धित मुद्दे को सामने लाते हुए रचनावली के सम्पादक विजय बहादुर सिंह ने लिखा है :

"जेल के दिनों में ही उसने कार्ल मार्क्स की 'दास कैपिटल' का अध्ययन और विधिवत् अनुवाद भी शुरू किया और कुछ हिस्सों को पद्यबद्ध करने की कोशिश की। यह सिर्फ पद्यबद्ध करने की कोशिश नहीं, इससे कुछ ज्यादा है। 8 फरवरी, 1945 की डायरी में कुछ पंक्तियाँ इस प्रकार हैं :

खरीदी चीज और वह चीज रख ली
तो ऐसी देर से बदलेगी कीमत
घटेगी बढ़ेगी पैसे की जीनत
ये क्षणभंगुर बदल सब बदल देगा
मजा मारेगा ताकतवर इसी से
बिना ताकत का मर जाएगा मजदूर
न बोलेगा न चालेगा किसी से"

स्पष्ट करूँ कि भवानीप्रसाद मिश्र की जेल-डायरी का यह उद्धरण महज इसलिए दिया जा रहा है कि राष्ट्रीय स्वतंत्रता के रोमानी उत्साह के बावजूद उनकी राष्ट्रीयता विचारों के अपवर्जन पर नहीं टिकी थी। विचार को अनुभव की एक प्रक्रिया की तरह ही उन्होंने लिया था और यही वजह है कि असहयोग आन्दोलन में जेल जाने के पहले भी उन्होंने स्वतंत्रता के लिए जो उद्‌बोधनात्मक या कभी-कभार उपदेशात्मक कविताएँ लिखी थीं, उनमें राष्ट्र के सामुदायिक अनुभव के सगुण साकार रूप को कहीं भी ओझल नहीं किया गया है। निश्चय ही गांधी को ही इस बात का श्रेय दिया जाना चाहिए कि स्वतंत्रता-आन्दोलन के शुरुआती वक्त से जारी आधुनिक उदारवादी प्रजातांत्रिक राष्ट्र राज्य की पश्चिमी परिकल्पना को उन्होंने आत्यन्तिक और एकमात्र लक्ष्य की तरह कभी स्वीकार नहीं किया था। उन्होंने 'भारत' को न तो प्राचीनता के महान आदर्शों की रोमानियत में देखा था और न ही उसके आसन्न और भावी नक्शे की सरलीकृत छवि के रूप में भवानीप्रसाद मिश्र की राष्ट्रीयता, गांधी के विचार

को उनके कर्म के ठोस मानवीय सन्दर्भों में पहचानती है। जेल जाने के पहले ही उन्होंने अछूतोद्धार, हिन्दी भाषा और युद्ध से सम्बन्धित जो रचनाएँ लिखी हैं, वे इस बात का प्रमाण हैं कि स्वतंत्रता का अर्थ व्यापक जनसमुदाय की सम्प्रभुता है और वह सम्पूर्ण ग्राम स्वराज में ही सम्भव है। इसलिए शुरू में ही नहीं, बल्कि स्वतंत्र भारत के वयस्क दिनों में भी साहित्य की दुनिया की प्रगतिशील और प्रतिक्रियावादी लड़ाई से ज्यादा महत्त्वपूर्ण उनके लिए ग्राम और शहर के बीच की बढ़ती हुई खाई है। पूँजीवाद के चलते भारतीय गाँव आज तो पूरी तरह से शहरी पूँजी के आश्रित हो गए हैं और इसलिए शायद पूँजी के उस रूप को समझना जरूरी है, जो सभ्यता के स्तर पर गाँवों के वास्तविक सर्वहारा का अस्तित्व ही खत्म करने में लगी है।

स्वतंत्रता के पहले ही भवानीप्रसाद मिश्र ने युद्ध हथियार केन्द्रित इस अर्थव्यवस्था के खतरे को पहचान लिया था, इसलिए ही उनकी राष्ट्रीयता के आधारभूत राजनीतिक विचार के रूप में सभ्यता के विनाशकारी रूप की इस आलोचना को रेखांकित करना जरूरी है और शायद आधुनिक समय में बहुत प्रासंगिक भी। गांधी की प्रेरणा से किसी सक्रिय कार्यकर्ता की तरह राष्ट्रीय आन्दोलन में कूद पड़े भवानीप्रसाद मिश्र अपने जेल के दिनों में ही युद्ध की विभीषिका रचनेवाली इस सभ्यता के मूल को पहचानते थे। युद्धविरोध की उनकी कविताएँ इसलिए ही उनकी राष्ट्रीयता को संकीर्ण नहीं होने देतीं। स्वतंत्रता के पहले उनमें युद्ध के परिणामों को सामुदायिक जीवन की मारात्मक गरीबी से सन्दर्भित करने की जो चेष्टा है, वह निरी व्यंग्योक्ति या वर्गचेतना की सदाशयता से ही रचित नहीं है। उसमें आधुनिक समझ की सक्रियता है और गांधीवादी विचार की सार्थकता भी। जनवरी 45 के प्रारम्भिक राष्ट्रबोध के उत्साहधर्मी स्वरों के बीच पद्य की ऐसी आवाज भी उनके यहाँ सुनने को मिल जाती है :

कहे भूखे से जाकर आदमीयत का कोई बन्दा
समुन्दर पार चलती है लड़ाई दीजिए चन्दा
कहे नंगे से कोई उठो कपड़ा जगत को बाँटो
बिचारा सुनके घबरा जाए जो तो आप क्यों डाँटो
दुआ तक को नहीं उठ पाए जिसके हाथ यों लागर
भला क्यों चीरने आए किसी का वह समर सागर

जाहिर है कि यह महज इसलिए नहीं है कि द्वितीय महायुद्ध में अंग्रेजों के प्रति वे अपने विरोध को व्यक्त कर सकें, बल्कि युद्धमात्र के प्रति वैचारिक प्रतिरोध को अपनी जातीय वास्तविकता से सन्दर्भित करके लिखने की कोशिश है इसमें। स्वतंत्रता के बाद भी न्याय और समता के समाज की अपनी कल्पना में वे जिस विचार को पूरी शिद्दत के साथ घुलाने की कोशिश करते हैं उनमें युद्ध का वैचारिक और अहिंसक प्रतिरोध प्रमुख है। उनकी वयस्क कविता में यह स्वर अधिक सान्द्र होकर उभरता है और हम पाते हैं कि उनकी राष्ट्रीयता या माँ का सपूत बने रहने की उनकी निष्ठा

कोरी भावुकता नहीं है। सम्भवत: उनकी समझ अपनी वर्ग-चेतना के आधार पर राष्ट्रीय और मानवीय जिम्मेदारी की दिशा तय करनेवाले एक सरल भारतीय कवि की है, जिसके लिए भारतीयता मानवीयता से विच्छिन्न कोई पौराणिक कल्पना मात्र नहीं है। वे देश और जाति की आड़ में हिंसा की वकालत की अन्धराष्ट्रीयता के खतरों को समझते हैं। इसलिए समझते हैं कि वे मारक अस्त्रों की प्रतिस्पर्धा में लगे राष्ट्रों के चरित्र को आत्मसीमित देशभक्ति की संकीर्ण दृष्टि से नहीं देखते। वे शब्दकर्मी की संवेदना को सभ्यता के अधिक गहन और विकराल प्रश्नों से जोड़ने की कोशिश करते हैं :

मेरी मानोगे
तो किसी और को नहीं
अपने को ठीक-ठीक जानोगे
और खुल जाएँगे द्वार पारस्परिकता के
आड़े आनेवाली हर दीवार के बीच
तब तुम एक हाथ से कबूतर
और दूसरे हाथ से आकाश में
फौलादी वर्तुल नहीं उड़ाओगे
और कसमें नहीं खाओगे
सिर्फ शान्ति और सहअस्तित्व की
जियोगे एक सीधा सादा जीवन

ये पंक्तियाँ एक ईषत् लम्बी कविता का अंश है और कवि ने यह कविता सक्रिय राजनीतिक कविता के कड़वे और त्रासद अनुभवों से गुजरने के बाद लिखी है, यानी आपातकाल के बाद यह कविता सीधे-सीधे युद्धविरोध से सम्बन्धित नहीं है, बल्कि इसमें विकास की उस पश्चिमी दृष्टि का ही विरोध है, जो युद्ध की निरन्तरता को या कि उसकी आशंका को बनाए रखने के लिए अन्तरिक्ष को अपने तथाकथित प्रयोगों से पाटने में लगी हुई है। इस कविता में कबूतर उड़ानेवाले तथा उपग्रह छोड़कर युद्ध की तैयारी जारी रखनेवाले हाथों को एक दूसरे के बरक्स रखकर विकसित सभ्यता के बुनियादी चरित्र पर ही सवालिया निशान लगाता है। यह इसलिए कि जिस स्वतंत्र राष्ट्र की कल्पना में उसके शब्दों ने उसकी आत्मा को पुकारा था, वह स्वतंत्र राष्ट्र स्वयं कुछ लोगों के व्यावसायिक हितों की रक्षा के लिए अपनी दरिद्र जनता की मूलभूत आवश्यकताओं को भुलाकर हथियारों की दौड़ में शामिल हो गया है और वह भी राष्ट्र की सुरक्षा के नाम पर। कवि की राष्ट्रीयता अपनी भूखंडीय अटूटता की सुरक्षा को बिसारती तो नहीं, लेकिन उसकी आधुनिक समझ और उसकी संस्कारवन्त संवेदना को यह अच्छे से पता है कि युद्ध के साधनों और उसके तौर-तरीकों से शान्ति की स्थापना असम्भव है, और इस

शान्ति के बिना इस देश की जनता का विकास भी असम्भव है। बेशक उसकी इस समझ में आधुनिक अन्तर्राष्ट्रीय सम्बन्धों की जटिलता का अवबोध नजर नहीं आता, लेकिन मानव स्वभाव पर आधारित सभ्यता-समीक्षा की वह दृष्टि जरूर नजर आती है, जिसने गांधी को एक मजबूरी मशहूरी के फैशन की तरह नहीं देखा है, बल्कि उसके व्यक्तित्व में अन्तर्निहित मानवीय करुणा की विशालता और व्यापकता के आधार पर उसे समझने की कोशिश की है। अहिंसा के सम्बन्ध में अपने विचार खालिस गद्य में व्यक्त करते हुए, 'अहिंसा-संस्कृति का आधार स्तम्भ' नामक अपने एक सुविचारित निबन्ध में उन्होंने लिखा है :

"अहिंसा एक सामाजिक मूल्य है। समाज में यानी हमारे ही समाज में ऐसे लोग मिल जाएँगे, जो अहिंसा का नाम लेनेवाले को बेईमान समझ सकते हैं या 'प्रतिक्रियावादी' कह सकते हैं। फिर भी इस बात से इनकार नहीं किया जा सकता है कि अहिंसा का विचार शताब्दियों से विश्लेषण का विषय रहा है। साधारण व्यक्ति से लेकर, बड़े से बड़े विचारकों को इसने मथा है। एक जमाना था जब यह विचार धर्म के क्षेत्र का अधिक था और नैतिकता के दायरे में आता था। मगर पिछले पचास-साठ बरसों में गांधी ने उसे, उसी क्षेत्र या दायरे में बँधकर पड़े रहने की स्थिति से बाहर निकाला। गांधी ने उसे नए आयाम दिए और अब इस पर नित्य खोजें चलती हैं कि समाज को बदलने में उसका किस जगह क्या उपयोग हो सकता है। यह उपयोग सीमित क्षेत्र में ही नहीं, अन्तर्राष्ट्रीय सम्बन्धों को सँवारने-सुधारने तक में जरूरी लगने लगा है। हिंसा के हार्दिक हामी और विशेषज्ञ भी सहअस्तित्व, पंचशील और देताँते आदि का उच्चारण करते थकते नहीं हैं।"

इसी वैचारिक समझ की सक्रियता के कारण वे पुरुष-हिंसा केन्द्रित उस आधुनिक राष्ट्र-राज्य के विकास के तौर-तरीकों को कभी मन से स्वीकार नहीं कर सके, जिसकी परिकल्पना उन्नीसवीं सदी के पुनर्जागरण के बौद्धिकों ने की थी, और बीसवीं सदी के राजनेताओं तथा दीगर विशेषज्ञों ने जिसे तहेदिल से स्वीकार किया था। आधुनिक पश्चिमी राष्ट्र राज्य के स्वरूप को और उस स्वरूप को बनाए-बचाए रखनेवाले तौर-तरीकों को जिस तरह कभी गांधी ने पूरी तरह से स्वीकार नहीं किया, उसी तरह भवानीप्रसाद मिश्र ने भी अपनी कविता में, जो उनके लिए देह-मन-प्राण और आत्मा की आवाज थी, राष्ट्र को निरपेक्ष सत्य के ईश्वरत्व की तरह नहीं देखा। उनकी राष्ट्रीयता की चर्चा के दौरान इसलिए यह तथ्य बलपूर्वक रेखांकित करना जरूरी है कि युद्धोन्मुख राष्ट्र अथवा राष्ट्रीयता की प्रखर और दो टूक आलोचना उन्होंने हमेशा की है। अपनी रचनाशीलता के अन्तिम चरण में तो, उनकी प्रखरता, एक तरह के स्पष्ट गद्यात्मक विचार में व्यक्त होने लगती है :

अगर युद्ध कभी हो गया/तो हम अपने आपको उसके पाप से/अछूता घोषित नहीं कर सकते/हम भी शस्त्र जमा कर रहे हैं/अपने वित्त से बाहर/ और शर्म नहीं खा रहे हैं/बल्कि आत्मनिर्भर होते जा रहे हैं/शस्त्रों के

मामले में/ऐसे दम्भ वचन गा रहे हैं/लजाना चाहिए संस्कृति के निधान/ इस देश के लोगों पर/उन लोगों पर/जो शस्त्रों की होड़ को जरूरी कह रहे हैं/और कायर मानना चाहिए अपने आपको/क्योंकि हम चुपचाप/इन दम्भ वचनों को/रट रहे हैं

रचनावली के सातवें खंड की जो कविता यहाँ समूची उद्धृत की गई है, वह 15 मई, 1982 को लिखी गई कविता है। इस कविता के आसपास के सारे पृष्ठ युद्ध और हिंसा के प्रतिरोध के कथनों से भरे हैं। जाहिर है कि अपनी रचनायात्रा के अन्तिम चरण में कवि का राष्ट्रबोध, प्रखर आलोचनात्मक गद्य के इस्तेमाल से हिंसा की उस संस्कृति का विरोध करता है, जो अस्त्रों की होड़ की संस्कृति के रूप में ही राष्ट्रीयता को परिभाषित करने में लगी है। इस सिलसिले में यह भी याद रखना चाहिए कि भवानीप्रसाद मिश्र के जीवन-संस्कारों में और काव्य-संस्कारों में भी आत्मपरिशोधक आत्ममन्थन की स्थिति बुनियादी है। अपने को निरन्तर और गहराई से जानने के लिए ही उन्होंने शब्द का माध्यम चुना था, और उनकी राष्ट्रीयता भी अपने भीतर और बाहर की अनथक यात्रा की ही उपज है। वह औपचारिक या भावुकतापूर्ण तो अपने प्रारम्भिक चरण में भी नहीं रही। उसमें देश परिवेश से, परिवेश पड़ोस और गाँव से तथा गाँव और पड़ोस आत्म से अभिन्न हैं। उनकी राष्ट्रीयता इसी अर्थ में उनके मानवीय बोध और उनकी ब्रह्मांडीय चेतना की सहधर्मिणी है। उसे न तो निरे राजनीतिक अर्थ में समझा जा सकता है और न ही सदाशय आदर्शवादी सामाजिकता के अर्थ में। उनकी कविता की विशेषताओं को समग्र आस्तित्विक अनुभव के सन्दर्भ में ही पढ़ना पाठ की एक सार्थक दिशा कही जा सकती है।

शुरू में ही हमने कहा था कि भवानीप्रसाद मिश्र की कविता में अपने मन को शब्द में जानने और लिखने की कोशिश केन्द्रीय है। उनका आत्मचिन्तन, भारतीय परम्परा और पश्चिमी स्वतंत्रता और प्रगति के विचारों को आत्मसात् करता, और इस दौरान उसको काटता-छाँटता जिस काव्य-रूप में घुलता है, वह काव्यरूप मानवमन की विलक्षण गतिकी (डायनेमिक्स) से निर्मित है। उसकी चंचलता को अच्छी तरह जानते हुए वे हर तरह के शब्दों में इसे लिखने की कोशिश करते हैं। उनका आत्मचिन्तन या मानव-अस्तित्व के प्रश्नों पर मनन इहलौकिक विकरालता और विसंगतियों के ठोस वास्तविक सन्दर्भों में ही जारी रहता है। अपने को जानने के लिए वे प्रथमत: अपनी साधारणता और सबके साथ अपने होने को ही जानते हैं। इस तरह सोचें तो यह भी लगता है कि मौजूद समय को टालना और किसी एकान्त में शब्द-साधना करना उनके स्वभाव में ही नहीं है। अपनी काव्य-यात्रा के एकदम प्रारम्भिक दौर में ही उन्होंने यह तरह-तरह से अनुभव कर लिया था कि जैविक सामाजिक अस्तित्व के सवाल आत्मा के चिन्तन के सन्दर्भ में भी उतने ही महत्त्वपूर्ण हैं, जितने भौतिक बेहतरी के लिए माने जाते हैं, और यह भी कि मुक्ति का स्वप्न ऐकान्तिक साधना से कभी पूरा नहीं हो सकता। अत: उनके आत्मालोचन

का प्राथमिक चरण तो निश्चय ही आत्मदान के स्पष्ट तौर पर सामाजिक, राष्ट्रीय और भौतिक सन्दर्भ से जुड़ा है। इस सन्दर्भ की अनेक कविताएँ उनके प्रारम्भिक काव्य में देखने को मिल सकती हैं, लेकिन जिस गहराई में आत्मालोचन की यह प्रक्रिया जन्म लेती है वहाँ बिलकुल आरम्भिक चरण में ही इस बात का अहसास सघन है कि इस दुनिया के बुरे में मेरा अपना हिस्सा भी है। भारत की समाजार्थिक अवस्था में आत्मसजग मध्यवर्ग के आत्मालोचन का यह एक राजनीतिक ही नहीं, बल्कि अनिवार्य नैतिक पक्ष है कि स्वयं हम दूसरों को नहीं, अपने को पहचानकर शुरू करें सामाजिक आलोचना की अपनी कविता; ताकि हम उस अनुभव के रूबरू हो सकें, जहाँ बुरे के जिम्मेदार सिर्फ दूसरे नहीं हैं। भवानीप्रसाद मिश्र अपनी राष्ट्रीय कविता के उत्साह-भरे दिनों में ही शहरी मध्यवर्ग के अन्तर को पहचानने की यह कविता लिख रहे थे और दो टूक शब्दों में कह रहे थे :

मैं अगर हर चन्द यह सोचूँ
कि सेवा कर रहा हूँ
जबकि देता हूँ कम
ज्यादातर खीसें भर रहा हूँ
तो सिवा इस विषम दुनिया के
अधिक क्या रच रहा हूँ
मैं भले कवि कहूँ अपने को मगर
ये साफ बिलकुल है
कि बस गुन खो चुका हूँ
सिर्फ सात्त्विक शुद्ध रद्दी
इक लुटेरा बच रहा हूँ

यह आजादी के कुछ ही महीनों पहले की कविता है। बार-बार अपने मन के भीतर झाँकते कवि को इस दौर में भी मानो मुक्तिबोध के शब्दों में यह पता है कि 'दिया बहुत-बहुत कम' और इसी के चलते कई बार शब्द-कर्म के प्रति भी उनके मन में आशंका पैदा होने लगती है और शब्द उन्हें नाकाफी लगने लगते हैं। फिर जैसे अपने मन में ही वे देखते हैं कि शब्द ही शायद कीमिया बनकर खिलेंगे और परमप्रिय के साथ एक मिलन सम्भव होगा। आशय यह कि एकदम शुरुआती दौर में ही उन्होंने अपने आत्मचिन्तन को आलोचना की व्यक्तिगत हिस्सेदारी की ऊष्मा दी है लेकिन उसे आत्मभर्त्सना और आत्मदया से निरन्तर बचाया भी है। और यही कारण है कि अगले दौर की कविता व्यक्ति की आलोचना तक ही सीमित नहीं है। इस अर्थ में वह समुदाय के आत्म की पहचान की कविता है तथा जिसे हम सामाजिक सम्बन्ध कहते हैं; उसकी असलियत को समझने की दिशा भी हमें ऐसी ही कविताएँ सुझाती हैं। जाहिर है कि आत्मालोचन की यह कविता 'प्राइवेट और निजी दुनिया'

के प्रसंगों तक ही सीमित नहीं है, जिस तरह वह निरे आध्यात्मिक आशयों में भी सीमित नहीं है। वास्तविकता यह है कि तर्क प्राण दार्शनिक चिन्तन की कविता है ही नहीं, बल्कि मन की विचित्र गति की पहचान सम्भव करानेवाली कविता है और इसलिए उसके लिए यह जरूरी है कि वह सम्बन्धों की वास्तविकता के बीच 'एकान्त के ऐश्वर्य' को पहचानने की अपनी प्रतिज्ञा को पल-भर के लिए भी न बिसारे, बल्कि सहज भाव से उचारे कि :

सम्बन्ध हमारे
अन्ध बन्धन हैं ज्यादातर
छायाभर हैं दर्पण की
हमारे सारे सम्बन्धी
अन्धी इस हलचल को
कैसे मिले सरल दृष्टि
दर्पण हो द्वार कैसे
कैसे अपार पथ पार करें
पाँव थे
माटी के
तरल कैसे हों प्राण
अविरल प्रस्तर परिपाटी के

ये पंक्तियाँ महज सामान्य ज्ञान या औसत बुद्धि से भी समझी जा सकती हैं, क्योंकि इसमें हमारे संस्कारों की भाषा में सम्बन्धों के ममत्व-भरे रूप और उसकी अन्धता के एक लगभग सार्वजनिक अनुभव को लिखने की कोशिश है, पर कविता में रची पीड़ा इसे महज बुद्धि को सम्बोधित सूचना बनने से रोकती है। इसमें हम उस छटपटाहट को भी महसूस कर सकते हैं, जो इन अन्धबन्धनों को महज चीन्हती-भर नहीं, बल्कि उनके पार जाना चाहती है। यह सम्बन्धों की दुनिया की अवहेलना नहीं है, बल्कि निरे भौतिक-सामाजिक आधार पर रचे गए सम्बन्धों की सीमा का अनुभव है। इस दृष्टिहीन सम्बन्धात्मकता को कवि ने इतिहास और परम्परा के साक्ष्य पर भी समझने की कोशिश की है। अपनी बेचैनी को उन्होंने सामुदायिक इतिहास के एक प्रमुख पात्र की वाणी के रूप में भी रचा है। वह पात्र है अशोक। 'कालजयी' नामक अपने इस खंडकाव्य में अशोक के माध्यम से कवि ने महज हिंसा-अहिंसा के प्रश्न पर ही नहीं, बल्कि समग्र मानवीय अस्तित्व के प्रश्नों पर विचार किया है। इस चिन्तन में गांधी के अतिरिक्त बुद्ध का भी प्रभाव लक्षित किया जा सकता है। सुदूर के इतिहास के इस पात्र को समाज-चिन्ता ही नहीं, अस्तित्व-चिन्ता का रूप देने की चेष्टा के पीछे भारतीय और वैश्विक सभ्यता की साम्प्रतिक अवस्था तो है ही, इसके अलावा अपने निजी होने की सार्थकता को अपने सांस्कृतिक इतिहास

से प्राप्त अन्तर्दृष्टि से रागात्मक स्तर पर जोड़ने की एक भावसिक्त सृजनात्मक मानसिकता भी है। यह तत्काल सीमित तो नहीं है, आयोजन की वाग्मिता के प्रदर्शन के लिए भी नहीं है। आवयविक स्तर पर महसूस की जा सकनेवाली इसकी लय में रची-बसी वेदना से तो यही लगता है कि कवि 'हिकमत' से परे जाकर, इस काव्यरूप को एक दीप्ति देता है। कुछ पंक्तियाँ लें :

फिर भी प्रश्न उठाए हैं सिर मन में मेरे
कितनी चिन्ताएँ अब भी हैं मुझको घेरे
लगता है मैं कौन कि सारे राजपाट की धारा बदलूँ
नई एक पद्धति गढ़ने में चूना बदलूँ गारा बदलूँ

अथ से इति तक उद्‌गम से सागर तक की
संस्कृतियाँ समझीं
वेद उपनिषद् षड्दर्शन
मनु याज्ञवल्क्य स्मृतियाँ समझीं

... .

समझ नहीं पाता कि सत्य है क्या
क्या सत्य किसी ने जाना
अन्तहीन है सृष्टि कि हमने
इसे लोभ में ऐसा माना
और नित्य गढ़कर भी इसको
फिर विनाश तट तक ले जाते
अशुभ हमारा टिक जाता है
शुभ के पाँव नहीं टिक पाते

पहली ही नजर में यह स्पष्ट हो जाता है कि दार्शनिक प्रश्नों के रूप में इस कविता में आत्यन्तिक अर्थ में कोई नया और चौंकानेवाला विचार नहीं है, पर इसमें कवि की प्रश्नाकुलता की नैसर्गिक ऊष्मा है जो यह अनुभव कराती है कि उसके भीतर उठनेवाले प्रश्न चिराचरित होते हुए भी आत्मिक स्तर पर उद्‌बुद्ध करनेवाले रागभाव और नैतिक बोध से सम्पन्न हैं। कवि ने केवल साहित्यिक महत्त्वाकांक्षा के चलते खंडकाव्य के लिए कलिंग युद्ध के नायक अशोक को नहीं चुना है। उसके अन्तर को ये शाश्वत प्रश्न लगातार व्यथित करते हैं। प्रारम्भिक राष्ट्रबोध के सरल किशोर दिनों में उसकी पीड़ा, भारतीय जन की करुण अवस्था से जुड़ी थी। जन की आर्थिक-सामाजिक हालत से आजादी के अपने स्वप्न को जोड़कर वह अपनी भावनाओं को, अपने अनुभवों और आशंकाओं को कविता में विन्यस्त करने की कोशिश करता था, लेकिन स्वतंत्रता के बाद से ही परिवेश के साथ उसके जुड़ाव

में एक तरह की वैचारिकता सक्रिय दिखने लगती है। यह वैचारिकता किसी विचार-सरणि के अन्ध अनुकरण पर आधारित नहीं है। इसमें शरीर की इहलौकिकता और आत्मा की लोकोत्तरता को पहचानती एक ऐसी भाषा है, जो देह, मन और आत्मा के बँटवारे को स्वीकार नहीं करती। वास्तव में जैसा कि हमने एकदम शुरू में कहा कि यह भारतीय कवि की आस्तिकता की भाषा है, जिसके चलते भवानीप्रसाद मिश्र बाहर से भीतर की अपनी यात्रा आरम्भ करते हैं। कहना न होगा कि भीतर से बाहर की यात्रा भी उसने इसी आस्तिकता में अन्तर्निहित करुणा की प्रेरणा पर ही की है और ऐसा कहते हुए यह भी जोड़ना जरूरी है कि भीतर और बाहर को आत्यन्तिक रूप से भिन्न मानने की भेददृष्टि उनके काव्यचिन्तन में कहीं नहीं है। इस तरह से सोचें तो ऐसा लगता है कि कवि भारतीय जन की पीड़ा और संघर्ष को लिखने के लिए जितना प्रतिबद्ध है, भारतीय मन को रचने के लिए उससे कम विकल नहीं है और इस भारतीय मन को वह अपने मन में जिस तरह जानता है उसी तरह लिखने की कोशिश करता है। शब्द-साधना वास्तव-सीमित साधना-भर नहीं है, अतः कवि का देश-काल महज वास्तविक देश-काल नहीं होता, वह अन्तरात्मिक देश-काल का रूप ले सके, इसलिए कवि उन्हें प्रकृति के विविध रूपों में रचता है, साथ-साथ भाषा की सर्वनामी क्रियात्मकता में भी। और तब हम महसूस करते हैं कि बोलचाल की इस जबान में केवल रूप रचने की विकलता ही नहीं है, आत्मदर्शन की जद्दोजहद भी हर कहीं है :

> *नहीं, विचित्रता इसमें कुछ नहीं है/करके देखो, बहेंगे उसके सुख-दुःख/ तुम्हारे लिए जलधारा की तरह/और तब तुम उसमें, तैरकर ही नहीं तरके देखो/और, वैसे तो रहस्य हैं, ये हमारे खयाल/काल और देश के बारे में/समझिए जा पहुँचे हम किसी चमत्कार के मारे/आकाश गंगा के किसी तारे में/तो हम क्या जानेंगे उसका/क्या माँगें उससे*
>
> *और वही क्या बना सकता है हमारा/इतनी अद्भुत आकाशगंगा का/ अद्भुत से भी परे उसका वह तारा।*
>
> *मगर बातें जो असाधारण और असम्भव मानी जाती हैं/उनसे जुड़कर देखें/उनके विस्तार में उड़कर देखें/तो उनमें साधारण और सम्भव से बहुत अधिक मिलता है।*

साधारण और सम्भव से परे जाने की यह इच्छा उनके काव्य को एक नया उन्मेष देती है, इसलिए कि यह वास्तव में साधारण के ही अन्तस्तल की खोज को उकसाती है। कल्पना वैचित्र्य के मुहावरे में ही कौतुक नहीं करना चाहती। वह बौद्धिक विश्लेषण को, जुड़ाव के ऊर्ध्वगामी यात्रा की ओर ले जाती है। उनकी कविता में अस्ति चिन्तन इसी मुक्त और संयुक्त कल्पना और सहानुभूति के मेल से रूपाकार

लेता है। इसलिए ही वह निरा चिन्तन नहीं है, पर उसमें ऐसी खामखयाली भी कहीं नहीं है कि अपने असामान्य अनुभवों को बौद्धिकता की कसौटी पर जाँचे-परखे बिना उन्हें बजाने-गाने लगे। बौद्धिक सतर्कता निरे व्याकरणिक तर्क के स्तर पर नहीं है। अनुभव को अस्तित्व के प्रश्न में बदलने की संवादोन्मुख कोशिश कवि की इस चिन्तनशीलता में हर कहीं दिखाई देती है। अपने पल-पल के बारे में सोचते हुए वह कई बार मृत्यु के बारे में भी सोचता रहा है। यह भी बौद्धिक स्तर पर मृत्यु-चिन्तन नहीं है, बल्कि व्यक्तिगत जिन्दगी में शुद्ध शारीरिक स्तर पर भोगे गए दिल के दौरों की त्रासदायक स्मृति पर टिका आत्मचिन्तन है। शायद इसी अनुभव के चलते कवि ने समय और राजनीति, सभ्यता और संस्कृति के प्रश्नों को अन्तरात्मिक अनुभवों की दिशा में मोड़ा है। शायद उसकी सहज आस्तिकता ने ही उसे राह सुझाई है कि वह जीवन को उसकी साथिन मृत्यु के साथ ही देखे, जाने और लिखे। वाद के स्तर पर इसे किसी भी हालत में पश्चिमी चिन्तन के अस्तित्ववादी प्रभावों के साथ जोड़ना सम्भव नहीं है। यह वास्तव में सत्याग्रह ही है। अपने शरीर में दहकते सच को नंगी आँखों से देखने का आग्रह, जो उसे इन 'पलों' के सर्जनात्मक साक्षात्कार के लिए उकसाता है, जो उसकी कविता को जीवन के गहरे शाश्वत प्रश्नों की ओर मोड़ता है। कवि की रचनावली के सात खंडों की हजारों कविताओं में अनेक कविताएँ ऐसी हैं, जिनमें कवि ने मौत के अरीब-करीब होने की अपनी अनुभूति को कल्पना के काव्यात्मक विन्यास में रचा है :

मृत्यु एक नींद की तरह
आएगी अब मेरे पास
जहाँ और जिस चटाई पर
लेटूँगा सोने के खयाल से
समूचा एक नया जीवन
भेटूँगा बाँहों में
जिन्दगी चुक जाएगी
मृत्यु मुझ पर ऐसी झुक जाएगी
जैसे सोए हुए बच्चे पर माँ

मृत्यु का यह कल्पनाशील साक्षात्कार उसकी दहशत से दूर की एक सहज आस्तिक मन में ही सम्भव है। छायावादी कवियों में प्रसाद ने भी पूरे रोमान के साथ मृत्यु को गाते हुए कहा था, 'मृत्यु अरी चिर निद्रे, तेरा अंक हिमानी-सा शीतल' पर भवानीप्रसाद मिश्र बावजूद अपने स्वभाव की बुनियादी रोमानियत के, अपने संस्कारशील आस्तिक विश्वासों के, मृत्यु को भव्य और उदात्त आलंकारिकता में नहीं रचते। बेशक वे शरीर के कष्टों की तफसील से तकलीफ की इहलौकिक विकरालता को सामने लाने की कोशिश भी नहीं करते, दरअसल निरन्तर दिल की

बीमारी से जूझते रहने की वजह से अपने नहीं होने का दर्शन जैसे हर वक्त और हर कहीं उनके साथ मौजूद रहा है। सन् 1980 के बाद की रचनाओं में वे निश्चय ही थोड़ा अधिक अन्तर्मुख होते दिखाई देते हैं, लेकिन इसकी काट के लिए वे आसन्न का इस तरह उदात्तीकरण नहीं करते कि उसमें अन्तर्निहित शरीर के सच को हवाई आध्यात्मिकता की भाषा में ही पढ़ा जा सके। अनुभव और कल्पना के बीच जो सेतु शब्दों ने रचा है, वे दरअसल उनके सहज स्वभाव और उनकी तत्कालीन मनःस्थिति को ही ज्यादा व्यक्त करते हैं। अपने आलोचनात्मक विवेक और दो टूक अभिव्यक्ति के चलते वे मृत्यु का साक्षात्—जो कि अन्ततः उनका चिन्तन ही है—दो टूक ढंग से ही करते हैं और कहते हैं :

मैं नहीं करूँगा तुम्हारा
आलिंगन
जिस तरह सब करते हैं
किसी सजे सजाए कमरे में
घिरकर किसी सुगन्ध कोमलता से

प्रसंगवश यह उल्लेखनीय है कि यह कविता सन् 1968 में लिखी गई थी, जबकि कवि दिल के दौरे के रूप में मौत को अपने करीब देख रहा था और महसूस कर रहा था कि मरना एक रोमांटिक और कल्पित स्थिति भर नहीं है, बल्कि शरीर का सच है, जो अनुभव के विभिन्न रूपाकारों में सामने आता ही रहता है। इस सच को बरकाने या इससे परहेज करने का खयाल कभी उसके मन में नहीं आया, बल्कि इसके विपरीत हर वक्त उसके लिए वह एक मानसिक तैयारी में रहा। यह मानसिक तैयारी उसके अभयबोध की बुनियाद पर टिकी थी। वह ऊहापोह और गुरु गम्भीर विश्लेषण के बजाय सहज आत्मालाप के रास्ते पर चलता हुआ, उतने ही सहज संवाद को जन्म देता है। उसका इरादा उसके मन की तरह-तरह की भिन्न स्थितियों में ही लिखा है, एक सुचिन्तित विषय की तरह उसमें किसी केन्द्रीयता की तलाश व्यर्थ नहीं तो अनावश्यक जरूर है। इसके साथ-साथ यह भी याद रखना चाहिए कि जीवन में मृत्यु की इस सतत मौजूदगी के कारण ही वह शरीर के सुख-दुःख से निर्मित आत्मजीवन की सूक्ष्मतर छवियों को अधिक अन्तरंगता और आत्मीयता से लिखने का जोखिम उठा सका। अतः आत्मचिन्तन के जरूरी घटक की तरह जब हम कवि के मृत्युचिन्तन का जिक्र करते हैं, तब उसके पार्थिवबोध का, उसके इहलौकिक विचार का जिक्र भी जरूरी है, क्योंकि उसने एकाधिक बार बड़ी स्पष्टता के साथ यह कहा है :

मन प्राण और आत्मा/क्या कर सकते हैं/शरीर के सहारे के बिना/ आनन्द की हिना/कहाँ रचेगी/भौतिक के बिना/संग पार्थिव का जरूरी है/अलौकिक के लिए/इसीलिए कहता हूँ/साँचा है शरीर का ढाँचा/झूठी

न सही अधूरी है/और और बातें/मन प्राण आत्मा/शरीर में न रहें/तो वे क्या करें किसका/किसको क्या कहें।

शरीर के साथ अस्ति के इस सम्बन्ध को वह अनुभव और कल्पना की जिस जमीन पर पकड़ता है, वह शरीर-सीमित या शरीर-केन्द्रित जमीन नहीं है। उसकी तलाश शब्दों में है, जो उसे अनुभव और चिन्तन की एक सुदीर्घ परम्परा से जोड़ते हैं और साथ-साथ उस लोकचित्र से, जिसने उत्कट सहजता के साथ न सिर्फ जीवन और मृत्यु का साक्षात्कार किया है, बल्कि तुलसी की सी तन्मयता के साथ यह माना है कि 'जो फरा सो झरा, जो बरा सो बुतानो है।' मृत्यु के इस स्वीकार में उस अटूट आस्तिकता का ही स्वर है, जिसे लिखते हुए कवि इस चिन्तन को एक प्रार्थना में बदल देता है। आत्मचिन्तन की उसकी कोशिश इस अनिर्वचनीय अनुभव को रचने की कोशिश है। यहाँ दूसरों को कुछ देने का दम्भ नहीं है, बल्कि समर्पण की एक विकलता है जिसके चलते कवि कहता है :

माँगता हूँ
लाल माटी का मुझे दो रंग
नीले गगन का विस्तार सौंपो
ढंग सागर की तरंगों का
मुझे दो चाल में

आनन्द की लय छन्द उठने बैठने में
दिन कठिन दो
रात भारी दो
बने तुमसे एक क्षण दो सुख मरण का
दूसरे क्षण दुःख जीवन तरणहारी दो।

यों तो हिन्दी कविता ही नहीं, कविता मात्र के सम्बन्ध में यह सच है कि प्रकृति की विविध रूपात्मक चेतना उसकी बनावट का अनिवार्य हिस्सा है, बिना इसके कविता की कोई कल्पना ही नहीं की जा सकती। मानव-इतिहास की ज्ञात काव्य-परम्परा में, कविता और प्रकृति जैसे अभिन्न ही रहे हैं; पर बीसवीं सदी के बाद कविता के पठन-पाठन के तौर-तरीकों के चलते और सम्भवत: जीवन-पद्धति के अधिकाधिक प्रकृति विमुख होते जाने के चलते भी शायद साहित्य-अध्यापन और काव्य-समीक्षा में कविता और प्रकृति के सम्बन्ध को अलग से देखने-दिखाने की एक समीक्षा-रूढ़ि सी बन गई है, लगभग उसी तरह जिस तरह कविता लिखने के मामले में प्रकृति-चित्रण को आलम्बन या उद्दीपन विभाव की तरह समो लेने की एक रूढ़ि बनी हुई है। कविता निर्माण के लिए काव्य-रूढ़ि का प्रयोग सर्जनात्मक स्तर पर हमेशा से होता रहा है, भवानीप्रसाद मिश्र की कविताओं में तो प्रकृति की उपस्थिति जैसे उनके

अस्तित्व की जबान की तरह है। जिस तरह गांधी की प्रेरणा और प्रभाव से उन्होंने राष्ट्रीय चेतना को अपने कर्म-जीवन और काव्य-जीवन के मूल अर्थ के रूप में प्रतिष्ठित किया, उसी तरह बल्कि कहीं उससे भी अधिक मूलगामी अर्थ में उन्होंने प्रकृति से/में अपने अनुभव, कल्पना, चिन्तन और अस्ति को परिभाषित करने की निरन्तर चेष्टा की। चूँकि उन्होंने प्रचुर मात्रा में कविताएँ लिखी हैं, इसलिए यह उम्मीद करना ठीक नहीं है कि उनकी प्रकृति-चेतना हर बार हर कविता में सार्थक सृजनात्मक नवोन्मेष के साथ विन्यस्त हो। ऐसा सम्भव ही नहीं था। प्रकृति के विविध रूपों को अपनी सृजनभाषा के रूप में रचते हुए वे पुनरुक्ति और औपचारिक इस्तेमाल जैसी रूढ़ियों से पूरी तरह मुक्त नहीं रह पाते हैं। पर उनकी सार्थक कविताओं में प्रकृति को देखना जैसे अपने मन को सबके मन के साथ देखने की निर्मलता है, साथ-साथ अपने वयस्क दिनों में यह आत्मदर्शन की सूक्ष्मता भी है।

अपनी काव्ययात्रा के प्रथम चरण में उन्होंने 'सतपुड़ा के घने जंगल, ऊँघते अनमने जंगल,' जैसी बिलकुल अलग कविता लिखी है, तो उसके अलगपन का एक कारण यह भी है कि यह समग्र प्राकृतिक परिवेश बचपन से ही उनकी चेतना के संस्कार का मूल कारक है; पर यह महज संस्कार नहीं है, बल्कि प्राकृतिक परिवेश के साथ उनका गहन रागात्मक लगाव है, जिसकी वजह से वे कविता में एक ऐसी लयात्मक ऊष्मा भर सके हैं, जो पूरी कविता को महज प्रकृति की चित्रात्मकता प्रदर्शित करनेवाली कविता होने से बचाती है। वास्तव में प्रकृति के साथ उनके लगाव को उनके किसान-मन, या कि थोड़े व्यापक अर्थ में ग्रामीण-मन के सन्दर्भ में ही ठीक-ठीक समझा जा सकता है। उसे सौन्दर्य से परहेज नहीं है, लेकिन यह सौन्दर्य गाँव के जीवन के सुख-दुःख से जुड़ा सौन्दर्यबोध ही है। प्रकृति उनके लिए कविता या कला का विषयमात्र नहीं है, बल्कि उनकी अपनी स्मृति का अविभाज्य हिस्सा है। वे उसे अक्सर ही महज 'रूप' की तरह नहीं देखते, या कि महज स्मृति चारण की तरह भी नहीं देखते, बल्कि उसे अपने मन में देखते हुए अपनी मनःस्थिति से, अपनी विचार-प्रक्रिया से, अपनी मूल्यचेतना और अपनी सौन्दर्य-चेतना से जोड़ते हैं। प्रकृति उनके लिए एक बहुलार्थी स्रोत है जहाँ अपनी आदिमता में इहकालिक और इहलौकिक संस्कृति और सभ्यता को मूर्त कर सकनेवाले संकेतवाची रूप मौजूद हैं। वे इन संकेतों का इस्तेमाल करते हुए उन्हें अतिरिक्त रूप से आलंकारिक बनाने के बजाय उसके साथ अपने होने के सहज भाव से लिखते हैं। कहना न होगा कि उनकी प्रकृति-चेतना प्राकृतिक साहचर्य की सहजता में गति करती है। बेशक उनकी उम्र के अनुभवों का प्रभाव उसमें हर कहीं मौजूद है। मसलन, अपने आरम्भिक दौर में प्रकृति उनके आन्तरिक उत्साह की गति से उनके मन को और उनके आसपास के जीवन को उघारती है और तब उसके रूप में कवि के मन की निश्छल रागात्मकता की वह लय देखी जा सकती है कि जिस लय में प्रकृति और परिवेश का जीवन एक रूप हो जाते हैं।

'सतपुड़ा के घने जंगल' में ऐसी ही लय है। इसी दौर में लिखी गई दूसरी कविता 'पहिला पानी' की कुछ पंक्तियाँ लें :

गाँवों की बात बदली, जंगल की कुछ न पूछो
हर सू में नया मंगल, मंगल की कुछ न पूछो
सौ आठ रंगवाली नभ ने कमान पाई
बादल गरज उठा तो सबने जबान पाई
गाया हजार मन से रस्ते पे चल रहे ने
आफत को भूल गाया, आफत के पल रहे ने
डालों पे पड़े झूले, छपरी में जमी आल्हा
ढोलक को कई दिन में थापों से पड़ा पाला
हक एक अधमरे को बदली नया गई रे
बरसात आ गई रे, बरसात आ गई रे

यह सन् 1944 में लिखी गई एक ऐसी कविता है, जो इसके पहले प्रतिष्ठित छायावाद की प्रकृति कविता से बिलकुल ही अलग है। इसमें प्रकृति 'दृश्य' से कहीं अधिक 'अनुभूति' के रूप में व्यक्त हुई है। बेशक इस दौर में ऐसी कविताएँ भी हैं, जहाँ एक मुश्किल बिम्ब की तरह प्रकृति को आँखों के सामने उपस्थित करने की चेष्टा है, पर ऐसी कविताओं में भी कवि-कल्पना का वैसा स्वच्छन्द स्वैराचार देखने को नहीं मिलता, जैसा कि मसलन पन्त की अनेक कविताओं में मिलता है। भवानीप्रसाद मिश्र प्रकृति को अपनी प्राणधारा में ही बसाए हुए हैं। वही उनको सुझाती है कि किस रूप में रची जाकर वह उनको साथ लिये-लिये चल सकती है। शायद इसलिए ही शुरू के दिनों में उर्दू की बहर और हिन्दी की लय का प्रवाह उनकी कविताओं में देखने को मिलता है कि उस उम्र में वे स्वयं भी एक खरस्त्रोता धारा की प्रवहमानता को अपने अनुभवों में जान रहे थे। पर स्वतंत्रता के बाद, खास कर साठ के बाद की उनकी रचनाओं में प्रकृति, एक वयस्क आत्मचिन्तन की भाषा के स्त्रोत की तरह उपस्थित होती है उनके सामने। उसकी सुन्दरता में अन्तर्निहित मूल्यस्त्रोत की बात उनके काव्य-विवेक को तब भी नहीं बिसरती, पर कविता में प्रकृति-प्राप्त जीवनमूल्यों का यह समय वयस्क स्थिरता का समय है। प्रकृति की गति यहाँ क्षिप्र नहीं है। सभ्यता के अनुभव की प्रगाढ़ होती वेदना, उन्हें मुग्धता की भाषा से अलग कर देती है। क्षुब्ध वे तब भी नहीं होते, एक प्रशान्त अवसाद में स्थिर ऐसे देखते हैं प्रकृति को, जैसे बिम्ब ही सोच हो और फिर इसी चिन्ता में घुलाते हैं अपनी जगत-समीक्षा और अपने आत्मालोचन को। तब प्रकृति का यह अनलंकृत चित्र ही मानो उनके दीप्त आत्मालोचन का साक्ष्य बन जाता है :

सो गए हैं मरुस्थल में
रेत के टीले

जैसे पीले ऊँट
और हम
कम ज्यादा टीलों की तरह
चुप हैं
पास बैठे-बैठे सिर्फ
ताक रहे हैं
चाँदनी में सोए
रेत के टीलों को
आवाजें
बाहर कुछ झिल्लियों की हैं
और भीतर
हमारी चुप्पी की

वयस्क कविता में इस तरह के उदाहरणों को मन:स्थिति की तात्कालिकता के रूप में ही पढ़ना नाकाफी है और काफी हद तक अनुचित भी। शरीर और मन की तात्कालिक तकलीफों की छायाओं से वे परे हैं, ऐसी बात नहीं, पर अपनी रचना-प्रक्रिया और अपने प्रभाव में वे 'मूड्स' को ही नहीं बतातीं। उनमें किसी अधिक गहरी सार्थकता की तलाश है। यह तलाश वयस्क रचना की शुरुआत के दिनों में थोड़ी आलोचनात्मक है और तब उनकी पीड़ा भी कुछ अतिरिक्त मुखर लगती है और तब कभी-कभार ऐसा भी लगता है कि प्रकृतिबोधक शब्दों को, बिम्बों को भी उनकी यह तकलीफ ही रच रही है। कहीं-कहीं तो इसे हम आधुनिक बुद्धिजीवी की पर्यावरण चिन्ता के मुहावरे में व्यक्त होता देखते हैं। मसलन, तब जबकि सन् 1963 की एक कविता में वे नदियों के बीमार किनारों और युगों से मैले हरियाले काले वृक्षों का जिक्र करते हैं। ऐसी अनेक पंक्तियों के पाठ के बाद भी अन्तत: यही अनुभव सघन होता है कि इन कविताओं की प्रकृतिप्राणता वास्तव में होने के वैयक्तिक-जागतिक अनुभवों की व्यापकता और गहराई में ही समझी जा सकती है। वहाँ बहुत परम्परागत अर्थ में प्रकृति-चित्रण की खोज अकादमिक संस्थाओं की विवशता भले हो, एक सहज काव्यानुरागी के लिए तो उसका अर्थ उसके और काव्यानुभव के बीच बनते सेतु में ही सम्भव होता है। इसी वजह से पाठक व्यापक और अटूट सम्बन्धात्मकता से गुजरने का अवकाश पाता है। यह अवकाश रचती है अनन्तरूपा प्रकृति।

यह भी गौरतलब है कि प्रकृति को आत्मानुभव बनाने की अपनी चेष्टा में कवि ने स्वयं भाषा में अन्तर्निहित सम्प्रेषण-क्षमता में ज्यादा सलवटें डालने का आधुनिक प्रयोग नहीं किया है। प्रकृतिबोधक उनके शब्द अत्यन्त ही परिचित किन्तु कवि के अनुभव से जैसे स्वयं ही नवोन्मेषित होकर पाठक तक जाते हैं। इस मामले में कवि जैसे स्वयं भी एक सर्जनात्मक संरक्षणशीलता को काव्यधर्म की तरह स्वीकार करता है। प्राकृतिक-परिवेश को मूर्त करने के लिए जिन शब्द-चित्रों का इस्तेमाल

वह सैकड़ों बल्कि हजारों बार करता है, वे शब्दचित्र चकाचौंधपूर्ण अद्वितीयता की सृष्टि भले न करते हों पाठक के मन में, नए काव्य-संस्कारों में अदीक्षित और उनसे पूरी तरह अपरिचित पाठक के मन में भी/ही वे अनुकूल भावबोध की सृष्टि करते हैं। इस अर्थ में उनकी प्रकृति, समुदाय के जीवन के आत्मीय रूपाकारों की धरोहर-सी लगती है और हम निपट अजनबी क्षेत्र में रहने-जीने की दुश्चिन्ताओं से बेखौफ इन शब्दों को भेंटते हैं, कवि ऐसे ही भेंटता रहा है प्रकृति को और तरह-तरह से यह दुहराता रहा है कि :

क्यों नहीं लगता तुम्हें ये सगे हैं आत्मीय हैं
गाते हुए ये घास के मैदान, बहते हुए झरने
वन घने आशीष की निधियाँ समुन्दर
क्यों नहीं लगता तुम्हें घर से निकलकर
इन्हें भेंटो, भेंटते हैं ज्यों सगों को
इन्हें छाती से लगाओ हाथ फेरो पीठ पर
और दुखती रगें सबके पास होती हैं
बहुत सम्भव है कि वैसी रगें
इनके पास भी हों

आधुनिक समय के किसी और कवि की कविता के सन्दर्भ में लोकप्रियता का प्रश्न उतना महत्त्वपूर्ण या अहम नहीं है जितना भवानीप्रसाद मिश्र की कविता के सन्दर्भ में है, या कहें कि बना दिया गया है। बहुत-से समीक्षक ऐसे मिल जाएँगे जो उनकी लोकप्रियता को ही उनके काव्य के श्रेष्ठत्व के सर्वाधिक महत्त्वपूर्ण आधार के रूप में पेश करना चाहेंगे। इसके विपरीत बहुत-से लोग ऐसे भी होंगे या हैं जो इस लोकप्रियता के तत्त्व मात्र को ही गम्भीरता के सन्दर्भ में एक बड़ी कमजोरी के रूप में पेश करते हैं। लोकप्रियता से दोनों का आशय इस तथ्य से जुड़ा है कि भवानीप्रसाद मिश्र गम्भीर साहित्यिक कविता से भिन्न और वृहत पाठक श्रोता समुदाय में समादृत हैं। उन्हें पसन्द करनेवालों की संख्या तथाकथित गम्भीर कविता के काव्य-रसिकों की तुलना में काफी बड़ी है, इसमें कोई सन्देह नहीं, क्योंकि उन्होंने अपने काव्य-सम्प्रेषण के लिए कवि-सम्मेलनों के मंचों का इस्तेमाल करने में कोई हिचक नहीं दिखाई है; पर इसी वजह से उनकी कविता को अगम्भीर और असाहित्यिक खाने में डालकर उन्हें 'तथाकथित लोकप्रिय कविता' के कवि की तरह ही देखना-पढ़ना गलत है। इस तरह की गलती करके उन्हें सिरे से खारिज कर देने का साहस तो अभी तक किसी समीक्षक ने नहीं किया, पर उनकी गम्भीर कविता की समझ के विशिष्ट सन्दर्भ में उनकी अपनी लोकप्रियता के चरित्र को समझने की कोई कोशिश भी नहीं की गई है। हिन्दी के विशेष सन्दर्भ में इस बात पर गम्भीर बहस की जरूरत आज भी है कि जिसे हम कवि-सम्मेलनों

और लोकप्रिय कविता कहकर खारिज करते हैं उनमें अनेक कविता ऐसी है जिसने एक तरह से आत्मसजग अत्याधुनिक-बोध की परम्परा की बुनियाद कायम की है। सारी तथाकथित बेछन्द कविता को साहित्यिक मानने तथा कवि-सम्मेलन की कविता की परख किए बिना उसे असाहित्यिक मानने के समाजशास्त्रीय कारणों की तफसील में जाने की गुंजाइश तो यहाँ नहीं, पर भवानीप्रसाद मिश्र की कविता हमें इस बात का अवकाश देती है कि हम कविता की लोकप्रियता और लोकोन्मुखता जैसे मुद्दे पर थोड़ा रुककर विचार करें। खास कर इसलिए कि यह उनकी कविता की केन्द्रीय विशेषताओं में से है।

लोकप्रियता का यह अर्थ कतई नहीं है कि हिन्दी कविता व्यापक लोक-समाज में लोक-कविता की तरह प्रतिष्ठित है। उसकी गति और स्वीकृति मध्यवर्ग के शहरी लोगों के बीच ही है। अधिकांश लोकप्रिय कविता की इस स्वीकृति के पीछे का मुख्य कारण उस कविता में लोकजीवन की मौजूदगी नहीं है, बल्कि उसकी वह विशेषता है जिसे हम 'मास-कल्चर' के दूसरे व्यावसायिक उत्पादों में देखते हैं। यह विशेषता मुख्यत: भाषा की सुगम संगीतात्मक लय-गति और भाव को गुदगुदाने-रिझाने की हिकमतों के सहारे कविता में पैदा की जाती रही है। साम्प्रतिक समय में तो लोकप्रिय बनने के नुस्खों में चुटकुलेबाजी तक को कविता के रूप में पेश किया जाने लगा है। भवानीप्रसाद मिश्र की कविता परम्परागत लय गति की स्वीकृति के बावजूद अपने प्रारम्भिक चरण में भी इस तरह की कविता से एकदम भिन्न ही नहीं, बल्कि बड़ी हद तक उसकी विरोधी भी है। और तो और, अपने जीवन-संघर्ष के चलते जब उन्हें फिल्मों के लिए गीत और संवाद लिखने पड़े और जिस अनुभव ने उनसे 'गीत-फरोश' जैसी कविता लिखवाई, तब भी वे लोगों की गुदगुदी शान्त करते हुए नहीं, बल्कि अपनी तकलीफ से अपने शब्दों से सहज संवेद्य बनाते हुए लिख रहे थे और अभिधात्मक पद्य-निर्माण की एक ऐसी शैली की शुरुआत कर रहे थे, जहाँ सामाजिक व्यंग्य और आन्तरिक पीड़ा एक-दूसरे में घुल सकें। शुरुआती दौर की इस कविता की शैली की लोकोन्मुखता तो उजागर है कि कवि बहुत सादी जबान के वक्र इस्तेमाल को थोड़ा और लचीलेपन की ओर मोड़ रहा है, पर एक दूसरी बात भी है इसमें कि वह मध्यवर्ग के अनुभव के यथार्थ को उसके अनुभव की भाषा में ही कहने की कोशिश कर रहा है। जाहिर है कि अपनी लोकप्रियता उसने चकाचौंध से नहीं, भाषा की सहज सम्प्रेषण-क्षमता के एक बिलकुल ही टटके इस्तेमाल के कारण हासिल की है। वह भाषा पर भरोसा करता है, और उससे इतना आत्मीय रिश्ता बना लेता है कि भाषा उसके अन्तर के प्रवाह में बहती हुई उसके बाहर को भिगोने लगती है। इसके बावजूद कुछेक कविताओं को छोड़कर यह कहना कठिन है कि लोगों तक जाना ही उसकी कविता-रचना का बुनियादी लक्ष्य है। वह लोगों तक अपने मन की हर हलचल को लेकर ही जाना चाहता है। उसका मन अपनी

आत्मसजगता और वैचारिकता के बावजूद एक अलग-थलग रहनेवाला मन नहीं है। उसमें ऐसे परिवेश के संस्कार हैं, जहाँ वर्ग-विभेद और जातिभेद के बावजूद एक-दूसरे के साथ लगातार जीवन-व्यवहार निभाने के जीवन-साक्ष्य हैं। उसकी लोकोन्मुखता की बुनियाद भी यही है। इस सन्दर्भ में गांधी की याद भी बहुत प्रासंगिक है। जिस तरह गांधी ने भारतीय लोक-चित्त की गहरी पहचान के साथ आधुनिक सभ्यता और आधुनिक राज्य के चरित्र को गहराई के साथ तालमेल बिठाते हुए इस देश में एक नई राजनीति की शुरुआत की थी, भवानीप्रसाद मिश्र भी कविता में लगभग वही करना चाहते थे। इसलिए उन्होंने गाँव और प्रकृति के अनुभवों से लोक-मन को रचने की कोशिश की, और इसलिए ही उनकी कविता अन्तर्मन की आस्तित्विक समस्याओं को भी ऐसी जबान में लिखने की कोशिश करती रही, जहाँ अनुभव की सहज सार्वजनिकता उजागर हो सके। लोकप्रियता उनका लक्ष्य अगर थी तो इसी अर्थ में थी कि वे मन में अपने अध्ययन-मनन में रचे-बसे लोक को खड़ी बोली हिन्दी के संस्कारों के साथ भारतीय कविता की जीवन्त सांस्कृतिक बहुलता में लिख सकें। इसलिए ही उनकी कविताओं में जाहिर एकरूपता के अलावा एक विलक्षण वैविध्य भी है। यह वास्तविक लोकजीवन के अनुभव के झूठे दावों पर आधारित लोकभाषा के आलंकारिक इस्तेमाल की कविता नहीं है। उनके यहाँ इस तरह का कोई मुगालता नहीं है कि वे लोककवि हैं, इस तरह की विनम्र कोशिश है कि लोकजीवन को नष्ट करनेवाली इस सभ्यता के प्रतिरोध के स्वर वे अपनी कविता में भर सकें।

भवानीप्रसाद मिश्र की कविता का संसार विविधताओं से भरा है, बेशक इन विविधताओं के बीच एक मूल्यचेतस् एकतानता, एक हॉरमनी भी मौजूद है। इस अर्थ में कि हर रंग की कविता में उनका मन है। किसी विशेष स्थिति से सम्बद्ध रहते हुए भी, उस स्थिति के पास जाने और खोजने की विकलता के संकेत हर कविता में मौजूद हैं, पर भावबोध की व्यापकता और वैविध्य की यह मौजूदगी, इस बात का साक्ष्य भी है कि उनकी कविता, आत्मविस्तार की अनथक कोशिश करते मन की कविता है। यह भी कि अपने युग की सार्वजनिक समस्याओं से कतराने की कोशिश उन्होंने कभी नहीं की है। एक कवि के रूप में अपने अस्तित्व की पहचान की दिशा खोजने की जो कशिश उनके यहाँ शुरू से मिलती है, वहाँ इस पहचान की प्रक्रिया को बाहर के स्थूल संसार से जोड़े रखने की सतर्कता भी उन्होंने हमेशा ही बरती है। आरम्भिक चरण में, जबकि स्वतंत्रता-प्राप्ति के लक्ष्य के चलते अधिकांशत: कविताएँ भावप्रवण राष्ट्रभक्ति के मुहावरे में व्यक्त होती रही हैं, तब भी उन्होंने जिम्मेदार कवि की तरह भाषा के उत्साह को वक्ती सचाई के चलते व्यंग्य के पैनेपन के साथ भी लिखने की कोशिश की है। उनकी ऐसी व्यंग्योक्तियों में भी किसी तरह से किसी को भी चोट पहुँचाने की कोशिश नहीं है,

बल्कि समयानुकूल कौतुक के इस्तेमाल से अभिव्यक्ति को अधिक सहज सम्प्रेष्य बनाने की कोशिश है :

बहुत मुश्किल है कहिए क्या उधर जिन्ना इधर गांधी
कि दोनों ने अभी लगता है मिलने पर कमर बाँधी
मगर मिलने पे गांधी की हँसी जिन्ना को चुभ जाए
कि उसके मन में फिर बहने लगे कल की कोई आँधी,
बहुत मुश्किल है यह कहना कि मिलने का नतीजा क्या
पसीजा करके माँ के यदि कोई टुकड़े पसीजा क्या,

यह उस दौर की कविता है जब 'सन्नाटा' जैसी थोड़ी लम्बी कविता लिखकर कवि ने अपनी भाषा की एक अलग पहचान बनाई थी, लेकिन यह उस दौर की कविता भी है, जब सत्यकाम की कथा को लेकर एक अलग बोध और संरचना की कविता भी उन्होंने लिखी थी। आशय यह है कि अपनी रचनाशीलता के प्रारम्भिक दौर में ही उनका मन विशाल जीवन के वैविध्य के प्रति गहराई से संवेदनशील था, और इस तलाश में निरन्तर रहा कि छोटे से छोटे जीवन-प्रसंग को वह कविता के रूप में ढाल सके। बेशक उस प्रथम चरण में अधिकांश कविताएँ गहराई और सूक्ष्मता के साथ भाषा और अनुभव को एक दूसरे में घुला नहीं सकी थीं, लेकिन उनके पाठ से यह स्पष्ट सूचित होता है कि भवानीप्रसाद मिश्र की कवि प्रतिभा और उनकी सृजनात्मक कल्पना, निजी जीवन-प्रसंगों के बाहर की विस्तृत दुनिया को निरन्तर अपने मन में समेटने की कोशिश करती रही है। इसका यह मतलब नहीं कि निजी जीवन-प्रसंग उनके काव्य में उपेक्षित रहे हैं। शुरुआती दौर में ही जेल के दिनों में उन्होंने घर की याद की जो कविता लिखी है, वह अपनी प्रवहमान सहजता में बताती है कि मिश्र जी अपने परिवार के साथ कितने मार्मिक स्तर पर जुड़े थे। इसके बावजूद यह सच है कि अपने वयस्क दिनों में, जब वे आत्मचिन्तन के माध्यम से अपने व्यक्तिगत को थोड़ी बारीकी से जानने-पहचानने की कोशिश कर रहे थे, उन्होंने परिवार-प्रसंग की कविताएँ बहुत कम लिखी हैं। एक कविता में कहीं उन्होंने स्वीकारोक्ति भी की है कि उनके मन का बहुत कुछ ऐसा है जो इरादतन अनलिखा रह गया है। सच तो यह है कि वे जिस आन्तरिक निष्ठा के साथ अपने देश की चिन्ताओं से जुड़े थे, उसके चलते उन्होंने पूरे परिवेश को ही परिवार की तरह देखने की कोशिश की है।

यहाँ बात हम उनकी कविताओं के वैविध्य की कर रहे हैं, जिनसे यह पता चलता है कि शब्दों में अपने को उड़ेलते हुए वे कितने भिन्न स्तरों पर अपने को देख और पा रहे थे। अगर इसे पूरे में समझने की कोशिश की जाए तो अलग से एक किताब की जरूरत पड़ सकती है, इसलिए सीमित उदाहरणों से ही हम उनकी कविता की विविधता के बारे में अपनी बात कह पा रहे हैं। उदाहरण हैं :

1. ये डब्बे पाउडर के/जिसमें दुबारा कुछ नहीं रखा जा सकता/मुझे बहुत तकलीफ देते हैं/कई लोग मेरी इस तकलीफ का/मजा लेते हैं/बरबादी का वातावरण/उन्हें उढ़ाया गया है/सब कुछ अच्छा है उनके लेखे जो नया है।
2. पूजा और आरती/अजान और हवन/सब माइक से बोलते हैं/सुबह हुई कि लोग/रेडियोसैट ट्रांजिस्टर टेपरिकॉर्डर खोलते हैं/और फिर सिनेमा भवन हैं, टेलिविजन हैं टू-इन-वन है/एक सेना की सेना है ऐसी चीजों की।
3. आँखें मेरी मानो समूचे एक पन्ने को पल-भर में पढ़ गईं/और फिर एकाएक जो पन्ना खुला, वह तुम्हारा चेहरा था/शान्त और गम्भीर और कोमल/विमल वह क्षण/पहरों पर छा गया/पन्ने पर पन्ना पलटाना/मुझे तब से कुछ ऐसा भा गया/कि अकेला होते ही/स्मृति के पन्ने पलटाने लगता हूँ/गाने लगता हूँ/शान्त और गम्भीर और कोमल, एक चेहरा।
4. खाई की ऊँचाई/पर्वत की गहराई/राई का पर्वत/पर्वत की राई/नाई का उसतरा/उसतरा का नाई।
5. मुझे पकड़ो/तो वह मिल जाएगा/वह छिप गया था मुझमें/विष-बुझे बाण सा/और भिद गया है अब/समूचे मेरे अस्तित्व में/मेरे प्राण सा/मुझे पकड़ोगे/ वह मिल जाएगा।
6. लीजिए चुनाव हो गया/आज से लोकतंत्र/पहले से बड़ा घाव हो गया/देश की छाती का पीठ का/गले का हाथ-पाँव का/अब यह अबाध रिझेगा/और न कोई इस पर मरहम लगाएगा/न बाँधेगा पट्टी/क्योंकि इस घाव को भरने की कोशिश/अब गद्दारी करवाएगी देश के प्रति/सब लोग उदासीन रहेंगे अपने परिवेश के प्रति।
7. समय का कोई मतलब नहीं है/जैसे लोग बन्द होकर नहाते रहते हैं किसी कमरे में/खयाल किए बिना वक्त का/...तब मतलब किन चीजों का है?/नहाने का है, दिल बहलाने के बहाने का है/बाजार जाने का है/निरर्थक चीजें खरीदकर लाने का है/प्याज छीलने का है/पतंग ढीलने का है/सब्जी काटने का है/अपनी बच्ची को किसी बहुत छोटी बात पर डाँटने का है/यानी मतलब इन छोटी-छोटी बातों का है/अच्छी बुरी रातों का है/समय का कोई मतलब नहीं है/अर्थहीन है समूचे काल में हमारा समय।
8. चाँद ने प्रभा का एक पुल बना दिया है/झील के उस पार तक/स्मृति की आँखें/पैदल नहीं/पाँखें बनकर उस पर/आ-जा रही हैं/गर्म एक स्पर्श दे रही हैं ठंडी किरनें/गोद में बैठे हुए/किसी पंछी की तरह/कहाँ पहुँचाएँगे ऐसे अटपटे अनुभव मुझे/जो न चल रहा हूँ/न उड़ रहा हूँ/बैठा हूँ सिर्फ/झील के किनारे पर।

9. कल्पना का सच/बचा है पास मेरे/इसलिए इतिहास से विच्छिन्न क्षण/अस्तित्व के सहारे छोड़कर/मोड़कर घुटने/लगाए पालथी बूँद अमृत का चुआ हो इस तरह/काल को आश्वासन देता हुआ सा/ध्यानस्थ मेरे पास बैठा है/...कल्पना के सच/समन्दर तक बहेंगे/सींचकर इतिहास के झंखाड़/आड़े खड़े तिरछे/हरहराएँगे/विरह के वन/विहग-दल-हीन/बिरछे।

10. कुछ नहीं है यहाँ इस गाँव में/पाँच-सात घर हैं माटी के/छत-भर घास हैं/पूले हैं काँस के, धान के सनौड़ी के/और लोग हैं कोई तीस चालीस/जिन्हें अपने होने का भान नहीं है/...तालाब जरूर है ऐसा/दुर्लभ होता है जैसा दिख जाना कहीं और/साफ पानी और विस्तार मन-भर/बैठा रहा मैं देर तक उसके किनारे/सोचना हुआ आफत के मारे इस गाँव की बात/जिसके सुख-दुःख के भान तक/पास की पहाड़ी के उस पास/पड़े रह गए थे शायद।

इतने उद्धरणों के बावजूद यह कह सकना सम्भव नहीं है कि इतने से उनके रचना-संसार के विपुल वैविध्य का समग्र साक्षात्कार किया जा सकता है, लेकिन इतना अन्दाज तो लगाया जा सकता है कि उनकी सृजनात्मक बेचैनी बहुविध रूपाकारों में विन्यस्त होती है। इन उदाहरणों से हम यह भी अनुभव कर सकते हैं कि युग वास्तव उनके लिए साभ्यतिक सन्दर्भों से भी उतना ही जुड़ा है, जितना ठोस जातीय और स्थानिक सन्दर्भों से। यह भी कि इतिहास की गति उन्हें जिस तरह आन्दोलित करती है, इतिहासातीत जैसा महाकालीय अनुभव भी उन्हें उसी तरह रचनाप्रेरित करता है। राजनीति का स्थूल उनके यहाँ अध्यात्म के सूक्ष्म के बाजू में अपने को उघारता मिलता है और छोटी-छोटी बातों के बीच, व्यापक और विशाल जीवन की अटूट निरन्तरता का बोध भी होता रहता है। ऐसे में अगर उनकी कविता के युगबोध के स्वरूप को दो टूक सामान्यीकरण में कहने की कोशिश की जाए, तो बड़ी दिक्कत पेश आती है, लेकिन अगर कहना ही पड़े तो उन्हें आदमी की समूची उम्र का कवि कहना चाहिए। ऐसा कहते हुए भी उनकी रचना को उनकी या किसी व्यक्ति की मानसिक हलचलों की तरह सोचना गलत होगा। आदमी अपने सारे जातीय और स्थानीय ठोसपन की झलकियों के बावजूद या शायद इस तरह के ठोसपन की गहरी समझ के कारण ही देशकाल में पूरी तरह स्थित होकर भी उससे बँधा हुआ नजर नहीं आता। उनका युगबोध बौद्धिक-स्तर पर जारी उस वैचारिक आत्मसजगता से उतना निर्मित नहीं है कि जिस वैचारिक आत्मसजगता को हम नई वैज्ञानिक और राजनीतिक संस्थाओं से आधुनिक शिक्षित भारतीय व्यक्ति की टकराहट के रूप में जानते हैं। वास्तव की पहचान की जो दृष्टि पश्चिम की बौद्धिकता ने सुझाई, उसी के चलते कविता में आत्मचेतना का एक नया दौर शुरू हुआ था। होने को पश्चिमी प्रगति की दृष्टि या उसकी लोकतांत्रिक संस्थाओं और परम्पराओं के साथ एक टकराहट भवानीप्रसाद मिश्र के यहाँ भी मिलती है, पर इस

टकराहट के पीछे की आत्मसजगता में एक खालिस ग्रामीण दिल और दिमाग है। अपनी शिक्षा और अपने सवर्ण संस्कारों के बावजूद इस दिल-दिमाग की बेचैनी युग की पहचान सोच-समझ की अपनी परम्परा और अपने परिवेश में ही करती है। पश्चिमी ज्ञान के प्रति अवहेलना नहीं है यह, बल्कि उस ज्ञान के प्रसूत सभ्यता की गति में अन्तर्निहित खतरों की पहचान है इसमें। भविष्यशास्त्रीय अन्तर्दृष्टि के साथ नहीं, बल्कि अपने संस्कारशील स्वभाव की सहज व्यावहारिक तार्किकता में, अपने ही पास-पड़ोस के रोजमर्रा को देखते-पहचानते हुए भवानीप्रसाद मिश्र आधुनिक सभ्यता के मानव विरोधी रूप के खतरों से हमें आगाह करते हैं। युद्ध, हिंसा, प्रतिस्पर्धा, व्यक्तिवाद, सीमाहीन उपभोग और उत्पादन, बेरोकटोक जारी सैनिकीकरण, अन्धाधुन्ध शहरीकरण, सकल घरेलू उत्पाद की चेरी शिक्षा में व्यापता भोगवादी उन्माद—इन सारी सच्चाइयों को अपने मन में जानते हुए वे अपनी कविता के लिए शब्द खोजते हैं। ऐसी विविधरूपा वाणी में विन्यस्त युगबोध को परम्परा, आधुनिकता, वस्तुपरकता, जटिलता, व्यक्तिवाद, समाजवाद जैसे लगभग अर्थरिक्त पदों के आधार पर समझने के बजाय उचित यही है कि विशिष्ट कविताओं के पाठ के आधार पर उनकी रचनाशीलता को समझने की सार्थक शुरुआत की जाए। बेशक उन्हें पढ़ने के प्रासंगिक और सार्थक परिप्रेक्ष्य के रूप में यह जानकारी उपयोगी हो सकती है कि उन्होंने अपने रचना-कर्म के रूप में कविता को और इस कविता के लिए खड़ी बोली को अपने मन की वाणी की तरह चुना है। यह खड़ी बोली शुरू से ही वैचारिक सक्रियता और समावेशी उदारता से सम्पन्न रही है। बावजूद इसके कि संस्थानिक चेष्टाओं के द्वारा खड़ी बोली की स्वाभाविक चारित्रिकता को नष्ट करने की कोशिश भी इस बीच कम नहीं हुई इसकी कविता में और इसके साहित्य में आज भी हर तरह की अन्यता को आत्म में समो लेने का जोखिम, साहस और संकल्प पूरी तरह से सक्रिय है। भवानीप्रसाद मिश्र ऐसे ही जोखिम, साहस और संकल्प के अन्यतम उदाहरण हैं।

भवानीप्रसाद मिश्र की कविता के बारे में विचार करते हुए यह जानना भी बहुत रोचक होगा कि कविता विषय में भी उन्होंने ढेर सारी कविताएँ लिखी हैं। उन्हें पढ़कर लगता है कि इन कविताओं में कवि-कर्म के सिद्धान्त-निरूपण की कोई चेष्टा नहीं है। शब्द को, भाषा को, कविता को, जीवन्त और लगभग समुपस्थित जानकर लिखी गई इन कविताओं से यही अनुभव होता है कि कविता से उनका लगाव कितना गहरा और कितना मार्मिक था। ऐसा नहीं कि काव्य-रचना की कुशलता या कला को वे स्वीकार नहीं करते थे, पर उसे कोरे निर्माण-कौशल की तरह भी वे नहीं मानते थे। शायद कविता लिखना और इतनी निरन्तरता से इतनी बड़ी संख्या में कविता लिखना, उनसे इसलिए ही सम्भव हो सका कि कविता जैसे उनके लिए अपने अन्तर्मन की शारीरिक मूर्ति जैसी कोई चीज थी, जिसे देखने, देखते रहने, सुनते रहने, जिससे बोलते रहने की ललक और कसक उनके मन में हमेशा ही

बनी रहती थी। जीवन-भर, शायद थोड़े दिनों के लिए भी उन्होंने कविता लिखना बन्द नहीं किया, और कभी इस बात की परवाह नहीं की कि कविता किस तरह की बन रही है। वे शब्दों को हर वक्त अपने भीतर उमड़ता हुआ सा पाते थे, और कोशिश करते थे कि लिखकर उनका एक रूप बना सकें। यह कोशिश रूपासक्ति के चलते नहीं होती थी, उस विकलता के चलते होती थी जिसे आत्माभिव्यक्ति की विकलता के रूप में ही हम देख सकते हैं। कविता बन रही है या नहीं बन रही है जैसी बात को उनकी मनमानी की तरह भी लेना उचित नहीं है, क्योंकि वे जिस तरह की कविता को जानते थे और मानते भी थे, उससे वे कटे हुए नहीं थे। पर अपनी विकलता को लिखते हुए वे बार-बार कविता की पुनर्परिभाषा-सी करते थे। शायद यही कारण है कि कविता को लेकर उन्होंने ढेर कविताएँ लिखीं। यही नहीं, अगर कविता के विषय में सीधे न भी लिख रहे हों, तो भी अपने कर्म की दिशा का खयाल उनको हमेशा रहता था। बेशक कई कविताएँ उन्होंने ऐसी भी लिखी हैं, जहाँ वे शब्दों की व्याख्या की जरूरत महसूस नहीं करते। ऐसी कविताओं में उन्हें अलग से कुछ कहना नहीं पड़ता, अपनी बिम्बात्मक या संवेदनात्मक अर्थवत्ता में ही इस तरह की कविताएँ मानो अपने प्रयोजन को चरितार्थ किए हुए मिलती हैं; पर भवानीप्रसाद मिश्र की कविता से सम्बद्ध कविताओं को उनके गतिशील और अनेक केन्द्रिक विचारों के रूप में पढ़ना इस अर्थ में सार्थक हो सकता है कि इससे हम उन्हें पढ़ने और जानने का एक और रास्ता पा सकते हैं पर तभी, जब हम इसे कवि को समझने का एकमात्र रास्ता मानें कि तंगदिमागी से अपने को बचाकर रखें और सोचें कि कविता और हिन्दी खड़ी बोली के बारे में सोचते हुए अपने सृजन के वयस्क चरण में कवि इस तरह की बात कहता है :

> *कविता अगर पहने/ज्यादा गहने/तो वह खुद/जरूरत से ज्यादा/ढक जाती है; आती है या नहीं/यह बात तुम्हारी समझ में/किसी और भाषा में/चाहे जैसी रहे/हिन्दी में तो जैसी है यह भाषा/वैसी रहे/छरहरी और हल्की*
>
> *हमारा काम/हम जो कविता को अपनाते हैं/किसी भी सन्दर्भ में/शब्दों का आत्मीय उपयोग करते हैं/कविता कम-से-कम हमारे लिए/एक अपरम्पार चीज होनी चाहिए/और हो जाना चाहिए/अपरम्पार एक चीज उसे/दूसरों के लिए भी*

ये दोनों उद्धरण उनकी रचनावली के सातवें खंड से लिये गए हैं, जिनसे उनकी कविता-विषयक धारणाओं-विचारों का एक अन्दाज मिलता है। यह भी महसूस होता है कि खड़ी बोली के काव्य-संस्कार को परिवेश में स्थित जीवन्त बोलचाल की जबान की सहजता और सादगी में पाने का उनका संकल्प इस तथ्य को पल-भर के लिए भी नहीं बिसराता कि इसी संकल्प के दूसरे छोर पर कविता के अपरम्पार होने की गहराई और व्यापकता भी हमेशा ही मौजूद

रही है। भवानीप्रसाद मिश्र की कविता की बनावट के एकसेपन के बीच भी अगर हम एक साफ नजर में आनेवाली विविधता के दर्शन हर जगह करते हैं तो इसका कारण शायद यही है कि एक तरफ वाचिक परम्परा का सहज अभिधार्थ और दूसरी तरफ आत्मखोज की गूढ़ व्यंजनाएँ उन्हें काव्य रचना के लिए प्रेरित करती रही हैं। इस प्रसंग में यह भी याद करना सार्थक होगा कि उन्होंने सुदीर्घ और अत्यन्त छोटी कविताएँ ही नहीं लिखी हैं, बल्कि खंडकाव्य, गीतात्मक मात्रिक छन्दों जैसी परम्परागत विधाओं में भी प्रचुर लेखन किया है। उनकी लम्बी कविताओं में—यथा 'शब्दों के तल्प पर', 'खुशबू के शिलालेख', 'जीवन के प्रभु से एकतरफा बातचीत', 'अवधिहीन छोरों से', 'दो टुकड़े देश दस टुकड़े जनम-दिन'—बहुत कुछ को एक साथ समो लेने की और कह डालने की कोशिश है, पर यहाँ भी बात को सँवारने-सजाने या कि उसकी सहज सम्प्रेषणीयता को नएपन की कोशिश में तोड़ने-मोड़ने की कोशिश नहीं दिखाई पड़ती। बेशक 'छरहरी और हल्की' जिस हिन्दी की मानक कल्पना का आग्रह वे हमेशा करते रहे हैं, वह इन लम्बी कविताओं में जगह-जगह पर बोझिल और जटिल हो गई है। कई बार ऐसा भी लगता है कि यह बोझिलता उनकी बेचैनी के चलते हैं तो कई बार इसके विपरीत यह भी कि वाचालता को संयमित न रख पाने के कारण ही उनमें एक तरह का बिखराव आ गया है। यह बिखराव, विषय की केन्द्रीयता का पालन नहीं करने की खामी-भर नहीं है। अपने मन को शब्द के स्तर पर साध न पाने की वजह से है। कुछ इस वजह से भी कि ऐसी कविताओं में अनुभव की व्याख्या अनुभव की पुनर्रचना पर हावी होती दीखती है। लम्बी कविताओं में प्राय: आत्मपरकता उसकी बनावट के अवांछित विस्तार का कारण बन जाती है। भवानीप्रसाद मिश्र ऐसी कविताओं में शायद अपनी विशिष्ट प्रगीतात्मक शैली के चलते भी थोड़े अतिरिक्त और पुनरुक्तिपूर्ण बयानबाजी में रमते से नजर आते हैं। इसके बावजूद ये कविताएँ अपने असर में उनकी रचनाशीलता के अपेक्षाकृत अधिक गम्भीर और व्यापक आयाम को हमारे सामने लाती हैं। खास कर इस वजह से कि प्रकृति की भाषा और कल्पना के सच को यहाँ एक अनुभवगम्य वास्तविकता का साभ्यतिक सन्दर्भ प्राप्त होता है। यह जरूर है कि वास्तविकता के कुछ अधिक प्रखर ब्योरों का अभाव भी, सभ्यता-समीक्षा या आत्मखोज के ऐसे प्रसारों में थोड़ा खलता है। ऐसा लगता है कि रोमानी अमूर्तता की लय उन्हें घेरे हैं। लम्बी कविताओं की एक उपलब्धि यह भी है कि आधुनिक युग के प्रकट सन्दर्भों के बावजूद उसका कालबोध कहीं भी निरा समकालीन नहीं लगता; पर इसके साथ-साथ उसकी विशिष्ट स्थानिकता भी इस जटिल विस्तार में ओझल-सी होती दीखती है। कुल मिलाकर यह कहा जा सकता है कि ऐसी रचनाएँ हमें उनके सरोकारों की व्यापकता से परिचित कराती हैं, उसकी सान्द्रता की झलकियाँ यत्र-तत्र तो

मिल जाती हैं, पर सर्वत्र वैसी घनता उसमें नहीं दिखती, जिसे कि वे स्वयं एक महत्त्वपूर्ण काव्यादर्श की तरह मानते रहे हैं।

लम्बी कविताओं की तुलना में छोटी कविताएँ अधिक असरदार और चुस्त तथा जीवन्त बन पाई हैं। तुकों का इस्तेमाल छोटी कविताओं में सार्थक है, और कई बार तो ये तुक अर्थ-विस्तार में सहायक लगते हैं। इन कविताओं में भी विषय को अनुभव के स्तर पर रूपायित करने की चेष्टा ही प्रमुख है। बहुत छोटी कविताओं में कई बार संकेत महज चमत्कार के स्तर पर सीमित रह जाता है, पर ईषत् बड़ी, पर फिर भी आन्तरिक अनुभव को लिखती हुई अधिकांश कविताएँ, एक मन्थर गति से बढ़ती हैं और विन्यास को अधिक सार्थक ढंग से मुकम्मिल बनाती हैं। इन्हीं कविताओं में पुरानी-सी लगनेवाली प्रकृति की भाषा की प्रसन्न ताजगी भी महसूस होती है। ऐसा लगता है कि मन के बहुविध संकल्पों-विकल्पों के बीच मन:स्थिति की क्षणिकता में निहित पूर्णता को, या कि मन:स्थिति के भीतर झाँक रहे मन के घनत्व को, ये कविताएँ सहजतम कहने के स्तर पर साध सकी हैं। खड़ी बोली का बोलीपन और उसके शब्दों में सुदीर्घ परम्परा की अनुगूँजें मितकथन की शैली में एक सुन्दर रूपाकार रचती हैं। इसमें सहज साझेदारी सम्भव होती है क्योंकि इसकी जबान साझे की संस्कृति को अपने भीतर प्राणधारा की तरह समोए है।

वैसे जहाँ तक भाषा का मामला है, भवानीप्रसाद मिश्र शुरू से ही इस बात की सतर्कता बरतते हैं कि वे खड़ी बोली के खड़ेपन को बोलियों के अतिरिक्त उर्दू के प्रवाह और संस्कृत के उचार संगीत से जोड़ें। उनकी शुरू की कविताओं में तो उर्दू की बहर में कई रचनाएँ मिलती हैं। गजलें भी उन्होंने खूब लिखी हैं। अपनी शैली ही उन्होंने इस ढंग की विकसित की है कि वह वर्णन-विवरण, व्याख्या-विश्लेषण, उद्‌बोधन, आह्वान—सब कुछ को एक तरह की बतकही में बदल देती है। उनकी कविता में सहज भाव से विन्यस्त बिरादरीपन है। उसमें असाधारण होने का रुआब नहीं, एक तरह की आत्मीयता से भरी पुकारती हुई वाणी होती है। उसमें परम्परागत मात्रिक छन्दों की जकड़ नहीं, उनकी गति और विरामों की एक सुघड़ता मिलती है। उनकी सभी कविताएँ उचार की, लिखे को बोले की तरह बरतने की अपेक्षा रखनेवाली कविताएँ हैं। चूँकि उन्होंने हजारों कविताएँ लिखी हैं, इसलिए यह स्वाभाविक है कि उनकी भाषा में, बिम्बों-प्रतीकों का दुहराव है। एक कविता पढ़ते हुए उसी तरह की उनकी दूसरी कविता की याद भी आती रहती है, और कई बार उन्होंने एक कविता के भाव-प्रवाह की गति में एक साथ दो-तीन कविताएँ लिखी भी हैं। पर उनकी हर तरह की कविता पढ़कर, उलझाव का भाव मन में कभी नहीं जागता। उनकी सहजता देखकर बाजदफा यह भी लगता है कि कहीं वे मन:स्थिति-परिस्थिति का सरलीकरण तो नहीं कर रहे, पर उनकी भाषा में बहती अनुभूति की लय से घिरकर हम महसूस करते हैं कि जीवन को और मन को जानने-समझने के उनके तरीके में वैसी बौद्धिक ऊर्जा नहीं है जो जीवन

की जटिलता से ऐसे उलझे कि उसकी रचना दूसरों को भी उलझाने लगे। यों वे खुद भी यह स्वीकार करते हैं, सरलता अब इस सभ्यता में इस समय में नहीं रही, अत: कविता से इसकी उम्मीद अब ज्यादा मायने नहीं रखती। इस अर्थ में जरूर उनकी कविताएँ सरल हैं।

उनके व्यक्तित्व की ग्रामीण या कस्बाई सरलता, सहज भाव से सिर्फ कविता के तर्क-विन्यास में ही नहीं, उसके समग्र भाषिक रचाव में आ गई है। अपने वक्त के दूसरे कवियों की तरह उन्होंने भी आधुनिक जीवन की विसंगतियों को पहचानने और लिखने की कोशिश की है, पर अपनी कविता-रचना में वे परम्परागत आदर्शवादी ही बने रहते हैं। वास्तव की तिक्तता को झेलते हुए भी उनका मन अपनी बेचैन गतियों में सपने सँजोता रहता है। वे स्वप्न, स्मृति और कल्पना की अन्तर्दृष्टि से दुनिया के यथार्थ को जानते हैं, क्योंकि वे विश्लेषक और व्याख्याकार नहीं, कवि और कलाकार ही बने रहना चाहते हैं। हिन्दी की नई कविता में, लोकचित्त की सरलता का सुन्दर रूपाकार रचनेवाले भवानीप्रसाद मिश्र, हिन्दी की बहुरूपात्मक सर्जनात्मकता के एक अद्वितीय प्रतीक हैं।

यह चयन पूरी तरह से कवि की रचनावली के आठ खंडों पर आधारित है। कवि का संक्षिप्त जीवनवृत्त और उसकी प्रकाशित पुस्तकों से सम्बन्धित सूचनाएँ भी वहीं से ली गई हैं। इसलिए इस चयन के सिलसिले में अपने मित्र और रचनावली के सम्पादक विजयबहादुर सिंह के प्रति आभार व्यक्त करना जरूरी है। इस संकलन के बारे में यह दावा तो निश्चय ही बड़बोलापन होगा कि यह उनकी रचनाओं का प्रतिनिधि संकलन है, पर इतना तो कहा ही जा सकता है कि यथाशक्ति इस बात की कोशिश की गई है कि चयनकर्ता की व्यक्तिगत रुचि या उसकी विचार-दृष्टि रचनाओं की विविधता के आड़े न आए, इसलिए ही रचनावली के प्रत्येक खंड की रचनाएँ इसमें सम्मिलित हैं। इस तरह के चयन के पीछे यह भावना भी काम करती रही है कि पाठक चाहे तो उनकी समूची काव्ययात्रा के विकास-क्रम को लक्ष्य कर सके। इस चयन में इस बात पर भी ध्यान दिया गया है कि खंडकाव्य या नज्म-गजल की शैली भी इसमें स्थान पा सके, गोकि समग्र रचना में इन विधाओं को निरन्तरता के साथ अभिव्यक्ति का माध्यम नहीं बनाया गया है। आकार की दीर्घता को देखते हुए खंडकाव्य 'कालजयी' का एक विशेष अंश ही संकलन में लिया गया है। इसके अलावा इस संकलन में उनकी विशिष्ट गद्य रचनाओं को भी सम्मिलित किया गया है, ताकि उनकी कविता में अन्तर्निहित और विन्यस्त उनकी वैचारिकता और उनकी मूल्यचेतना को समझने में थोड़ी आसानी हो सके। इस चयन में इस तथ्य पर विशेष ध्यान केन्द्रित किया गया है कि पाठक कवि-व्यक्तित्व के बहुआयामी स्वरूप को अपने देश-परिवेश के अनुभवों की जीवन्तता में पहचान और परख सके। साथ ही यह चेष्टा भी है कि वह युग विशेष की कविताओं के बीच बिलकुल ही अलग किस्म की कविता के रूबरू हो सके। इस चयन के दौरान हमने

लगातार यह अनुभव किया है कि इतनी बड़ी संख्या में कविता लिखनेवाले कवि की कविताओं में से चुनाव करना कितना दुष्कर है। इसलिए सम्भव है कि कुछ अत्यन्त महत्त्वपूर्ण रचनाएँ संकलन में न आ पाई हों, लेकिन जो हैं उनसे यह सहज आभास होता है कि भवानीप्रसाद मिश्र हिन्दी की सृजन-परम्परा के अविस्मरणीय और प्रेरक कवि हैं।

—प्रभात त्रिपाठी

क्रम

खंड : एक

खंड : दो

कहानियाँ

काव्य-कृतियों की भूमिकाएँ एवं वक्तव्य

परिशिष्ट

खंड : एक

ऊँचा करके शीश चलो

ऐ, ऊँचा करके शीश, चलो रे भाई,
गो हमें पकड़ने मौत स्वयं ही आई,
कहते हैं उसके पंजे हैं फौलादी,
पर हमें चाहिए, अगर आज आजादी,
तो इन पंजों में गले फँसाने होंगे,
स्वातंत्र्य-गीत इस ढब से गाने होंगे,
पट जाए स्वरों से जिनके चौड़ी खाई,
ऐ, ऊँचा करके शीश, चलो रे भाई,
मुश्किल से आती है मरने की वेला,
वह सही तरण, जो इन घड़ियों से खेला,
ऊँचे शीशों की अदा अजब मस्तानी,
फौलादी पंजे जिसके आगे पानी,
धिक्कार अगर वह अदा न हमने पाई,
ऐ, ऊँचा करके शीश, चलो रे भाई,

1929

कवि

कलम अपनी साध
और मन की बात बिलकुल ठीक कह एकाध।

यह कि तेरी-भर न हो तो कह,
और बहते बने सादे ढंग से तो बह।
जिस तरह हम बोलते हैं उस तरह तू लिख,
और इसके बाद भी हमसे बड़ा तू दिख।
चीज ऐसी दे कि जिसका स्वाद सिर चढ़ जाए

बीज ऐसा बो कि जिसकी बेल बन बढ़ जाए।
फल लगें ऐसे कि सुख-रस, सार और समर्थ
प्राण-संचारी कि शोभा-भर न जिनका अर्थ।

टेढ़ मत पैदा करे गति तीर की अपना,
पाप को कर लक्ष्य कर दे झूठ को सपना।
बिन्ध्य, रेवा, फूल, फल, बरसात या गरमी,
प्यार प्रिय का, कष्ट-कारा, क्रोध या नरमी,
देश या कि विदेश, मेरा हो कि तेरा हो
हो विशद विस्तार, चाहे एक घेरा हो,
तू जिसे छू दे दिशा कल्याण हो उसकी,
तू जिसे गा दे सदा वरदान हो उसकी।

जनवरी, 1930

वे हँसे और आया वसन्त

वे हँसे और आया वसन्त, खिल गए फूल, लद गई डाल,
भौंरों ने गाना शुरू किया, पत्ते हिलकर दे चले ताल।
हर फूल नई पोशाक पहिन, जग के आँगन में झूम गया।
हर भौंरा मस्ती में भरकर, हर नए फूल को चूम गया।

खेतों में सरसों फूल उठी, जंगल में टेसू हुआ लाल,
जो हवा अभी तक चंचल थी, उसकी धीमी हो गई चाल।
अब तक की सूनी अमराई में उतर पड़ी जैसे बरात,
बँध गया मौर, हो गया और, उस बड़े आम का पीत गात।

किरनों का सोना निखर गया, लहरों पर चढ़ा नया पानी,
जी कुछ ऐसा बेहाल हुआ, आँखों का उतर गया पानी
तब बार-बार कुहकी काली आली अमराई गूँज गई,
क्या जाने जादू हुआ कौन? सारी दुनिया हो गई नई।

फूलों का मतलब बदल गया, जी में जैसे गड़ गए शूल,
मैं बेसुध थी, बेजाने ही मेरे सिर से खिसका दुकूल।
वे हँसे, और बिस-भरी हँसी में मैंने दी मुसकान मिला;
वे मिले मुझे, तू बता सखी, यह शाप या कि वरदान मिला।

फरवरी, 1935

सन्नाटा

तो पहले अपना नाम बता दूँ तुमको,
फिर चुपके-चुपके धाम बता दूँ तुमको,
तुम चौंक नहीं पड़ना, यदि धीमे-धीमे
मैं अपना कोई काम बता दूँ तुमको।

कुछ लोग भ्रान्तिवश मुझे शान्ति कहते हैं,
निस्तब्ध बताते हैं, कुछ चुप रहते हैं;
मैं शान्त नहीं, निस्तब्ध नहीं, फिर क्या हूँ,
मैं मौन नहीं हूँ, मुझमें स्वर बहते हैं।

कभी-कभी कुछ मुझमें चल जाता है,
कभी-कभी कुछ मुझमें जल जाता है,
जो चलता है, वह शायद मेढक हो,
वह जुगनू है, जो तुमको छल जाता है।

मैं सन्नाटा हूँ, फिर भी बोल रहा हूँ
मैं शान्त बहुत हूँ, फिर भी डोल रहा हूँ;
यह 'सर्-सर्' वह 'खड़-खड़' सब मेरी है,
है यह रहस्य मैं इसको खोल रहा हूँ।

मैं सूने में रहता हूँ, ऐसा सूना,
जहाँ घास उगा रहता है ऊना;
और झाड़ कुछ इमली के, पीपल के
अन्धकार जिनसे होता है दूना।

तुम देख रहे हो मुझको, जहाँ खड़ा हूँ,
तुम देख रहे हो मुझको जहाँ पड़ा हूँ,
मैं ऐसे ही खँडहर चुनता फिरता हूँ,
मैं ऐसी ही जगहों में पला-बढ़ा हूँ।

हाँ, यहाँ किले की दीवारों के ऊपर,
नीचे तलघर में या समतल पर भू पर
कुछ जनश्रुतियों का पहरा यहाँ लगा है,
जो मुझे भयानक कर देते हैं छूकर।

तुम डरो नहीं, डर वैसे कहाँ नहीं है,
पर खास बात डर की कुछ यहाँ नहीं है;
बस एक बात है, वह केवल ऐसी है,
कुछ लोग यहाँ थे, अब वे यहाँ नहीं हैं।

यहाँ बहुत दिन हुए एक थी रानी,
इतिहास बताता उसकी नहीं कहानी;
वह किसी एक पागल पर जान दिए थी,
थी उसकी केवल एक यही नादानी!

यह घाट नदी का, अब जो टूट गया है,
यह घाट नदी का, अब जो फूट गया है—
वह यहाँ बैठकर रोज-रोज गाता था,
अब यहाँ बैठना उसका छूट गया है।

शाम हुए रानी खिड़की पर आती,
थी पागल के गीतों को वह दुहराती;
तब पागल आता और बजाता बंसी,
रानी उसकी बंसी पर छुपकर गाती।

किसी एक दिन राजा ने यह देखा;
खिंच गई हृदय पर उसके दुःख की रेखा;
वह भरा क्रोध में आया और रानी से,
उसने माँगा इन सब साँझों का लेखा।

रानी बोली पागल को जरा बुला दो,
मैं पागल हूँ, राजा, तुम मुझे भुला दो;
मैं बहुत दिनों से जाग रही हूँ राजा,
बंसी बजवाकर मुझको जरा सुला दो।

वह राजा था, हाँ, कोई खेल नहीं था,
ऐसे जवाब से उसका मेल नहीं था;
रानी ऐसे बोली थी, जैसे उसके
इस बड़े किले में कोई जेल नहीं था।

तुम जहाँ खड़े हो, यहीं कभी सूली थी,
रानी की कोमल देह यहीं झूली थी;
हाँ, पागल की भी यहीं, यहीं रानी की,
राजा हँसकर बोला, रानी भूली थी।

किन्तु नहीं फिर राजा ने सुख जाना,
हर जगह गूँजता था पागल का गाना;
बीच-बीच में, राजा, तुम भूले थे,
रानी का हँसकर सुन पड़ता था ताना।

तब और बरस बीते, राजा भी बीते,
रह गए किले के कमरे-कमरे रीते;
तब मैं आया, कुछ मेरे साथी आए,
अब हम सब मिलकर करते हैं मनचीते।

पर कभी-कभी जब पागल आ जाता है,
लाता है रानी को, या गा जाता है;
तब मेरे उल्लू, साँप और गिरगिट पर
अनजान एक सकता-सा छा जाता है।

फरवरी, 1936

झोली को कब तक कौन सिएगा

इच्छाओं की इस फटी हुई झोली को कब तक कौन सिएगा!
और सियन के पूरे होते-होते तक भी कौन जिएगा!
अरे जिएगा कौन हलाहल अपने हाथों ढाल-ढालकर,
कौन भरेगा आहें कब तक जी में छाले पाल-पालकर,
कितनी इच्छाएँ हैं मेरी झोली इन्हें सँभाल सकेगी?
सिल जाने पर भी बेचारी इनका गिरना टाल सकेगी?
साल सकेगी क्या अभागे की छाती में ये चिथड़ोंवाली?
इच्छाओं के मुरझे चेहरे पर दौड़ा पाएगी लाली
ना, यह कुछ भी हो न सकेगा, फिर इसको सीने में क्या है?
जब यह कुछ भी हो न सकेगा, हाँ, तब फिर जीने में क्या है?
फिर क्या है झीने-से सुख में जो आशा ने तान रखा है,
क्यों न युद्ध ही करते जाऊँ जोकि मौत ने ठान रखा है,

मेरा मतलब है, क्यों इसको न्योता देकर मैं न बुला लूँ
क्यों न थपकियाँ देकर अपनी इच्छाओं को आज सुला लूँ
और भुला लूँ क्यों न आज इस अपनेपन के थोथेपन को
मृत्यु महारानी, सुनते हैं, है उदार, सबको अपनाती
सुनते हैं, वह स्वयं सिरहाने बैठी-बैठी लोरी गाती,
आती है, वह बारी-बारी सबकी खबर लिया करती है,
और सभी को सुनते हैं, वह अपना हाथ दिया करती है,
जीवन जैसी नहीं किसी को हँसना और किसी को रोना
उसके फैले हुए राज्य का सुनते हैं हर कोना-कोना—
सोना जैसा चमक रहा है हँसी धूप-सी बिखर रही है,
उस प्रकाश में मैं सुनता हूँ सुख की झाँकी निखर रही है,
सौदागर जग का प्रभाव है, इसको कितना तौल रहा हूँ।

24 सितम्बर, 1936

मंत्रियों का स्वागत

मुझसे यह कहा गया है मैं कुछ पत्र-पुष्प लेकर आऊँ
मुझसे यह कहा गया है मैं कुछ स्वागत साज सजा लाऊँ
मैं आज मंत्रियों की महानता का दिग्दर्शन करा चलूँ
मुझसे यह कहा गया है मैं कुछ गीत लिखूँ उनको गाऊँ

मैं नहीं जानता जनता के प्रतिनिधि से क्या कहकर बोलूँ
मैं नहीं जानता किस तखरी पर इस महानता को तौलूँ
यह दुनियादारों की बोली यदि जी की बात बता सकती
यह उथले शब्दों की टोली यदि गहरा दुःख जता सकती
यदि दर्द समझ पाता कोई कहते ही दारुण घावों का
तो चित्र खींच सकता था मैं रो उठनेवाले भावों का

सब सोच रहे होंगे स्वागत के समय बात रोने की क्यों
जब हमने इतना पाया है तब यह चर्चा खोने की क्यों
सब मुझे क्षमा कर देना मैं कवि हूँ द्रष्टा हूँ पागल हूँ
मैं पीड़ा लेकर आया हूँ मैं बहुत दिनों का घायल हूँ

जिनने वर्षों बलिदान किया जिनने सालों कुरबानी दी
और आजादी की युगों-युगों कहने के योग्य कहानी दी

जिनने लाठी की मार सही, हाँ, रहा मुबारक जेल जिन्हें
जो इतने निर्भय रहे कि जीवन-मृत्यु सदा है खेल जिन्हें

जिनने पीड़ा पहचानी है मेरे मजदूर किसानों की
जो समझ रहे हैं कीमत क्या मानव के भूखे प्राणों की
वे स्वागत के भूखे कब हैं क्यों झाड़ी लगाऊँ स्वागत की
जो मेरे जी के रक्त उन्हें क्यों पदवी दूँ अभ्यागत की।

उनके देखे से आज हृदय का रुका बाँध यदि टूट पड़ा
यदि चुप रह सकने का मेरा सहसा ही धीरज छूट पड़ा
तो वे मेरी परवशता को पहचान नहीं लेंगे क्योंकर
यह फूट पड़ा रुक नहीं सका यह जान नहीं लेंगे क्योंकर

मैंने साँसों की तरह सजग रहकर सचेत रहना सीखा
हाँ, बापू की अगवानी में सच को सच ही कहना सीखा
मेरी बोली का गर्व सदा ही से गरीब की वाणी है
मेरी स्याही का रूप सदा ही से आँखों का पानी है

मेरे किसान युग बीत गए गीतों की बात नहीं करते
ऐसा दिन कभी नहीं ऊगा जिसको वे रात नहीं करते
उनको यह लाल-हरी झंडी उनको यह तोरण और सभा
यह चहल-पहल यह दौड़-धूप उनको वस्त्रों की शुभ्र प्रभा
उनको जयघोष तुम्हारा यह उनको स्वतंत्रता के नारे
कुछ सुखी नहीं कर पाते हैं, वे निस्सहाय वे बेचारे

वे आज यहाँ यदि आए हैं तो अपनी आह कराहेंगे
वे आज आपसे हैं समर्थ क्या अपना अर्थ न चाहेंगे
वर्षा में जिनके छाँह नहीं जाड़े में जिनके आग नहीं,
दो वक्त पेट भरकर खा लें ऐसे भी जिनके भाग नहीं

जो अपने बच्चों को दुःख से भी पाल-पोसकर सो न सकें
जो इतने डूबे हैं दुःख में जी कभी खोलकर रो न सकें
जिनको यदि मरने की फुरसत मिल जाती तो जी जाते
जिनको यदि कहीं जहर मिलता तो उसको हँसकर पी जाते
वे आज चाहते हैं इतना मानवता उनको शाप न हो
वरदान मिले मत मिले उन्हें जीवित रहना तो पाप न हो

इस हड्डी के ढाँचे पर थोड़ा-सा मांस बढ़ा दें यदि
आप कहीं दम तोड़ रहे हों थोड़ी साँस बढ़ा दें यदि
तो आप धन्य हो उठें आपको मानवता का प्यार मिले
अधिकार स्वयं हो जाए धन्य यदि ऐसों को अधिकार मिले।

सितम्बर, 1937

गाँव

गाँव, इसमें झोंपड़ी है, घर नहीं है,
झोंपड़ी के फटकियाँ हैं, दर नहीं है;
धूल उड़ती है, धुएँ से दम घुटा है,
मानवों के हाथ से मानव लुटा है।
रो रहे हैं शिशु कि माँ चक्की लिये है,
पेट पापी के लिए पक्की किए है
फट रही छाती।

रात बीती है, अँधेरी छट रही है
और पीली पौ अकेली फट रही है;
एक चिड़िया घोंसले को छोड़ जागी,
और पूरब में लगी बेलाग आगी।
गाँव में पहली किरन के साथ जागे,
चैन जगने पर नहीं जिनको, अभागे;
जोतना है खेत, हल के साथ निकले,
बीज बोना है कि दल के साथ निकले।
सुबह की ठंडी हवा कपड़े नहीं हैं,
पाँव रखते हैं कहीं, पड़ते कहीं हैं;
पाँव जिनमें गति नहीं कम्पन बहुत है,
प्राण में जीवन नहीं कम्पन बहुत है,
प्राण में जीवन नहीं तड़पन बहुत है

धूल, गोबर और कचरे में भरी-सी,
देवियाँ निकलीं वहाँ जीवित मरी-सी।
गाँव में सूरज सबेरा कर रहा है?
गाँव में सूरज उजेला भर रहा है?
ढोर छूटे हैं कि जंगल को चले हैं

साथ में दो-चार चरवाहे भले हैं,
भले हैं, यानी तनिक गा-से रहे हैं,
और अपने दुःख पर छा-से रहे हैं।
दो घड़ी सूरज उन्हें बहला सका है,
हम सुखी हैं जोश में कहला सका है।

तंग गलियों में कहीं बच्चे खड़े हैं,
लाल हैं पर भाग पत्थर से लड़े हैं;
धूल के हीरे नहीं अब धूल हैं ये,
फूल जंगल के नहीं अब शूल हैं ये।
रूप इनका आँख में गड़-सा रहा है,
और ढाँचा प्राण पर पड़-सा रहा है;
हाय रे, बचपन तलक सुख से न बीता,
वाय रे, दारिद्र्य तूने खूब जीता!

धूप चढ़ती है कि पनघट जम गया है,
एक छोटा-सा कुआँ है कम गया है;
तरुणियाँ हैं घाट पर झीमी-झुकी हैं,
हँस कभी पड़तीं कभी कुछ बोलती हैं,
यह हँसी दुःख में सनी है, खोलती है।

5 दिसम्बर, 1937

कमल के फूल

फूल लाया हूँ कमल के।
क्या करूँ इनका,
पसारें आप आँचल,
छोड़ दूँ;
हो जाए जी हलका!

किन्तु होगा क्या
कमल के फूल का?

कुछ नहीं होता
किसी की भूल का—

मेरी कि तेरी हो—
ये कमल के फूल केवल भूल हैं।
भूल से आँचल भरूँ ना
गोद में इनको सँभाले
मैं वजन इनके मरूँ ना!

ये कमल के फूल,
लेकिन मानसर के हैं,
इन्हें हूँ बीच से लाया,
न समझो तीर पर के हैं।
भूल भी यदि है
अछूती भूल है!
मानसर वाले
कमल के फूल हैं।

20 जुलाई, 1939

सतपुड़ा के जंगल

सतपुड़ा के घने जंगल
नींद में डूबे हुए-से,
ऊँघते अनमने जंगल।

झाड़ ऊँचे और नीचे
चुप खड़े हैं आँख भींचे;
घास चुप है, काश चुप है,
मूक शाल, पलाश चुप है;
बन सके तो धँसो इनमें,
धँस न पाती हवा जिनमें,
सतपुड़ा के घने जंगल
नींद में डूबे हुए-से
ऊँघते अनमने जंगल!

सड़े पत्ते, गले पत्ते
हरे पत्ते, जले पत्ते
वन्य पथ को ढक रहे-से

पंक-दल में पले पत्ते,
चलो इन पर चल सको तो,
दलो इनको दल सको तो,
ये घिनौने-घने जंगल,
नींद में डूबे हुए-से
ऊँघते अनमने जंगल!

अटपटी उलझी लताएँ
डालियों को खींच खाएँ,
पैरों को पकड़ें अचानक,
प्राण को कस लें कँपाएँ,
साँप-सी काली लताएँ,
बला की पाली लताएँ,
लताओं के बने जंगल,
नींद में डूबे हुए-से
ऊँघते अनमने जंगल।

मकड़ियों के जाल मुँह पर,
और सिर के बाल मुँह पर,
मच्छरों के दंशवाले
दाग काले-लाल मुँह पर,
वात-झंझा वहन करते,
चलो इतना सहन करते,
कष्ट से ये सने जंगल
नींद में डूबे हुए-से
ऊँघते अनमने जंगल।

अजगरों से भरे जंगल
अगम, गति से परे जंगल,
सात-सात पहाड़वाले,
बड़े-छोटे झाड़वाले,
शेरवाले बाघवाले,
गरज और दहाड़वाले,
कम्प से कनकने जंगल,
नींद में डूबे हुए-से
ऊँघते अनमने जंगल।

इन वनों के खूब भीतर,
चार मुर्गे, चार तीतर,
पालकर निश्चिन्त बैठे,
विजन वन के बीच पैठे,
झोंपड़ी पर फूस डाले
गोंड तगड़े और काले,
जबकि होली पास आती,
सरसराती घास गाती,
और महुए से लपकती,
मत्त करती बास आती,
गूँज उठते ढोल इनके,
गीत इनके बोल इनके!

सतपुड़ा के घने जंगल
नींद में डूबे हुए-से
ऊँघते अनमने जंगल।
जागते अँगड़ाइयों में,
खोह खड्डों खाइयों में
घास पागल, कास पागल,
शाल और पलाश पागल,
लता पागल, वात पागल
डाल पागल, पात पागल,
मत्त मुर्गे और तीतर,
इन वनों के खूब भीतर!

क्षितिज तक फैला हुआ-सा,
मृत्यु तक मैला हुआ-सा
क्षुब्ध काली लहरवाला,
मथित, उत्थित जहरवाला,
मेरुवाला, शेषवाला,
शम्भु और सुरेशवाला,
एक सागर जानते हो?
उसे कैसा मानते हो?
ठीक वैसे घने जंगल,
नींद में डूबे हुए-से
ऊँघते अनमने जंगल।

धँसो इनमें डर नहीं है,
मौत का यह घर नहीं है,
उतरकर बहते अनेकों,
कल-कथा कहते अनेकों,
नदी निर्झर और नाले,
इन वनों ने गोद पाले,
लाख पंछी सौ हिरन-दल,
चाँद के कितने किरन-दल,
झूमते बन-फूल फलियाँ,
खिल रहीं अज्ञात कलियाँ,
हरित दूर्वा, रक्त किसलय,
पूत पावन, पूर्ण रसमय,
सतपुड़ा के घने जंगल,
लताओं के बने जंगल।

अगस्त, 1939

कल सरीखे दिन

कल सरीखे दिन सदा बीतें प्रभो
कल सरीखे सतपुड़ा की गोदवाले दिन
कल सरीखे पुण्यवर्षी मोदवाले दिन
गानवाले छन्दवाले दिन
स्वर्ण-सुरभित मंजरी की गन्धवाले दिन
धूप से निखरे हुए आकाश तक बिखरे हुए
कल सरीखे दिन सदा जीतें, प्रभो,
कल सरीखे दिन सदा बीतें, प्रभो,
कल सरीखा हर्ष उमड़े आज के भी दिन,
साज के दिन लगें हमको गाज के भी दिन
लगें हमको पर्व होकर काज के भी दिन,
सहज मन से ही सहेजें लाज के भी दिन
दुःख में डूबे हुए—शून्य मन ऊबे हुए,
विकल बाधा-पल सदा रीतें प्रभो
कल सरीखे दिन सदा बीतें प्रभो।

13 फरवरी, 1942

वचन-फल

कहने की बात और होने की बात में
बोने की बात और
काटने की बात-जैसा कोई सहज नाता है

पुष्ट बीज सुष्ठु खेत साथी संगी-समेत
सुसमय बोइए
सींचिए सुसाध से मेहनत अबाध से

रात-दिन बात बिन खेत को रखाइए
काल थक जाए जब
धान पक जाए जब
होकर इकट्ठे फिर काटिए कटाइए

और फिर जनाब
ठीक वितरण की बात है
जिसके बिना यह जीना
मौत की-सी रात है
स्नेह के विचार से भूख-भर बाँटिए
काम ज्यादा कीजिएगा बातें कम छाँटिए!

4 अगस्त, 1942

आशंका

जान बड़ी उलझन में है

तीन साल से एक भयानक बड़ी लड़ाई हुई है
तीन साल से दुनिया-भर में जंगी-ज्वाला जली हुई है
स्नेह और गीतों के सारे विषय कि जिसमें राख हो रहे
बम बरसाने-भर के साधन आज उजाले पाख हो रहे

और खत्म होगा जिस दिन यह उस दिन तक हम अगर न छूटे
यानी गांधी के छोड़े से अगर नहीं ये बन्धन टूटे
शान्ति अगर आई पृथ्वी पर बिना बात गांधी की माने

तो कितने दिन की होगी वह कौन कहे कोई क्या जाने
शान्ति शस्त्र-बल पर आई भी, फिर उसके बल पर टूटेगी
बिना बात गांधी की माने यह दुनिया कैसे छूटेगी?

2 अक्तूबर, 1942

सत्यकाम

माता जबाला से
पुत्र सत्यकाम ने
होकर प्रणत पाद-पद्मों में प्रश्न किया—
"पुण्ये, पिता हैं कौन मेरे बताइए,
कुल के अनुरूप मैं शिक्षा का इच्छुक हूँ
मेरा कुल कौन-सा है माता जताइए;
जिससे अमत हो मत अश्रुत हो श्रुत जिससे
जिससे अज्ञात, ज्ञात होता है माता,
जिसमें समस्त पुण्य करते हैं निवास सदा
जिसमें अस्तित्व पाप खोता है माता
आखन-पाषाण प्राप्त पांसु पिण्ड होता है,
जैसे नष्ट भेदनाभिप्राय से
वैसे हो अखंड दु:ख होते हैं खंड-खंड
जिसमें संसर्ग पाकर अक्षर अकाय से
वैसा आदेश इष्ट गुरुकुल में पाना है,
मुझको उद्गीथ-रूप प्राण-गान गाना है,
मैं हूँ किंगोत्र माता मुझको बताइए,
मुझको जताइए हे, मेरे पिता हैं कौन?

माता जबाला मौन!
उनके शान्त मुख पर लज्जा की लाली,
और कष्ट की घटा-सी आई,
किन्तु क्षण दूजे ही मंगल-प्रदाता एक,
सर्वसंकोचहारी आशा की उजेली छाई
धैर्य से उठाकर आँखें,
गौरव को निहारा अपने
उनको लगा कि

सत्य होने पर हुए हैं सपने

स्निग्ध शान्त सत्यकाम,
बोले फिर धीरे से—
"माता कहूँगा क्या,
चुप ही रहूँगा क्या,
हारिद्रमान गुरु गौतम जब
पूछेंगे पिता का नाम!"
उत्तर में वैसी ही,
सत्यकाम जैसी ही, गूँजी गिरा—
"हे वत्स, तेरा कल्याण हो
गुरु की कृपा से तुझे
मेरे हे, अशेष पुण्य
ऐसा ही अश्रुत-पूर्व सम्यक ध्यान हो;
जैसे लवण से स्वर्ण
स्वर्ण से रजत-मय कंकण
अथवा रजत से जैसे
त्रपु का सफल हो टंकण
वैसे मुझ दीना के,
अभागिन कर्म-हीना के,
तेरे रस-संज्ञक ओज तेज के प्रश्न से,
यज्ञावरिष्ट का प्रतिसंविधान है।"

साहस समेट फिर से,
माता जबाला बोलीं—
"वत्स हे, निवेदन करना,
गुरु से कमल का जन्म;
मैं हूँ नितान्त हीन,
जाने किसी पुण्य से
मुझमें हुआ है पुत्र
तुझसे विमल का जन्म;
यौवन में सेवा करके
जीवन बिताया मैंने,
सेवा के दिनों में सौम्य
तुझको था पाया मैंने,
मैं भी नहीं जानती तेरा

कुल-शील हे,
शोभन सुनील हे।
मैं हूँ जबाला
और तू है जाबालि मेरा!"

माता ने इतना कहा
कहकर आकाश हेरा,
स्नेह-भरित आँखों से
सजल सिक्त पाँखों से
सत्यकाम नत हुए
श्रद्धया प्रणत हुए।

हवनीयाग्नि पुजने को
जैसे यज्ञ-दीप पहुँचे,
हारिद्रमान गुरु गौतम समीप पहुँचे,
वैसे ही समित्पाणि
स्वर्ण-देह सत्यकाम,
गुरु के पुण्य चरणों में
झुककर किया प्रणाम,
बोले, "भगवान् की सन्निधि में आया हूँ
आप मुझे ग्रहण करें
अपने शिष्य भाव से
ब्रह्मचर्य-वास हेतु
समिध-भार लाया हूँ,
जिससे अमत हो मत
अश्रुत हो श्रुत
जिससे अज्ञात
ज्ञात होता है प्रभु हे,
जिसमें समस्त पुण्य
करते हैं निवास सदा
जिसमें अस्तित्व
पाप खोता है प्रभु हे,
वैसा आदेश इष्ट
मुझको प्रभु कीजिए
मुझको उद्गीथरूप
प्राण-दान दीजिए।"

गुरु ने कहा, "हे सौम्य,
ब्रह्म-ज्ञान दीक्षा का
केवल अधिकार है
ब्राह्मण सुगोत्र को,
तुम हो किंगोत्र वत्स?
तुमसे हुआ है धन्य
कौन से कृती का कुल?
शान्त था तपोवन सान्ध्य सूर्य की मरीचियों में
हौले से हिलाई गई सरयू की वीचियों में
इंगुदी पलाश-शाल मौन मन खड़े थे चुपके
चंचल हवा के प्राण उन पर पड़े थे चुपके,
कितनी प्रसन्न कलियाँ कितने सहास फूल
भूले हुए थे उस क्षण अपनी सदा की झूल
कितने अबाध्य-लोल मृग-दल प्रशान्त थे,
काकली-विहीन कीड़ नीड़ों में श्रान्त थे,

शान्त-चित्त सत्यकाम
चरणों में नत हुए
श्रद्धया प्रणत हुए
बोले, "हे देव, मैं हूँ अनुचर तव सत्यकाम
मेरे पिता का नाम मुझको अज्ञात है,
माता से पूछा था आने के पहिले मैंने
उसने जो बताया
प्रभु हे, मुझको वही है याद—
'यौवन में सेवा करके
जीवन बिताया मैंने,
सेवा के दिनों में सौम्य
तुझको था पाया मैंने,
मैं भी नहीं जानती—
तेरा कुल शील हे,
मैं हूँ जबाला और तू है जाबालि मेरा!"
गुरु के हृदय में एक पीड़ा-सी
उमड़ती आई,
किन्तु क्षण दूजे ही
मंगल-प्रदाता एक
स्नेह की घटा-सी छाई

स्नेह-भरित आँखों से,
सजल सिक्त पाँखों से,
गुरु ने लगाया गले,
सरल सत्यकाम को;
बोले, "निष्पाप हे,
निश्चय ही सुगोत्र हो तुम,
सत्य-कुल जात हो,
वत्स तुम ब्राह्मण हो।
ब्रह्म, ज्ञान-विद्या का,
तुमको अधिकार है,
सौम्य, शिष्य भाव तेरा,
मुझको स्वीकार है।"

दिसम्बर, 1942

चाँदनी चन्दन छिड़कती है

चाँदनी चन्दन छिड़कती है कि तू सो भी सकेगा?

हर घड़ी जैसे कयामत के लिए ही पल रही है
चल रही है नाश की क्रीड़ा प्रलय हुंकारता है
आज मानवता कि टूटे हाथ उसके मल रही है
इस जलन के बीच अपनी नींद किस पर बो सकेगा?

आसमाँ तो दूर है इस पास को तो देख भाई
नर-पिशाचों के भयानक हास को तो देख भाई
देख तो यह दर्द जिसको सह रहा है देवता भी
इस अनोखी लालसा के लास को तो देख भाई
ये अगर भड़की तो फिर क्या चाँदनी से हो सकेगा?

फूल की है सेज तेरी? किन्तु कुछ भू पर पड़े हैं
और भू कैसी कि जलती आग धू-धू पर पड़े हैं
किरन तो क्या है कि कोई सुधा भी उन पर बरस दें
वे न चेतेंगे कि यम के वाण के ऊपर पड़े हैं
कठिन शर-शय्या कि इसको ध्यान से खो भी सकेगा?

उबलती है आँच से गंगा हिमालय गल चला है
सिन्धु का पानी नहीं आसिन्धु छल-छल छल चला है
विन्ध्य की छाती चटखती है कि रेवा रो रही है
रक्त कृष्णा के कलेजे से अरुक अविरल चला है
स्वप्न के जल से इसे क्या तू कभी धो भी सकेगा?

उठ कि सोने से लगी है आग, जगने पर बुझेगी
लग गई जी में अगर तेरे तो लगने पर बुझेगी
यह न सोने से बुझेगी, यह न रोने से बुझेगी
खड़े होकर देखते रहने, न भगने पर बुझेगी
तू निछावर प्राण ही कर दे, अमर हो जी सकेगा?

यह प्रलय की आग इस पर प्यार का सागर उलट दे
प्यार का सागर नहीं है पास तो गागर उलट दे
पास में दो बूँद भी तेरे अगर हो सींच तो दे
काल का यह नेत्र चाहे एक ही क्षण भींच तो दे
एक शुभ-सन्तोष लेकर तय कि मर तो भी सकेगा?

16 मई, 1943

संग्राम साथियों को जेल से विदा देते हुए

मैं बोलूँ आप सुनें बकना वैसे ऐसा कुछ ठीक नहीं
पर मन की बात अजूबा है मन की कुछ निश्चित लीक नहीं
मन मेरा कुछ बेबस-सा है कब कौन इसे छू जाएगा
कब आँखों से बह निकलेगा कब छाती पर चू जाएगा
यह किरन कि सादी होती जो यह हवा कि जो बह जाती है
इसमें कुछ हो कि नहीं भी हो लेकिन मुझमें रह जाती है
बसती हैं मन में जब ये सब तब लगती है चुप्पी मुश्किल
चुप बैठ रहूँ मन को मारे तो कहीं काटता रहता दिल
कुछ ऐसा ही इस बार हुआ दो-चार रोज की झड़ी लगी
बादल बूँदें बिजली गर्जन आँधी पानी की लड़ी लगी
इतना-भर काफी था कि लगे मुझको ऐसा मैं कहूँ-कहूँ
इतना-भर काफी था कि लगे मुझको ऐसा मैं बहूँ-बहूँ
पर सोचो बात करेले की जो किसी नीम पर चढ़ जाए

उस दुःख की बात निराली है जो प्रियवियोग से बढ़ जाए
लगभग दो साल गुजरते हैं जब हम इस बस्ती में आए
तब मरणगीत के प्रीत-भरे सुर चार तरफ थे लहराए
यानी लगभग दो साल हुए आवाज हवा के सँग आई
हमने आवाज सुनी समझी आवाज कि अपना रँग लाई
आवाज सरल थी सादी थी इतनी कि करो या मर जाओ
उसको सुनते ही लगा कि है आवाज साफ, लो तर जाओ
तरने की घड़ी पुकार उठे तब रुक सकना आसान नहीं
यह महूरत है तौले जो लाभ और नुकसान नहीं
यह अजब महूरत है भाई लँगड़ा इसमें चल जाता है
यह अजब महूरत होता है भाई पत्थर इसमें गल जाता है
यह अजब महूरत होता है इसमें पहाड़ हिल जाते हैं
यह ऐसा अजब महूरत होता है जिसमें काँटे खिल जाते हैं
जिसमें हर छोटा बड़ा बने जिसमें हर अदना आला हो
जिसमें हर घने अँधेरे में सूरज का प्रकट उजाला हो
जिसमें हर खोटा बने खरा जिसमें हर खाली भर जाए
जिसमें रख जान हथेली पर डरपोक खुशी से मर जाए।
वह ऐसा एक महूरत था जो एकाएक पुकार उठा
उस एक महूरत के आगे युग-युग का बन्धन हार उठा
उन सबने यह आवाज सुनी जिनकी जबान तक हिल न सके
दो वक्त ठीक से मुट्‌ठी-भोजन भी जिनको मिल न सके
जो खिल न सके मधुमासों में जो हरे न हों बरसातों में
जो हँसें न सूरज में, गाए जो नहीं चाँदनी रातों में
जो त्योहारों पर जुटे रहें जो भर-भादों में प्यासे हों
जो उषाकाल की किरनों को छूकर भी बिलकुल बासे हों
शादी में सिर पर गैस-लैम्प लेकर चलते रहते हैं जो
उस बत्ती की ही तरह घिरे रहकर जलते रहते हैं जो
जो अभी कहीं पर बोल उठा वह कोयल है या केका है
इसकी भी जिनको खबर नहीं जिनके पाँवों में सकत नहीं
जो इतने सहज अभागे जिनकी अपने मन में वकत नहीं
उन सबने यह आवाज सुनी इतनी कि करो या मर जाओ
जिस जिसने इसको सुना लगा आवाज साफ है, तर जाओ

उन सुननेवालों में हम हैं जो यहाँ साथ ही रहे बन्द
अब उनमें से कुछ छूटे हैं इसलिए आज ये चार छन्द

हम यहाँ साथ में रहे उठे बैठे बातें की रातें कीं
हमने सवाल समझे-बूझे बहसें कीं, हारे मातें दीं
कुछ हममें यह भी कहते हैं था काम गलत बेमौका था
जब रूस साथ में है उनके तो यह आन्दोलन धोखा था
हैं ऐसे भी दो-चार ठीक गांधी जैसे रहते हैं जो
यह बड़े भाग्य की बात कि हम दो बरस साथ इस तरह रहे
हम कभी न भूलें ये घड़ियाँ किस कारण से किस तरह रहे
यह वक्त बहस का नहीं विदा देने-लेने की घड़ियाँ हैं
हम याद रखें भीतर जितनी बाहर भी उतनी कड़ियाँ हैं
आसिन्धु हिमाचल बन्दीगृह है बरसों से यह बड़ा देश
जिसमें गांधी अपराधी हो, है वहाँ कहाँ का न्याय शेष

जो लोग जा रहे हैं बाहर वे मुझको खुद खुश नहीं दिखे
उनके चेहरे पर चिन्ता के दिखते हैं मुझको भाव लिखे
इसलिए कि उनके गाँव-शहर बस्ती में दुःख ही दुःख होगा
वे जब पहुँचेंगे वहाँ तो उनको किसे देखकर सुख होगा
इसका बेटा उसकी बेटी इसका पति तो उसका भाई
अंग्रेज बहादुर की इसने लाठी उसने गोली खाई
कुछ लोग आप में से चिमूर जाएँगे आष्टी जाएँगे
जो गाँव राख हो चुके, वहाँ के लोगों को क्या समझाएँगे
उनको धीरज कैसे देंगे स्वाहा जिनका सर्वस्व हुआ
है देशभक्ति जिनको खाई राजभक्ति है जिन्हें कुआँ
जो समझ नहीं पाते यदि खोलें मुँह तो किसकी बात कहें
जिनके प्राणों की जोत बुझी वे किससे दो-दो हाथ करें!

क्या उन्हें आप बतलाएँगे क्या आप उन्हें समझाएँगे
वे अपना रोना रोएँगे हम सत्य-अहिंसा गाएँगे?
जी हाँ, हिम्मत के साथ हमें कहनी होंगी सच्ची बातें
हमको बतलाना ही होगा क्यों घिरीं सख्त ऐसी रातें
यदि हमने पहले साफ समझकर उनसे साफ कहा होता
तो जैसा नक्शा आज पेश है उससे उलट रहा होता
हम मुँह से कहते रहे अहिंसा मन में हिंसा धरे रहे
हम गांधी जी के बावजूद प्रतिक्षण गुस्से में भरे रहे
'भारत छोड़ो' का अर्थ एक आग्रह था मारामार नहीं
गांधी के आग्रह का हिंसा हो सकती है आधार कहीं

पर हमने जान-बूझकर चुप्पी रखी समझने दिया गलत
और कहीं-कहीं तो हममें से भी कुछ ने मतलब किया गलत
सरकार भाँपती रही अधिकतर लोग गलतफहमी में हैं
यदि ऐसे वक्त अचानक ही नेताओं को पकड़ लिया जाए
तो नए सिरे से देश और भी ज्यादा जकड़ जाए
लोगों में हिंसा फूटेगी तो दमन तर्क पा जाएगा
फौलादी पंजे के नीचे हर व्यक्ति आ जाएगा
जो उनका युद्ध चल रहा है, अव्याहत ठीक चलेगा वह
शासन ने सोचा था ऐसे गांधी को ठीक छलेगा वह

शासन की सोची हुई और गांधी की सोची नहीं हुई
हमसे गांधी के बारे में हर बार एक त्रुटि यही हुई
हम नेता उसे मानते हैं और करते हैं अपने मन की
हम सत्यसिन्धु को छोड़ लगाए रहते हैं आशा कण की
हम बाहर जाएँ तो लोगों से यही स्नेह से कहें-सुनें
यदि छल पर विजयी होना है तो सरल सत्य का मार्ग चुनें
सच के आन्दोलन मारकाट करने से सफल नहीं होते
उनमें रचनात्मक हो न अगर कुछ तो वे सबल नहीं होते
भारत छोड़ो का अर्थ हमारा उनसे पूरा असहयोग
हम उनकी सत्ता को मानें अपने शरीर का परम रोग
परहेज करें हर गलती से जो सही उसी को अपनाएँ
जो बात रोग को ताकत दे हम उससे कोसों हट जाएँ
सत्ता की शक्ति पुलिस सेना शालाएँ और अदालत हैं
हम इनको अगर छोड़ दें तो सत्ता बिलकुल बेताकत है
बापू ने हमसे करो याकि मर जाओ कहा इन अर्थों में
यदि यह करते तो गिने गए होते हम ठीक समर्थों में

आकर सत्ता के झाँसे में हमने की उसकी मनचाही
हम भूल गए यह सत्ता आखिर सिर्फ एक नौकरशाही
यदि हम चरखा चक्की घानी के बल पर असहयोग करते
रहकर यदि बिलकुल शान्त दफ्तरों पर केवल धरना धरते
जो पिछले मौकों पर हमने था किया अंशत: अबके वह
पूरा-पूरा करते मिलकर तो चले न जाते कबके यह
इसलिए हमें बाहर जाकर भी यही काम करना होगा
लोगों के आगे असहयोग करने का ढंग धरना होगा
खादी के काम नए ढंग की शालाएँ छुआछूत का नाश

हिन्दू-मुस्लिम ऐक्य साधने का प्रयत्न बिन हुए हताश
ये छोटी-छोटी बातें हैं जो फिर आशा लौटाएँगी
ये धुनें अगर हम लगा सके तो जनता फिर उठ पाएगी

लेकिन इस बीच दमन लोगों का है कुछ इतना किया गया
यदि जाकर, उनको करने का कुछ काम, इशारा दिया गया
तो वे विरोध तक कर सकते हैं आज हमारे खयालों का
क्या जाने बाहर आज रूप कैसा है सहज सवालों का
इसलिए सुझाते हुए कि बाहर यह कीजे या वह कीजे
लगता है जैसे फेंक रहा हूँ पत्थर घने अँधेरे में
बाहर जाते हैं आप और हम तो बैठे हैं घेरे में
गांधी भीतर नेहरू भीतर सरदार बन्द राजेन्द्र बन्द
तब आप करेंगे कामकाज का रूप रंग लय और छन्द
यह भी मुमकिन है चुप रहना फिलहाल लगे सबसे मुफीद
हावी हो दमन हवा पर इतना कुछ कि लगे हलचल व्यतीत
शायद गांधी ने इसीलिए यह कहा कि सब अपने नेता
क्या जाने काल बली किससे क्या काम कहाँ कैसे लेता

यह घना अँधेरा सूरज से पहले का घना अँधेरा हो
क्या जाने भारत अंग्रेजों को सचमुच रैन बसेरा हो
जो किरन उतरकर कल आए वह हो स्वतंत्रता की वाहक
इसलिए कहूँगा अधिक नहीं ऐसे में सब कहना नाहक
बाहर जाते हैं आप बहुत है इतना भी इस साँसत में
मिल सके सहारा लोगों को कुछ इससे उनकी आफत में,
बाहर जाकर इतना कहिए, भीतर के लोग जोश में हैं
और उससे ज्यादा बड़ी बात भीतर के लोग होश में हैं
दीवार जेल की गांधी को नेहरू को निगल नहीं सकती
लहरें आजादी की ऐसे रोके से कभी नहीं रुकतीं
हम भरे हुए मन से देते हैं विदा आप जाएँ बाहर
पड़ते ही नजर आप पर लोगों को इतना हो ले जाहर
ये दबे नहीं हैं कभी दबेंगे नहीं प्राप्य लेंगे अपना
ये पूरा करके मानेंगे गांधी के अन्तर का सपना!

10 सितम्बर, 1943

लाचारी है अजब

लाचारी है अजब कि हँसते-हँसते खीझ-खीझ पड़ता हूँ
जिन पर कभी नहीं अड़ता था, ऐसी बातों पर अड़ता हूँ
यानी मैं बेताब बिना तरतीब, तबीयत से हारा-सा
कभी बैठ, उठ, चल, फिर, पढ़-लिख, घूम-झूम सब बेचारा-सा
यह है रद्दी रहन मगर रहना है मुझको कैसे मर लूँ
समझ नहीं पाता हूँ अपने प्राणों में कैसे क्या भर लूँ

29 नवम्बर, 1943

नई इबारत

कुछ लिखके सो कुछ पढ़के सो
तू जिस जगह जागा सबेरे
उस जगह से बढ़के सो!

जैसा उठा वैसा गिरा जाकर बिछौने पर
तिफ़्ल जैसा प्यार यह जीवन खिलौने पर
बिना समझे बिना बूझे खेलते जाना
एक जिद को जकड़ लेकर ठेलते जाना
गलत है बेसूद है कुछ रचके सो कुछ गढ़के सो
तू जिस जगह जागा सबेरे उस जगह से बढ़के सो!

दिन-भर इबारत पेड़-पत्ती और पानी की
बन्द घर की खुले-फैले खेत धानी की
हवा की बरसात की हर खुश्क की तर की
गुजरती दिन-भर रही जो आप की पर की
उस इबारत के सुनहरे वर्क से मन मढ़के सो
तू जिस जगह जागा सबेरे उस जगह से बढ़के सो!

लिखा सूरज ने किरन की कलम लेकर जो
नाम लेकर जिसे पंछी ने पुकारा सो
हवा जो कुछ गा गई बरसात जो बरसी
जो इबारत लहर बनकर नदी पर दरसी

उस इबारत की अगरचे सीढ़ियाँ हैं चढ़के सो
तू जिस जगह जागा सबेरे उस जगह से बढ़के सो!

30 अप्रैल, 1944

टूटने का सुख

बहुत प्यारे बन्धनों को आज झटका लग रहा है
टूटना निश्चित हुआ है, बड़ा खटका लग रहा है
आज आशाएँ कभी की चूर होने जा रही हैं
और कलियाँ बिन खिले कुछ धूर होने जा रही हैं
आज इच्छा मन बिना आज हर बन्धन बिना
इस दिशा से उस दिशा तक छूटने का सुख।

शरद का बादल कि जैसे उड़ चले रसहीन कोई
किसी को आशा नहीं जिससे कि सो यशहीन कोई
नील नभ में सिर्फ उड़कर बिखर जाना भाग जिसका
अस्त होने के क्षणों में है कि हाय सुहाग जिसका
बिना पानी बिना वाणी
है विरस जिसकी कहानी
सूर्य कर से किन्तु किस्मत कूटने का सुख।

फूल श्लथ बन्धन हुआ पीला पड़ा, टपका कि टूटा
तीर चढ़कर चाप पर सीधा हुआ खिंचकर, कि छूटा
ये किसी निश्चित नियमक्रम की सरासर सीढ़ियाँ हैं
पाँव रखकर बढ़ रहीं जिस पर कि अपनी पीढ़ियाँ हैं
बिना सीढ़ी के चढ़ेंगे
तीर के जैसे बढ़ेंगे
इसलिए इन सीढ़ियों के फूटने का सुख!

14 जून, 1944

पहिला पानी

बरसात आ गई रे बरसात आ गई रे,
कल तक किरन का सोना था जान ही का गाहक,

उसका वो रूप उसकी रंगत सभी था नाहक,
उसकी तरफ जो ताके, आँखों में दम नहीं थी,
हर इक किरन की गरमी सूरज से कम नहीं थी,
जलती थी धरती ऐसे, जैसे तवा हो कोई,
कमरा कहीं भी बैठो जैसे अवा हो कोई,
मिट्टी बदन कि जिसमें पड़कर खराब हो ले,
जल-भुनके जिसमें सारी दुनिया कबाब हो ले
ऐसे बखत पे बदली उठ करके छा गई रे,
बरसात आ गई रे, बरसात आ गई रे।

बनकर तमाचा मुँह पर जो लू कि लग रही थी,
जो आप अपनी खू से डरती-सी भग रही थी,
छूकर जिसे हजारों झाड़ों के गान सूखे,
नालों के नदियों के झरनों के गान सूखे,
जिसकी लपेट में पड़ पंछी के पर नहीं थे,
वह घर में धँस न जाती ऐसे तो घर नहीं थे,
दो चार घर हुए भी ऐसे तो हमको क्या है
उनका न कीजे चर्चा, उनको कि हमसे क्या है,
हम उस हवा के सदके जो लू को खा गई रे,
बरसात आ गई रे, बरसात आ गई रे।

पहले झले की धरती हर बूँद पी गई रे
मरती थी बिना पानी, पीकर के जी गई रे,
पहले झले का पानी, पीते ही जान आई,
कोनों के कछारों में सब्जे की शान छाई,
पहले झले का पानी जैसे अकास-बानी
दुनिया में उसने भर दी लो हर तरफ जवानी,
बच्चे निकल के दौड़े बूढ़ों ने झुक के झाँका
मेरे किसान ने तब कजली को बढ़के हाँका,
उस हाँक की सुरावट बादल को भा गई रे,
बरसात आ गई रे, बरसात आ गई रे!

गाँवों की बात बदली, जंगल की कुछ न पूछो,
हर-सू में नया मंगल, मंगल की कुछ न पूछो,
सौ-साठ रंगवाली नभ ने कमान पाई,
बादल गरज उठा तो सबसे जबान पाई,

गाया हजार मन से, रस्ते पे चल-रहे ने,
आफत को भूल गया आफत के पल-रहे ने,
डालों पे पड़े झूले छपरी में जमी आल्हा,
ढोलक को कई दिन में, थापों से पड़ा पाला,
हर एक अधमरे को बदली नचा गई रे,
बरसात आ गई रे, बरसात आ गई रे!

मेढक ने शोर बाँधा, चिड़ियों ने चहक खोली,
मुश्किल से लोग सुनते थे जिनकी कभी बोली,
वह मोर वह पपीहा थकते नहीं हैं जैसे,
सुध है कि सुध नहीं है, खोए हुए हैं ऐसे,
ठंडी हवा ने आकर जब से इन्हें छुआ है
भगवान् जाने तब से झाड़ों को क्या हुआ है,
पत्ती हर-एक भरकर मस्ती में हिल रही है,
डाली कि आम वाली पीपल से मिल रही है,
सूखी पड़ी थी नदिया, सो भदभदा गई रे,
बरसात आ गई रे, बरसात आ गई रे!

तू उठके बैठ जा रे लिखने में क्या धरा है,
खिड़की से झाँक तो ले कैसा हरा-भरा है,
धरती पे सरग उतरा-सा जान पड़ रहा है,
धारा से सरग धरती पे आन पड़ रहा है
मैदान, खेत, नद्दी, नाले में बह गया है,
तालाब में रुका है, आँगन में रह गया है,
तू इस सरग को छूकर मुरझा न, फूल जा रे,
इसको समेट लेकर हर मौत भूल जा रे,
धरती कि आज जीने का गीत गा गई रे,
बरसात आ गई रे, बरसात आ गई रे!

ऐसी घड़ी में उठकर, जीने का फल उठा ले,
अमरत की बीज-गठरी, बढ़कर सकल उठा ले,
ओंठों पे गीत जीने के धर के हल उठा ले,
बोने के धुन में सिर पर बादल के दल उठा ले,
बिजली चमक रही है, बादल गरज रहा है,
सामान वज्र सिर पर गिरने के सज रहा है,
चल पड़ कि खेत तेरे तुझको बुला रहे हैं,

पागल हवा के झोंके डाली झुला रहे हैं,
बिजली महल पै गिरके जी में समा गई रे,
बरसात आ गई रे, बरसात आ गई रे!

14 जुलाई, 1944

घर की याद

आज पानी गिर रहा है,
बहुत पानी गिर रहा है,
रात-भर गिरता रहा है,
प्राण मन घिरता रहा है,

अब सबेरा हो गया है,
कब सबेरा हो गया है,
ठीक से मैंने न जाना,
बहुत सोकर सिर्फ माना—

क्योंकि बादल की अँधेरी,
है अभी तक की घनेरी,
अभी तक चुपचाप है सब,
रातवाली छाप है सब,

गिर रहा पानी झरा-झर,
हिल रहे पत्ते हरा-हर,
बह रही है हवा सर-सर,
काँपते हैं प्राण थर-थर,

बहुत पानी गिर रहा है,
घर नजर में तिर रहा है,
घर कि मुझसे दूर है जो,
घर खुशी की पूर है जो,

घर कि घर में चार भाई,
मायके में बहिन आई,
बहिन आई बाप के घर,
हाय रे परिताप के घर!

आज का दिन दिन नहीं है,
क्योंकि इसका छिन नहीं है,
एक छिन सौ बरस है रे,
हाय कैसा तरस है रे!

घर कि घर में सब जुड़े हैं,
सब कि इतने कब जुड़े हैं,
चार भाई चार बहिनें
भुजा भाई प्यार बहिनें,

और माँ बिन-पढ़ी मेरी,
दुःख में वह गढ़ी मेरी,
माँ कि जिसकी गोद में सिर,
रख लिया तो दुःख नहीं फिर,

माँ कि जिसकी स्नेह-धारा
का यहाँ तक भी पसारा,
उसे लिखना नहीं आता,
जो कि उसका पत्र पाता।

और पानी गिर रहा है,
घर चतुर्दिक घिर रहा है,
पिताजी भोले बहादुर,
वज्र-भुज नवनीत-सा उर,

पिताजी जिनको बुढ़ापा
एक क्षण भी नहीं व्यापा,
जो अभी भी दौड़ जाएँ,
जो अभी भी खिलखिलाएँ,

मौत के आगे न हिचकें,
शेर के आगे न बिचकें,
बोल में बादल गरजता,
काम में झंझा लरजता,

आज गीता-पाठ करके,
दंड दो सौ साठ करके,

खूब मुगदर हिला लेकर,
मूठ उनकी मिला लेकर,

जबकि नीचे आए होंगे,
नैन जल से छाए होंगे,
हाय, पानी गिर रहा है,
घर नजर में तिर रहा है,

चार भाई चार बहिनें,
भुजा भाई प्यार बहिनें,
खेलते या खड़े होंगे,
नजर उनको पड़े होंगे।

पिताजी जिनको बुढ़ापा,
एक क्षण भी नहीं व्यापा,
रो पड़े होंगे बराबर,
पाँचवें का नाम लेकर,

पाँचवाँ मैं हूँ अभागा,
जिसे सोने पर सुहागा,
पिताजी कहते रहे हैं,
प्यार में बहते रहे हैं,

आज उनके स्वर्ण बेटे,
लगे होंगे उन्हें हेटे,
क्योंकि मैं उन पर सुहागा
बँधा बैठा हूँ अभागा,

और माँ ने कहा होगा,
दुःख कितना बहा होगा
आँख में किसलिए पानी
वहाँ अच्छा है भवानी,

वह तुम्हारा मन समझकर,
और अपनापन समझकर,
गया है सो ठीक ही है
यह तुम्हारी लीक ही है,

पाँव जो पीछे हटाता,
कोख को मेरी लजाता,
इस तरह होओ न कच्चे,
रो पड़ेंगे और बच्चे,

पिताजी ने कहा होगा,
हाय, कितना सहा होगा,
कहाँ, मैं रोता कहाँ हूँ,
धीर मैं खोता, कहाँ हूँ,

गिर रहा है आज पानी,
याद आता है भवानी,
उसे थी बरसात प्यारी,
रात दिन की झड़ी झारी,

खुले सिर नंगे बदन वह,
घूमता फिरता मगन वह,
बड़े बाड़े में कि जाता,
बीज लौकी का लगाता,

तुझे बतलाता कि बेला
ने फलानी फूल झेला,
तू कि उसके साथ जाती,
आज इससे याद आती,

मैं न रोऊँगा—कहा होगा,
और फिर पानी बहा होगा,
दृश्य उसके बाद का रे,
पाँचवें की याद का रे!

भाई पागल, बहिन पागल,
और अम्मा ठीक बादल,
और भौजी और सरला,
सहज पानी सहज तरला,

शर्म से रो भी न पाएँ,
खूब भीतर छटपटाएँ,

आज ऐसा कुछ हुआ होगा
आज सबका मन चुआ होगा।

अभी पानी थम गया है,
मन निहायत नम गया है,
एक-से बादल जमे हैं,
गगन-भर फैले रमे हैं,

ढेर है उनका, फाँकें,
जो कि किरनें झुकें-झाँकें,
लग रहे हैं वे मुझे यों,
माँ कि आँगन लीप दे ज्यों;

गगन-आँगन की लुनाई
दिशा के मन में समाई
दश-दिशा चुपचाप है रे,
स्वस्थ की लय छाप है रे!

झाड़ आँखें बन्द करके
साँस सुस्थिर मन्द करके
हिले बिन चुपके खड़े हैं,
क्षितिज पर जैसे जड़े हैं

एक पंछी बोलता है,
घाव उर के खोलता है
आदमी के उर बिचारे,
किसलिए इतनी तृषा रे,

तू जरा-सा दुःख कितना,
सह सकेगा क्या कि इतना,
और इस पर बस नहीं है,
बस बिना कुछ रस नहीं है,

हवा आई उड़ चला तू,
लहर आई मुड़ चला तू,
लगा झटका टूट बैठा,
गिरा नीचे फूट बैठा,

तू कि प्रिय से दूर होकर,
बह चला रे पूर होकर,
दुःख भर क्या पास तेरे,
अश्रु सिंचित हास तेरे!

पिताजी का वेश मुझको
दे रहा है क्लेश मुझको,
देह एक पहाड़ जैसे,
मन कि बड़ का झाड़ जैसे,

एक पत्ता टूट जाए
बस कि धारा फूट जाए,
एक हल्की चोट लग ले,
दूध की नद्‌दी उमंग ले,

एक टहनी कम न हो ले,
कम कहाँ कि खम न हो ले
ध्यान कितना फिक्र कितनी,
डाल जितनी जड़ें उतनी!

इस तरह का हाल उनका,
इस तरह का खयाल उनका,
हवा, उनको धीर देना,
यह नहीं जी चीर देना,

हे सजीले हरे सावन,
हे कि मेरे पुण्य पावन,
तुम बरस लो वे न बरसें
पाँचवें को वे न तरसें,

मैं मजे में हूँ सही है,
घर नहीं हूँ बस यही है,
किन्तु यह बस बड़ा बस है,
इसी बस से सब विरस है,

किन्तु उनसे यह न कहना,
उन्हें देते धीर रहना,

उन्हें कहना लिख रहा हूँ,
उन्हें कहना पढ़ रहा हूँ

काम करता हूँ कि कहना,
नाम करता हूँ कि कहना,
चाहते हैं लोग, कहना
मत करो कुछ शोक, कहना,

और कहना मस्त हूँ मैं,
कातने में व्यस्त हूँ मैं,
वजन सत्तर सेर मेरा,
और भोजन ढेर मेरा,

कूदता हूँ, खेलता हूँ
दुःख डटकर ठेलता हूँ,
और कहना मस्त हूँ मैं,
यों न कहना अस्त हूँ मैं,

हाय रे, ऐसा न कहना,
है कि जो वैसा न कहना
कह न देना जागता हूँ
आदमी से भागता हूँ

कह न देना मौन हूँ मैं,
खुद न समझूँ कौन हूँ मैं,
देखना कुछ बक न देना,
उन्हें कोई शक न देना,

हे सजीले हरे सावन,
हे कि मेरे पुण्य पावन,
तुम बरस लो वे न बरसें,
पाँचवें को वे न तरसें।

जुलाई, 1944

गजल

किस्मत की बात और है तबीयत की बात और,
मैं चाहता हूँ एक, और होती है बात और।

तुम किसलिए मिलोगे कभी मुझसे क्या वजह,
रुतबा तुम्हारा और है, मेरी बिसात और।

मरकर भी चैन की करें उम्मीद किस तरह,
होती है मौत के सिवा साहब नजात और।

आशिक अजीब कोंहकनो-क़ैस हो गए,
दो दिन की भी हुई नहीं हमको समात और।

वादे पर वह न आए तो ऐसा बुरा नहीं,
आँखों में काट लीजिए मरने की रात और।

तुम चाहते हो क्या कि समझ में नहीं आता,
मर्जी समझ के करता हूँ हर बार बात और।

माना कि रित वसन्त में फूलों की फिजां है,
बरसात में हरचन्द है रंगीं बरात और।

30 जुलाई, 1944

बहुत मुश्किल है कहिए क्या

बहुत मुश्किल है कहिए क्या उधर जिन्ना इधर गांधी
कि दोनों ने अभी लगता है मिलने पर कमर बाँधी
मगर मिलने पे गांधी की हँसी जिन्ना को चुभ जाए
कि उसके मन में फिर बहने लगे कल की कोई आँधी
बहुत मुश्किल है यह कहना कि मिलने का नतीजा क्या
पसीजा करके माँ के यदि कोई टुकड़े पसीजा क्या
सरासर साफ अँगरेजी में मिस्टर कहके बोलेगा
मगर अच्छा है दोनों मिल रहे हैं—एक मिस्टर दूसरा भाई
मगर अच्छा है दोनों मिल रहे हैं—एक पर्वत दूसरा राई

मगर भगवान राई को कभी पर्वत बनाता है
बहुत मुश्किल है ऐसी ही घड़ी इस देश में आई।

7 अगस्त, 1944

असाध्य इच्छा

शब्दों में वर्णन करने का मोह, द्रोह तो नहीं
इसीलिए मैं बार-बार कुछ कहने की कोशिश करता हूँ
है मुझको मालूम कि तुमको वर्णित करना
सम्भव नहीं शब्द के द्वारा
बूँद-बूँद लेकिन धारा हो ही जाती है!
रोज-रोज कुछ करते रहने से कुछ तो हो ही जाएगा
जिस जादू ने देश-विदेश करोड़ों लोगों को
खींचा है मुग्ध किया है
जिस जादू को अगर किसी ने
लव-निमेष क्षण-काल जिया है
तो वह बदल गया है सारा
उस जादू को बूँद-बूँद यदि किसी तरह से अंकित कर दूँ
और बने वह जादू धारा
तो शब्दों का मुझ तक आना कितना सार्थक
सार्थक कितना मेरा जीवन!

शक्तिहीन हूँ इसीलिए क्यों हिचक रहूँ मैं
जितना जो लगता है मुझको क्यों न कहूँ मैं यथाशक्ति ही
उससे सार्थक और न हो कुछ शक्ति सार्थक होगी मेरी
मेरे मन में बात तुम्हारी जड़ पकड़ेगी
उतरेगी मन से कामों में
अविरामों से तुम्हें स्नेह है
मैं अविराम अगर बन जाऊँ
मोटा पहनूँ थोड़ा खाऊँ
जितना जिसके लिए बन सके करूँ
धरूँ न नाहक जोड़-जोड़कर
जितना आए उतना जाए ठीक काम में
और न कल की चिन्ता मन में रहे

तो जो शब्द अभी तक मैंने कहे, नहीं वे लज्जित होंगे
और अगर आगे भी कहता रहा तो वे आखिर निखरेंगे!
तुम्हें नहीं वर्णित कर पाएँगे वे माना
किन्तु सँवारेंगे वे मुझको
इसीलिए तो मोह भले हो द्रोह नहीं है
शब्दों में तुमको कहने की मेरी इच्छा!

2 अक्तूबर, 1944

निर्दोष

वाणी की दीनता
अपनी मैं चीन्हता

कहने में अर्थ नहीं
कहना पर व्यर्थ नहीं
मिलती है कहने में एक तल्लीनता

आसपास भूलता हूँ
जग-भर में झूलता हूँ
सिन्धु के किनारे जैसे कंकर शिशु बीनता

कंकर निराले नीले
लाल सतरंगी पीले
शिशु की सजावट अपनी शिशु की प्रवीनता

भीतर की आहट भर
सजती है सजावट पर
नित्य नया कंकर-क्रम क्रम की नवीनता

कंकर को चुनने में
वाणी को बुनने में
कोई उत्कर्ष नहीं कोई नहीं हीनता

केवल स्वभाव है
चुनने का चाव है
जीने की क्षमता है मरने की क्षीणता।

30 नवम्बर, 1944

अशोभन

समय को साधकर
चलता है तबीयत का अगर बजरा,
तो उसकी चोंच में
हम डाल देते हैं अजब-गजरा,
गुँजाकर तान से पल्टे से
पानी को सजाते हैं,
कि अपनी हँसी से
हम चाँदनी तक को जलाते हैं!

उदासी का पता होता नहीं है
तीर पर, जल पर,
चमक उठता है बालू का कना भी
प्राण के बल पर, बड़ी मस्ती का आलम-सू,
होता है दुनिया में,
कि जो होता तब तसलीम-खू
होता है दुनिया में!

किनाराकश अगरचे लोग हों
बजरे को देखेंगे,
कि उस पर पड़े, खिलते, हिल रहे
गजरे को देखेंगे,
कि उस पर पड़े, खिलते, हिल रहे
गजरे को देखेंगे
हमारी हँसी की आवाज सुनकर
मुसकुरा देंगे,
हमारे गीत से चलते हुए भी
कुछ चुरा लेंगे,
बढ़ेगा सुर हमारा,
चढ़के उनके ओंठ पर आगे,
जरा-सी बात का
यह हाल होता है बखत पाके!

बड़ी भी बात बेमौके करो
तो जम नहीं पाती,

कि उसमें टीस दर्दों की
जरा भी कम नहीं पाती,
उलटकर खीझ होती है
बुरा लगता है हर मन को
महूरत समझकर लाजिम है,
गढ़ना-तोड़ना फन को
तोड़े जबकि गढ़ना है,
बढ़े जब चाहिए हटना
हटे जब उसको बढ़ना है
तो उसका फन मिलेगा धूल में
जाएगा पानी में,
किसी मतलब का मत होगा,
भले अमरत हो बानी में!

कहे भूखे से जाकर
आदमीयत का कोई बन्दा,
समुन्दर पार चलती है लड़ाई
दीजिए चन्दा,
कहे नंगे से कोई
उठो कपड़ा जगत को बाँटो,
तो तुमको अहले-फन
लाजिम है उसको बढ़के धर डाँटो,
न उल्टे और उसके सुर में
साधो गले को अपने,
सही से अलग होकर
सच न होंगे भले के सपने!
महज 'स्लोगन' पुकारे से
न अपनी बार होती है,
यही है बेसुरे होकर
हमारी हार होती है;
हमें कुछ दिन बड़ी बातों का
लालच छोड़ना होगा,
कि भीतर जाके गाँवों का
अखाड़ा गोड़ना होगा,
बहुत चुपचाप धीरज रख के
उनमें जान लगाएँगे,

बड़ी मुश्किल से उल्लू दब के,
पंछी गान गाएँगे!

समय को साधकर खोलेंगे,
पूनों में कभी बजरा,
अभी बगिया लगाना है,
गलत है गरजना गजरा!

जनवरी, 1945

छन्दोबद्ध

मैं तुम्हारे चरण तल में झुक रहा हूँ,
नाथ, लगता है मगर मैं रुक रहा हूँ,
नमन मेरे चरण तक चलते नहीं हैं,
चरण नत को इस तरह छलते नहीं हैं।

मैं अभी तक नत नहीं हूँ ठीक है यह,
छन्द के छल में पड़ा हूँ लीक है यह,
तुम अपार अलीक झंझट में कहीं हो,
इस निकम्मे काम में हरगिज नहीं हो!

किन्तु इसको छोड़ते बनता नहीं है,
नाथ, मेरा मन कहीं मनता नहीं है!

मन मनाओ हे बनाओ छन्द मेरा,
शब्द शतदल में नमन अलि बन्द मेरा,
लाख चरणों तक चले चलता नहीं है,
चरण नत को इस तरह छलता नहीं है!

जनवरी, 1945

लो रात काट दी

लो रात काट दी हमने गिनकर तारे
मनसूबे सारे अन्धकार के हारे

फरवरी, 1945

किरन छूकर

मन सबेरे से निहायत खिन्न है,
जोड़ जिन-जिनसे जगाया है यहाँ
आज बेचारा उन्हीं से भिन्न है।

दिल्लगी में योग दे पाता नहीं,
इस तरह का मन हमें भाता नहीं,
मुँह पे छाया और माथे पे शिकन,
बात में तेजी नजर में बेरुखी,
इस तरह का हाल जिसका बे-सबब,
कौन दुनिया में अधिक उससे सुखी!

सच, सबब कोई नहीं है
वाहियात,
ऊब कर बैरक से फाँसी-घाट पर
आ गया हूँ...
आदमी घर छोड़कर
चल पड़े जैसे कि बारह-बाट पर।

डेढ़ बजता है करारी धूप है,
छाँह में दीवार की बैठा हूँ मैं,
कभी तनकर, कभी टिककर,
और यदि—
लगी गड़ने भीत तो लेटा हूँ मैं,
घास पर लेटा नहीं हूँ क्योंकि घास,
चार गज आगे खड़ी है धूप में,
और मुझको न देकर न्योता बुला ले,
प्यार कुछ ऐसा नहीं उस रूप में!
सख्त पत्थर की अशुभ दीवार के
बलि गया, इस प्यार पर बिक ही गया
मन उखाड़े डालता था दो घड़ी
लेके टेका इस तरह टिक ही गया।

पीठ का टेका बनी दीवार एक,
सामने दीवार दूजी खड़ी है,

और उस दीवार से गोया लगी,
बड़े झाड़ों की अधर-सी धड़ी है,

चार पीपल के कि दो हैं आम के,
आंग्ल-इमली वृक्ष गाढ़े-हरे तीन,
एक झाड़ कपित्थ का हल्का-हरा
आंग्ल-इमली-पार्श्व में आकंठ लीन।

इस बँधी सफ को हिलाती है हवा,
अबाबीलों के उड़े फिरते हैं दल,
अबाबीलों को, कभी झाड़ों को मैं,
देखता हूँ निकलते जाते हैं पल,
स्वर दुपहरी के सुनाई पड़ रहे,
दूर पर गलगल का हुक-हुक-हुक चला,
घड़ी में वह तेज होता है कभी,
और पल में यों कि जैसे चुक चला।

ध्यान से सुनता हूँ उसको; नीलकंठ
किर्र से कानों पे देता है खराश,
और बुलबुल की न जाने क्या कहूँ
किस तरह की चहक आती है हताश,
चिरप-चिर करती हुई छोटी सी एक
झोल खाती हुई चिड़िया उड़ गई,
इस दुपहरी के सरल सौन्दर्य में
गीत की कितनी न कड़ियाँ जुड़ गईं।

बेसुरा जो लगता था मुझे,
कैदियों का दूर-पास पुकारना,
हो गया है इस तरह सस्वर कि हो
तार-तीबर जगह पर टंकारना,
तीन का घंटा बजा घुमटी में लो,
धूप मुझसे चार गज थी दूर जो,
चढ़ गई है गोद में बढ़ती हुई,
प्यार का जैसे कि कोई पूर हो!

हवा ने चिड़ियों ने झाड़ों ने मुझे
किरन के लायक बनाया धन्य, मैं;

बे-रुखी से लद चुका आया था अब
जा रहा हूँ किरन छूकर अन्य मैं!

मार्च, 1945

क्या पाप करते वक्त

क्या पाप करते वक्त तन काँपता है
मन बढ़ता नहीं?
क्या पाप के द्वारे हिचक बिन आदमी
चढ़ता नहीं?
क्या जमीं रुकती है, गर्दिश आसमाँ
झरता है क्या? दस दिशाओं में अँधेरा
भास्कर भरता है क्या? क्या चली
आती है सागर की लहर पर ज्वाल-माल?
क्या उखड़ जाता है जड़ से पेड़ पीपल का विशाल?
क्या उतर पाती नहीं हिम-शैल से गंगा तरंग?
क्या हवा दक्खिन की माँचे से उसे होती है दंग?
इस तरह क्या पाप का अभिशाप है बोले कोई!
क्या कसौटी पाप की, क्या भाप है बोले कोई!

31 मार्च, 1945

छाँटी माटी की परिपाटी

छाँटी माटी की परिपाटी
ढेला बने उजेला रे!

बियाबान जंगल में माटी
ऊँची-नीची गहरी घाटी
सो माटी लोहे से काटी
नहीं चला झमेला रे।
छाँटी माटी की परिपाटी
ढेला बने उजेला रे!

माटी खोदी, गोदी भर-भर
सींची जी के जल से
बिना सोच कोमल-सोमल के
गूँधी सारे बल से

गाते-गाते राते हाथों
राचा दिया नबेला रे
छाँटी माटी की परिपाटी
ढेला बने उजेला रे।

फेंक दिया आगी में दियना
झक-झक बाहर आया
जुगों-जुगों से पड़ा हुआ है
बाहर पका-पकाया
बाती डालो, नेह भरो रे
माटी हूँ परकास करो रे
सई साँझ सिलगा दो निपट अकेला रे
छाँटी माटी की परिपाटी
ढेला बने उजेला रे!

3 अप्रैल, 1945

अभय गान

तू किसे देगा अभय जो खुद हुआ दिलगीर मन
लौ जगेगी क्या अगर टपकाएगा तू नीर मन!

दर्द है भीतर तो अपने दर्द की कीमत चुका
प्यार-प्रत्यंचा से अपने देह की धनुही झुका
छोड़ दे विश्वास के उस पर चढ़ाकर तीर मन
तू किसे देगा अभय जो खुद हुआ दिलगीर मन!

घन अँधेरी अग्निबानों के बिना कटनी नहीं
जुल्म की छाती मशक्कत के बिना फटनी नहीं
तू खड़ा हो जा अकेला ही निराशा चीर मन
तू किसे देगा अभय जो खुद हुआ दिलगीर मन!

प्यार है सच से तो अपने काम में उसको उतार
है बहुत मुमकिन कि दो-दस बार तू जाएगा हार
जीत की लेकिन खिंचेगी एक दिन तसवीर मन
तू किसे देगा अभय जो खुद हुआ दिलगीर मन!

काम से ताकत बढ़ेगी काम से सूझेगी बात
काम की किरनों से क्या खाकर भला जूझेगी रात
काम का सूरज तेरे हाथों में तू है मीर मन
तू किसे देगा अभय जो खुद हुआ दिलगीर मन!

14 अप्रैल, 1945

सुविधाभोगी

साल का पहला हरफ
अपनी तरफ मैं छोड़ता हूँ
जोड़ता हूँ इस निशाने पर
शबद का बान अपना
सख्त छाती दीया-बाती
की तरह दिन-रात सुलगे
ठीक ढंग से सुने दुनिया के
दरद को कान अपना
अन्न की बेहद कमी है
चार सू लोगों के चेहरे
फिक्र से फीके हुए हैं
और कुछ चेहरे हैं जिनको
ध्यान से देखो न देखो
दूर से दिखता है पहले से
बहुत नीके हुए हैं

मुझे लगता है कि यह दुहरी खराबी
एक मेरे सुस्त होकर बैठ जाने से हुई है
मैं न अपने प्राण देने के लिए तैयार हूँ जी
तभी तो सुख और दुःख की यह
चिलक चलती हुई है

मैं अगर हरचन्द यह सोचूँ कि
सेवा कर रहा हूँ
जबकि कम देता हूँ
ज्यादातर कि खीसे भर रहा हूँ
तो सिवा इस विषम दुनिया के
अधिक क्या रच रहा हूँ
मैं भले कवि कहूँ अपने को मगर
ये साफ बिलकुल है कि
बस गुन खो चुका हूँ
सिर्फ सात्त्विक शुद्ध, रद्दी इक
लुटेरा बच रहा हूँ।

23 मार्च, 1947

पहला स्पर्श

हे पवित्र
छू दिया आज तुमने
पवित्र हो गए प्राण

निष्कलुष शब्द
निष्कलुष छन्द
निष्कलुष गान अब बने रहें
ऐसा वर दो
कभी नहीं
नीचे उतरूँ इन शृंगों से
ऐसा कर दो!

तुम तेजवान
किरणें बखेरते रहो सदा
हे सत्यवान
दृढ़ता माँगी है
दृढ़ता दो
तुम सत्य और सुन्दर हो
शिवता

मिले नहीं मुझको फिर भी
तो हानि तुम्हारी होगी यह
शिवता भी दो!

10 जुलाई, 1946

प्रभात गीत

उठो आँख खोलो कि पौ फट गई है
युगों की अँधेरी निशा कट गई है

नया प्राण लेकर हवा आ रही है
नया गान लेकर सबा आ रही है
कली खिल गई है नया रूप धरकर
नया रंग भरकर किरन छा रही है
कमल के दलों की खुशी कुछ न पूछो
उदासी की छाया सभी हट गई है

नई बात मग में नई बात पग में
नया प्राण भीतर नया खून रग में
अपूरब उजाला दिशाओं में फैला
कि पूरब ने हलचल जगाई है जग में
अँधेरा हटाते हुए हम चलेंगे
अँधेरे की ताकत बहुत घट गई है,
उठो आँख खोलो कि पौ फट गई है
युगों की अँधेरी निशा छँट गई है।

15 अगस्त, 1947

पत्र : भारतीय आत्मा को

आज पुण्य चरणों में श्रद्धया प्रणाम लें
भारतीय आत्मा के आज मुझ प्रणत को
मंगलमय सदा ही शिव आशीष, सकाम दें!

आज मुझे अपने संकल्प में सहारा दो
आज मुझे अपनी हर बात और वृत्ति में कठिन कर्मधारा दो
आज मैं स्वतंत्र हूँ, मेरे अधिकार कुछ निराले हुए आज से
आज से मैं अपनी ही मर्जी का मालिक हुआ
आज से मैं अपनी एक दुनिया का खालिक हुआ

सूरज का जैसे एक अपना लोक होता है
गुरु का या मंगल का जैसे है मंडल अपना
वैसा ही अपना लोक वैसा ही अपना मंडल
मैं भी बनाऊँगा
मेरी ही किरन से वहाँ प्रकाश होगा और
मेरे ही हिलाए वहाँ पत्ता हिलेगा
फूलेंगे मेरे भाव फैलेंगे मेरे चाव
इच्छा फलेगी वहाँ मेरी ही रसमय
मेरी उठेगी उँगली कालगति रुकेगी और
दुनिया झुकेगी और ढंग से ढलेगी
मेरे उस मंडल में मेरे उस लोक में
आज का समस्त दैन्य आज का समस्त द्वेष
आज का समस्त भय आज का समस्त खेद
साम दाम दंड भेद खोकर ही रहेगा
अलबत्ता सूरज, गुरु
मंगल या शुक्र जैसा
जागूँगा रात-दिन

शक्ति मुझे चाहिए
भक्ति मुझे चाहिए अपने इस सपने में
जैसे आकर्षण एक ग्रह-ग्रह में होता है
चलते हैं खिंचे हुए वे आपस की शक्ति से
वैसी अनुरक्ति हमें आपस की बाँधे
और हम अनोखे लोक-लोकालय साधें

अपने सौर-मंडल की ऐसी हो निराली छटा
उसको न ढाँके कभी कोई बरसाती घटा!

15 अगस्त, 1947

गीत-फरोश

जी हाँ, हुजूर, मैं गीत बेचता हूँ
मैं तरह-तरह के गीत बेचता हूँ
मैं किसिम-किसिम के गीत बेचता हूँ

जी, माल देखिए, दाम बताऊँगा
बेकाम नहीं है, काम बताऊँगा,
कुछ गीत लिखे हैं मस्ती में मैंने,
कुछ गीत लिखे हैं पस्ती में मैंने,
यह गीत सख्त सर-दर्द भुलाएगा,
यह गीत पिया को पास बुलाएगा!

जी, पहले कुछ दिन शर्म लगी मुझको;
पर बाद-बाद में अक्ल जगी मुझको,
जी, लोगों ने तो बेच दिए ईमान,
जी, आप न हों सुनकर ज्यादा हैरान—
मैं सोच-समझकर आखिर
अपने गीत बेचता हूँ
जी हाँ, हुजूर, मैं गीत बेचता हूँ
मैं तरह-तरह के गीत बेचता हूँ,
मैं किसिम-किसिम के गीत बेचता हूँ!

यह गीत सुबह का है, गाकर देखें,
यह गीत गजब का है, ढाकर देखें,
यह गीत वहाँ पूने में लिक्खा था,
यह गीत पहाड़ी पर चढ़ जाता है
यह गीत बढ़ाए से बढ़ जाता है!

यह गीत भूख और प्यास भगाता है,
जी, यह मसान में भूख जगाता है,
यह गीत भुवाली की है हवा हुजूर,
यह गीत तपेदिक की है दवा हुजूर,
जी, और गीत भी हैं दिखलाता हूँ,
जी, सुनना चाहें आप तो गाता हूँ।

जी, छन्द और बेछन्द पसन्द करें,
जी, अमर गीत और ये जो तुरत मरें!
ना, बुरा मानने की इसमें क्या बात,
मैं ले आता हूँ कलम और दावात,
इनमें से भाएँ नहीं, नए लिख दूँ,
जी, नए-पुराने सभी तरह के
गीत बेचता हूँ,
जी हाँ, हुजूर, मैं गीत बेचता हूँ
मैं तरह-तरह के गीत बेचता हूँ,
मैं किसिम-किसिम के गीत बेचता हूँ!

जी, गीत जनम का लिखूँ, मरण का लिखूँ,
जी, गीत जीत का लिखूँ, शरण का लिखूँ
यह गीत रेशमी है, यह खादी का,
यह गीत पित्त का है, यह बादी का!
कुछ और डिजाइन भी हैं, यह इल्मी,
यह लीजे चलती चीज, नई फिल्मी
यह सोच-सोचकर मर जाने का गीत!
यह दुकान से घर जाने का गीत!

जी नहीं, दिल्लगी की इसमें क्या बात,
मैं लिखता ही तो रहता हूँ दिन-रात
तो तरह-तरह के बन जाते हैं गीत,
जी, रूठ-रूठकर मन जाते हैं गीत,
जी, बहुत ढेर लग गया, हटाता हूँ,
गाहक की मर्जी, अच्छा जाता हूँ,
या भीतर जाकर पूछ आइए आप,
है गीत बेचना वैसे बिलकुल पाप,
क्या करूँ मगर लाचार
हारकर गीत बेचता हूँ।
जी हाँ, हुजूर, मैं गीत बेचता हूँ
मैं तरह-तरह के गीत बेचता हूँ,
मैं किसिम-किसिम के गीत बेचता हूँ!

सम्भावित रचनाकाल : 1950

गीत

वह धरती हो कि समुन्दर हो आवाज एक ही है,
वह तिनका हो या बीन भीतर साज एक ही है।

सब प्यार, प्यार और प्यार पुकार रहे
सब इसी दर्द से रूप सिंगार रहे
ज्यों कमल-कमल में शबनम की बूँदें
हर हँसी-खुशी में हैं गम की बूँदें
अय जरा खोदकर देखो सबका साज एक ही है,
वह तिनका हो या बीन भीतरी साज एक ही है।
है आसमान गोया दर्दीला दिल
ये चाँद-सितारे कली-फूल कोकिल
ये हँसने-गानेवाले मन बोझिल
जी नहीं गीत ये नहीं, सिसकियाँ हैं
लहरें सागर की नहीं, हिचकियाँ हैं
है आसमान गोया दर्दीला दिल
यह आत्मघात पर तुली चीज साहिल
यह विगत, अनागत, आगत कल और आज एक ही है।

जून, 1951 की डायरी से

स्फटिक प्रश्न

होश मुश्किल चीज है
वह इन दिनों मुश्किल से टिकता है
मैं अभी बेहोश हूँ दिख रहे हैं यों मुझे
उड़ते हुए घन जो बरसना भूलकर
आषाढ़-भर उड़ते रहे हैं
होश शायद खो दिया है इन घनों ने
क्योंकि घन आषाढ़ के बेहोश हों तो बरसते हैं
और मेरे देश के बन-बाग सब कुछ सरसते हैं

घन नहीं बरसे न सरसे बाग-बन
हाय रे बेहोश जग बेहोश घन

होश मुश्किल चीज है
बेहोशियों के बीच से कैसे खिंचेगा
और हिन्दुस्तान का बन-बाग सब कुछ
किस तरह फिर से सिंचेगा
किन्तु यह तो प्रश्न-भर है
कोई उत्तर चाहिए इस प्रश्न का
पूछ-भर लेता हूँ मैं तो हवा से मानो
कि मन में जब कभी कुछ प्रश्न उठते हैं

सुबह होती है, धुआँ उठता है घर के छप्परों से गाँव में
और जुम्बिश एक घर से निकल पड़ने के लिए
आकर समा जाती है मेरे पाँव में
पाँव मेरे जिस दिशा में गति लहरते हैं
वह दिशा उत्तर नहीं होती कभी वह प्रश्न होती है
प्रश्न की आदत मुझे हो गई है
तृषा उत्तर की अभी खो गई है
जिन्दगी मेरी समूची प्रश्न है
प्रश्न मेरा तीव्रतर होता चले बेहोशियों के बीच भी यह लालसा है
लोग सुनकर प्रश्न मेरा सोच में पड़ जायें, यह क्या काल-सा है

प्रश्न मेरे प्रश्न-भर पैदा करें, अभी उत्तर की नहीं है लालसा
होश मुश्किल चीज है, प्रश्न होंगे चारसू से जब निरंतर
हवा पूछेगी, पूछेंगे उजड़ते खेत
जब नदी पूछेगी, पूछेगी पहाड़ी
और पूछेगी उठाकर सिर गगन तक निपट फैली रेत
तक समेटेंगे बिखरते होश ये आषाढ़ घन
और तब सरसेंगे मेरे देश के उजड़े हुए से बाग-बन

प्रश्न चारों ओर से आओ, उठो बेचैन मेरे प्रश्न
चारों ओर से गाओ कि यह क्या हो रहा है
उठो, जैसे कि कोई चाँद उठता है गगन में
उठो जैसे कि कोई गान उठता है पवन में
उठो जैसे कोई बीमार उठता है
उठो जैसे लहर का ज्वार उठता है
उठो जैसे कुतूहल की घड़ी में घूँघट उठे हों
उठो जैसे आग लगने पर लबालब घट उठे हों

उठो जैसे पट उठे हों देखकर पानी
उठो जैसे हो उठी भयभीत की वाणी
उठो जैसे उठे प्रभु का हाथ
उठो मेरे प्रश्न सुख के साथ
चाँद में बीमार में घूँघट में घट में
आग में पानी में ज्वाला में लपट में
उठो मेरे प्रश्न चारों ओर से
उठो हे उठा कर पुकारो जोर से
क्या हो रहा है
कौन है जो सो रहा है नींद सुख की
आग जब घर में लगी है
कौन है जो बुझाने बढ़ता नहीं है
कौन है जो और भड़काना जरूरी समझता है आग को
कौन है जो एक सुविधा समझता है जल रहे इस बाग को
कौन है जो सोचता है रोटियाँ सेंकेंगे भड़के आग
कौन है वह कौन है वह प्रश्न मेरे जाग

जागो प्रश्न मेरे देश को घेरे रहो बनकर कवच
तुम फिंको ऐसे कि जैसे फिंक रहा हो स्फटिक पत्थर स्वच्छ
गोफन से निकलकर
टूट जाये मुँह गलत उत्तर न निकले!

13 जुलाई, 1952

हम मामूली लोग

हम मामूली लोग
यह दुनिया हमको रोग या हम दुनिया को रोग
हम डरे हुए हम मरे हुए हम पानी से हीन कुएँ
अन्धे अँधियारे हम मकड़ी के जाले हम
लोगों ने हममें फेंक दिए कंकर-पत्थर
झोली भर-भर बस इसीलिए
हम मरे हुए हम डरे हुए
अन्धे अँधियारे कुएँ विकल पानी से हीन
महज मामूली दीन
भला किससे क्या कहें सिर्फ चुप रहें

लोग पत्थर मारें हम सहें
न बोलें-बकरें हम निरर्थक अखरें हम
आते-जाते लोग भुगाएँ हमको भोग

किसी दिन पहले हमको लगा कि हम नहले
उठे पत्थरवाले कहा दिल बहला लो
बचो नहले पर दहला लो
पड़े पत्थर पर पत्थर, खूब झोली भर-भर
हमें खुश करने को दीनता हरने को
तभी से हम चुप
अँधेरा घुप तभी से आँखों में तभी से कानों में
तभी से ओंठों पर तभी से प्राणों में

मगर भाई
नहीं भाई तो नहीं कहीं
एक भी हाथ न अपने साथ
कहें किसको अपना, गलत निकला सपना
स्वप्न तो गलत सदा, भाग्य में स्वप्न बदा
और हम समझे सच, अरे सपने से बच!

स्वप्न था देश स्वप्न था धरम
स्वप्न थी कला स्वप्न था करम
'गया' धोखा था साफ 'नया' है भरम

देश की कहें
देश सेती कड़ी खेती बड़ी मेहनत रात-दिन हमने की
न फुरसत ली
हरे कर दिए जले मैदान बनाए पग-पग पर खलिहान
ढेर गल्ले का लगा दिया, अलख ही जैसे जगा दिया
नदी काटी जंगल काटे खाइयों के जबड़े पाटे
हवाओं के रुख पलट दिए
घुसे दुश्मन फौरन चट किए
मगर किसलिए

मगर किसलिए गिनाएँ हम, गिनाने में क्या दम
कौन वह हाथ हमारा दिया न जिसने लिया
सभी को खबर कि अपना अबर देश-भर बरसा है दिन-दिन

हमारे श्रम के पारस ने देश का परसा है कन-कन
गिनाने से क्या लाभ शब्द तो मुँह की भाप
इधर निकले उधर गायब
न आने पाया जब हमारा काम हमारे काम
शिकायत से क्या होगा नाम
गिनाना गलत किए जो काम सुनाना गलत

तो क्या है सही, सही तो यही कि मरते जाओ
काम सौंपे जग करते जाओ
खेत में खलिहानों में काम पहाड़ों मैदानों में काम
मकानों में खानों में काम हवा पर काम बबा पर काम
काम लिखने का गाने का किसी के लिए कमाने का
माघ में काम पूस में काम
चीन में काम रूस में काम
काम धरती पर पानी में
शर्त बस एक कि हानी में

हाय रे भाग जगत को बने हुए दिन घने
बहुत बदली बातें मगर अपनी रातें
घनी की घनी अभी तक बनी
पचासों बार लगा कि अबके भाग जगा
नहीं बदला था तबके बदल जाएगा अबके
मगर यह अब और तब का फर्क हमारे लिए नहीं
जहाँ थे पहले हम आज भी वहीं
बल्कि पहले से बदतर हाल
क्योंकि कानून फौज पलटनें सड़क पक्की जीपें और गनें
हर एक हुक्काम हर एक बनिया
गरज एक दुनिया की दुनिया
भरे हैं झोली में पत्थर, उन्हें क्या अपना डर

मनाएँ हम इन सबकी खैर छोड़कर बैर
किरन सूरज की फूटे नहीं अँधेरे की तह टूटे नहीं
उठें हम और नवाएँ शीष कि हे दुनिया के ईश
तेरा आशीष हमारे सिर पर बिस्वाबीस
कि साँसें खींच रहे हैं हम
जगत-भर की इच्छाओं को खून से सींच रहे हैं हम

जुल्म की इच्छाएँ माँगती भिक्षाएँ और हम देते रहते हैं
हमारे ही बल पर तो खेत जुल्म के चेते रहते हैं
जोश में आ जाएँ जोर से दल के दल गाएँ
कि हम मजदूर किसान बड़े बलवान
हमारा राज जगत-भर आज
आज हर चन्द हमारे बोल बुलन्द
मगर सच तो है यही कि हम हैं वही
महज मामूली लोग
समझती दुनिया हमको रोग!

27 मार्च, 1954

परदार पंछी

जरा दूर हट जाओ, आओ इधर आओ
पास मत घिरो उसके उसे हल्की ठंडी हवा लगने दो
प्राण जगने दो उसमें
जिसे अभी के बड़े इस तूफान ने झिंझोड़ दिया
जिसके साहस से भरे नन्हे डैनों को थपेड़ों ने तोड़ दिया

उसे आराम करने दो
बहस मत करो जोर-जोर से उसके आसपास
उसे आराम करने दो
और अगर कुछ और सम्भव नहीं है
तो उसे आराम से मरने दो

एक काम करें, थोड़ी आग सुलगा दें इसके पास
अकड़ी हुई रगें गरमी पाकर शायद खुल जाएँ
तुल जाएँ अगर डैने फिर से एक बार इसके
तो पुण्य हमारे तुम्हारे हवा के आसमान के या किसके
फिर इस मरी-सी फैली हुई नीलिमा के नीचे
जीवन साँसें नहीं खींचे बल्कि उड़ानें भरे,
प्रभु अगर तुम हो तो इतना करो
तूफान से डैने टूटकर कोई पंछी न मरे

पड़ा रहे वह चाहे रात-भर
सोचता रहे दुःख में भरकर अपनी दिशा
मगर बीत जाने पर जब हो निशा
सूरज की किरन का सन्देशा
जब पूरब पश्चिम के बादलों पर छा जाए
और उससे भी अच्छा कि इससे भी जरा पहले
उसकी आँखों में चमक डैनों में जान आ जाए
गल जाए उसके प्राणों में जमा हुआ बरफ
और फिर उठा के सिर वह आसमान की तरफ
उड़ जाए एक झटके से
मिल जाए अगर फिर से राह में तूफान उसे भूले-भटके से
तो हो जाएँ आँखें शर्म से उस ताकतवर की नीची
कि एक छोटे पंछी ने उसकी थपेड़े खाकर
कितनी जल्दी फिर से ये उड़ानें खींचीं

देखते हो, उसकी आँखों में एक हल्की हरी जोत है
उड़नेवाले के लिए यह हल्की हरी जोत मौत है
यह जिस भी परदार की आँखों में आ जाती है
चैन से उसका वास्ता नहीं रहता
रातों दिन उड़ने के सिवाय उसके पास रास्ता नहीं रहता
क्योंकि यह हरी जोत, परदार की यह मौत
प्रतिबिम्ब है उस जलती हुई शिक्षा का
जो उसे उसकी भरपूर जवानी में दिखा था
परदार जवानी में शिखा देखे और लौट आए घोंसले में?
ना, वे ऐसा नहीं करते
और इसीलिए उनका यह दुर्भाग्य है
कि वे हमारी तुम्हारी तरह घोंसलों में नहीं मरते
तो आओ, बातें बन्द करें; पत्तियाँ इकट्ठी करें और घास
निरर्थक खड़े न रहें इसके आसपास
आग सुलगा दें अकड़ी रगें इसकी खुल जाएँ
तुल जाएँ डैने फिर से इसके शून्य के खोखले में
खो जाए फिर से यह स्वच्छ सफेद शरीर
नीलिमा में आसमान की
परदारों में दिल्लगी उड़े उस तूफान की
जिसने रात-भर भी पंछी को बेकाम न किया

जिसने डैने टूटने पर रात-भर भी आराम न लिया
लो वह सरक रहा है

धरती में गड़ाकर अपनी चोंच टरक रहा है
हट जाओ, अब वह अपने पंख तौलेगा
जिसे देखकर तूफ़ान का खून खौलेगा
मगर अब तूफ़ान को उठने में देर लगेगी
वह कोई पंछी थोड़े ही है कि एक बार गिरकर
फिर इस ताकत से इतने जल्दी उठ पाए
ताकत समेटकर उड़े हुए पंछी को फिर से गिराए

प्रभु तुम हो
कम-से-कम इस क्षण मेरा विश्वास सही है
कि बात तूफ़ान की नहीं परदार पंछी की रही है!

3 अप्रैल, 1954

तर्क की भट्ठी में

तर्क की भट्ठी में सारे रूप गल जाते हैं केवल,
याद बिखरें तो सहज ही बिखरते हैं फूल के दल।
तर्क, विश्लेषण, बहस है ज्ञान का केवल ककहरा,
शून्य की उपलब्धि, बहसों का सदा दुर्भाग्य ठहरा।

रूप में जो सत्य है वह तर्क के आश्रित नहीं है,
क्योंकि रूप प्रकार या आकार में परिमित नहीं है।
वह परस्पर त्याग के आनन्द में विकसित, विकीरित,
रूप सीमा ही नहीं, निस्सीमता उसमें प्रकाशित।

एक सीमा या असीमा को अगर हम जानते हैं,
साफ़ है तो यह नहीं हम सत्य को पहचानते हैं।
सत्य सीमा से असीमा तक चलो तब हाथ आता,
और फिर चाहे जहाँ बिहरो तुम्हारे साथ जाता।

क्षणिक या शाश्वत, परस्पर से अलग कुछ भी नहीं है,
जो तुम्हारे लिए क्षण, मेरे लिए शाश्वत वही है।

11 अगस्त, 1954

चहल-पहल

भइ वाह! भइ वाह! भइ वाह!
मजा आ गया खाहमखाह!!

आखर अरथ अलंकृत नाना,
खींच-खाँचकर गाए काना,
जैसे लँगड़ा लचके राह।
गड़बड़ छन्द रबड़ भी नहीं,
खींचो कहीं और जाए कहीं
कोई क्या देगा इसलाह
भई वाह!

अब तक काम बिगाड़े कई
पर यह कविता ऐसी भई
कि खुदा की पनाह
खुदा की पनाह
भई वाह!!

11 जुलाई, 1956

धरती को अगर कागज मानें

धरती को अगर कागज मानें
और भगवान को रेखागणित का विद्यार्थी
तो रामचरन एक ऐसा ही बिन्दु था
जिसे आत्मसात् करने के लिए
उमड़ रहा रेखाओं का सिन्धु था
बेचारा रामचरन न जिसके लम्बाई थी, न चौड़ाई
एक कॉलेज में पढ़ता था,
और सीधी-तिरछी गोल लहरदार
रेखाओं को बचाकर बढ़ता था
कि बिना किसी रेखा से टकराए
कॉलेज का कमरा गोया उसका कवच था
उसे अफसोस था कि कर्ण की तरह

वह उसके जिस्म से लिपटा नहीं था

रामचरन अरूप था और रेखाएँ थीं सरूप
इसीलिए उनसे बचने के लिए
उसे गलियारे से कमरे तक
करनी पड़ती थी दौड़-धूप
कमरे में पहुँचकर वह आश्वस्त हो जाता था
प्रोफेसर साहब के प्रवचन में खो जाता था

बहुत दिन इस तरह बीते
दिनों पर हफ्ते, हफ्तों पर मास, महीनों पर बरस
उसने जैसे-तैसे जीते
और एक दिन रामचरन ने देखा
कि आज उसकी तरफ जो ताक रही है
वह नहीं है कोई रेखा
बल्कि वह भी कोई नाचीज हस्ती है
न जिसके लम्बाई है, न चौड़ाई
रामचरन ने आँखें उससे मिलाईं तो लगा
कि उस हस्ती से उसका हो सकता है कोई रिश्ता सगा
और फिर यह असम्भव खयाल कुछ ऐसा जगा
कि वह बड़े-बड़े झगड़ों का मूल हो गया
यहाँ तक कि कॉलेज का कमरा जो उसका कवच था
शपथें लेकर उसके प्रतिकूल हो गया
बेचारा रामचरन फिर कभी
कमरे की सिम्त नहीं बढ़ सका
कमरे की कौन कहे
कॉलेज की सीढ़ियाँ नहीं चढ़ सका

रेखाओं में क्रोध, प्रतिशोध, व्यंग्य और हँसी की लहर फैल गई
आवाजें उठीं कि निकाल दो
इसे आसमान में किसी फटी टोपी की तरह उछाल दो
उसके बाद रामचरन को निकाल सकनेवालों ने निकाल दिया
फिर वह जाने कहाँ गया मरा जिया कि नहीं जिया
मगर रेखाएँ तब से उदास हो गईं
भले ही उनमें से कुछ बी.ए. पास हो गईं
और बी.ए. पास होकर दुनिया में बनाए उन्होंने

त्रिकोण चतुष्कोण पंचकोण षट्कोण
यहाँ तक कि वृत्त।
मगर बीच-बीच में उन्हें जब
याद आ जाती थी रामचरन की
तो कह उठती थीं अरे धत्त!
छोड़ो भी वह एक दर्दनाक चैप्टर है
और हमारी तुम्हारी सबकी जिन्दगी में
उसके रिपीट होने का डर है
और फिर इस डर को डुबो देती थीं वे हँसी की हिलोर में
क्योंकि सच तो यही है कि
फर्क खुले बिनखुले का है साह और चोर में
अगर हम हर बिन्दु के एक से अनेक होने पर
बहस करेंगे
तो कोई आकृति नहीं बनेगी
हम सिर्फ रेखागणित को तहस-नहस करेंगे

सम्भावित रचनाकाल : 1956

पीला पत्ता

दुनिया के अश्वत्थ वृक्ष की शाखा पर हूँ तो,
किन्तु वायु का झोंका छूकर अगर गान दूँ तो,

कोमल नहीं एक खड़खड़ का स्वर भर दूँगा,
मैं वसन्त की कड़ियाँ भी कर्कश कर दूँगा!

इसीलिए डाली पर अपना गीत बिछाए,
मैं वसन्त को मना रहा हूँ शब्द बचाए।

तुम किसलय हो या कि कली हो या गुंजन हो
हो कोयल की कूक या कि नूपुर की धुन हो

ऊपर गीत-गान में मुझको अपने साथ न खींचो!
मेरे बीत गए का अब तुम मोह न सींचो!

21 मई, 1957

युद्ध-विरोध में

जिनने युद्ध आधुनिक देखा नहीं
भोगी नहीं भयानकता जिनने उसकी भँवरों में पड़कर
वे सापेक्ष बुराई शायद समझें उसको
शायद सोचें वे कि आज भी युद्ध
वीरता देशप्रेम व्यक्तित्व उठाने या कि सजाने का
यदि साधन नहीं तो अवसर हो सकता है
आ ही जाएँ सिर पर घिरकर बादल काले अगर युद्ध के
तो उसका उपयोग कदाचित्
किसी भलाई को पनपाने के निमित्त हो सकना सम्भव

लेकिन मन में ऐसी आशा रखना शुद्ध मूर्खता
युद्ध आधुनिक किसी तनिक-सी भी अच्छाई के खिलाफ है
वह है 'टोटल-वार'
बुराई जिसमें अच्छाई को कन-कन कुचले-पीसे बिना
नहीं रह सकती
उसमें गौरव या कि शिष्टता की गुंजाइश नहीं
समारोह वह पागलपन का
जहाँ शुरू हो गया वहाँ फिर किसका वश है
रुकना सम्भव नहीं किसी के रोके उसका
वह शारीरिक और मानसिक झुँझलाहट में बढ़ता चलता
हर अमानवी ऊँचाई पर चढ़ता चलता
रक्त मांस मज्जा मकान और नगर
सगर के पुत्रों-जैसे सिर्फ भस्म होते हैं उसमें
अन्तहीन बेचैनी जिसका अन्त नाश है

सत्य यही है,
लक्ष-लक्ष लोगों के मन में
साफ चित्र है इसी सत्य का
किन्तु राजनीतिक ऐसे-कुछ एक बनाव का डर
कुरेदता रहता है छाती को भीतर
लक्ष-लक्ष लोगों को लगता है
कि किसी दिन पिछले युद्धों से भी भीषण
पिछले युद्धों से भी अन्धा अर्थहीन

भूमंडल-भर पर युद्ध अचानक आँख खुलेगी और मिलेगा

दुनिया-भर के देशों में सब जगह लोग हैं दोस्त-किस्म के
शान्तिशीलता जिनको प्रिय है
आना-जाना मिलना-जुलना
लेन-देन साहित्य विचार और भावों का
बाजारू चीजों से ज्यादा अपना जिनके साथ सहज है
और इसी कारण से अधुना आपस में सद्भाव अधिक लगता है सम्भव
आज हमारे मिलने-जुलने और विचारों के लेने-देने के पीछे
पारस्परिक स्नेह सबका सुख एक अटूट शान्ति की इच्छा

हाय किन्तु भय है कि किसी दिन फिर भविष्य में
भेरी रण की गधे फूँक दें
बजने लगें सायरन फिर से
भीमकाय फिर यंत्र युद्ध का लगे धड़कने चलने और कुचलने सब कुछ
हम फिर से बँट जाएँ दलों में
फिर भरती फौजों में होना परम धर्म हो
फिर से सेना ही सेना हो जाए हवा धरती और जल पर
फिर कोई मोटी गर्दनवाला शुभचिन्तक देश-प्रेम का जहर
स्वरों में घोल-घोलकर हमें पिलाए
फौलादी तूफान चलें हर तरफ
हमारी देहें घर में घर के बाहर
देश-विदेश कुठौर-ठौर सड़ जाएँ
और हमारी आशा आकांक्षा विचार निर्माण
सभ्यता संस्कृति भाईचारे के आदर्श बेचारे
ऐसे कुछ गड़ जाएँ नाश के अक्समात-मलबे के नीचे
हो जाएँ इतिहास
पास आगामी पीढ़ी के न बचे इनका लेखा भी!
इस अभाग्य की मनुज कल्पना करके भी
निश्चिन्त और निष्क्रिय रह लेता महत् यही आश्चर्य
आदमी का झुककर दबकर रह लेना
बड़े-बड़े अन्याय बिना समझे जैसे चुपके सह लेना
परम निराशा का कारण है
जो भविष्य आँखों के आगे
चाँद और सूरज से ज्यादा जाग रहे हों
उन्हें बिना देखे यदि हम सब सरल भाव से

अलग दिशा में भाग रहे हों इस आशा से
'किसी चमत्कारी क्षण में सब सुधर जाएगा'
तो आशा क्या करें, कहाँ से

मैं तो कहता हूँ कि आज भी
अगर देश गांधी का कह दे हम न लड़ेंगे
हमने अपनी सेना तोड़ी खत्म कर दिया लश्कर अपना
जिसको आना हो वह आए
किन्तु उसे आना होगा हर एक इंच पर
लाश बिछाकर शस्त्रहीन लोगों के दल की
और अगर भारत की जनता तय कर डाले
आनेवाला इसी तरह भीतर आएगा
तो दुनिया के शस्त्रवादियों का दिमाग चकरा जाएगा
आएगा यदि कोई इसके बाद
और हम लाख-लाख मरने के खातिर
खड़े रहे तैयार सफों में
गाँव-गली में नगर-नगर में डगर-डगर में
तो सम्भव है एक बार हम लाख या कि दो लाख
जान दे देंगे अपनी, किन्तु मुझे ऐसा लगता है
दुनिया-भर से युद्ध नाम की चीज खत्म ही हो जाएगी

और अगर यह काम
रूस या चीन या कि अमरीका कर दें
तब तो युद्ध बेचारे का चेहरा वे क्षण में फीका कर दें
नए-नए ढंग कठिन समस्याओं के सूझें
अगर बड़े ये राष्ट्र तनिक भी समझें-बूझें
शान्ति चाहकर भी मन ही मन
नए युद्ध की अनचाही तसवीर खींचना जहाँ मिट गया
एक नया संसार अंकुरित ठीक वहीं पर
हो जाएगा
फिर चीजों की जगह स्नेह भेजा जाएगा
अपने आप यंत्र की महिमा नहीं रहेगी ऐसी जैसी आज रूढ़ है
महिमावान आदमी होगा
यंत्र सहारा देगा उसको
शक्ति नचाने की उससे छीनी जाएगी

और सभ्यता वस्तुबहुलता से हटकर चीन्ही जाएगी

किन्तु आज जितनी सत्ताएँ हैं वे नहीं करेंगी यह सब
उन्हें परस्पर अविश्वास का पाश छूटने दे तो छूटें
वे तो एक गाँठ पर दूजी गाँठ बाँधकर इसे रोज पक्का करने में दत्तचित्त हैं
वे तो रोज-रोज के झगड़ों की निमित्त हैं

ये बन्धन जनता के तोड़े ही टूटेंगे
गाँव-गाँव में गली-गली में युद्ध-विरोधी काम चाहिए
देशप्रेम का यही अर्थ है यही अर्थ है मानवता का
सत्ता के मद का विरोध यदि नहीं कहीं जनता कर सकती
तो सत्ता का युद्ध-विरोधी बातें करना
शुद्ध व्यंग्य है, हास्यास्पद है, निपट व्यर्थ है
युद्ध-विरोध सफल तब होगा जब जनता कह सके
'शस्त्र-संन्यास शुरू होगा स्वदेश से!'
कहीं-कहीं यह कहा जा रहा है
या यों कहिए यह कहने-भर दिया जा रहा है
जहाँ नहीं है इतना कहने की गुंजाइश
यहाँ आदमी के बारे में मुझको लगता है
कि बेचारा कूटा-पीटा नथा-गुँथा जंगल का पशु है
जिसे बँधे घेरे में मालिक अपनी मर्जी के हिसाब से
दाना-चारा खिला-पिलाकर सींग-पूँछ कुछ बिना हिलाए
चलने पर मजबूर किए है
उदासीन या सनकी मालिक के कोड़े या थाप
या कि सहलाना उसको प्रिय-अप्रिय कुछ नहीं
क्योंकि वह खींच रहा है उसकी गाड़ी
आँधी पानी धूप सभी में

इसीलिए मुझको लगता है मेरा ही है देश, इसे जो कर सकता है
हानि-लाभ को तौल-तालकर देख चुकी है दुनिया सब कुछ—
जब से यह दुनिया पैदा है
और हानि बढ़ती जाती है
अगर देश गांधी का कह दे हम न लड़ेंगे
हमने अपनी सेना तोड़ी खत्म कर दिया लश्कर अपना
तो दुनिया के शस्त्रवादियों का दिमाग चकरा जाएगा!

21 जून, 1957

झाँईं

कुछ दिन से ऐसा होता है,
जब सारा आलम सोता है
तब दूर पहाड़ों से जंगल को चीरकर
आती है झाँईं एक निशीथ समीर भर!

और कभी-कभी जब बहुत रात हो जाती है
यानी जब झाँईं भी थककर सो जाती है
तब दूर पहाड़ों से झाँईं की आत्मा
लेकर बच्चे का रूप पहनकर पैजनियाँ
आतुर हल्के पाँवों से दौड़ी आती है
मुझसे तुतलाकर कहती है ले लो कनियाँ!

2 जुलाई, 1957

उस तरह का आदमी हूँ

बात ऐसी है कि मैं कुछ उस तरह का आदमी हूँ
जिस तरह के आदमी को लोग हँसकर,
कभी चिढ़कर भी किताबी कहा करते हैं,
क्योंकि मेरे पल, प्रहर, दिन, माह, वर्ष
विचार की धारा पकड़कर लिखे ग्रन्थों के सहारे
बहा करते हैं।

आदमी की सावधानी, स्नेह, चिन्ता, तर्क, मन की शान्ति
व्याकुलता, अगति, गति-भाव शेष-अशेष भावी
जो हुआ है और जो होगा, सभी पर मुझे लगता है
कि अक्षर साधना से लिखित, हावी!

इसलिए खींचकर मुझको अलग ले जाए मेरी किताबों से
इस तरह की शक्तियों से सामना मेरा विरल है
किन्तु देखा है कि मैं विचलित हुआ हूँ

जब कभी मैंने सुना यह वर्ष आज समाप्त होकर नया कल है
वर्ष के पहले दिवस की शक्ति मेरे सामने से

ग्रन्थ-राशि समेट लेकर विचारों के हिमालय जैसे जगाती
और मेरे अन्यथा आलस्य जड़ युग चरण चंचल त्वरित होते,
साँस मेरी विकल होकर जगत के चक्कर लगाती।
वर्ष बीता, वाद्य जब बजकर बताते
लोग जब आगत समय के, स्वर उठाकर गीत गाते
तब न जाने कहाँ से बादल कुशंका के घुमड़कर
चित्त के आकाश की किरनें बुझाते।
और मैं जो कुशंका से घृणा करता हूँ
अभय-तर्कों को जुटाने, किताबों में नहीं
पथ पर निकल पड़ता हूँ—और पथ मुझको अपथ
मैदान, खेत, पहाड़, प्रान्तर, नदी, वन में लिये चलते हैं
दृश्य लाखों जहाँ ऐसे हैं
तम में कुशंका के दीप्त-दीक्षा की शिखा की
तरह जलते हैं।
वर्ष-भर में एक दिन यह दृश्य-दर्शन
मुझे साधना में दृढ़ बनाता।
और मैं हर नए दिन के निकलने पर
वर्ष-भर आश्वस्त होकर गीत गाता।

1 जनवरी, 1958

प्रजातंत्र

उसने धानी साड़ी पहन ली है
और मुँह पर घूँघट डाल लिया है
कल वह एक चुपचाप कली थी
आज वह हँसता हुआ एक फूल है
उसे आने दो मुझ तक
उसे रोको मत, टोको मत, वह मेरी प्रिया है

जड़ाऊ गहने खनकती चूड़ियाँ
मोती के हार और ऐसी ही अन्य रूढ़ियाँ
गरीब की इस बेटी ने भी इन्हीं सबसे श्रृंगार किया है
कल वह एक गुमसुम कली थी
आज वह एक हँसता हुआ फूल है

उसे आने दो मुझ तक
उसे रोको मत, टोको मत, वह मेरी प्रिया है

रूढ़ियों से सजी हुई वह रूढ़ियाँ तोड़ रही है
मजाक नहीं है बँधे-बँधाए जिस बगीचे में
पली-बढ़ी थी वह उसे छोड़ रही है
वे ही जड़ाऊ गहने खनकती चूड़ियाँ
जो पहनती थीं उस बड़े घर की बड़ी-बूढ़ियाँ
उसने भी पहने हैं घूँघट उसने भी डाला है वैसा ही
मगर फिर भी
उसके गहने उसकी चूड़ियाँ उसका घूँघट अलग है
वे परम्परा में सोए नहीं हैं नई किसी आकांक्षा में सजग है
आज उसने यह श्रृंगार किसी सन्दूकची में से नहीं निकाला है
बल्कि म्यान में से जैसे तलवार खींची है
आज नजर जो उसकी नीची है सो शर्म से नहीं, नहीं समझदारी से है
कि रास्ता जो उसने लिया है सो ठीक लिया है कि नहीं लिया है
कल वह एक चुपचाप कली थी
आज वह एक हँसता हुआ फूल है
उसे आने दो मुझ तक
रोको मत, टोको मत, वह मेरी प्रिया है।

14 नवम्बर, 1958

प्राणवत्ता

आपसे मैं कह रहा हूँ
आप जो बीते हुए के कष्ट से व्याकुल बहुत हैं
आप जो दिन-रात मन में सिर झुकाए
घुमाते रहते हैं पिछले बुरे पल दो पल की परेशानी हमेशा
इस तरह मानो कि पिछले पल बड़े हैं हर अनागत काल के विस्तार से
आपसे मैं कह रहा हूँ
आप जो खोले हुए सन्दूक शंका की घिरे बैठे हैं चिन्ता-कक्ष में
अपनी खरीदाफतों के
छिन्न-भिन्न विचित्र चित्रीकृत लिखित अम्बार में

आपसे मैं कह रहा हूँ सिर उठाए
इस अँधेरी रात के सूने पहर में
खोलकर खिड़की स्व-चिन्ताकक्ष की झाँकें जरा बाहर
जरा आँकें पुतलियों पर चमकते दीप्त तारे
इस अँधेरी रात के सूने पहर में लहरती ठंडी हवा में जो महक
बहती हुई आती है जैसे उसे खींचे
प्राण सींचें उस अमृत से जिसे लाई हवा शबनम-सिक्त घाटी से
लबालब महकते झोंकों में अपने

प्राणवत्ता का मजा गत में बहुत ज्यादा नहीं है
अभी के आनन्द में है
अभी का आनन्द शीतलता सुरभि अमृत भले हैं किन्तु
लाई है उन्हें वह हवा जो आकाश से आकाश तक फैली हुई
गिरि-श्रृंखलाएँ तोड़कर चलती रही है!

है यही जो समझना है
खोलकर खिड़की स्व-चिन्ताकक्ष की!
आपसे मैं कह रहा हूँ
आप जो खोले हुए सन्दूक शंका-पक्ष की
केवल सवालों से घिरे हैं
आप जो गत के चरण पर
अनागत को आज को भूले हुए
शिरसा गिरे हैं!

14 नवम्बर, 1958

बड़े जोर हवा

बड़े जोर हवा अचानक चीखी जब
कोसों तक भर गई चीख वह तीखी जब
सिर से ऊँची घास सहमकर लेट गई
हरे रंग की शीत समुद्र समेट गई,
लहरें जितनी सिमटीं लहरें नहीं बचीं

तब एकाएक हवा को जाने क्या सूझा
जो गीत उठाया उसने वह अनजाना था,

थी गाढ़े हरे रंग की शीत झिंझोटी वह
या चपल-चरण-गति गाई तेज तराना था!
वह कुछ भी था लेकिन झाड़ों की आँखों में
भय की छाया तैरी, गिरि का माथा ठनका,
अंचल समेटने की कोशिश में वन्या का
हल्का बजनेवाला कंकण ज्यादा खनका
मृग ने मुड़कर देखा तो शंकित मृगियों ने
आँखों-आँखों में प्रश्न किया, क्या होगा अब
आश्रयविहीन सतपुड़ा शैल के गह्वर सब...

(अधूरी) 1958

झगड़ा 'के और की' का

अफीम और भाँग
गंगा और यांगटिसीक्यांग
मैं नहीं मानूँगा
तू मान चाहे मत मान
क्योंकि तेरी बकरी के चार थन
मेरी मुर्गी के तीन टाँग

'के' हाँ, हाँ, 'की' नहीं
तूने अफीम खाई है
मैंने भाँग पी नहीं

भाँग और अफीम दोनों की दवा नीम मिठाई नहीं
ये भाई-भाई नहीं सिर्फ नशैलची कहिए
एक ने खाई है दूसरे ने पी कहिए
खाई है या खिलाई गई है
पी है या पिलाई गई है
इससे फर्क नहीं पड़ता, हैं दोनों नशे में

नशा हिरन कब होगा
अब होगा तब होगा सोचते मत रहो इनके कुटुम्बियो
सब कहो उनसे चिल्लाकर अक्ल से काम लो

दूसरों को तीसरा युद्ध छेड़ने तक
तुम मत अफीम या भाँग का नाम लो!

25 जून, 1959

सबसे अधिक कौन जीता है

सबसे अधिक कौन जीता है?
किसमें सबसे ज्यादा जीवन?
कौन सदा था सदा रहेगा।
काल सदा था सदा रहेगा
किन्तु काल सबसे ज्यादा जीवन्त वस्तु है
ऐसा मुझको दृढ़ निश्चय कैसे हो जाए?
यदि उसका जो भाग दिखाई देता है हम उसे छोड़ दें
तो उसका गत और अनागत भूत भविष्य
सरीखा वर्णन हो सकता है!
गत की केवल खोजबीन ही की जाती है
गत की माटी किसी पके घट की माटी है
जिसको चलित चाक पर फिर से धरकर
नया घड़ा गढ़ सकना सम्भव नहीं
असम्भव ही है।
और अनागत का आ सकना
किन रूपों में किन हाथों से कब तक होगा
किसे खबर है!

काल पुरुष इसलिए अगर जीवित है
तो केवल अंशों में,
सकल-प्राण अक्षुण्ण
सदा-परिवर्तित-वर्धित तो विचार है
अद्य-अनागत गत सबके प्राणों में इसकी वाणी गुम्फित
मैं विचार यदि करता हूँ तो मैं जीता हूँ
अगर सोचना बन्द कर दिया मैंने
केवल चक्र सरीखा चलता-भर हूँ
तो नितान्त गतिशील किन्तु जीवन से छूँछा
मैं केवल घड़ियाँ गिनता हूँ!

इसीलिए मैं नहीं सोचता आनेवाले बरस
क्षणों को वाणी देना मेरा रस है
मेरा जो क्षण बीत गया सोने की धुन में
उसको मैंने चिह्न लगाकर रख छोड़ा है
किसी अजस्र विचार-झड़ी के दिन
उन सबका मत्स्य-वेध यदि हुआ
और यदि मृत्यु-प्रिया ने
आकर उस दिन छुआ
तो सारा जीवन सार्थक!

चिन्ता की उल्लास-तरंगें
काठ सरीखे कठिन, विरस, आनन्दविहीन
दिनों में जैसे दीप्तशिखा के छन्द जगाकर
दशों-दिशाओं को रँग देंगी।
तमसा तीरे सूनी सन्ध्या में
धधकेगी चिता, किसी को दुःख भी होगा,
किन्तु लौटते हुए पंछियों के दल
श्रम का सुख गाएँगे!
मन भाएँगे!!

28 जून, 1959

जूही ने प्यार किया

जूही ने प्यार किया शतदल से!
दोनों के लोक दो, शोक किन्तु एक हुए दोनों के
सन्ध्या के झुरमुट से मानो निहारा और अश्रु चुए दोनों के
धरती पर इसके अश्रु, पानी पर उसके चुए
दोनों के लोक दो शोक किन्तु एक हुए।
जूही का क्या होगा
धरती ने पूछा जल से!
जूही ने प्यार किया शतदल से!
प्रश्नों के उत्तर कहीं मिलते हैं
केवल हवा का झोंका आया
जूही ने अश्रु पिए शतदल हताश हुआ

मुरझाया! गाया किसी पानी के पंछी ने
ऐसा नहीं होगा कल से!
जूही ने प्यार किया शतदल से!

24 जुलाई, 1959

तुम गाते-गाते

तुम गाते-गाते चुप हो जाते हो
तुम बातें करते हुए अचानक ही
खो जाते हो

तुम नाच-तमाशे से बचते-से हो
तुम दूर ताकते हुए, महल मन में रचते-से हो,
कोई पुकारता रहे नहीं सुनते
तुम सौ चीजें हों मगर नहीं चुनते
जो दिया किसी ने तुमने उठा लिया
जो ढाल दिया तुमने चुपचाप पिया

तुम रात-रात भर बैठे रहते हो
यदि कोई आकर कहे, उठो, जाकर सो जाओ अब,
तुम बिना कहे कुछ उठते हो जाकर सो जाते हो
तुम गाते-गाते चुप हो जाते हो
तुम बातें करते हुए अचानक ही खो जाते हो

ये चिह्न बहुत अच्छे तो नहीं हुजूर
हर भला आदमी रहता है ऐसे झगड़ों से दूर,
जो नाच-तमाशा ग़ज़ल रेखता है
हर भला आदमी इनको सुनता और देखता है!
हर भला आदमी मित्रों में आता है जाता है
हर भला आदमी घंटों बैठा गाल बजाता है
हर भला आदमी अगर पुकारो, कहता है कहिए।
हर भला आदमी अगर बको कहता है चुप रहिए।
पर महज गुमसुम, ऊबे-ऊबे
अपने मन के भीतर डूबे-डूबे
इस आपाधापी में दुनिया की आप अगर

रह जाएँ फिसड्डी—मेरा नहीं कसूर
ये चिह्न बिलाशक अच्छे नहीं हुजूर
हर भला आदमी रहता है ऐसे झगड़ों से दूर।

25 अगस्त, 1959

जीवन-विलास

नीम को गुड़-घी से भी
जीमना नहीं सम्भव
आ सकती है अलबत्ता वह काम में दवा की तरह
तब भी बिगड़ जाता है मुँह रत्ती-दो रत्ती खाकर
दुनिया को विलास में बरतना
ऐसा ही असम्भव हो जाए मेरे लिए
मुझे भाए नहीं उसमें डूब जाना
जिसको किसी ने कम किसी ने खूब जाना
माया वह राम की बने मेरे काम की
लेकिन दवा की तरह, ताजी हवा की तरह
खींचकर साँसों में उसे छोड़ दूँ वैसे ही भाव से
जीता रहूँ जब तक पीता रहूँ तब तक
नाम रूप रस गन्ध विलास को सोचे बिना
और बन्द होने लगे जब साँस
ऐसा न लगे कि हाय, जा रहा है जीवन छिना
जीवन का सबसे बड़ा सुख लगे
जीवन को छोड़ना!

1 जनवरी, 1960

चित्त का पंछी

हर निमिष में मुझे जैसे घेरते हैं सौ सबेरे और मेरे चित्त का
पंछी चहकता है
बड़ी गहरी नींद से जैसे जगा हो प्राण ऐसी ताजगी मन में

सिहरती है
समय सरिता नई जीवन चेतना के पवन झोंकों से लहरती
है
और मानस कमल मानो कम खिला था अधिक खिलता है
महकता है

काम जो भी हाथ में आ जाए लगता है कि अपना है
शोकमय संघर्ष दुःख देता नहीं है क्योंकि सपना है
और गृहिणी की अँगीठी की तरह
हर क्षण उठाकर शिखाएँ सुख की दहकता है
हर निमिष में मुझे जैसे घेरते हैं
सौ सबेरे और मेरे चित्त का पंछी चहकता है!

1 अप्रैल, 1960

केवल क्षण की बातें करके

केवल क्षण की बातें करके समय काटना चालाकी है
तुम्हें खबर है हर क्षण का उपयोग कठिन है,
क्षण तो दूर एक क्षण को भी ठीक बरतते
लिखने-पढ़नेवालों में कम हैं ऐसे तन
क्षण को ठीक बरतना तन से ही होता है
लिखने-पढ़ने वालों के बलवान सिर्फ मन!
और मनों के बल भी तो संकल्पहीन हैं
अभी प्रबल हैं अभी दीन हैं
जब तक बातें करते हैं तब तक बहार है
बातों को यदि खत्म करो हर तरह हार है!
जैसे मछली पानी के भीतर तिरती है
लिखने पढ़नेवालों की ताकत
शब्दों के पानी में है
शब्दों से यदि उन्हें हटा दी पल, दो पल दो
सिर्फ तड़पते हैं बेचारे, गति दिखती है
किन्तु
नहीं वह गति जीवन की
मरण पन्थ पर त्वरित गमन है

कोरे लिखने-पढ़नेवाले जीव-जन्तुओं
तुम्हें नमन है!

1 अप्रैल, 1960

गर्मी की साँझ

गर्मी की साँझ
बल्कि रात हो चुकी है
छोटे से होटल की बड़ी तेज सिगड़ी पर
शायद वह गोश्त है पकता
गोश्त जो पकाता है
बड़े एक झारे से उसको चलाता है
चलाता है थकता है।

खुशबू ही कह दूँ तो बुरा नहीं होगा कुछ
खुशबू के झोंके ने दूर पर किसी को रोका
घूमा वह और बढ़ा ऐसे कुछ भाव से
जैसे उसे खुशबू से कोई सरोकार नहीं।
लेकिन है कतरा वह फिर भी इस खुशबू का
जिसने सन्देशा दिया पकते हुए गोश्त का।

सोंधी है खुशबू सलोनी है सिगड़ी
स्नेह का निधान मगर गोश्त मिले कैसे।
जेब में जुटे नहीं
चोरी से चपाटी से भीख से मजूरी से पैसे।

पास भठियारे के
जाकर वह खड़ा हुआ ऐसी कुछ अदा से
जैसे वह भट्ठी की आँच में बड़ा हुआ
भट्ठी उसे जानती है सदा से
एक प्लेट गोश्त नहीं देगा क्या निकाल के भठियारा?
झारा ही उछालकर क्या
गिरा नहीं देगा कुछ बोटियाँ जमीन पर...

22 अप्रैल, 1960

प्रतीक-विचार

धरती है खाट और आदमी है खटमल
काफी विचित्र बात सूझी है शायद कहेंगे आप
लेकिन यह जानी और बूझी है
खटमलपना ही तो पूँजी है
और अगर पूँजी नहीं आदमी के पास
तो वह अँगरेजी मुहावरे के मुताबिक
आदमी नहीं आदमी का उपहास

धरती पर आया कोई खटमल सचेत हुआ
और जहाँ आगन्तुक किंचित् अचेत हुआ
शोषण शुरू!
शाबास गुरू!!

खाट भी प्रतीक है खटमल भी प्रतीक है
तो भी वह ठीक है कि दुनिया की लीक है
जैसे बने चूसना
बिना एक कन दिए जितना बने मूसना

खटमल के पीछे लोग खाट छोड़ देते हैं
यह भी एक ढंग है, खासकर वहाँ जहाँ
खाट और खटमल का नित्य साथ संग है
धरती मगर खाट तो नहीं
कि चले जाएँ और कहीं
चन्द्रमा में मंगल में जाने के दिन जब आएँगे
तब आदमी से पहले खटमल वहाँ जाएँगे!

यानी उपाय नहीं है धरती सब कहीं है
फिर क्या करें,
यहीं जिएँ यहीं मरें और कहें
अगर स्वर्ग कहीं है
तो यहीं है, यहीं है, यहीं है!

26 अप्रैल, 1960

एकदम दरबारी

तुम बंजर हो जाओगे
यदि इतने व्यवस्थित ढंग से रहोगे
यदि इतना सोच-समझकर
बोलोगे चालोगे, कभी मन की नहीं कहोगे
सच को दबाकर झूठे प्रेम के गाने गाओगे
तो मैं तुमसे कहता हूँ तुम बंजर हो जाओगे

ये बहुत ही ज्यादा साफ कपड़े-लत्ते
ये लम्बे-लम्बे दौरे ये मोटे-मोटे भत्ते
यह दस-बीस बड़े-बड़े कमरों का बहुत बड़ा घर
घर के कमरे-कमरे और खिड़की-खिड़की पर
एक समय में एक ही रंग और ढंग के परदे
और कमरों में जाने कैसा-कैसा
और कितना-कितना साज और सामान
कमरों के बाहर लॉन
लॉन में बैठकर
सच से अछूते गान
मैं कहता हूँ तुम बंजर हो जाओगे!

24 सितम्बर, 1960

शैलीनिष्ठ

कैसा तमाशा है!
दुराशा है
भाषा के बल पर
बड़े बनने की
इच्छा।

आज है
हम सबकी
परिच्छा।

भाषा-शैली की
इच्छा मैली
धो लें साफ करें
नई कविता की
अटपटी
जली-कटी माफ करें।

30 सितम्बर, 1960

श्रव्य-हव्य

सुनाएँ?
भवानीप्रसाद मिश्र की कविताएँ?
नहीं!
यह झंझट और कहीं।
हमें तो तुम संग्रह दे दो
पढ़ लेंगे
अगर छपी हुई चीज
हिमालय भी हो
तो हम चढ़ लेंगे।
मगर भाई
ये पठ्य उतनी नहीं हैं
जितनी श्रव्य हैं।

तो भाड़ में डालो उन्हें
अर्थात् जो पठ्य उतनी नहीं हैं
वे चाहे जितनी श्रव्य हों
हमारे लेखे हव्य हैं।

30 अक्तूबर, 1960

मूल समस्या

जिस चुप करघे पर खयाल बुने जाते हैं मेरे मन
मैं उस करघे पर आठ पहर यदि नहीं

घड़ी दो घड़ी तुझे खटता देखूँ तो भला लगे
अँधियारेपन और आत्मा के जो अन्तर हैं
तू अगर उन्हें ताने-बाने में साफ करे तो कला लगे

क्या मारकाट और लाड़-प्यार के सिवा
समस्या प्रबल नहीं भीतर कोई जो सतह सँभाले फिरते हो
क्या तुम्हें नहीं मालूम
तुम्हारा मारकाट और लाड़-प्यार का देश आज नागासाकी
जिसमें करने के योग्य नहीं कुछ भी बाकी
अब और दूसरे देश नहीं हो जाएँ कहीं उनके जैसे
इसलिए समस्या जहाँ पड़ी है वहाँ चलो
अँधियारेपन और आत्मा के जो अन्तर हैं
उनमें पैठो निष्कम्प जलो
जितने मन बदल सकोगे तुम
उतने प्रकाश आवरण अँधेरी देहों को चमकाएँगे
यदि प्राण आदमी के न बदलने पाए तुम
तो नए-नए नागासाकी धमकाएँगे
संहारशरण, निर्माण तुम्हारे होंगे सब

अतिगति से होकर विरत
बुने जाते हैं जिस पर खयाल
किसी ऐसे करघे पर बैठो अब!

12 फरवरी, 1961

प्यार

प्यार जैसे कोई पागल होता है
अभी हँसता है, अभी रोता है
लगता है जैसे वह कुछ सोचता है
क्योंकि रह-रहके वह
बालों को नोचता है
मगर सोचता नहीं है
प्यार भी
पागल की तरह

खयाल कौंध-कौंध जाते हैं बिजली जैसे
सिलसिले से सोच सकता है
प्यार कैसे,

क्रोध से लाल, कामना से पीला, स्वर-सा अचल
गान-सा लचीला
प्यार बेशक अजीब है
और अजनबी है
मनमानी जितनी उसपे फबी है
उतनी किसी और पर कभी नहीं
वह हर किसी बात पर
कह सकता है
अभी नहीं
अभी नहीं

क्योंकि वह सौन्दर्य में डूबा है
हर छोटी जरूरत से ऊबा है
और खूबसूरती का एक चमन है उसके मन में
काँटे की तरफ भी सुमन है
उसके मन में
आँसू की बूँद
जैसे गगन है उसके मन में (जहाँ वह झिलमिलाते
चाँद, सूरज, तारे देखता है)

उसका सिलसिला बहुत हुआ तो
लहरों का है
हवा पर चढ़ा, पहरों का है
मगर पल-पल पर अलग
हल्के से हल्के खयाल पर सजग
और उत्सुक
जैसे कोई अजनबी
गुजरे परदेश में से
अखिल भाव आँके लेश में से।

19 जुलाई, 1961

कभी तुम्हारा परस पा गया

कभी तुम्हारा परस पा गया
कहीं तुम्हारे वचन सुने
मेरा मन मेरा मन ठहरा
स्वप्न-कुसुम-दल-कमल चुने।
सपने के फूलों को गूँथा
स्वर के बल पर
भावों की तरणी तैरा दी
छवि के जल पर
धूप-छाँह के तार खींचकर
रूप-रंग के जाल बुने
मेरा मन...

दक्षिण पवन विचंचल ध्वनियाँ
जिसके पाँवों की पैंजनियाँ
उसका ध्यान बना जाता है
हर्ष-शोक सब, कई गुने
मेरा मन मेरा मन ठहरा
स्वप्न-कुसुम-दल-कमल-चुने।

9 अक्तूबर, 1961

नई बहुओं के

नई बहुओं के, जा साल, बड़े भौंचायने करे!
लगौ जैसे एक-एक बऊ के भौं पे
सौ-सौ मायने लिखे परे!
एक कौ भौं उघाड़ो ता देखौ बाने बिन्दी नईं
दई है, दओ है तिलक ठाड़ौ—पतरौ, लाल
नई, सपेद, मैं ठैरौ कवी, मोय तो छूट है, मैंने पूछौ
बऊ रानी से जाकौ भेद—तो सकुचाई नईं
बऊ रानी, पैलैं तो उन्नै तनक भौं-सी तानी
फिर हँसी हल्की बगराकै कई—यह बिन्दी
लगी होगी आपको नई। हमारे यहाँ रूढ़ है

और उनके भौं पै आऔ भाव कि हाय, अपनी ससुराल कौ
अवा-कौ-अवा मूढ़ है!

भौंतन के तो भौं पैंलें सेई उघाड़े थे—जा
हमें अच्छी लगी बात! घूँघट के ब्यावौं के खिलाप
रये हम सदा सैं—अब पढ़े-लिखे बेटा-बिटियों
के न ताई-बाप सोई समझत जा रखे हैं—अच्छौ लगत है
के दनिकानूस भौं की खा रये हैं। नई मौड़ियों नए मौड़ों से
ज्यादा नई हूँ—जा बात सोई साप भई अब कैं—और हम जा
बात निन्दा में नईं असतुती में कै रये हैं कि पुरानेपन के कंगूरा
कई कोने से सई ढै रये हैं।

10 दिसम्बर, 1961

निरापद कोई नहीं है

निरापद कोई नहीं है
न तुम न मैं न वे
न वे न मैं न तुम
सबके पीछे बँधी है दुम आसक्ति की!

आसक्ति के आनन्द का छन्द ही ऐसा है
इसकी दुम पर
पैसा है!

ना, निरापद कोई नहीं है
ठीक आदमकद कोई नहीं है
न मैं न तुम न वे
न तुम न मैं न वे!

कोई है कोई है कोई है
जिसकी जिन्दगी
दूध की धोई है?

ना, दूध किसी का धोबी नहीं है
हो तो भी नहीं है!

25 दिसम्बर, 1961

विषय बहाना है

विषय बहाना है मन की बातें कहने का!
किस उँगली से कौन कलाई तक
मन की मंशा पहुँचेगी
यह किसको मालूम!
किन्तु इतना तो सच है
आज प्राण वर्षा रानी की अंगुलि छूकर
व्यस्त बहुत है!
दसों दिशाओं में चंचल, गतिवान,
प्राण के पाँव
कि जैसे बिजली घन की!
मेरे मन की गति अलक्ष्य है आज
कहाँ से कहाँ एक क्षण में जा पहुँचे
कहना सम्भव नहीं बचा है
इसीलिए जो काव्य बनेगा आज
स्वयं स्फूर्त उसे कहना अच्छा है।
इसको रचनेवाला कोई और
न मैंने इसे रचा है।
वर्षा का प्रारम्भ अधिकतर
आषाढ़स्य प्रथम दिवसे
माना जाता है।
भले न हो उस रोज
मेघ की रेखा नभ में
पर मन का विस्तार समूचा
छा जाता है
सौ भौतिक व्यवधान हटाकर
घन का गौरव
कान्ता का सन्देश
हवा में भर देता है
इतना प्रिय सन्देश
कि प्रिय के मिल जाने को
बिना मिले भी जैसे
सम्भव कर देता है!

इन्द्र-शक्ति-सम्पन्न
मेघ के आगे कितने
धूम्र-ज्योति, जल-मरुत-पुंज
फीके पड़ जाते,
मन के नभ में
उस क्षण ऐसे घन घिरते हैं
जिन्हें देखकर
सच्चे नीरद
गल, गड़ जाते!

नहीं जानता
आज
प्रथम दिन
है कि नहीं है
उस समर्थ
आषाढ़ मास का
जिसके बल पर
कवि-कुल-गुरु ने
अक्षय
उजले
चित्र उभारे
धूम्र-ज्योति संकाश
बरसते
उड़ते जल पर।

मेरे मन की बातें
घन के तन पर
कितनी उछल सकेंगी
नहीं जानता!
नहीं जानता
मेरे स्वर से
बृहच्छेप वह
अपने अभिक्रन्दन की वाचा का
विरोध तो नहीं मानता।

बिस-किसलय-पाथेय-वन्त
हंसों के जोड़े

नहीं जानता
मेरे मन के साथ चलेंगे,
नहीं जानता
मेरे साथ अपनपौ रखकर
कभी रामगिर-नयन-वाष्प के बिन्दु
गलेंगे!
मुझे नहीं मालूम
देह की दुबली
श्रोणीभार अलस गमनातक
उसका जाना सम्भव,
मुझे नहीं मालूम
गेय मुद्गातुम-कामा का
उस पल में आना सम्भव।
किन्तु न जाने
क्यों लगता है मुझे
कि आज यक्ष के स्वर में
अपने मन की बात उचारूँ
यह किसका अनुरोध-सरीखा
है कि स्वरों से
कालिदास का विरुद सँभारूँ!
कितना कठिन
समय के बन्धन
छिन्न-भिन्न करके
लिख सकना,
कितना कठिन,
आज के कवि का
कालिदास जैसा
दिख सकना।

मन के दुःख को
बहुत सजाकर कहना
सध सकता है लेकिन
एक बड़ी दुविधा है इसमें
कालिदास के रहे न वे दिन!
बहुत सहज था

उज्जयिनी के कवि के लिए
मेघ से कहना,
'इन्द्र नील मणि शैल शिखर पर
तुम उस क्षण तक बैठे रहना
जब तक विद्युत्-प्रिया
यक्षिणी को न झरोखे तक ले आए,
जब तक अंजन-स्नेह-शून्य नयनों में
उत्सुकता जग जाए!'

अलका में खग, मृग, उपवन थे
कुसुम धूलि थी, पूर्ण चन्द्र था,
पारावत थे
मानसरोवर था
वीणास्वर तार-मन्द्र था!
स्वल्पीभूत चरितवालों की
वह दुनिया रतिफल मधुपायी
उस दुनिया को मैं क्यों आँकूँ
जिसके दाएँ-बाएँ खाई

फिर क्या कीजे
खीझे-खीझे
बोल बोलिए
छन्द-वन्द कुछ नहीं तौलिए!
द्वार खोलिए स्वर के घर के
धक्का देकर
दाँव जीतिए
चौआ देकर, पंजा देकर!
छक्का देकर!
भुवनेश्वर में पत्र-लेखिका की
मूरत है!
बड़े सलोने नैन
शान्त, डूबी सूरत है

वर्षा का प्रारम्भ
बूँद धारा में बदली।
मेरे मन की कथा

एक कारा में बदली!

उचट गया मन
आखिर कब तक, शब्द सँजोऊँ,
क्यों न खोलकर कंठ
हँसूँ गाऊँ या रोऊँ!

सम्भावित रचनाकाल : 1961

अदम्य यह जनता

बैठे रहने का कुछ भी नहीं है जिसमें
ऐसी एक तड़प साहस की
विष से जिसका विरोध तक नहीं है
ऐसी एक बूँद अमृत के रस की यह जनता
देश और विदेश की, तुम चाहते हो दब जाए
इसकी हिम्मत खुशी उदारता सब खत्म हो जाए
और जागे इसमें परस्पर विरोध
प्रतिशोध और भय की भावना
इसी में लगे हैं जैसे तुम्हारे इतिहास और विज्ञान
और दर्शन और राजनीति
भीति और परस्पर विरोध के
प्याले तुम कितनी तरह से पिला रहे हो इसे
कितनी तरह की अफीमें तुम खिला रहे हो इसे

तुम धमका रहे हो इसे युद्ध की आशंकाओं से
और भड़का रहे हो इन या उन भेदों
भावों और द्वेषों की आकांक्षाओं से
मगर आश्चर्य है वह क्षण दो क्षण
भूलकर आपा फिर होश में आ जाती है
क्या चीज है इसमें जो पचा जाती है
तुम्हारे खिलाए विष तुम्हारे पिलाए गरल
कहाँ से बहकर आ जाती है इसमें
हर बार एक सरलता
और समझ और प्यार

कहाँ से पा जाती है यह
इतनी विषमताओं के बीच
सन्तुलन और समता और करुणा
और आत्मीयता और ममता
कैसे पैदा हो जाते हैं इसके बीच यहाँ गांधी
वहाँ मार्टिन किंग लूथर
तुम हैरान हो और आश्चर्यचकित हो
कि यह क्यों एकदम तुम्हारी मोहताज नहीं बन पाती
क्यों यह अभी तक कभी अकेले
कभी मिलकर गा लेती है
कैसे अभी तक ईद बड़ा दिन
और दीवाली मना लेती है
कैसे अभी तक बावजूद तुम्हारी रंगशालाओं के
इसे सीधे-सादे मेले अच्छे लगते हैं
कैसे अभी तक उसके प्राण फागुन में
फूल की तरह जगते हैं

आश्चर्य है तुम्हें कि वह तुमसे जितना चाहिए उतना
डर क्यों नहीं रही है
वह तुम्हारे इशारे पर जितना चाहिए था उतना
इस या उस युद्ध में मर क्यों नहीं रही है!

20 दिसम्बर, 1961

अनुत्तरदायी

इस उथल-पुथल का वे मुझसे मतलब पूछते थे
पूछते थे सच का मुँह क्यों काला है
पूछते थे झूठ का क्यों बोलबाला है
पूछते थे विनोबा कांग्रेस से लड़कर जेल क्यों नहीं जाते
पूछते थे जवाहरलाल साथियों की बेईमानी पर
जहर क्यों नहीं खाते

और पूछते थे, तुम्हें क्या हो गया है
तुम्हारी वाणी का रस कहाँ खो गया है
जवाब मेरे पास सब बातों का है

मगर मैं उत्तर क्यों दूँ
मैं उत्तरदायी जो नहीं हूँ!

31 दिसम्बर, 1961

धुँधली याद

धुँधली याद मुझे बचपन की है।
मैं अगर सँवारूँ इस धुँधलेपन को
तो अब भी अच्छा लगता है मन को
सूनी सड़कें, सूने तट, सूने खेत
साथी-संगी एकाध हुआ तो हुआ
वरना तालाब, नदी, खाई और कुआँ
मैं किसी जलाशय के तट पर जाकर
गाता था गीत जोर से चिल्लाकर
अटपटे निरर्थक उन गीतों का रूप
मन के कोनों में भर जाता था धूप
मैं उन किरणों की परछाईं में पड़े
अपने सुख-दुःख के काँटे छोटे-बड़े
देखे अनदेखे करता था या क्या
मैं रूप धूप से डरता था या क्या
मैं गाते-गाते चुप हो जाता था।
हर तरफ अँधेरा घुप हो जाता था

सूनी सड़कें, सूने तट, सूने खेत
मैदान दूर तक फैले हुए अचेत
सब निराकार राक्षस बन जाते थे
अटपटे गीत मेरे वे गाते थे
समवेत स्वरों में मेरे अपने गीत
सुनकर मैं होता था जैसे भयभीत
वह ध्यान अभी तक पड़ा हुआ है कहीं

मेरे अब तक के भय ये मौलिक नहीं
पिछले धुँधले भय के निखार हैं ये
पिछले-पिछले सुख के विचार हैं ये।

हर घटना गीत कहानी या किस्सा
बन गया बनावट का मेरी हिस्सा
कुछ हाथ ओंठ कुछ आँखें कुछ चेहरे
अब तक भावों पर देते हैं पहरे

जब नया हाथ हाथों में लेता हूँ
जब अधर अधर पर मैं धर देता हूँ
तब दूर कहीं की ध्वनियाँ आती हैं
क्या खबर कहाँ के भाव जगाती हैं
हम किसी भयंकर में थे कभी कहीं
तब माँ थी या मामी थी याद नहीं।

29 मार्च, 1962

एक है इला

एक है इला
मगर मैं उसे कहता हूँ इली—
साधारणतया
सबब नहीं होते खास
नाम बिगाड़ने के
मगर नामों की यह खूबी है
कि उन्हें जैसा का
तैसा लो
तो उनमें प्यार की
बू नहीं आती
इसलिए मुझे इला नहीं भाती
भाती है इली

आज जब पास बैठी थी यह इली
तब सहजीवन की सूचना लेकर
तुम्हारी चिट्ठी मिली
चिट्ठी पढ़कर मैंने
सरका दिया उसे सामने इली के
उसने पढ़कर बनाया मुँह

बड़ा, अगरचे बहुत
छोटा मुँह है उसका
पूछा, मतलब क्या है
मैंने कहा नहीं समझी
तो फिर पढ़ो
मेरे मित्र हैं
राजा दुबे उनका विवाह है
भाषा जी से!
सुनते ही उसका चेहरा
ऐसा खिल गया
मानो उसे किसी बड़ी
समस्या का हल मिल गया।
और बोली, नहीं, नहीं, समझें आप
विवाह शब्द
वे काम में नहीं लाए हैं
क्योंकि वह बन्धन का
द्योतक है—
उन्होंने सहजीवन
कहा है,
यह शब्द कहने पर
इसमें विवाह का
क्या रहा है
तुम जानते हो
मैं शरद को चाहती हूँ
किन्तु साथ नहीं रहती
उसके
क्योंकि वह कहता है
हम विवाह कर लें
विवाह बिना किए
साथ-साथ जीने की
हिम्मत नहीं है उसमें
और मुझे
विवाह एक बड़े भय से
बचने का प्रतीक लगता है
कहूँगी आज उससे कि

शब्द ही चाहिए
तो ले लो यह
शब्द 'विवाह' मत कहो,
सहजीवन कहो
और तब
साथ रहना चाहो तो लो
इसी क्षण से रहो
और फिर वह हँस पड़ी
मैं तब से कई बार
सोच चुका हूँ
अच्छा शब्द दिया है तुमने
यह चल जाए
तो स्त्री-पुरुष सम्बन्धों में
एक नई जान
आ जाएगी—
काल की नागन
इसे भी खा जाएगी
लेकिन सौ-पचास साल
तो यह ठीक अर्थ देगा
'सहजीवन'

कहकर सोचकर
जो कुछ लोग साथ रहेंगे
उनका जीना देखकर
विवाहवाले आपस में ही सही
उसके पक्ष में
हवा बदल देगी उनका
सुख, कौन जाने
दुःख के धुएँ से घुटे हुए
विवाहित जीवन भी
कभी स्वच्छ, साँस खींचने
सहजीवन के पहाड़ों पर चले जाएँ
अच्छा शब्द दिया है
तुमने बधाई है।
भाषाजी को तो मैं नहीं जानता—

लेकिन ऐसे शब्द के चुनाव में
जिनका भाग है
बेशक उनकी बुद्धि में
अभय है
प्राणों में आग है।

रचनाकाल : 1962

अदेय यह सपना!

बहती है एक शाम
अतर्कित किसी प्रेम के साहस की तरह
और दिन
गिन रहा है जैसे कड़ियाँ किसी छत की
पड़ा हुआ पहाड़ की चोटी पर
अँधेरा घिर रहा है
शाम के साँवले चेहरे का सतरंगी बुर्का
गिर रहा है!

तुम क्या सोचते हो?
सुबह से शाम तक
क्या ऐसे ही बैठे रहोगे
रत्ती-भर दुःख का नशा किए
अँधेरे में कल्पनाओं को
भटकाओगे?
उठोगे नहीं?
अनमने मन से ही सही
नीचे नहीं उतरोगे इस पहाड़ी से?
क्या कभी नहीं ज्यादा धड़कोगे
अपनी इस मरी हुई नाड़ी से?

रात की गोद में सिर रखो
आँखें मत गड़ाओ उसमें,
साँसों को सम करो
नम मत करो आँखें
सब जैसा करते हैं वैसा करो,

इस कदर अकेले मत मरो
किसने कहा तुमसे
कि तुम सबसे अलग हो!
सब जैसे देते हैं अपना सब कुछ
आसपास को
वैसे दोगे तुम
सिर्फ इस हरी घास को
जिस पर तुम
मन से बैठे भी नहीं हो?

सोचते हो कोई
तुम्हें इस हरी घास पर
अकेला बैठा हुआ देखे
सारी दुनिया से तुमको
कुछ अलग लेखे!

प्रमेय और उपपत्ति!
अज्ञेय यह अपना दुःख
किसे दोगे?
प्रभात को?
मगर वह तो बहुत व्यस्त है!

रात-भर पीसोगे
पारे में उठाओगे।
किसे दोगे अज्ञेय, बेशक अपना
रक्तहीन, प्राणहीन
यह छूँछा, सपना!

अवचेतन से उठा होता
तो भी किसी मसरफ का होता
बुद्धि, चेतन-बुद्धि को सूझता
तो भी किसी हद तक
अँधेरे से जूझता!

लेकिन यह जो अँधेरे में
उदासी से पैदा है
अकर्मण्यता पर जो शैदा है

क्या देगा तुम्हारा वह सपना
वास्तव से चूर-चूर लोगों को?

उठो इस एकान्त से
दामन छुड़ाओ इस महज शान्त से
चलो उतरकर नीचे की सड़क पर
जहाँ जीवन सिमटकर बह रहा है
साहस की दिशा में!
जहाँ अतर्कित प्रेम
कठोरताओं पर तरल है,
सबके बीच में जीवन सरल है!

उठो इस एकान्त से
दामन छुड़ाओ इस महज शान्त से
जो न शक्ति देता है, न श्रद्धा
सिर्फ उदास बनाता है!

तटस्थ होने लायक कमजोर
तुम अभी नहीं हुए हो
लहरें गिनने के दिन भी आ सकते हैं
मगर हाथ जब तक
पतवार उठा सकते हैं
कंठ-स्वर जब तक
'हैया हो' गा सकते हैं,
तब तक, अनन्त ऐसी तटस्थता
शर्मनाक है!
तटस्थता की तुम्हारे मन पर
कैसी बुरी धाक है!
उठो, सिमटकर बहते हुए जीवन में उतरो
घाट से हाट तक
हाट से घाट तक आओ-जाओ
तूफान के बीच में गाओ
मत बैठो ऐसे चुपचाप तट पर!
नहीं, इससे भी कोई फर्क नहीं पड़ता
कि तुम तटस्थ हो या कूटस्थ हो
दूर हो अलबत्ता जीवन के रेले से

सतरंगी मेले से
दुःख जिसका बहुत छोटा अंश है
उदासी का जिसमें
अवकाश नहीं है!

यहाँ अपने-अपने के खयाल को
घटाना पड़ता है
यहाँ मिल-जुलकर खटना पड़ता है!
अपने को घटाओ
दूसरों के लिए अपने को खटाओ
कूटस्थ रहने से कुछ नहीं बनेगा
न तटस्थ रहने से
समष्टि को जीने से सहने से,
जीता है आदमी!
अकेला तो सूरज भी नहीं है
उससे ज्यादा अकेलापन
तुम चाहोगे?
मृत्यु तक तटस्थता निबाहोगे?
सिमटकर बहते हुए जीवन में उतरो
घाट से हाट तक
हाट से घाट तक आओ-जाओ
तूफान के बीच में गाओ
मत बैठो ऐसे चुपचाप तट पर!
तटस्थ हो या कूटस्थ हो
इससे फर्क नहीं पड़ता!

3 जनवरी, 1963

जहाँ एक रोटी का टुकड़ा

जहाँ एक रोटी का टुकड़ा
लोग उठा लेते हैं झुककर
धूल झाड़कर खा लेते हैं उसे
धन्यवाद देते हैं प्रभु को
दुआ माँगते हैं टुकड़े के दाता की

अनजाने प्रभु से
हे मेरे प्रभु
वहाँ मुझे विद्रोह सिखाना
चलते-चलते जहाँ लोग
पत्थर से शीशा
अस्पताल का
नहीं हिचकते तोड़ते हुए
हे मेरे प्रभु
वहाँ मुझे
क्या माँगूँ अब मैं
ओंठ नहीं मेरे खुल पाते
क्योंकि देश में मेरे ऐसे दिन तो प्रतिदिन आते हैं
हे मेरे प्रभु!

7 जनवरी, 1963

मन ही मन आवाज लगाता हूँ

मन ही मन आवाज लगाता हूँ
सान्ध्य मेघ के स्वर्ण-शिखर पर कनक-कलश
मेरी अभिलाषा जा बैठी
उसे बुलाता हूँ

जमना के गम्भीर अतल में
धुँधले गहरे नीले जल में
सन्ध्या का तारा दिखता है
अभिलाषा के योग्य कौन है
सान्ध्य मेघ का स्वर्ण-शिखर
या गहरे जल में नीला तारा
सोच न पाता हूँ
मन ही मन आवाज लगाता हूँ।

14 जनवरी, 1963

यह पगडंडी

चौंकती-सी है यह पगडंडी
जब चलता हूँ इस पर!

निर्जन है चारों ओर कुछ नहीं है
समय ऐसा लगता है
जैसे सन्ध्या दोपहरी भोर कुछ नहीं है
अनचीन्हा हुआ काल है केवल!

आहट नहीं है
आनेवाले किसी छिन की भी!

अपनी ही साँस यहाँ ज्यादा है
अपना ही पग यहाँ बाधा है
चौंकती-सी है यह पगडंडी जब चलता हूँ इस पर!

आग्रह चलने का तिस पर ऐसा
सूरज को भी नहीं है
सौरमंडल में जलने का जैसा!

निर्जन है चारों ओर कुछ नहीं है
समय सन्ध्या दोपहरी भोर कुछ नहीं है
चौंकती-सी है यह पगडंडी!

8 फरवरी, 1963

निर्भयता

किसी से मत डरो का मतलब बेधड़क चोरी करो नहीं है
करो या मरो का मतलब मारो या मरो नहीं है
शब्दों का उनका अपना अर्थ है
तुम्हारी तोड़-मरोड़ व्यर्थ है और खतरनाक है
मेरे मन पर शब्दों के सही अर्थों की बड़ी धाक है
मैं सही अर्थों की गलत मीसांसा से डरता हूँ
इसलिए तुम्हारे भाष्य पर मुझे कम-से-कम शक तो करने दो

मुझे बिना किसी को मारे अपने पथ पर चलते हुए मरने दो

दिन-दहाड़े अँधेरे के सपने मैं क्यों कर लूँ अपने
खतरनाक बन के जीना या खतरनाक ढंग से जीना
कुछ के लेखे शानदार चीज है
मैं वैसा नहीं जीना चाहता
मुझे वैसे जीवन में आनन्द आ ही नहीं सकता।

अलबत्ता मैं खतरों में जीता रहना चाहता हूँ
जरूरत पड़ने पर खतरों का जहर
बढ़कर पीता रहना चाहता हूँ

अगर खतरे मेरी तरफ आते हैं तो आएँ
मैं उनका मुकाबिला करूँगा

लेकिन इसका यह मतलब नहीं है
कि मैं लोगों को हक्का-बक्का करने की गरज से
किसी बफीर्ली चोटी पर चढ़कर कोई झंडा गाड़ूँगा
या खामहखाह समुद्र की तलहटी तक डूबकर उभरूँगा
या आसमान में अमुक गति से उड़ूँगा या उड़कर दिखाऊँगा
और दुनिया के इस या उस किस्म के आदमियों में
अपना नाम पहला लिखाऊँगा!

11 मार्च, 1963

वचन-छाया

प्राप्त काम को आध्यात्मिक आचार मानना
थकना नहीं निराशाओं के बीच
ठीक अनुशासित जीवन को जी सकना
अंश समझकर अपनी हलचल को विराट् का

दैनन्दिन जीवन की गति को
पार्थिवता से परे अर्थ भी अगर न दें ये
तो भी मुझको यह लौकिकता
महज पारलौकिकता से अच्छी लगती है
सार्वभौम कोई विराट् जीवन निश्चित है

हम हैं उसके अंश हमारा भला-बुरा क्या
हमको जो संघर्ष प्राप्त है उसे करें हम
आसपास है दुःख अगर, जो निश्चय है ही
तो हमसे जितना सम्भव है उसे हरें हम!

3 मई, 1963

हमेशा

हमेशा
और कभी नहीं
फिर कभी
और अभी नहीं
सन्तों के आदर्श
भिखारी की भूख
मरने के खयाल
और जीने की चूक
जोड़ों के झगड़े
अकेले का दुःख
लिखने की लाचारी
चुप्पी का सुख।

14 मई, 1963

बीमार किनारे नदियों के

बीमार किनारे नदियों के
ऐसे ठंडे
काई भी हिलती नहीं
लहर की साँस रुकी
पानी है ऐसा रुद्ध
कि जैसे श्रवण-शक्ति हो बहरे की
बज-बज करती-सी बास
बुलबुलों की वाणी
बीमार किनारे नदियों के

विषधर पानी
नरसल

झाड़-झंखाड़ रेत-भर
फैले हैं
हरियाले काले वृक्ष-से
युगों के मैले हैं।

14 मई, 1963

इतने बहुत से वसन्त का

इतने बहुत से वसन्त का
क्या होगा

मेरे पास एक फूल है
इन रोज-रोज के
तमाम सुखों का क्या होगा
मेरे पास एक भूल है
सदा की अछूती और टटकी
और मनहरण

पैताने बैठा है जिसके
जीवन
सिरहाने बैठा है जिसके
मरण!

29 सितम्बर, 1963

द्विविधा

एक साथ है मेरे मन में सूरज का शोर और तारों की चुप्पी
मगर मैं इन दोनों को अलग-अलग महसूस करना चाहता हूँ

मन को माफिक नहीं आता भीतर इनका साथ-साथ रहना
जैसे अभी सिर्फ चाहता हूँ देखते रहना इस बड़ी नदी के

बड़े पुल पर खड़ा रहकर दूर-दूर नावों का बहना
मगर ऐसा होने नहीं पाता, लहर की चुप्पी में बाजार सिमटता है
और दिखता है हर नाव के ऊपर लदा हुआ एक युद्ध
हर जगह सध जाती है सूरज और तारे की ऐसी सन्धि
और बँध जाती है गाने की घड़ियों में मेरी घिग्घी
एक साथ है मेरे मन में सूरज का शोर और तारों की चुप्पी

मैं यह नहीं कहता कि कभी नहीं होना चाहिए ऐसा
कभी तो ऐसा होना भी चाहिए क्योंकि सब जुड़े हुए हैं
जैसा कि अभी-अभी कहा है मैंने सब स्थिर हैं सब उड़े हुए हैं
मगर कभी एकाध बार मैं हर चीज को अलग-अलग
महसूस करना चाहता हूँ
एक बार में तुमुल और घना और घोर शोर ही शोर
तो दूसरी बार में शान्त और निःशब्द नीरव घनी चुप्पी
कर्म के कोलाहल में जब उभरती है उसकी प्रवहमान
धारा के ऊपर अकर्म की चुप्पी तो कर्म-संकुल मेरी घड़ियों का
जैसे अर्थ खो जाता है, बेचारा सूरज दिन-दोपहरी सो जाता है

और जब डूब नहीं पाता मन निविड़ भाव से शहर से दूर
इस बड़ी नदी के किनारे भी चुप बहती नावों पर
दिखते हैं जब लदे हुए युद्ध

तो न इसे सोच पाता हूँ, न उसे
चिन्ता-भर घिरती है, जाहिर जो होती हैं सो उलझनें
कैसे बनें ऐसे में काम छोटे या बड़े
एक साथ है मेरे मन में सूरज का शोर और तारे की चुप्पी

चौबीसों घंटे मानो शाम है मन में
फैली हुई है जहाँ सूरज की लालिमा तारे की झलक
न ठीक दिन जानता हूँ, न ठीक रात
मैं इन दोनों को अलग-अलग महसूस करना चाहता हूँ
जीवन-भर लम्बी शाम
न तकलीफ है, न सुविधा है, हर क्षण एक दुविधा है
न गा पाता हूँ खोलकर कंठ, न रो पाता हूँ खोलकर प्राण
एक साथ है मेरे मन में सूरज का शोर और तारे की चुप्पी।

15 दिसम्बर, 1963

संसद भवन

भाई साहब, जहाँ पहले आप बैठे थे या खड़े थे
या घूमे-फिरे थे, या हँसते-हँसते मुँह के बल गिरे थे
या खाई थीं जिसके सामने के मैदान में आपने दावतें
या दिये थे जहाँ आपने भोज कुछ रोज
बल्कि रोज-रोज बरसों तक, हथेली पर सरसों तक
जमाई थी आपने जहाँ और घूँघट उलटे थे जहाँ आपने रहस्यों के
या खोले थे खुद आ-आकर रहस्यों ने आप पर जहाँ अपने भेद
खेद है भाई साहब
कि अब वह जमीन आपके पैरों के नीचे की धँस गई है
इतना तो है ही कि अब वहाँ
कुछ अजीब किस्म के लोगों की भी बस्ती बस गई है
और उनके कारण लोग अब वहाँ हँसते-गाते नहीं हैं
दिये नहीं जाते अब वहाँ प्रीतिभोज
अब हमले होते वहाँ एक-दूसरे पर

अब पहुँच ही जाए वहाँ कोई बाँधकर कमर
तो फाड़ा जाता है वह नख और दाँतों से
कलामय हाथों या बातों से निवारण नहीं होता उन हमलों का
जंगल ही हो गई है वह जगह बगीचा नहीं बचा है
आम कटहल महुओं के वृक्षों या गुलाब बेला सेवन्ती के गमलों का
सुना है अब वहाँ लोग पहले जैसे न बैठते हैं, न उठते हैं
न घूमते हैं, न फिरते हैं
न एक दूसरे की बातों पर हँसते-हँसते मुँह के बल गिरते हैं
एक हैरानी-भर घुसती है वहाँ सुबह
और निकल जाती है वही कई गुना होकर शाम को

भाई साहब, हमने तो कभी मुँह भी नहीं किया उस तरफ
न करेंगे, पढ़-सुन लेते हैं अखबारों में
मगर आप तो अब भी आते-जाते हैं वहाँ
पूछना चाहता हूँ आपसे
क्या गलत है इसमें से एकाध भी हरफ!

8 जून, 1964

वे लड़ रहे हैं

वे लड़ रहे हैं
दाँत भींचकर चोटें कर रहे हैं एक-दूसरे पर
और जो उनके लड़ने की खबरें सुना रहे हैं रेडियो पर
वे इतने से खुश नहीं हैं
वे चाहते हैं, और सख्त चोटें की जाएँ
और-और लोग भेजे जाएँ लड़ने-मरने के मैदान में
यह क्या खबर है कि सौ मरे या दो सौ मरे
खत्म करो हजारों को भेजकर यह रोज-रोज का झगड़ा

लड़ाई चल रही है कच्छ के रन में
यानी रेत में और दलदल में
लड़ाई चल रही है कश्मीर में
यानी बरफ पर और जंगल में

सब सोचते हैं लड़ाई घनी होकर ही समाप्त होगी
इसलिए लाखों भेजे जाएँ कच्छ में कश्मीर में लद्दाख में
और मैं सोच रहा हूँ
क्या ऐसे समाप्त होती हैं लड़ाइयाँ
संसार ने इस तरह से लड़कर तो देख लिया है सदियों तक
बहुत सी बातें आती हैं मन में
जब मेरे देश को लड़ना पड़ता है कहीं किसी कारण से
और लगता है एक क्षण, बेशक लड़ना चाहिए दाँत भींचकर
लाखों को इतना और ऐसा कि फिर कोई दुश्मन
इस तरफ मुँह करने की हिम्मत न करे
और फिर कोई माई का लाल इस निकम्मे काम में हरगिज न मरे

मगर मेरी एक मुश्किल है
मैं तटस्थ रेडियो सुननेवालों में से नहीं हूँ
मैं स्वयं आज कच्छ या कश्मीर के मैदान में कहीं हूँ
गड़ा हुआ अपने हाथ की खोदी हुई खाई में
बड़े भाई साहब के तीन-तीन जवान बेटे आज वहाँ लड़ रहे हैं
या कौन जाने नहीं लड़ रहे हैं अब

यह खयाल मुझे सौ खयालों के बीच में आ जाता है
तो साँस रुक जाती है

दिखती है भौजी और उसका परम विश्वासी चेहरा
कि हमने किसी का कुछ नहीं बिगाड़ा है
बच्चों का बाल बाँका नहीं हो सकता
आखिर वहाँ भी होंगे भगवान!

और मैं सोचता हूँ
क्या है कहीं वहाँ या यहाँ भगवान?

25 अगस्त, 1965

कुछ हुआ

कुछ हुआ कि एक सफेद छोटी चिड़िया जो झाड़ी में
दुबक गई थी बाहर आकर फुदकने लगी और
आसमान में पंछियों का जो दल झोंके की तरह
उड़कर निकल जाने के विचार से ऊपर उठा था
सामने के नंगे-से पीपल पर उतर आया
और गौरैयें जो घोंसलों में जा बैठी थीं फिर
मैदान-भर में घास के बीज चुगने लगी हैं

अखबारवाले लड़के सड़कों पर दौड़ रहे हैं
मगर दौड़कर दूर नहीं निकल पाते क्योंकि
लोग सुन-भर लेने से सन्तुष्ट नहीं हैं
इस बड़ी खबर को पढ़ भी लेना चाहते हैं

कुछ हुआ है कि ज्यादातर आँखें ख़ुश हैं और ज्यादातर
जबानों पर मीठे शब्द हैं
और गर्दनें कुछ झुकी हुई हैं प्रार्थना के भाव में!

मुझे लगता है कि अँगुलियाँ डालकर मेरे घाव में
अब कोई उतनी बेफिक्री से मुझे दुखा नहीं सकेगा
क्योंकि समस्या का एक अधूरा ही सही हल सामने आया है
घाव दुखानेवालों का दल
इस अनपेक्षित से, थोड़ा ही सही घबराया है
कि भारत आखिरकार उतना टूटा-फूटा नहीं है
कुछ और भी चीजें टूट-फूट के सिवा जिन्दा हैं उसमें

ज्यादातर आँखें खुश हैं कि लगभग खत्म एक आशा ने
फिर जैसे सिर उठाया है
घाव दुखानेवालों का दल इस अनपेक्षित से थोड़ा ही
सही, घबराया है
और गर्दनें कुछ झुकी हुई हैं प्रार्थना के भाव में!

9 मई, 1967

चाँद डूबा

चाँद डूबा
और अँधेरे की गुफा से
जैसे बाहर निकला
फड़फड़ाकर पंख
एक उल्लू हवा में उठा ऊपर
पंख हो गए उसके निःशब्द
पहाड़-भर फैले जंगल की
हजारों शाखाएँ ऐसी थीं
जिन पर चाहता वह तो
उतर जाता
और खाता रहता आराम से
उस किसी पतली सी देह को
जो दबी थी उसकी चोंच में।
पीपल की मोटी सी डाल के ऊपर
उसने एक चक्कर लगाया भी
किन्तु जो कोई शक्ति खींचती होगी
उल्लुओं की भाग्य-डोर
उसने शायद झटका दिया या क्या
पीपल की डार पर वह उतरा नहीं।
और उड़कर बैठा
बिजली के उन खम्भों की कतार में से एक पर
घाटी के एक सिरे से दूसरे सिरे तक लगे थे जो
मजे में बैठा रहा थोड़ी देर वह
खम्भे की आड़ी-खड़ी लकड़ियों पर
और सँभालकर चोंच में

फिर उस जरा इधर-उधर हो रही
पतली किसी देह को
उसने इरादा किया
कहीं और बैठने का।
उसने जैसे ही फैलाया एक पंख
और फिर उड़ा जरा खोलकर दूसरा
छू गया पंख का छोर ताँबे के तार को
खिंच गई नीले और तेज उजाले की एक रेखा
क्षण-भर समूचा जंगल ही दिख गया
फिर गई उल्लू की आँखों के आगे समूची दुनिया
भुनकर गिर गया शरीर
उड़ान के राजा का धरती पर
बिखर गये हवा काटनेवाले पंख
हवा के झोंके से
दूर पर गिरी वह पतली सी देह
सँभाला था जिसे उसने चोंच में
उड़ने से पहले।

10 मई, 1967

काल-पुरुष

सब कुछ समा जाता है
काल के गाल में
द्वापर की अठारह अक्षौहिणी सेना

मिस्र की सभ्यता
रोम का साम्राज्य
कल का जन्मा हुआ

बच्चा
आज का
खिला हुआ फूल

गाल ही नहीं हैं मगर काल के
समूचा पुरुष है वह

हाथ-पाँव-नाक-कान वाला

खाता-पीता ही नहीं है
केवल काल-पुरुष
देखता-सुनता-समझता भी है वह

सेनाओं को
सभ्यताओं को
फूलों को बच्चों को

रचता है
सारता-सँवारता है
सृजन-पटु हाथों से

ममता-भरे मन से
कल्पनाओं को
चीजों में

बीजों को बदलता है
वृक्षों में
वृक्षों को बीजों में।

1967

तोड़ो चमत्कारों में पड़ी गाँठें

मेरे सामने
टूटे पंखों से भरा
एक मैदान है

ऊपर मेरे सिर के
दिखता है आसमान
सूना तैरते पंखों से

दुर्वाच्य अंकों से
भाग्य के भाता था जिन्हें
लड़ना

सारे के सारे ऐसे ही ये पंख
तैरने के बजाय
आसमान में

टूटे पड़े हैं
मृत्यु से भी अधिक शान्त
एक लम्बे-चौड़े मैदान में

और तुम नितान्त सभ्य
बैठे हो निश्चिन्त
अपने सजे-सजाए कमरे में

न मैदान में निकलते हो
न झाँकते हो खिड़की से
पंख-विहीन

आसमान
का
सूनापन

सतर्क अपने दिमाग को
उस तरफ
जाने ही नहीं देते

जहाँ तोड़ रहे हैं दम
या जहाँ ठोंक रहे हैं दम
खम लोग

निर्भय भाग्य के
आमने-सामने खड़े होकर
समझ में नहीं आता

इतने बड़े होकर
क्या करोगे तुम
क्या कभी नहीं मरोगे तुम

फिर मरने की
सोचते क्यों नहीं हो
किसी बात पर

रात-भर
अपनी ही छाती का
काल्पनिक दर्द

जगाए जगत-भर में
क्या दोहराया करते हो कुछ
गीतनुमा

घुमाया नहीं जाता शून्य को
शून्य में इस तरह
जिस तरह तुम घुमाते हो

न-कुछ दर्दों की
अपनी कल्पना
बना-बनाकर गीत

और गान और रूपक
और कविता
सविता-पंखों की

अगर आसमान में नहीं है
तो
हो नहीं जाएगा क्या अँधेरा

और ठंडा और प्राणहीन
समूचा वातावरण
मरण तब क्या

तुम्हारे बन्द कमरे को ही
छोड़ देगा
तोड़ क्या नहीं देगा

अखिल का अँधेरा
तुम्हारी झूठी कल्पनाओं की
झनझनाती हुई शृंखला

कमरे में मैं भी पड़ा हूँ
मगर फर्क है तुमसे मेरा
पंखहीनों का साथी हूँ मैं

और देख रहा हूँ
सामने के मैदान
और आसमान को खोलकर खिड़की

मेरे पंख
टूटे हुए पंखों के बीच
पड़े हुए हैं

और मन तुले हुए डैनों के
साथ है
मैं तुम्हारा साथी हूँ

हो नहीं सकता
अन्तर है मेरे शब्दों
और तुम्हारे शब्दों में भी

तुम्हारी कला ठंडी है
मैं उसके पास भी नहीं
फटक सकता

क्योंकि मेरे पास
न कमीज है, न बंडी है
खुले बदन

ठंडी कला के पास
जाना भी चाहूँ
तो बनेगा नहीं मुझसे

तनेगा नहीं मुझसे
चाहूँ तो भी
कोरी चतुराई का वितान

स्त्रीलिंगी तिस पर तुम्हारी तुकें
गर्भाशयहीन हैं
जितनी दीन

हो सकती हैं ऐसी चीजें
ये उनसे भी
दीन हैं

इसलिए कहता हूँ
डैने मत चुराओ
फैलाओ इन्हें

अक्षत इनके बल का
कुछ भी नहीं है अर्थ
मैदान में

टूटकर गिरनेवाले पंख
व्यर्थ नहीं हैं
व्यर्थ है अलबत्ता

पंखहीन आसमान
इतने सजे-सजाए कमरे में
बन्द करके सारी खिड़कियाँ

बाहर की आवाजों से
बचाते हुए मन को
मत रमने दो

ऊँचे ही सही
किसी छूँछेपन में
तूफानों के थमने का

रास्ता मत देखो
उस समय तो
ये भी निकलेंगे

और वे भी निकलेंगे
गाते-गुनगुनाते
हाँकते डींगें

साफ-सुथरे
कटे-छँटे तराशे दिन
चमत्कार हैं

चमत्कारों की कल्पना में
मत उलझो
सुलझो धीरे-धीरे

परिस्थितियों से
बने तो झटका देकर
तोड़ो

चमत्कारों में
पड़ी
गाँठें

1967

मौत के नाख़ून

मैल से भरे हुए
काले नाखून चुभो दिये हैं
तुमने मेरे गले में

और मैं
उस चुभन का दर्द
उतना महसूस नहीं करता

जितना
सोचता हूँ
नाखूनों के कालेपन को

बचपन से है मुझे
नखों को काटकर
साफ रखने का खब्त

इसीलिए जब्त नहीं होता
कालापन
तुम्हारे नाखूनों का

होने को इस समय
हैं वे तुम्हारी
अँगुलियों के सिरे पर

मगर थे
थोड़ी देर पहले
मेरे गले के भीतर

धँसते हुए तुम्हारे
काले नाखूनों को
मैंने चाहा था

लाल सुर्ख
कर दे
मेरा खून ही

मगर लाल नहीं हुए
तुम्हारे नाखून
खूनाखून करके भी

मेरा गला
और मैं चुभन के दर्द को
उतना महसूस

नहीं कर रहा हूँ
जितना सोच रहा हूँ
तुम्हारे नाखूनों को

उनके कालेपन को
मौत साफ-सुथरी चाहिए
वैसी नहीं

जैसी आती दिखती है

28 दिसम्बर, 1967

अशुभ-शुभ

कल
आँसू की तरह
टपककर फल ने

हलका
कर दिया
पेड़ को

बगीचे की मेंड़ को
जाने क्या हुआ
दरक गई

पेड़ पर बैठी चिड़िया की
बाईं आँख फरक गई

5 जनवरी, 1968

मरण के क्षण में

सांगोपांग के फेर में
जागे हम बहुत देर में
लगभग मरते-मरते

अब समझे कि नहीं हिचकतीं
जरूरतें
अधूरी-सी कोशिशों से

सांगोपांग की जिद
किसी को कुछ नहीं
करने देती

यानी मरने के क्षण में
इस सन्तोष से
नहीं मरने देती

कि हमने किया
अपने बस-भर
दे नहीं पाए बस-भर

चुटकी-भर दिया
जितना हम कर सकते इस पल
उतना कर दिया

9 जनवरी, 1968

गाता हूँ

गाता हूँ
जब थक जाता हूँ
गाते हुए छूता हूँ हमेशा

जैसे अपने छोरों को
औरों को देने का
औरों से लेने का
खयाल नहीं आता पहले
लेकिन मन बहले न बहले
तब तक आ जाता है औरों का खयाल

मन में
गा नहीं पाता तब मैं
विजन में जैसे

सामने रखकर तुम्हें
गाता हूँ
जब गाते-गाते
थक जाता हूँ।

11 जनवरी, 1968

रथ-प्रतीक

सूखी डाली जैसे किसी हरे पेड़ की
पेड़ से कटकर ही हो सकती है काम की

मेरे उदास खयाल लगभग उसी तरह
तापे जा सकते हैं दूर कहीं
हँसी-खुशी की महफिल से

मैं नहीं चाहता
सुख से भरे मन उन्हें बाँचें

आराम से बैठे
आलोचक उसे जाँचें

थोड़े-बहुत जतन से
देकर आड़ हाथ की शरीर की
सुलगाया जा सकता है उन्हें
और फूँक-फाँककर पैदा की
जा सकती है उनमें आँच

और लगे रहकर थोड़ी देर
जगाई जा सकती है उनमें
सपनों की एक झाँक
और आरपार देखा जा सकता है
अपारदर्शी
इस उदासी के

खूबसूरती के पुजारी
फूलों से बिंधे मन
फिलहाल मुझे न पढ़ें
प्रतीक जो मुझे मथ रहे हैं
उन्हें भी मथेंगे आगे-पीछे
क्योंकि महापथ पर क्षण दो क्षण
ये प्रतीक सब के रथ रहे हैं।

20 जनवरी, 1968

बुनी हुई रस्सी

बुनी हुई रस्सी को घुमाएँ उलटा
तो वह खुल जाती है
और अलग-अलग देखे जा सकते हैं
उसके सारे रेशे

मगर कविता को कोई
खोले ऐसा उलटा

तो साफ नहीं होंगे हमारे अनुभव
इस तरह

क्योंकि अनुभव तो हमें
जितने इसके माध्यम से हुए हैं
उससे ज्यादा हुए हैं दूसरे माध्यमों से
व्यक्त वे जरूर हुए हैं यहाँ

कविता को
बिखराकर देखने से
सिवा रेशों के क्या दिखता है
लिखनेवाला तो
हर बिखरे अनुभव के रेशे को
समेटकर लिखता है!

21 जनवरी, 1968

मरण का वरण

मैं नहीं करूँगा तुम्हारा
आलिंगन
जिस तरह सब करते हैं

किसी सजे-सजाए कमरे में
घिरकर किसी सुगन्ध
या कोमलता से

न लता के मंडप में
न किसी आम्र-कुंज में
ज्योति-पुंजों में

अब मुझे न चन्दा से आशा है
न अनगिनत तारों से
ऊब गया हूँ मैं अब

इन सारों से
और इसलिए
बिलकुल वीरान और बंजर

कोई जगह चाहिए
और रित ऐसी सख्त सरदी की
कि सिर्फ मैं ही नहीं

तुम भी उदास हो जाओ
और काँपो
थर-थर

जहाँ ठिठुरें और डरें हम दोनों
जहाँ मैं भाँपूँ तुम्हारी मरजी
तुम मेरी हालत भाँपो

22 जनवरी, 1968

जैसा दिखता है

आसमान जैसा दिखता है
वैसा नहीं है
और न धरती
जैसी दिखती है वैसी है

ठीक नहीं कह सकता कोई
वह कैसा है यह कैसी है

मगर फिर भी अन्धी आँखों बहरे कानों
हमें सब कुछ देखना-सुनना पड़ता है
गलत देखे-सुने में से
बेकाम का ही सही
कुछ चुनना पड़ता है!

29 जनवरी, 1968

तुम्हारी ओर से

तुम्हारी ओर से झिल्ली जो
मढ़ी गई है मेरे ऊपर

तन्तु जो तुम्हारा बाँधे है मुझे
इच्छा जो अचल है तुमसे आच्छादित रहने की

आशा जो अविचल है मेरी
तुममें समा जाने की

कैसे उसे उतारूँ
कैसे उसे तोड़ूँ कैसे उसे छोड़ूँ

जोड़ूँ कैसे अब इन सबको
अपने या पराये किसी छोर से

तुम्हारी ओर से जो मढ़ा गया है
नशा-सा चढ़ा गया है वह मुझ पर

ठगी-सी बुद्धि को जगाऊँगा
तो कौन कह सकता है

लजाऊँगा नहीं
होश में आने पर!

31 जनवरी, 1968

संग्रह के खिलाफ

हवा तेज बह रही है
और संग्रह जो मैं
मुरत्तिब करना चाह रहा हूँ
उड़ा रही है उसके पन्ने

एक बूढ़ा आदमी
चल रहा है सड़क पर
बदल दिया है उसका रंग
बत्ती के मटमैले उजाले ने

और कुत्ते उस पर भौंक रहे हैं

छाया लैम्पपोस्ट की
साधिकार

आकर पड़ी है
संग्रह के खुले पन्ने पर

हवा और कुत्ते और बूढ़ा आदमी
बत्ती और लैम्पपोस्ट
सब
मानो मेरे संग्रह के खिलाफ हैं

जी नहीं होता
इस सबके बीच
लिखते रहने का

कुत्तों को भगाऊँ जाऊँ
बूढ़े आदमी को
भीतर बुलाऊँ!

जनवरी, 1968

अभिव्यक्ति शरीर की

एक वक्त आता है
जब
अभिव्यक्त

नहीं होते हम
अपने
चेहरे से

उतने
होने लगते हैं
जितने

अपने
शरीर से
अच्छा लगता है
मुझे

वह समय
जब

हमारे
शरीर की शक्ति
आँखों की चमक

स्वर की धमक
खो जाती है
यानी जब वह

हमारे निकाले
निकलकर
बरसे बादल

की तरह
सबकी
हो जाती है

और हम
हो जाते हैं निढाल
व्यक्त होता है जब

शरद् के बादल जैसा
हमारा व्यक्तित्व
धूप में उड़ता है

हवा के झोंके से
धोखों से भी जिस पर
खिंचते नहीं हैं

किसी
सुबह किसी शाम
इन्द्रधनुष

काश-कुश
बाजरा मक्का धान
किसी को

अब नहीं
सींचता वह
तैरता-भर है

आसमान में
इस छोर से
उस छोर तक

भोर से
साँझ तक
साँझ से भोर तक

1968

शरीर और फसलें, कविता और फूल

कमर जैसे कलाई टूट जाए
हिम्मत जैसे घड़ी फूट जाए
तबीयत

कुछ नये ढंग से खराब हुई है
सोचने की इच्छा लगभग
शराब हुई है

जरा अकेलापन
कि खयाल में गर्क
उम्र के वर्क

उसी में धुँधले हैं
उजले हैं उसी में
सामने आते हुए दो हाथ

साथ-साथ सूखते दिख रहे हैं
एक वृक्ष एक नदी
नाव पर

लदी हुई बारात की
गीत नहीं सूझ रहा है
शाम का सारा समाँ

मल्लाह से जूझ रहा है
असभ्य सन्देहों को सहलाऊँ
धुँधले-धुँधले दिनों को

धूप में घसीटूँ नहलाऊँ
बहलाऊँ
बरसों का उदास मन

रास्ते के हिसाब से
कदम धरूँ
शरीर और फसलें

कविता और फूल
सब एक हैं
सबको बोना बखरना गोड़ना

पड़ता है
सत्य हो शिव हो सुन्दर हो
आखिरकार इन सबको

किसी न किसी पल
तोड़ना पड़ता है
जैसे काँटा

अचानक पाँव में गड़ता है
ऐसे हर कारण
समय में जाकर पड़ता है

किस क्षण
कौन सा कारण
उच्चाटन

वशीकरण मारण
या मरण का पनपा
सो मैं नहीं जानता

मगर कारणहीन
नहीं मानता मैं
किसी पल के पाँव को

वह लँगड़ा के चले
चाहे हिम्मत से जमाकर एड़ी
जिन्दाबाद कारण के काँटे

संयोग की बेड़ी
ऊँचे से गिरती है जब धारा
तो धुआँ हो जाता है उसका पानी

बानी को तुमने
पत्थर पर कसा
तो धुआँ भी समझते उसका

असम्भव को तश्तरी में पेश
तुम करो
सम्भव से ज्यादा को

कलरव नहीं कहते
उसका अलग नाम है
शब्द अपनी गवाही देंगे

मगर उसके आगे
जो उनके पीछे तक देखता है
एक मौसम आ रहा है

दूसरा जा रहा है
मेरे मन में इन दिनों
कोई नहीं गा रहा है

क्योंकि मन
एक मैली कमीज है इन दिनों
सोच रहा हूँ

धुलने दे दूँ कहीं
या खुद धो डालूँ
मगर कमीज एक ही है

और मौसम
खुले बदन दस मिनिट भी
बैठने का

नहीं है
यानी यह मौसम
मेरी कलम से
एक भी गीत ऐंठने का नहीं है
जो दृश्य
सारे दृश्यों में अच्छा है

इन दिनों उसकी तरफ
मेरी पीठ है

यानी अदीठ एक घाव है
अच्छे से अच्छा दृश्य
मेरे लिए फिलहाल

सवाल नहीं उठता
उसे मेरे देख सकने का
वर्णन उसका

पर्यायवाची हो सकता है
कोरे बकने का
इसलिए

जो कह सकता हूँ इन दिनों
उसमें न गाने का कुछ है
न मुसकाने का

खाली शामों में
उसे पढ़ा-भर जा सकता है
उलझन-भरी दृष्टि

उसके बाद गड़ाई जा सकती है
अँधेरापन समेटते हुए
आसमान पर

क्योंकि
विस्मृति की इच्छा-भर
बहती है

इन कविताओं के तल में
रोजमर्रा का दुखी चेहरा
प्रतिबिम्बित है इस जल में

गोताजन हैं इसमें छोटे सुख
दीर्घ दुःख
चित लेटे हैं इसकी लहरों पर

पहरों बिना थके
पड़े रह सकते हैं
आप चाहें तो कह सकते हैं इसे

उनकी ज्यादती
पानी के साथ
या कह सकते हैं

मेरी अनौपचारिकता
बानी के साथ
फूल को

बिखरा देनेवाली हवा भी
कौन कहता है
कि चलनी नहीं चाहिए

समूचा जंगल
जला देनेवाली आग भी
कौन कहता है

कि जलनी नहीं चाहिए
अरसे से
ऐसी एक हवा

मुझ पर चल रही है
जल रही है मुझमें
अरसे से एक ऐसी आग

और मैं उसकी सुन्दरता को
समझने की कोशिश कर रहा हूँ
कभी अलकें दिखती हैं

इस सुन्दरता की मुझे
तो कभी पलकें
साढिम और लचीली

बँधती नहीं हैं वह
मेरी बाँहों में
मगर झलकें ज्यादा-ज्यादा

मिलती हैं इसकी अब
पहले से
मैं खुला बैठा हूँ

हवा में और आग में
सपना नहीं था
कि ऐसी जबर्दस्त निष्क्रियता भी

लिखी है भाग में
किसका खयाल करूँ
सौभाग्य के इस पल में

बह रही है
विस्मृति की इच्छा-भर
भीतर जब
मन के तल में

1968

बंजर हैं हम

बंजर हैं हम कुछ नहीं उगता हम पर
गेहूँ बाजरा मक्का धान फूल फल शब्द स्वर गान
बंजर हैं हम

उगती हैं हम पर बहुत हुआ तो कँटीली झाड़ियाँ
बिना लगाई अजीब-सी बाड़ियाँ हैं हम काँटों की
कि कोई आ जाए हम तक तो चुभें उसके पाँवों में
फाड़ डालें उसका वर-वसन उत्तरीय
बंजर हैं हम

और मसान भी भयों के भूत-भर हममें जागते हैं
हर विच्छिन्न ध्वनि हम भय के धागे से तागते हैं
और बितान तान देते हैं कहीं खत्म न होनेवाले कम्पन का
और छोर हर एक मन का छूकर हमें काँपता है
हम बंजर हैं।

और मसान हैं और हरियाले हैं अगर तो अपने
भयावनेपन में, ऊजड़ और घने में बराबर हैं हम,
भविष्य और वर्तमान भी हमारा
हमारे भूत की तरह ही हैं खाली और निकम्मे
बंजर हैं सब

इनमें से किसी ने नहीं उगाए बाजरा मक्का गेहूँ धान
समान हैं सब हमारे भूत
और भविष्य और वर्तमान
बंजर हैं हम।

3 फरवरी, 1968

दो सूखी डाली को

दो सूखी डाली को एक पत्ता
नंगे बदन पर एक लत्ता
लो यह आखिरी छिन है
शायद तुम्हारे दिन का

डाल दो एक लोटा पानी पेड़ की जड़ में
पत्ता तुम्हारे देखते-देखते
नहीं फूटेगा
कातो चार-छै तार सूत के

चरखे पर चलते-चलते
तुम्हारे अछत नहीं बुने जाएँगे
वे किसी थान में

मगर चले जाओगे जब तुम
तब लोग सुने जाएँगे
यह कहते हुए कि
लगा दो ये तार भी कहीं

जगा दो इस तरह
उस गए हुए आदमी को

जगा दो जैसे जागा है
एक नया पत्ता
उसके डाले हुए पानी से डाली पर
बुनकर और माली पर
छोड़कर फिलहाल
डाल दो तुम एक लोटा पानी पेड़ की जड़ में
कातो चार-छै तार चलते-चलते चरखे पर!

4 फरवरी, 1968

पता नहीं चलता

पता नहीं चलता जिनके उद्गम का
ऐसी धाराएँ

बीज नहीं मिलता जिनका ढूँढ़े

ऐसी कविताएँ
सिंचते हैं फिर भी जिनसे खेत
आँख खुलने के पहले खिलता है जिनका शतदल
हर प्रात:काल में और पूर्व दिशा के धुलने से पहले
जाने कितने प्रकाश-कोस से
चलते-चली आनेवाली ओस से
सज उठते हैं जिनके शतदल

ऐसी अविरल कविताएँ धाराएँ जैसे जल की
न बीज मिलते हैं जिनके
न उद्गम!

5 फरवरी, 1968

हिम्मत नहीं पड़ती

हिम्मत नहीं पड़ती
कि जो दिखता नहीं है वह लिखूँ

जैसे लिखूँ कि वसन्त आ गया है
खिल उठे हैं फूल जंगल-भर में पलाश के
और गिरि-शिखर
उठ रहे हैं राशि-राशि अट्टहास के

मेरे चारों ओर लोग
खुश हैं और पंछी भी
उदार हैं लोगों के मन
खुशबू की तरह उड़-उड़कर
छूते हैं दृश्य उनको

औरों से तो थोड़ा-बहुत झूठ
बोल भी जाऊँ
तुमसे झूठी बातें नहीं कर सकता

तुम मत करो मुझसे
ऐसा कुछ लिखने की इच्छा

कहें हम एक-दूसरे से
कि हम उदास हैं और दुखी हैं
मेरी समझ में
यही आशावादिता है

झूठ तो न निराशा है
न आशा!

6 फरवरी, 1968

उम्र बढ़ चुकने पर

उम्र बढ़ चुकने पर
पहाड़ चढ़ चुकने पर
मूर्ति गढ़ चुकने पर
यहाँ तक कि कोई बहुत बड़ी
किताब पढ़ चुकने पर

सुख और थकान और
थोड़ी देर चुप हो रहने का अनुभव
क्या सबको नहीं होता
या होता है सबको

मैं आज जैसे ये चारों काम
एक साथ कर चुका हूँ
इसीलिए अपनी बहुत सी इच्छाओं को
तह करके सिरहाने धर चुका हूँ

और लेटा हूँ आराम से
कुछ नहीं करना है शायद
बहुत दिनों तक मुझे
छोटे-बड़े किसी काम से!

6 फरवरी, 1968

चिकने लम्बे केश

चिकने लम्बे केश
काली चमकीली आँखें
खिलते हुए फूल के जैसा रंग शरीर का
फूलों ही जैसी सुगन्ध शरीर की
समयों के अन्तराल चीरती हुई
अधीरता इच्छा की

याद आती हैं ये सब बातें
अधैर्य नहीं जागता मगर अब

इन सबके याद आने पर

न जागता है कोई पश्चात्ताप
जीर्णता के जीतने का
शरीर के इस या उस वसन्त के बीतने का

दुःख नहीं होता
उलटे एक परिपूर्णता-सी
मन में उतरती है

जैसे मौसम के बीत जाने पर
दुःख नहीं होता
उस मौसम के फूलों का!

8 फरवरी, 1968

जब किसी आदमी को

जब किसी आदमी को हम देखें लगा हुआ
मन-प्राण झोंककर किसी तनिक उद्देश्य
किसी टुक प्राप्ति अर्थ
तो अच्छा हो उस पर हम ज्यादा हँसें नहीं
इसलिए कि आखिर
इस अनुपातविहीन सृष्टि में सभी व्यर्थ
सूरज कितना प्रकाश देने में रत
हर कोने-आँतर में प्रविष्ट है प्राणवायु
वर्षा कितना ज्यादा पानी बरसाती है
धरती कितना ज्यादा झंखाड़ उगाती है

इतना सूरज इतनी वर्षा इतना समीर इतने जंगल
हम इनसे होकर मस्त बाँध बैठे हैं घर
पर घर ही तो अपना कोई गन्तव्य नहीं

यह आत्मवंचना जीवन की लाचारी है
कुछ करते रहना सही समझकर बड़ी बात
कुछ फल न निकलना भी आखिर तक बुरा नहीं
दुनिया में आनन्द न होता कहीं रंच

यदि धुन में पड़कर तत्त्व न रचना कर चलते
यदि सूरज होता नहीं, न दीपक ही जलते

13 फरवरी, 1968

माटी का अनुभव

माटी का अनुभव जब, शरीर को होता है
तब यह शरीर पौधे की तरह, उगता है अपने
तल पर, पानी से जब, तादात्म्य देखता है अपना
तब किसी मीन की तरह डूबता है उसमें, तब
किसी कमल की तरह उभरता है जल पर, जब
वह समझता है अपने को प्राणवान
तब प्राणदान की उसको धुन लग जाती है
जब व्योमप्राप्त होता है कोई मन महान
तो सूर्यप्रभा की तरह बुद्धि जग जाती है
माटी पानी आकाश वायु से अपनापन
देता है हमको एकप्राणता तत्त्वों से, हम
छोटे से छोटे हो पाते हैं उस क्षण, हम
हो जाते हैं महत् तमाम महत्त्वों से!

14 फरवरी, 1968

एक दरवाजा है समय के बाहर

एक दरवाजा है समय के बाहर और कल्पना के भीतर
बेघर का यह दर डरता है खुलने से इसलिए
मैं समय के बाहर और कल्पना के भीतर
इसको खटखटाता नहीं हूँ सिर्फ ताकता हूँ
और सोचता हूँ दरवाजा आँखें फेर ले मेरी तरफ से
तो चल दूँ मैं भी चुराकर आँखें उस दिशा में
जहाँ पागल हो जाने की गुंजाइश है और जहाँ
लाज-शरम का ध्यान नहीं रखना पड़ता
प्रतिष्ठा के खयाल से बेकाम के काम

करते ही नहीं जाना होता जहाँ
जहाँ चारों तरफ खुले दरवाजे हैं
और सुविधा है जहाँ पग-पग पर डूब मरने की
उम्र से ज्यादा उम्रदराज यह दरवाजा
खुलता नहीं है इसलिए आवाज भी नहीं करता
जो आवाज नहीं करती ऐसी कोई भी चीज
मैं छूता नहीं सिर्फ ताकता हूँ
और सोचता हूँ
आँखें फेर लें मेरी तरफ से
मौन-गर्भा सारी चीजें तो चल दूँ मैं चुराकर आँखें
उस तरफ जहाँ शोर से कानों के फट जाने की गुंजाइश है

7 मार्च, 1968

अगर मैं पहाड़ होता

अगर मैं पहाड़ होता
तो बहकर चली जातीं
मेरे ऊपर से तेज हवाएँ
बरस-बरसकर रह जाता मुझ पर पानी
गिर-गिरकर रह जाती मुझ पर बरफ
ऑक्सीजन मैं खींचता ही नहीं
न खींचता धाराएँ अपने भीतर
न बनता कभी उद्गम
कोरे आँसुओं का
झरता ही अगर अपने भीतर के
झरने या स्रोतस्विनियाँ
तो सींचनेवाली मैदानों को

मगर यह सब सोचना नाहक है
मैं जो कुछ हूँ उसी का
मुझे कुछ करना चाहिए
समझ लेना चाहिए कि मैं
पहाड़ नहीं हूँ आदमी हूँ
और मुझे बहुत से कामों में से

पहले तो ऑक्सीजन ही खींचना चाहिए
काँपते रहकर किसी वृक्ष की तरह
लेना चाहिए मुझे पत्तों से ऑक्सीजन
पीना चाहिए जड़ों से पानी
खानी चाहिए जरूरत के हिसाब से रोटी

और फिर करना चाहिए उतना
और वैसा कुछ काम
जिससे इतना और ऐसा सब
सध जाता है
क्योंकि समय मुझमें आता है
टिकता नहीं है वह मुझमें

पहाड़ की तरह हजार-हजार साल तक
बसता नहीं है जिसमें समय
आकर छू लेता है सिर्फ
उसे तो अपने
आकर छूने लायक बने रहने में
देना पड़ता है अपना सब कुछ
पहाड़ की तरह बेफिक्र
और गगनचुम्बी रहकर
केवल खड़ा नहीं रह सकता वह
उसे तो देखनी पड़ती है घड़ी तक
उसे तो सुबह-सुबह
घूमने के लिए
हाथ में लेनी पड़ती है छड़ी तक!

29 मार्च, 1968

सम्बन्ध हमारे

सम्बन्ध हमारे
अन्ध बन्धन हैं ज्यादातर
छाया-भर हैं दर्पण की
हमारे सारे सम्बन्धी

अन्धी इस हलचल को
कैसे मिले सरल दृष्टि
दर्पण हो द्वार कैसे
कैसे अपार पथ पार करें
पाँव ये
माटी के
तरल कैसे हों प्राण
अविरल प्रस्तर परिपाटी के।

19 अप्रैल, 1968

बच्चों की तरह

बच्चे की तरह हँसें
और जब रोएँ तो बच्चे की तरह
खालिस सुख खालिस दुःख

न उसमें खयाल कुछ पाने का
न मलाल इसमें कुछ खोने का
सुनहली हँसी और आँसू रुपहले
दोनों ऐसे कि मन बहला
उससे भी इससे भी
कोरे किस्से भी अंश हो गये अपने
हर छाया के पीछे दौड़ाया सपनों ने
और दब गई पाँवों के नीचे दौड़ते-दौड़ते
कोई छाया

तो हँसे खिलखिलाकर बच्चों की तरह
और छूट गया
हाथ छाया का आकर हाथ में

तो रोए तिलमिलाकर बच्चों की तरह
खालिस सुख
खालिस दुःख!

9 जून, 1968

शहसवार

क्या कर सकता है
घोड़े की पीठ पर बैठा हुआ आदमी
सिवा धूल उड़ाने के

मैं भी उम्र-भर एक तरह से
घोड़े की पीठ पर ही बैठा रहा
बनाई नहीं मैंने पगडंडियाँ
समझकर अपने आसपास का भूगोल
और फल यह हुआ है कि धूल भर दी है मैंने
अपने चारों तरफ दूर-दूर तक

दूसरों की पीठ पर कहो दूसरों के कन्धों पर कहो
देर तक रहो तो उनके कन्धे और उनकी पीठ के सिवा
टूट-से जाते हैं अपने पाँव भी
हम भूल जाते हैं जैसे अपना गाँव भी
दूसरों के बल पर घूमते-घूमते
और फिर कुछ नहीं बनता हमसे
सिवाय धूल बोने और धूल उगाने के

17 जून, 1968

कबन्धों के बावजूद

एक-दो दिन नहीं बरसों
मानता रहा कि बदल जाएगा कल-परसों तक सब कुछ
लोग बहुत जल्दी सभ्य हो जाएँगे
वे जब कभी एक-दूसरे के पास आएँगे
तो एक-दूसरे को सुख देने की इच्छा से

ऐसा कुछ देगा उनका यह आना-जाना
मैंने एक-दो दिन नहीं बरसों तक यही माना
अब शरीर थक गया है और शायद इसीलिए
मन को भी अपना यह खयाल मूर्खता जैसा लगने लगा है

जान पड़ता है अपने जाते-जाते तक को
बेहतर की दिशा में कुछ नहीं बदलेगा
अभी तो पहिया पीछे घूम रहा है
और सिर से हीन संसार-भर का कबन्ध-समूह
उसके छन्द पर झूम रहा है

मारने की कला सर्वोपरि बनाई जा रही है
गाई जा रही है भाईचारे की इच्छा मुँह से
मगर हाथ पाँव दिल दिमाग
सब लगे हैं इसी में कि सधने न पाए
दो भी व्यक्तियों में भाईचारा
संसार सारा क्या होगा अभी एक
अभी तो अभिषेक होगा अणु का दुनिया के हर छोटे-बड़े देश में
जलेंगे अभी तो समान भाव से अणु की भट्ठी में
सिंहासन कुशासन आँगन चौराहे पर्वत और नदियाँ

मुझे ऐसा लगता है मगर शायद इसलिए कि शरीर थक गया है
जवान जरूर कुछ और तरह से सोच रहे होंगे
जवानों का सोचना सच निकलता है ऐसा भी नहीं है मगर
जवानी में ही तो मैंने भी सोचा था वह सब
जो झूठ होकर रह गया है
और अब झूठ निकल सकता है वह भी
जो मैं बुढ़ापे में सोच रहा हूँ

क्यों मानूँ मैं कि आज का मेरा सोचना सच निकलेगा
मैं मानना तो यही चाहता हूँ
कि बिना सिरों के आदमियों के बावजूद
संसार इस परिस्थिति से बच निकलेगा!

28 जून, 1968

शरीर का उदयाचल

एक पहाड़ है
उसे आप चाहें तो शरीर का उदयाचल कह सकते हैं
निकलता है जब उसके पीछे से शरीर

तो शरीर से किरनें फूटती हैं
और शरीर से फूटनेवाली ये किरनें
वह सब करती हैं जो करती हैं किरनें सूरज की
ये उजाला देती हैं और जीवन
उगाती हैं फसलें पकाती हैं फल
दौड़ाती हैं रस पौधों में और प्राणों में
बदलती हैं मौसमों को
दिन-रात ऋतु वर्ष युग कल्प और मन्वन्तर
इनके आने-जाने से नपते हैं और बनते हैं

सर्वसामान्य शरीर भी पार करते-करते इस पहाड़ की ऊँचाई
निकलते-निकलते तक बाहर, सूरज हो जाता है
आकाशाभिमुख उसकी किरनों का सुख उतरता है जब धरती पर
तो पानी हो जाता है सोना धूल बदल जाती है पराग में
मामूली-सी चिड़िया भी तब जो गाती है
वह सधे कानों को ऐसा लगता है जैसे ऋचा हो कोई
दस-बीस सौ-पचास युगों में
कोई एक शरीर उठता है इस उदयाचल के पीछे से

और तब हजार दो हजार बरसों तक
बना रहता है उसके वैसे एक ही दिन का उजाला
और इसी हिसाब से तब
आती हैं ऋतुएँ वर्ष युग और कल्प
अल्प के आभास से उसका काम नहीं चलता
शायद एक आकाश एक दुनिया एक कालचक्र उसके लिए कम है
अनेक आकाश अनेक विश्व अनेक कालचक्र
उसके उदय को सार्थक करने में लग जाते हैं
और ये सब जाते हैं तब उस दिशा में
जिस दिशा में उस हिरण्यगर्भ के पग जाते हैं

पुराने लोगों ने इस पहाड़ का नाम अहंकार रखा था
आप चाहें तो इसे कोई और नाम दे सकते हैं
देखा था अभी-अभी हम सबने
गांधी को इसे पार करते!

26 जून, 1968

इस दुनिया को सँवारना

इस दुनिया को सँवारना अपनी चिता रचने जैसा है
और बचना इस दुनिया से अपनी चिता से बचने जैसा है
सम्भव नहीं है बचना चिता से इसलिए इसे रचो
और जब मरो तब इस सन्तोष से
कि सँवार चुके हैं हम अपनी चिता!

2 जुलाई, 1968

खिड़कियाँ

बड़ी विचित्र चीजें हैं ये खिड़कियाँ
जिनमें से देख पाती हैं लड़कियाँ
घर से बाहर की सड़कों को
सड़कों पर घूमते-फिरते
अपने मन के लड़कों को।

18 जुलाई, 1968

जो कुछ हूँ मैं

जो कुछ हूँ मैं
उसके सिवा और कुछ
सोचना चाहूँ अपने को
तो क्या कर सकता हूँ
सिवा इसके
जो कर रहा हूँ
अपने होने के हिसाब से तो मैं
डर-भर सकता हूँ

पसीने की बदबू सहनी पड़ती है
जो बात जैसी है वैसी कहनी पड़ती है
जैसा हूँ वैसा सोचना अपने को

कठिन है
क्योंकि वह बीज है और बोना है
और उग आना है अपने ही तल पर
अमर होने की तैयारी है वह लगभग

मैं अपने आसपास के सब सुखों को छोड़कर
लम्बी और दूर की तैयारी में
कैसे जुट सकता हूँ अकेला
क्या कहेगा मुझसे
मेरे आसपास का मेला
जो मुझे लेकर व्यस्त है
और मुझे जो कुछ हूँ उससे अलग
बनाने पर तुला है

जिस सहज परिवर्तन का द्वार
इतनी कठिनाई से खुला है
उसे कैसे बन्द कर दूँ!

इनकार कर दूँ फिलहाल इसलिए
किसी भी चीज का बीज होने से
जो कुछ था उसके सिवा
सोचना चाहता हूँ अपने को
सारी दुनिया देखती है इसी सपने को

मैं फिर क्यों सच के फेर में पड़ जाऊँ
मैं फिर क्यों नये सिरे से जीना चाहूँ
फिर क्यों बीज की तरह
माटी में गड़ जाऊँ और ऊँ करूँ
और धीरे-धीरे
फुनगियाँ हिलाऊँ धूप में
जब हो गया हूँ फूल
और झरनेवाला हूँ
अपनी ही सुगन्ध के द्वारा बनाये पथ पर
जब यात्रा करनेवाला हूँ

16 अक्तूबर, 1968

मन के बारे में

मन के बारे में क्या कह सकते हैं
मन के अपने भी मन है

अभी माँग रहा है पत्ता-भर भत्ता

और मैंने तरह-तरह के पत्तों पर
पेश कर देखी है उसकी माँग
इमली के पत्ते से लेकर
केले के पत्ते तक पर

क्या जाने मगर
उसके मन में कौन सा पत्ता है कौन सा भत्ता है
क्या कह सकते हैं मन के बारे में

लगे भर रहना पड़ता है उसके हिसाब से
पत्तों में भत्तों में कपड़ों में लत्तों में

मगर कह देता हूँ उससे जब
कि जरा चुप रहना है तुम्हें अब
कविता मुझे लिखना है

दब जाता है तब मेरे मन का अदम्य मन
बुझ जाती हैं उसकी प्यासें ज्वालाएँ उसकी

कविता-भर दहकती है तब
दब जाता है मन

और तब लगता है वह मुझे मेरा मन
उसका कुछ नहीं रहता तब उसके पास
दहकती है तब उसमें मेरी ज्वाला
लहकती है तब उसमें मेरी प्यास!

17 अक्तूबर, 1968

होने का दावा

अपने ही सही होने का दावा
दावानल है
फल है चारों तरफ धू-धू
चारों तरफ मैं-मैं
चारों तरफ तू-तू

1968

डायरी अंश

1

अच्छाई देखकर खुश हो लेता हूँ
तारीफ करना मैं नहीं जानता
इससे दिक्कत में पड़ता हूँ कई बार
मगर इस दिक्कत को मैं बुरा नहीं मानता

2

मैं सब्जी खरीदता आ रहा हूँ
घर के लिए बरसों से
सब्जीवाला जब आता है दरवाजे पर
तब बच्चे इस भाव से खबर देते हैं
मानो वे मेरा कोई कार्य कर रहे हों।

3

बदमाश सिर झुका के खड़ा था
और सोच रहा था
कितना बुरा होता है अच्छा आदमी

4

हम जहाँ-जहाँ गए
वहाँ-वहाँ विद्वानों के साथ हमने शराब पी
देश की मिट्टी हमने विदेश में खराब की।

5

आओ सच के रास्ते में मरो
और मौत को झूठा साबित करो।

6

तुम खिलते रहो भाई फूल
तुम बहती रहो भाई हवा
उतरती रहो तुम किरन
हजार दस हजार साल बाद
आदमी का नशा हो जाएगा जब हिरन
मारना-मरना उसे जब खलेगा
तो तुम्हारा खिलना बहना उतरना
उसके हक में भी फलेगा
सुख और ताजगी और प्रकाश
आज के इस हताश की बातों पर मत जाओ
आओ हम खिलें बहें उतरें
आओ मेरे साथ आओ

7

भाई समय तुम जो लाते हो निर्माण
और बुलाते हो प्रलय
मैं उठाकर अपने हाथ
खैर तुम्हारी भी मनाता हूँ
क्योंकि मैं कुछ मिटाता नहीं हूँ
सिर्फ बनाता हूँ

8

सहो
और बेहतर बातों के लिए
रहो।

9

तुमने कभी ठीक से देखा-भाला है?
अँधेरा काफी हद तक उजाला है!

10

यदि नियम नहीं होता जीवन का
परम-स्नेह
तो विलीन कर देता कब का
अखिल-प्राण को मृत्यु-मेह!

11

जो पूरे हैं उनमें क्या जोड़ोगे
जो हैं नहीं उनमें से क्या तोड़ोगे
शून्य का क्या बचाओगे क्या छोड़ोगे
जो चला गया है वह पूरा हो गया है

जो चला गया है वह पूरा खो गया है
उससे यादें मत जोड़ो
न पूरे से तुम्हारा कुछ जुड़ेगा, न शून्य से
काम चलाना पड़ता है
बचे-खुचे से न्यून से!

12

चाहे मृत्यु को गाओ चाहे जवानी को
चाहे माटी को गाओ चाहे पानी को
तरल रखो प्राणों को सरल रखो बानी को।

13

आशा के बन्दे हम पासे फेंकते हैं
बोने के बदले साँसें, फेंकते हैं!
इतना न घिरता सिमटता निदाघ
तो अमलताश कैसे खिलता
अँधेरे से न गुजरे होते हम
तो प्रकाश कैसे मिलता!

14

कुछ करने के खयाल से आये हो
तो सिर क्यों झुकाये हो
एक संकोच है जो बुरा है

और नीचे गिराता है
एक संकोच है जो अच्छा है
और ऊपर उठाता है!

15

मेरा शरीर भी प्राण की तरह कहे
कि आज जितने और जैसे रहे
कल उससे ज्यादा प्रकाश में रहेंगे
अँधेरा अगर कल आज से ज्यादा होगा
तो भी उसे हम कम कहेंगे
और हो भी जाएगा वह कम
इतना ठीक समझेंगे उसे हम!

16

मैं अक्सर अपनी गलतियों को गिनता हूँ
और गिनते-गिनते भूल जाता हूँ
सो भी इस कदर कि फूल जाता हूँ

4 जनवरी, 1969 से 6 जनवरी, 1969 तक

मिर्च हो चटनी हो

मिर्च हो चटनी हो अचार हो
तुम कितने मजेदार हो
मीठे हो खट्टे हो कटु हो
चिढ़ाने में अव्वल हो
मनाने में पटु हो
काँटे हो छुरी हो तलवार की धार हो
तुम कितने मजेदार हो

12 जनवरी, 1969

गालिब शताब्दी

मैं मिर्जा के बारे में सोच रहा हूँ
और सोचता हूँ क्या लिखूँ मिर्जा के बारे में

कई बातें हैं जिनका खयाल आता है
मगर सबसे ज्यादा ध्यान इसी बात का आता है
कि वे एक बड़े तंग जमाने में एक बड़े तंग
दायरे में लिख रहे थे
वे उनमें बँधे हुए अपने बड़े-बड़े खयालों को
पेश करने की दिक्कत में फँसे थे
रूढ़ियों के गेसू उन्हें कसे थे
और उनकी कोशिश के बावजूद
बनती नहीं थी बाद-ओ-सागर कहे बगैर।

बाँधे था उन्हें उनका जमाना गजलों में
महफिलों में और मुशायरों में
और वे छटपटा रहे थे
बन्द किन्हीं दरवाजों को खटखटा रहे थे
और झूठ हो रहा था यह कथन
कि खटखटाओगे तो खोला जाएगा।

हर जमाने में उसके बड़े आदमी के साथ यही होता है
उसे अपने दायरे में बँधकर चलना पड़ता है
मिर्जा के शब्दों में शमा को सहर तक
हर रंग में जलना पड़ता है
और कुछ रंग लोगों को पसन्द आते हैं कुछ नहीं आते
यह पसन्द आना-न आना
और किसी के लिए कुछ न हो लिखनेवाले के लिए
जीने-मरने का सवाल होता है
जो वह पसन्द करता है जब लोग उसे पसन्द
नहीं करते तो वह उदास हो जाता है
और कभी-कभी तो कटु तक
और उससे भी बुरी बात कि जो उसे पसन्द नहीं आता
और लोगों को पसन्द आता है
उसे लिखने में पटु तक।
जो लिखनेवाला इस परिस्थिति में पड़कर न उदास होता है
न कटु और न पटु वह बहुत दुर्लभ
होता है और मिर्जा ऐसे ही दुर्लभ थे!

लोगों ने कहा, क्या लिखते हैं मिर्जा, सबकी बात
समझ में आती है इन्हीं की क्यों नहीं आती

इन्हें आसान लिखना चाहिए, मिर्जा इससे
दुखी जरूर हुए मगर उदास नहीं हुए, उन्होंने
आश्वस्त भाव से और शायद मुसकुराते हुए लिखा
'गायेम मुश्किल, वगर्ना गोयम मुश्किल' मैं
मुश्किल न कहूँ तो कहना ही मुश्किल है।

यों गालिब मुश्किल क्या कहते थे, जरा हटकर
कहते थे और जो कहना चाहते थे उसे जरा डटकर कहते थे, क्योंकि
उन्हें अपनी न किसी से
तुलना करवानी थी, न करनी थी किसी से स्पर्धा,
न जाना था उन्हें किसी से आगे न चलना था
उन्हें किसी के पीछे—वे तो अपनी ही राह चल
रहे थे और ठीक अर्थों में सहर होने तक
हर रंग में जल रहे थे।

जो आदमी अपने जहान के आसमान को एक
चींटी का अंडा कहता था (क्या तंग हम सितमजदगाँ
का जहान है, जिसमें कि एक बैजए-मीर आसमान है)
और जो अपने परतों के बिना आफ़ताब को
ठंडा कहता था, ऐसा खुदबीं और आजाद
आदमी लोगों के तानों की फिक्र क्या करता,
जो कर सकता था वह तो उसने किया, यानी वह
तमाम पाबन्दियों को मानकर उनके बीच में अपने
ढंग से जिया, और बख्शी उसने हर तंगी
को एक वुसअत, हर संकीर्णता को एक उदारता
और सोचा हँसते-हँसते :
क्या बयाँ करके मेरा रोएँगे यार
मगर आशुफ़्ता बयानी मेरी
हूँ जिखुद रफ़्तए-बन्दाए-खयाल
भूल जाना है निशानी मेरी।

और अब गालिब के रंग और लगभग उन्हीं के शब्दों में एक श्रद्धांजलि :

तोमा है आदमी नफसे जाँ गुसिल का एक
सौ साल तक रहे किसी की याद बहुत है।
अब तू है और मातमे तदबीरे आरजू
और तिस पै भी कैसे कहें यह दाद बहुत है।

हर हर्फ मिस्ले जल्वए-गुल आबदार था
अब बागे रे ख़ता वही बरबाद बहुत है।
गारत गरे नामूस हविस जर का तमाशा
हर चन्द गो आजाद है फरियाद बहुत है।
बे-एतदालियों से सुबुकसर हुए हैं हम
गंजी नए अशआर की तादाद बहुत है।
जर्फ गजल था तंग अगरचे बकदरे शौक
तेरे करम को क्या कहें, आबाद बहुत है।
ऐसा भी कोई है कि गालिब को ना जाने
सर गश्तगी में 'एकय' एतयात बहुत है।

22 जनवरी, 1969

एक माँ

एक माँ
चल रही है सड़क पर
अपने बच्चे को

छाती से चिपटाए हुए
और आश्वस्त है वह
कि प्रलय काल तक

ले जायेगी उसे निकालकर
चारों तरफ से
उमड़कर आ रही आफतों से

सड़क के किनारे की
एक बेंच पर
बैठा है एक आदमी

और पढ़ रहा है वह
अखबार
ऐसे निश्चिन्त भाव से

जैसे कभी नहीं
छुएँगी उसे
अखबार में छपी घटनाएँ

दो लड़के
एक-दूसरे के गले में
हाथ डालकर

ऐसे हँस रहे हैं जैसे
कोई फर्क नहीं पड़ा है देश में
चार-चार—पाँच-पाँच

झूठे चुनावों के बावजूद
सिर्फ मैं ही
सोच में पड़ा हूँ

और मुझे ही
काली एक छाया
सरकती और बढ़ती

दिख रही है
क्यों नहीं हो पाता मैं
इस माँ की तरह

अखबार पढ़नेवाले
इस आदमी की तरह
इन लड़कों की तरह!

24 फरवरी, 1969

कविता

1

कविता शुरू भी मुश्किल से होती है
और खत्म तो उसे करना पड़ता है
जैसे हर अस्तित्व में आई चीज को
आखिरकार मरना पड़ता है।

2

जब कविता ठीक उतर आती है
तब कथ्य और शैली का अर्थ नहीं बचता
वे कहीं पीछे छूट जाते हैं
उन्हें खोजने की फिक्र में घूमनेवाले
कभी अधूरे तो कभी समूचे
टूट जाते हैं
और बताते हैं कवि को
टूटा या अधूरा
अपने को सालिम और समझदार और पूरा।

3

मैंने कविता के बारे में जो जाना है सो देखकर जाना है
चीज जो देखी सो गृहिणी थी
अस्त-व्यस्त और काम में डूबी
चेहरे पर कोई भाव नहीं था
न कोई चाव दिखा
सीधी-सादी हलचलों में
मगर लगता था एक पूरा जीवन
इन हलचलों के पीछे और आगे है
जो अनायास बन चुका है
और पूरा-पूरा

और कविता को ऐसा होना चाहिए
रोज-रोज गुजरकर आसपास में से
अविशेष और अदेश एक अस्तित्व
जो जहाँ पहुँचे काम का हो

29 मार्च, 1969

मंगलाचरण

तुम कि जिसने नील अम्बर में
सितारों को कि जैसे सी दिया है
तुम कि जिसने पेड़ और पहाड़ पंछी आदमी को जी दिया है

तुम कि जिसने चार महीने
विपुल धरती-भर सरस बरसात दी है
तुम कि जिसने हर तपे दिन को सुशीतल रात दी है
हे वही तुम
आज अपने परम विस्तृत शून्य दिव्याकाश से थोड़े उतरकर
पास धरती के चले जाओ
कि धरती तुम्हें छूने के लिए उठ-सी रही है
एक विप्लव हर सतह में अतल तक इसके मचा है
एक कन भी अचल या अविचल नहीं इसका बचा है
हिल गई हैं जड़ें ही धरती की जैसे
काँपते हैं आज उसके जड़-हिमालय
आज सर सरिता नगर उपवन सभी के प्राण में भय
यह रहेगी या नहीं
विक्षिप्त इतनी गति सहेगी या नहीं
सन्देह आस्तिक मनों तक में कहीं यह जगने लगा है
आज तुम हे शान्त दिव्याकाश से अपने उतरकर
पास इसके चले जाओ यह मुझे लगने लगा है

एक शान्त उदार सुख का झला बरसा दो भला
तुम कि जिसने विपुल धरती-भर सरस बरसात दी है
डूब जाये यह विकलता लीन हो जाये
पराजित चित्त की सारी विवशता एक रस की बाढ़ में
यों कि बंजर भूमि मेरे देश के आषाढ़ में
कह सके धरती कि मैं आकाश हूँ, आनन्द हूँ
लग सके उसके कि वह कोई पहेली निरर्थक अन्धी नहीं है
वह अँधेरे से उजाले में गई है
लग सके उसको कि वह ज्योतिर्मयी है
सुन रहे हो तुम कि तुम सुनते नहीं हो
तुम कि जिसके विषय में मैंने सुना है सब कहीं हो
आज बिलकुल प्राण-पण से मैं कि तुम्हें पुकारता हूँ
मैं कि मेरे शब्द सुनने योग्य वैसे भी बहुत हैं
किन्तु जिस स्वर से कि इनको आज मैं सिंगारता हूँ
वह अतल से फूटकर निकला है मेरे
आज सोते-जागते यह स्वर मुझे घेरे हुए है

प्रार्थना के स्वर तुम्हें लगते हैं अच्छे
किन्तु मेरा आज का स्वर प्रार्थना का स्वर नहीं है
सत्य का आग्रह लिये हूँ आज अपने प्राण में मैं
आज मेरे प्राण में जो प्रश्न नित बेचैन रहते हैं
तुम्हारा काम है उत्तर उन्हें दो,
इस अँधेरे में किरन अपनी उतारो
आज गांधी के अधूरे बल्कि बिलकुल छिन्न-भिन्न
तथापि परम उदात्त सपने को सँवारो
तर्क-शुद्ध उदात्त यह सपना
किसी के प्राण में उतरे न उतरे
प्राण में मेरे उतारो
केन्द्र अपनी सृष्टि का मुझको बनाओ
वज्र अपनी निहाई पर धरो
मुझको गढ़ो मुझको सौ नई चोटें लगाओ
छोड़कर सारी दिशाएँ
जो तुम्हारे सत्य-सत्ता-सूर्य की प्राची दिशा है,
हे मुझे उसमें जगाओ

मैं अगर जागा तो जागा अंश,
जागे अंश तो सम्भावना
सध न जायेगी समग्र सुषुप्तियों के जागने की, कौन जाने
देश-माँ ने विश्वचित्त निमित्त मुझको किया गांधी के चरण में
तो मुझे आभास होगा सार्थकता का किसी भी क्षण मरण में!

1969

एक विचित्र बात

आज एक विचित्र बात हुई
मैं एक किताब पढ़ने बैठा
किताब के वाक्यों में
कहीं क्रिया नहीं थी
सारे वाक्य निरर्थक लगने लगे
और किताब मैंने
घबराकर अलग धर दी

सोच में पड़ गया कि
लोगों ने भाषा की
कैसी गत कर दी।

1970

कुछ नहीं हिला उस दिन

कुछ नहीं हिला उस दिन
न पल न प्रहर न दिन न रात

सब निश्चल खड़े रहे
ताकते हुए अस्पताल के परदे
और दरवाजे और खिड़कियाँ
और आती-जाती लड़कियाँ
जिन्हें मैं सिस्टर नहीं कहना चाहता था
कहना ही पड़ता था तो पुकारता था बेटी कहकर

और दूसरे दिन जब हिले
पहल और प्रहर और दिन और रात
तब सब एक साथ बदल गये मानो
अस्पताल के परदे और दरवाजे
और खिड़कियाँ और
कमरे में आती-जाती लड़कियाँ
सिरहाने खड़ी मेरी पत्नी
पायताने बैठा मेरा बेटा
अब तक की गुमसुम मेरी लड़की
और बाहर के तमाम झाड़
शरीर के भीतर की नसें
मन के भीतर के पहाड़

ऐसा होता है समय कभी कितना सोता है
कभी कितना जागता है
लगता है कभी कितना हो गया है स्थिर
कभी कितना भागता है!

1971

तुम प्रबल

तुम प्रबल
मन में भरो सुख विमल चाहो तो

तुम विमल
मन में भरो दु:ख प्रबल चाहो तो

तुम सरल चाहे तरलता दो
तुम तरल चाहे सरलता दो

सोचकर मेरी जरूरत
दो तुम्हें जो चाहिए

कान मेरी मूढ़ माँगों पर
न देना
मूढ़ माँगों की
खड़ी है एक सेना
तानकर शर
हे प्रखर!

1971

एक बहुत ही तन्मय चुप्पी

एक बहुत ही तन्मय चुप्पी ऐसी
जो माँ की छाती में लगाकर मुँह
चूसती रहती है दूध
मुझसे चिपककर पड़ी है

और लगता है मुझे
यह मेरे जीवन की
लगभग सबसे निविड़ ऐसी घड़ी है
जब मैं दे पा रहा हूँ
स्वाभाविक और सुख के साथ अपने को

किसी अनोखे ऐसे सपने को
जो अभी-अभी पैदा हुआ है

और जो पी रहा है मुझे
अपने साथ-साथ
जो जी रहा है मुझे!

1971

जिन्दगी

जिन्दगी को
गन्ने की तरह
चूसने में मुझे मजा आता है

मुझे अच्छा लगता है
तेज कुल्हाड़ी से
बहुत पक्की लकड़ी काटना

मुझे अच्छा लगता है
गाँव की तंग कीचड़ से भरी गली को
ईंट-पत्थर के टुकड़ों से पाटना

अच्छा लगता है मुझे
हर सुबह
साफ दाढ़ी बना लेना

गरमी के दिनों में
सूख गई नदियों की रेत में
झिरिया खना लेना

अच्छा लगता है
अगर मेरी रात में भी
कोई चिड़िया चहके

जिन्दगी आसपास की अगर
किसी जड़ी-बूटी की तरह
महके!

अच्छा लगता है अगर मैं
अपनी रात को सिरहाने या पैताने
गुड़ी-मुड़ी करके चाहे जैसा धर पाऊँ!

अच्छा लगता है अगर
नये आए दिन को मैं
आगे बढ़कर भुजाओं में भर पाऊँ!

1971

मैं पहले इसे

(क)

मैं पहले इसे महसूस तो करता था
मगर कहते हुए थोड़ा डरता था
क्योंकि जब से सोचा है लोगों ने
तब से उलटा ही कहा है
उनके लेखे शरीर
मन प्राण आत्मा के अधीन रहा है
मगर अब मैं कह पा रहा हूँ
निडर और निश्चिन्त एक भाव से
कि क्षत-विक्षत हो जाते हैं
मन प्राण और आत्मा
शरीर के छोटे-छोटे घाव से
सात-सात बार दिल के दौरों में
मैंने इन बेचारों को टूटते देखा है
देह छूटने के क्षण से पहले इन्हें
छूटते-छूटते देखा है
और समझा हूँ कि
मन प्राण और आत्मा
सब निर्भर है शरीर पर
जैसे निर्भर है सागर तक जाने वाली
नीर-धाराएँ
अपने-अपने तीर पर
तीर जितने ठीक हैं

उतनी ठीक हैं धाराएँ
अविरल इनका प्रवाह
तीर तय करते हैं
मंजिलें इनकी किनारे के
सहारे-सहारे चलती हैं
मन प्राण और आत्मा की ज्योतियाँ
माटी के इन दीपों के माध्यम से
जलती हैं
जो बैठा हुआ है
बैठा हुआ है उसका भाग्य
और सोया हुआ है भाग्य
सोए हुए व्यक्ति का
क्या अनुमान नहीं होता
इन वचनों से
शरीर की शक्ति का

शरीर प्रधान है
गौण है शेष सारा
इसे अपने मन का बना लो
तो मन प्राण आत्मा सबको
निश्चिन्त होकर
चाहे जब त्योहार की तरह मना लो
टाँग दो इन्हें तोरण और पताकाएँ
बनाकर शरीर के द्वार पर
चाहे जब तह करके
रख लो सिरहाने
खड़ा कर लो सेवा भाव से
सेवकों की तरह पैताने

(ख)

गले से गले मिले
वक्ष से वक्ष
बाँहें बाँहों में डाल दें
अँधेरे चाहे जितने हों
दीप्त दीप दीक्षा से उजाल दें
रुके मत रहो

मन के मिलने तक
आकाश-कुसुम के खिलने तक
तनों का यांत्रिक भी मिलना
है कमल वनों का खिलना
आखिर सूरज की किरण
और कमल क्या
पहले मन के कारण मिले हैं
शरीर से पास आओ
और देखो ग्रन्थ निष्ठा के
खिलने के सिलसिले हैं।

1972

कुछ नहीं उगा

कुछ नहीं उगा उस दिन से
मन में
तन ने जिस दिन
पकड़े उसके केश
और उछलकर चढ़ गया उस पर
जैसे कोई घोड़े पर चढ़ता है
मन तब से शरीर के इशारे पर
रुकता है शरीर के इशारे पर
बढ़ता है
सिर्फ रुकता या
झुकता ही नहीं है
पूरा-पूरा चुकता है
जैसे धरा कोई
होती है विलीन
अंचल में मरु के
या रस दौड़ता है मूल के इशारे पर
फुनगी तक तरु के।

1972

कुछ भी नहीं बना पाया

कुछ भी नहीं बना पाया है
आदमी
प्रकृति के वृक्ष से ज्यादा सुन्दर
चिड़िया से ज्यादा सन्तुलित
और संगीतमय
फिर भी कितना गाना गाया है
इसने अपनी सृजन-शक्ति का
हिमालय को ढक लेनेवाली बरफ
सारी धरती को सींच देने वाले बादल
आसमान भर बहने वाली हवा
इन सबसे बढ़कर प्रेम एक चीज है
उसके पास
किन्तु उसने इसकी जगह
रख लिये हैं
क्रोध और विरोध और अभिमान
इन्हीं का उपयोग करता है वह
आपस में और प्रकृति के साथ
वृक्षों को काटता है
चिड़ियों को खाता है
हिमालय को मानता है केवल चढ़ने-उतरने
झंडा गाड़ने लायक कोई चीज
पानी को और हवा को
दूषित करना इसके
उद्योग हैं
स्नेहगीतों से नहीं
विस्फोटों से वातावरण को
भूषित करना।

1972

वह सोच रहा था

वह सोच रहा था आसमान के चमकते पीले पीतल को
और अपने भीतर के उस ठंडे और सिकुड़े हुए शीतल को
जिसे सख्त गर्मी ने छाती की तह तक पैबस्त कर दिया था
अस्त कर दिया था निदाघ के उजाले ने उसका सब कुछ
वह अपनी देह की छाया भी नहीं बचा था
जबकि उसके चारों ओर एक हंगामा मचा था
दौड़ और धूप का
अपने अस्तंगत सरूप का भान जरूर उसे
जरूरत से ज्यादा था
जिसमें न हाजिर-नाजिर उजाला बाधा था
न अभी तक का अनागत अँधेरा
जो दूर से उस पर आँख लगाये था
क्या जाने वह बावजूद हर मनाही के
अपने ठंडे और सिकुड़े सरूप को
किस तरह छाती में जगाये था।

1972

जीवन का जादू

जीवन का जादू
जनवरी की ठंडी इस
रात में किस तरह से
आकर छू गया

कि एक नीला
और बरफीला
और शान्त अजीब-सा उजाला
भीतर तक चू गया

और अब
रिक्त और अतिरिक्त हूँ
जीवन से भी मरण से भी

अलग महसूस कर रहा हूँ मैं
अपने को
कार्य से भी करण से भी!

26 जनवरी, 1973

सामने का बकुल

सामने के एक वृक्ष के बारे में कहूँ
बकुल का है यह
और भी हैं एक-दो बकुल के वृक्ष इसी पंक्ति में
मगर यह उनसे अलग है

अलग तो होता है हर वृक्ष दूसरे हर वृक्ष से
हर वृक्ष के अपना-अपना
व्यक्तित्व होता है
अलबत्ता हम जिन्हें

अपनी रुचि से काटते छाँटते रहते हैं
उन्हें कर देते हैं लगभग एक-सा
अपने ही व्यक्तित्वहीन
अस्तित्वों की तरह

मगर सामने के इस बकुल के बारे में कहूँ
ज्यादा नहीं कहना है
इतना ही कहना है कि जब तक
गांधी स्मारक निधि के अहाते में रहना है

इस पर मैं ध्यान दूँगा
और विकृत नहीं करने दूँगा
किसी को इसका व्यक्तित्व

अभी इस पर फल हैं
और पक रहे हैं
पकने की इतनी प्रतीक्षा में
अहाते के बच्चे थक रहे हैं

और जरा भी पीले पड़ गये हैं जो
उन्हें पाने की धुन में
टपका लेते हैं कच्चों को
बच्चों को कोई कहे भी
तो कहाँ तक कहे

ऊँची इसकी कुछ डालियों पर
लदे हैं मगर लाल-लाल फल
पत्थर या डंडे फेंके हुए
वहाँ तक नहीं पहुँचते
क्योंकि शाखाएँ इसकी

ऊपर की तरफ जाते-जाते
लम्बी कम होती चलती हैं
और इसलिए
आकार इस वृक्ष का कम
मन्दिर का ज्यादा हो गया है

बन गया है ऊपर का हिस्सा
खास कर पके इन फलों के कारण
कलश जैसा
तन गया है थोड़ा सा हिस्सा
साँप के फन की तरह
और पके फल
लग रहे हैं उस मणिधर की
मणियाँ
कड़ियाँ गीतों की यह वृक्ष
बिलकुल नहीं झरता
डोलता है मणिधर की तरह
वातावरण
अपनी अलग किसी ध्वनि से
नहीं भरता

तना इसका लगता है
लोहे का बना
चिकना और काला
डालकर उसमें बाँहें

नाचते रहते हैं बच्चे
बहुत मोटा जो नहीं है इसका तना

हरे और लाल और काले का
ऐसा समंजस यह मिश्रण
संयोग है या
योग है इसमें
माली का मौसम का बच्चों का

महीने भर के बाद
अब नहीं रहेंगे फल
मणि नहीं रहेंगे
मणिधर तब भी रहेगा
तप्त झोंका गरमी की रितु का

आज जैसे वासन्ती झोंकों से
तीव्रतर बहेगा
पत्ते तब काफी तादाद में झरेंगे
आज के ये लगभग मौन
बकुल महाशय

तब अपने झरे पत्तों से ही सही
कुछ गीत भरेंगे
अपने आसपास के वातावरण में
लोहे का तना तब भी
रहेगा बना

मगर तब बच्चे
इतना आलिंगन नहीं देंगे उसे
क्योंकि अभी तो वे
पत्थरों के साथ-साथ
इतना प्यार भी दे जाते हैं
बकुल को आतप में भी मैं
इसी तरह देखूँगा दूर से
जैसा आज देखता हूँ उसे
अपने व्यक्तित्व में
प्रसन्न

तप्त झोंकों से
शायद वह तपेगा
कँपा है धीरे धीरे
जैसे मेरे सामने शीत में
गरमी में भी शायद कँपेगा

थोड़े कुछ अलग ढंग से
मौसम को तब वह
रँगेगा नहीं लाल हरे काले रंग से
दो ही होंगे तब रंग
क्या जाने तीन भी हो जाएँ

फल खो जाएँ निकल आएँ किसलय
हो या न हो ऐसा
चाहता हूँ मगर साँप का-सा इसका फन
ऐसा ही तना रहे
तना काले चिकने लोहे का ऐसा ही बना रहे

12 फरवरी, 1973

शोभा और सरलता बनाम बकवास

शोभा और सरलता
घनता और तरलता
विचार को हूबहू व्यक्त करने वाली वाणी
समान और एकरूप ऐसे
जैसे होती हैं लहरें और पानी—
कह रहा था कवि कुछ इस तरह कविता के बारे में
शायद और भी कुछ कहता
मगर सुन रहा था एक बुद्धिमान
वह चुप कैसे रहता
उसने कहा, साहब जरा रुकिए
मेरे कदे-आजम एतराजों के सामने
इस ऊँचाई से उतरकर जरा झुकिए
और बराबरी से बातें कीजिए
आप आदम के कद को गिन नहीं रहे हैं

उसने अपनी या किसी की भी कविता के बारे में
जो शब्द कहे हैं वे आपने
आदमी के कद का खयाल करके नहीं कहे
इस तरह की कविता लिखने वाला आदमी
अच्छा हो धरती पर न रहे
चला जाये वह स्वर्ग में अगर
स्वर्ग की है या फिर ऐसी ऊँची-ऊँची
बातें न बघारे
जिस तरह पुराने जमाने में मारते थे छक्के
कनकैया नायडू या मार देते थे एकाध
सलीम दुर्रानी बेचारे!

मैं आपकी एक-एक बात को लेता हूँ
शोभा? क्या मतलब है आपका शोभा से?
आज जिसे शोभा कहना चाहेंगे
वह तत्त्व तो हमारी आँखों में गड़ता है
जैसे यही आपकी नाक की सीध में
दिख रहा है जो ऊँचा आलीशान मकान
हम इसे कैसे कर सकते हैं पसन्द
यह बना है गरीबों का खून चूस-चूसकर
और बनवाया भी गया है उन्हीं से जबर्दस्ती
अगर उनमें से कोई बहुत ही किस्मतवर हो जाये
तो वहाँ दरबानी कर सकता है
या फिर वहाँ चोरी छिपे घुसने की
कोशिश करते हुए मर सकता है
यानी यह हाल है आपकी इस शोभा का
और भी तमाम ऐसी चीजें हैं जिन्हें
आप शोभनीय मानते हैं
मगर हम उन्हें अपनी हद तक
बवाले-जान जानते हैं!

कितने ही ब्यूटी स्पॉटों पर गये हैं हम
मगर हमें कम-से-कम वक्त में
वहाँ से लौटकर आना पड़ा है
हम जब-जब गये हैं ऐसी जगहों पर
किसी की बातों में आकर तो वहाँ

जो शानदार होटलें बनी हैं
उनसे बहुत दूर किसी खोमचे पर हमें
कुलचे-छोले खाने पड़े हैं
और उन कुलचे-छोलों में भी स्वाद जो था
सो धूल-धक्कड़ का ज्यादा था
जैसे एक बार गोरखपुर की एक साहित्यिक गोष्ठी में
हाथ कृष्ण नारायण कक्कड़ का ज्यादा था!

और अब लेता हूँ आपकी दूसरी बात, सरलता,
कहाँ मिलती है जनाब यह अजूबा चीज?
मैंने तो बस नाम-भर इसका सुना है
अगर यह किसी तरह का अनाज है
तो यकीन मानिए, जरूरत से ज्यादा घुना है
इसमें कोई सार नहीं है
रोटी मुहैया कर देना इसके बस की बात नहीं है
मैं तो यहाँ तक कहता हूँ कि यार है ही नहीं
सरलता नाम का कोई सींग
किसी गधे के सिर पर
पहले कभी रहा हो तो कह नहीं सकते
एक जमाने से तो यह अदम-पता है
इसलिए इस लफ़्ज पर
मेरी तो दो-टूक धता है
मैं इसे हाजिर-नाजिर मानकर
इसके नाम पर और तो और
अदालत में भी जहाँ झूठी कसम खाने की
आम छूट है, कसम नहीं खा सकता
यानी सरलता के नाम पर
मैं किसी फन्दे में नहीं आ सकता
अच्छा फिर यह कोई ऐसी चीज भी नहीं है
जिस पर किसी अपराध में हम
किसी अदालत में कोई मुकदमा चला सकें
न यह याहिया खाँ, निक्सन जैसा कोई आदमी है
जिसका हम कुछ नहीं तो पुतला ही बनाकर जला सकें!

घनता की बात मैं थोड़ी-बहुत मान सकता हूँ
क्योंकि उसकी तुक जनता से लग जाती है

जनता बेशक एक चीज है
जो बावजूद हमारे अभी बनी है
मेरी आवाज पर वह सिमटकर भीड़ हो जाती है
और इस अर्थ में घनी है
और तरलता जिसका घनता के साथ
आपने जिक्र किया था उसका भी जोड़
इसके साथ बैठाया जा सकता है
क्योंकि देखा है हमने उसे बखूबी
हर ढाल पर बहाया जा सकता है
जो दल जितने ढालू होंगे
वह उन पर उतनी ही तेजी से बहेगी,
ऊँचाई पर चढ़ने को कहिए उससे
तो वह तितर-बितर हो जाएगी
एकाध बार तो वह कहने वाले पर
वैसी कुछ बिफर जाएगी
जैसी अभी बिफर गई है
आन्ध्र को एक बनाए रखो, कहने पर!
तो यह घनता और तरलता की बात
जनता की हद तक माने लेते हैं हम
इस बात पर आपको और कविता को
थोड़े नम्बर देते हैं हम!

और अब लेता हूँ विचार और वाणी की बात
विचार को जाहिर न होने देना अगर आप
वाणी का उपयोग मानें तो मंजूर करता हूँ मैं
वाणी का ज्यादातर उपयोग अब इसी दिशा में हो रहा है
कि वह मन की बात को छुपाए
जो अपने मन की बात जितनी खुशी से
शब्दों का मुलम्मा चढ़ाकर
दूसरे ही रूप में पेश कर देता है
वह चाहे कवि हो चाहे राजनेता
उतना ही सफल और बड़ा
और सम्माननीय कहलाता है
वाणी का विचार से ऐसा सम्बन्ध
कौन है जिसे अब नहीं भाता है

तो याद रखिए वाणी का सबसे बड़ा काम
यह है कि आपके मन में क्या है
जुबान इसे हरगिज हाजिर न होने दे!

आपकी हिन्दी में कम-से-कम यह ताकत
अभी बहुत ज्यादा नहीं आई है
हिन्दी बोलने वाले के मन की बात
लोग जो उसके मन में है
उसी रूप में समझ लेते हैं
इसीलिए हिन्दी के समझदार लोगों ने भी
उसे छोड़ दिया है
माता-पिता तक को पुकारने के लिए
उन्होंने अपने को अँगरेजी से जोड़ लिया है
क्योंकि अँगरेजी ऐसी मँज गई है
मन की बात छुपाने की कला में
कि भारत का कोई पढ़ा-लिखा आदमी
अब ताईद नहीं करता हिन्दी की
वह बहुत सरल है और उसमें मन की बात
जनता पर जाहिर हो जाती है
फिर उसकी हिमायत कैसे कर सकता हूँ भला मैं!
भरोसा रखते हैं जब और तो और हमारे
मंत्री, राष्ट्रपति और प्रधानमंत्री
कि मन की बात जनता पर जाहिर न करने की कला में
मन की बात हम हिन्दी में कहेंगे
और वह इसलिए कि हम चाहते हैं
जनता उसका अर्थ समझ जाए
वोट हम हिन्दी में माँगेंगे क्योंकि वह
हमारे मन की ऐसी बात है
जिसे हम छुपाना नहीं चाहते
वक्त पड़ने पर निबाहते हैं हम
इसलिए हिन्दी बोलने की
इतनी यह लाचारी!

इसलिए भाई
सरलता की हद तक तो मामला यह है
कि अमूमन हम अपनी बात

आप पर जाहिर नहीं करना चाहते
आप चाहते हों करना तो कीजिए,
उसका फायदा आपको नहीं
हमें मिलेगा, समझ जाएँगे हम
कि आप प्रजातंत्र के खिलाफ हैं
साफ-साफ बातें करना चाहते हैं
लोगों के सामने आज के हालात
धरना चाहते हैं सरल भाषा हिन्दी में!

आपकी यह माँग कि भारत का काम
हिन्दी में चलना चाहिए
मान लेना अपने पाँवों पर
कुल्हाड़ी मारना है
जबकि तय कर लिया है हमने
कि हमें प्रजातंत्र को प्रजा से उबारना है
और निर्णय यह काफी हद तक
सध भी गया है
सब काम हमने अपने हाथ में ले लिये हैं
प्रजा के पास कुछ नहीं बचा
प्रजा को हमारे हाथ जो दे दें
सो लेने के अधिकार अलबत्ता
हमने उसे दे दिए हैं
और जनता ने इसे ठीक मान लिया है
हम जो खाने को दे दें जिस कीमत पर
वह उसे उस कीमत पर खाती है
और जहाँ कहीं नहीं कर पाती ऐसा
वहाँ भूखी मर जाती है!

बोलने वाला आलोचक था या मंत्री
या नेता या किसी दल का कार्यकर्ता कौन जाने
कवि ने उसे आगे नहीं सुना
वह केवल सिर उठाकर खड़ा हो गया
और सारे वातावरण को लगा
कि बोलने वाला कोई भी क्यों न रहा हो
न बोलकर वह कवि उससे बड़ा हो गया।

12 मार्च, 1973

हम सब अतल में

हम सब अतल में पड़े हुए बेड़े हैं
एक अर्थ में भरा हुआ था जितना
जो कुछ हममें
पहुँचा नहीं है वह कहीं
पड़ा है व्यर्थ में हमारे ही भीतर
ऐसा कि खबर नहीं है खुद हमको उसकी

जीवन के ज्वार के बजाय
चुन ली है हमने जैसे खुश्की
और तरंगों से विहीन
अतल एक तल में पड़े हैं निश्चल
और अहसास तिस पर
ऐसा कुछ करते हैं अपने भीतर
मानो हम जंगम हर चीज से बड़े हैं

अपनी निश्चलता में भरा हुआ था
हममें हमारा भविष्य
इसलिए कि हम मुक्त रहें
अपार और अगाध
अपने वर्तमान से युक्त रहें

स्वतंत्र थे हम चुनने को अपनी दिशा
विस्तार में जलधि के
अवधि के बन्धन अवश्य थे
मगर दृश्य थी सारी दुनिया

हमारे निकट हर तट का
हमें अनुमान था
समान थे हमारे लिए ज्वार और भाटे
क्योंकि आकार जो दिया था हमें जीवन ने
प्रमाण था वह
हमारे होने का सम्पूर्ण
अपने आप में
सबसे महत्त्वपूर्ण बात

आँखें दी थीं उसने हमें
ऐसी जैसी किसी और को
नहीं दी गई हैं
क्योंकि पीना चाहा है
हममें जो जिसकी आँखों ने
धरती और आकाश और सागर और शून्य
उसकी आँखें यह सब पी गई हैं
और रचा है फिर उसने
दिए गए लचीले समर्थ अपने हाथों से
जो कुछ जैसा चाहा है
अर्थात् प्रकृति ने हमें
कुछ अलग ही ढंग से निबाहा है।

23 मार्च, 1973

मुझे तो बहुत दे देते हैं

मुझे तो बहुत दे देते हैं
पदार्थ और रूप
नन्ही फुदकती चिड़िया
हरहराता ताड़
दूर पर चुप खड़ा पहाड़

मुझे तो बहुत मिलता है
बहते झरने से

रुकी हवा से
खिलते बकुल से
भागते हुए नकुल से

भर-भर जाता हूँ मैं तो
स्वरों से पास के और दूर के
बाँस के वन
घास के वन
मुग्ध कर देते हैं मेरा मन

मगर अब
अवसर ऐसे कम ही आते हैं
जब पंछी और वन गाते हैं
और मैं हो पाता हूँ सुनने वाला
महीनों नहीं आते कभी-कभी ऐसे अवसर

इसलिए
मैंने इन्हें
मन में बसा लिया है
चलते-फिरते सोते-जागते
मन के भीतर बसे हुए

ये आत्मीय
खुद मुझे टेर लेते हैं
अपनी आदिम
आकृतियों और ध्वनियों
और रूपों से मुझे घेर लेते हैं!

1973

निराकार को

निराकार को ढालना
कैसे बने इस ध्यान में

मने-अनमने कुछ साँचे
पकाए मैंने डालकर

आँच में
साँचे कुछ ठीक-ठीक पक गए
और ढालने लगा मैं उनमें

निराकार को आकार में
विचित्र मगर एक बात हुई
ढालते-ढालते

निराकार को आकार में
साँचे जानदार हो गए
जो पहले ठीक-ठीक पक गए थे

अब जान आ जाने पर
यंत्रवत आकार ढालने से
थक गए थे

साँचे मेरे बावजूद
सोचने लगे
कि आकारों को

सीमित किया जाए
जितना जीवन पिया जाए
प्यासी धरती से
उसे उससे ज्यादा
न पिलाएँ
माना कि सुन्दर होता है

निराकार से आकार
मगर हर इंच पर
उसे फूल की तरह

न खिलाएँ
छोड़ दिए जाएँ
खाली लम्बे-चौड़े मैदान

ध्वनि और शब्द
और गान रहें
मगर ऐसे भी कान रहें

जो चुप्पी को सुन लें
ऐसी भी रहें आँखें
जो शून्य में से चुन लें

मन के सुख
अन्तर से अन्तर के
दु:ख!

22 दिसम्बर, 1973

खुशबू के शिलालेख

एक सुगन्ध के बल पर
जी रहा हूँ मैं
सुगन्ध यह कदाचित्
गर्भ में समझे हुए
परिवेशों की है

छूटे-घने किन्हीं केशों की है
आम के वन की है
आषाढ़ के नए घन की है
धाराहत पल्लव की है
स्वच्छ किसी

सरोवर के जल की है
धान के खेतों की है
कितने ही समवेतों की है
और इतनी घनी है
कि धूल और धुएँ के बीच

जैसी की तैसी बनी है
बरसों से मैं
धूल और धुएँ के शहरों में हूँ
लगता है मगर
कमल और पारिजात की

बहती हुई बहरों में हूँ
सद्य:स्नात किसी
देह के मन की तरह
स्नेह से सहलाए हुए
किसी तन की तरह

खुश हूँ और हल्का इतना
कि बोझ नहीं लगता प्राणों को
बीते हुए तमाम दिनों का
आए हुए नितान्त अजाने
भीषण पल का

बासा नहीं होने देती
यह सुगन्ध मुझे
घेरकर बहते हैं जैसे छन्द मुझे
अभी पीपल के अभी बाँस के
अभी झाड़ी के अभी घास के

अभी बहुत धीरे-धीरे
अभी जरा बलपूर्वक
अभी ऋजु और सरल
अभी तनिक छलपूर्वक
खींचते हैं अभी

जानी अभी अनजानी लहरों में
धुएँ और धूल के भी शहरों में
मैं इस सुगन्ध के बल पर जी रहा हूँ
और चाहता हूँ सब
इसके बल पर जिएँ

धूल और धुएँ के शहरों में भी
सब इस सुगन्ध को पिएँ
क्योंकि जानता हूँ मैं
सबने अपने प्रारम्भिक परिवेशों में
सान्द्र और निविड़ इन
गन्धों को पिया है
और फिर भी जाने क्यों
भूल जाकर इन्हें
केवल धूल
और धुएँ को जिया है

आत्मा को
सिवा आदिम सुगन्धों के
कौन बचा सकता है
धूल और धुएँ में
डूबने से

आदिम सुगन्ध आदमी को
हर कीचड़ से ऊपर रख सकती है

पंकज की तरह
रखती भी है यह मैंने जाना है

और यह भी जाना है
कि जितने दिन जियूँगा
सुगन्धें केवल
पियूँगा नहीं
फैलाऊँगा

सुगन्धें लिखूँगा
सुगन्धें गाऊँगा
धूल और धुएँ से भरे आकाश में
वह भले ही
निराशा और कोलाहल

और कुंठा से भरा है
और भले ही
हजार हलचलों के बीच
निर्जीव है
बिलकुल मरा है

मगर जानता हूँ
अपने ढंग से वह हरा है
और खूबसूरत है
नींद में रो उठनेवाले
बच्चों की तरह

मैं धूल और धुएँ के बीच
जब आ ही गया हूँ
और
रहता चला जा रहा हूँ
उनके बीच
तो यहाँ भी
ठीक जियूँगा आदिम सुगन्धें
और फैलाऊँगा उन्हें
खूबसूरती और
बदसूरती के बीच

शान्ति के लम्हे में
अरसे में युद्ध के
भूख में और
अकाल में और अवर्षण में
निरर्थक मगर रोज-रोज के

इस संघर्षण में
मैंने सुगन्ध से अगर
नहीं भरा अपना वातावरण

तो गहरी साँसें खींचेंगे
नितान्त किसी उदास आदमी की तरह

पंकजों से भरे सरोवर
नीम और करौंदियों से भरे
हजार-हजार बरसों से
फूलने और खिलनेवाले
विन्ध्यवन के विस्तार

जिन्होंने दुलराया था मुझे
और थकी-थकी लगेगी
शाम को पहाड़ी पार करनेवाले
उस शाश्वत
और अकेले पंछी की उड़ान

जिसने सिखाया था मुझे
निश्चिन्त और खुश
और आश्वस्त रहना
जब ये सब देखेंगे
कि हम नहीं जहाँ

वहाँ यह आदमी
हमें बो नहीं रहा है
हमारी सुगन्धों
और हमारी उड़ानों से
धो नहीं रहा है

धूल और धुएँ की थकान को
रात से सुबह तक
टपक-टपककर
ओस के कनों की तरह
यह आदमी जिसे हमने

अपना सब कुछ
किसी आशा से नहीं
प्यार से दिया था
और जिसने डालकर
अपने प्राणों की जड़ें हमारे भीतर

वैसा कुछ किया था
जैसा हम करते हैं
वृक्ष और धरती
और
आसमान के साथ

इसलिए मैंने सोचा है
जैसे भी बने
अंकित कर दूँगा
हवा पर ही नहीं
शहर-शहर की

ऊँची से ऊँची इमारतों के
अच्छे-बुरे पत्थरों तक पर
सुगन्ध के समाचार
खुशबू के शिलालेख
कि हम सब

धूल और धुएँ से ऊपर हैं
जब तक भी
भू पर हैं
अगरु और चन्दन
और गुलाब और

बेला का मेला भरवाते रहेंगे
घनिष्ठ से घनिष्ठ

रण के भी क्षण में
बारूद की बास
दबाएँगे

क्रोध और कोलाहल के
वातावरण में गाएँगे
शाम को पहाड़ी पार करते हुए
पंछी का शान्त गीत और कंठ
हमारे हजार-हजार होंगे

अकेला भी हुआ अगर मैं
तो आवाज
इस भरोसे के साथ उठाऊँगा
कि अकेले किसी कोरे कवि की
नहीं है यह आवाज

और निगाहें जब खिंचेंगी
आश्वस्त और अकेले
और लगभग अकिंचन
मगर सुगन्धों को प्राणों में
बसाए हुए एक

ऐसे आदमी की ओर
जो एक होकर भी
अपने को अकेला महसूस नहीं करता
तो क्षण-भर के लिए ही सही
शोर थमेगा

कमेगा एकाध ही कण सही
धूल का
बिखरेगी एकाध ही सही परत
धुएँ के सिर के ऊपर से
लौटता-सा लगेगा

क्षण-दो क्षण ही सही
मगर रोज-रोज
ठीक मौसम

आते से लगेंगे
सही हवा के झोंके

उतरता-सा
लगेगा
ताजा
स्वच्छ
वातावरण

बीस-तीस
चालीस-पचास साल पहले
आ गए थे जो छोड़कर
आदिम सुगन्धें
घना करने लगे थे

धूल और धुएँ को
मना करने लगेंगे वे
हिम्मत के साथ
इन्हें और-और घना करनेवाली
शक्तियों को

और गाएँगे कि आओ
अगर भरते ही हैं हम धुआँ
तो अगरु और चन्दन का भरें
जगाएँ जानी हुई सुगन्धें
पुराने अपने परिवेशों की

घने छूटे केशों की
आम के वन की
आषाढ़ घन की
धाराहत पल्लव की
स्वच्छ किसी

सरोवर के जल की
धान के खेतों की
सुगन्धित
और शाश्वत समवेतों की
हमारे शरीर

वृक्षों के तनों से कम नहीं हैं
हरेपन में हम
विन्ध्या के वनों से कम नहीं हैं
आओ
हम डाल दें अपनी जड़ें

जमीन में और आसमान में
वृक्ष की तरह
पंछी की तरह
और पार करें हर सन्ध्या में
अकेले-अकेले
और समुदायों में गाते हुए
नीली पहाड़ियाँ यों
कि फिर जब
सूरज की पहली किरनें फूटें
तो हम

तीर की तरह छूटें
अपने-अपने नीड़ों से
न निकलें आज की तरह
सिर नीचा किए हुए
चिन्ता की लकीरें

माथे पर लिये हुए
घर से निकलते ही
हवा में भरे सुगन्ध
प्राणों की
और टाँकें उसे

अशोक के शिलालेखों की तरह
आगत
यहाँ तक कि अनागत काल पर
झरनों की भाषा में बोलें
अक्षरश: रस घोलें

दिन-भर अपनी कर्मधाराओं में
और शाम हो जाए जब

तो दिन-भर की हमारी
स्वच्छ आँखें जैसे चमकें
रात-भर आकाशमय फैली

ताराओं में सुगन्ध फैलाने और टाँकने का
मेरा यह सपना
रह न जाए मेरा अपना
इतना माँगता हूँ

मेरे देवताओं यानी शब्दों से
शब्द जो न आते हैं
मेरी आकाशमय
ताराओं को विलीन करने
सूरज की तरह

न जाते हैं सूरज की तरह
पंकजों को दीन करने
और जो सुगन्ध की तरह
न केवल फैलते हैं
न भर जाते हैं

और न केवल टाँकते हैं
छेनी की तरह चट्टानों पर
भीतर की ध्वनियाँ
न घिरते हैं जो
धूल के बादल की तरह

और न केवल
छितरा जाते हैं जो
धुएँ की तरह ऊपर-नीचे
न भर जाकर आँखों में
कड़वा कर देते हैं उन्हें

बल्कि जो
और कुछ नहीं करते
माँ की तरह
पकड़कर उँगली
खड़ा कर देते हैं मुझे

अपने पाँवों पर
और फिर
स्नेह से देखते रहते हैं
मेरा घर-आँगन में
घूमना-फिरना

दिखूँ अगर लड़खड़ाता-सा तो
दे देते फिर थोड़ा-सा सहारा
सुझा देते हैं कभी
आगे बढ़ने की दिशा
प्राय: बिना बोले जो

खोलते हैं मुझ पर
जिजीविषा
की तृषा
का ठीक-ठीक

अर्थ
पातविहीन डालियों पर
इनके दिखाए
मुझे शोभा दिखती है
इनके लिखाए

मेरी कलम
उन सारे असम्भवों को
ऐसा सहज लिखती है
कि लोग कह उठते हैं मुझे
भावुक और

आदर्शवादी और छन्दों के
छल में पड़ा हुआ
मैं कहता तो कुछ नहीं हूँ
मगर
सोचता हूँ तब उन्हें

हताश और हठी
और एक बड़ी हद तक
गड़ा हुआ

धूल और
धुएँ के अस्तित्व में गड़े-गड़े इस मलबे में

भूल गए हैं वे दो बातें
कि सूरज सब पर चमकता है
और किसी भी एक की
नहीं है यह धरती
हम सब इनका

फैलकर और खुलकर
उपयोग करें
कहीं दो कहीं चार
कहीं दस-बीस
तो जरूरी नहीं है फिर

कि इकट्ठा होकर शहरों में
इकट्ठा मरें
और भरें
जब तक जिन्दा हैं
धूल और धुआँ

आसमान में
आम और धान और सरसों
और घास की
खुशबू की जगह
थोड़े दिनों भी मैं

अगर ठीक ढंग से
आदिम सुगन्धों की
वकालत कर पाया
तो मैंने सब कुछ भर पाया
तब सचमुच

मुझे धन्य लगेंगे
शब्दों के
मेरे देवताओं के
मुझे दिए हुए वरदान
अनन्य लगेंगे मुझे

मेरे ये
बचे-खुचे दिन
जिनमें अब मैं
जल्दी उठ आता हूँ
और हजार बहानों से

उठकर फिर सोने तक
आदिम सुगन्धों को
गाता हूँ
सर्द हवा में
सुबह चार बजे की

खड़ा होकर
अपने छज्जे से देखता हूँ
रिंग रोड पर भागती हुई
मोटरों के तेज उजाले
मगर मथते हैं ज्यादातर मुझे

पीले पड़ते हुए वे तारे
जो धीरे-धीरे
वैसे विलीन होते हैं
जैसे होते हैं
वृक्ष और पहाड़ शाम को
अँधेरा घिरते वक्त
मगर एक तारा
तब भी दिखता रहता है
तेज और चमकदार
जो

विलीन नहीं होता
उनकी तरह धीरे-धीरे
कुम्हलाकर बल्कि जैसे एकदम
डुबकी मार जाता है वह
उजाले की धारा में

संक्रान्ति के किसी
स्नानार्थी की तरह

ठीक वैसे ही जैसे उभरकर
उठता है वह शाम का
अँधेरा घिरने के पहले

फैलाना चाहता हूँ मैं
अन्तिम रूप से गिरने के पहले
इस तारे की तरह कहो
आम के वन की तरह कहो
आषाढ़ के घन की तरह कहो

सुगन्ध
उजाला
और आवेश
फैलाना चाहता हूँ

हवा में इन सबको
और टाँकना चाहता हूँ
स्निग्ध अपने शब्दों की
हल्की और सधी
छेनी से उन्हें

आगत और अनागत काल पर
और न बने इतना
तो कम-से-कम
अपने ही भयहीन भाल पर
कि जब तक हूँ जहाँ जाऊँ

दिखता है जैसा
चन्दन-चर्चित
तेजस्वी
किसी ब्राह्मण का भाल
दिख सके

क्षण-दो क्षण
धूल और धुएँ से भरा
आज का हमारा
काल
लोगों को

दिखें या न दिखें
मेरे आँगन के पीछे के गुलाब
अनुरक्त डूबते
सूरज को वे दिखें
और जाते-जाते वह

डाले उन पर अपनी उष्ण नहीं
ऊष्म बच रही किरणें
कि सबेरे फिर
दूने उत्साह से वे
खिलें और महकें

पंछी जो चहकें
मेरे आँगन में
नई हिम्मत
बँधाएँ मुझे कि
गा उठूँ मैं पुराने परिवेश

घने-छूटे केश
आम के वन, धान के खेत
घास बाँस नीम
महुआ करौंदा समवेत

25 जनवरी, 1973

कविता में ही

कविता में ही
कह पाता हूँ मैं कुछ
इसलिए

अगर तुम चाहो
तो कविता में ही
कहूँ मैं

एक छोटी बात
कि कुछ नहीं है
दिन और रात

और अँधेरा
और उजाला
और

काला पीला
और नीला
ये सब

हैं मगर
ऊपर-ऊपर के
अनुभव हैं

गहरे उतरो इनमें
तो ये सब
एक हो जाते हैं

तुम एक बार
शून्य हो जाओ तो
ये शून्य हो जाते हैं

और
भर जाते हैं तब
तुममें ऐसे

हवा
भर जाती है
आसमान में जैसे

और
एक दिखने लगते हैं
वायु और व्योम के रूप

धूप
उनमें आती है
चली जाती है जैसे

वैसे ही
शून्य हो पाता हूँ मैं
जब कभी

सारी चीजें मुझमें
आती हैं
और चली जाती हैं

बिना
कोई अपनी
कठिन-सी रेखा छोड़े

कोमलता जिसके पास
जितनी है वह
मेरी हो जाती है!

22 मार्च, 1973

अपने साठ-इकसठ बरसों के बारे में

अपने साठ-इकसठ बरसों के बारे में
अगर झूठ बोलना चाहूँ मैं
तो कह सकता हूँ कि
बड़ी शान के साथ बिताई मैंने
अपनी जिन्दगी

मगर सच तो यही है कि ज्यादातर
पातहीन वृक्षों की छाँह
स्नेहहीन लोगों की बाँह
मुझे गहनी पड़ी है
कड़ी धूप में चलना पड़ा है
बिना छतरी या रूमाल की भी ओट के

खोट के सहारे रहना पड़ा है
खरेपन की करके उपेक्षा
अपने ही लोगों के दर्द की तरफ
बन्द कर ली है कितनी बार आँख

तूफान में ही नहीं
अच्छे-खासे मौसम में
चुरा ली है उड़ने से पाँख
और आराम किया है काम के वक्त
दोस्तों ही से बचने के लिए
कितनी बार बन्द होकर
बैठा रहा हूँ कमरे में शाम के वक्त

जब आसमान-भर
लाल-पीले बादल पुकार रहे थे
तब दम्भ में भरकर
कविता लिखता रहा हूँ
जिन और जैसे वक्तों में
मुझे क्रोध करना था
मैं चमड़ा चुराकर
सौम्य दिखता रहा हूँ
देश जाति धर्म आदर्श तो छोड़ो
बच्चों तक से कतरा गया हूँ कितनी बार
पचपन-छप्पन बरसों की
अपनी हार की सूची बनाऊँ
तो जितना इस क्षण
बिना सूची बनाए लजा रहा हूँ
उससे हजार गुना ज्यादा लजाऊँ!

1973

बहुत छोटी जगह

बहुत छोटी जगह है घर
जिसमें इन दिनों
इजाजत है मुझे

चलने-फिरने की
फिर भी बड़ी
गुंजाइश है इसमें

तूफानों के घिरने की
कभी बच्चे
लड़ पड़ते हैं

कभी खड़क उठते हैं
गुस्से से उठाए-धरे
जाने वाले

बर्तन
घर में रहनेवाले
सात जनों के मन

लगातार
सात मिनिट भी
निश्चिन्त नहीं रहते

कुछ-न-कुछ
हो जाता है
हर एक के मन को

थोड़ी-थोड़ी ही
देर में
मगर

तूफानों के
इस फेर में पड़कर भी
छोटी यह जगह

मेरे चलने-फिरने लायक
बराबर
बनी रहती है

यों झुकी रहती है
किसी की आँख
भृकुटी किसी की तनी रहती है

मगर सदस्य सब
रहते हैं मन-ही-मन
एक-दूसरे के प्रति

मेरे सुख की गति
इसीलिए
अव्याहत है

कुंठित नहीं होती
इस छोटी सी जगह में
जिसे

घर कहते हैं
और सिर्फ जहाँ
इन दिनों

चलने-फिरने की
इजाजत है
मुझे!

1973

पूरे एक वर्ष

सो जाओ
आशाओ
सो जाओ संघर्ष

पूरे एक वर्ष
अगले
पूरे वर्ष-भर

मैं शून्य रहूँगा
न प्रकृति से जूझूँगा
न आदमी से

देखूँगा
क्या मिलता है प्राण को
हर्ष की शोक की

इसी कमी से
इनके प्राचुर्य से तो
ज्वर मिले हैं

जब-जब
फूल खिले हैं
या जब-जब

उतरा है फसलों पर
तुषार
तो जो कुछ अनुभव है

वह बहुत हुआ तो
हवा है
अगले बरस

अनुभवना चाहता हूँ मैं
शुद्ध जीवन का परस
बहना नहीं चाहता केवल

उसकी हवा के झोंकों में
सो जाओ
आशाओ
सो जाओ संघर्ष
पूरे एक वर्ष!

दिसम्बर, 1973

आज कोई

आज कोई जाएगा तन से
हल्के बिलकुल हल्के
मन से

हवा तब हल्की ही चलेगी
और पंछी तो तब
सबके सब

चुप हो रहेंगे
दो होंगे रास्ते
जाने वाले के वास्ते

नगर को
छोड़ देगा वह
जाएगा वन से

वन की पगडंडियों से
गुजरेगा
तो बड़े-छोटे पेड़-पौधे

थोड़े झुक जाएँगे
कामों में लगे हुए लोग
उसके निकल जाने तक

रुक जाएँगे
देखते-जानते रहे हैं वे लोग
उसे अपने-अपने बचपन से!

1974

काफी दिन हो गए

काफी दिन हो गए
लगभग छै साल कहो
तब से एक कोशिश कर रहा हूँ

मगर होता कुछ नहीं है
काम शायद कठिन है
मौत का चित्र खींचना

मैंने उसे
सख्त ठंड की एक
रात में देखा था

नंग-धड़ंग
नायलान के उजाले में खड़े
न बड़े दाँत

न रूखे केश
न भयानक चेहरा
खूबसूरती का

पहरा अंग-अंग पर
कि कोई हिम्मत न
कर सके

हाथ लगाने की
आसपास दूर तक कोई
नहीं था उसके सिवा मेरे

मैं तो
खूबसूरत अंगों पर
हाथ लगाने के लिए

वैसे भी प्रसिद्ध नहीं हूँ
उसने मेरी तरफ देखा नहीं
मगर पीठ फेरकर

इस तरह खड़ी हो गई
जैसे मुझे उसने देख लिया हो
और

देर तक खड़ी रही
बँध-सा गया था मैं
जब तक

वह गई नहीं
देखता रहा मैं
उसके

पीठ पर पड़े बाल
नितम्ब पिंडली त्वचा का
रंग और प्रकाश

देखता रहा
पूरे जीवन को
भूलकर

और फिर
बेहोश हो गया
होश जब आया तब मैं

अस्पताल में पड़ा था
बेशक मौत नहीं थी वहाँ
वह मुझे

बेहोश होते देखकर
चली गई थी
तब से मैं

कोशिश कर रहा हूँ
उसे देखने की
लेकिन हर बार

कलम की नोक पर
बुन देता है कोई
मकड़ी का जाला

या बाँध देता है
कोई चीथड़ा-सा
या कभी

नोक टूट जाती है
कभी एकाध
ठीक रेखा खींचकर

हाथ से छूट जाती है
लगभग छै साल से
कोशिश कर रहा हूँ मैं

मौत का चित्र
खींचने की
मगर होता कुछ नहीं है!

1974

शब्द भी है प्यार

शब्द भी है प्यार
और स्वर भी
संगीत इसी के
सिलसिले का नाम है
मगर सिर्फ खिले का नाम
नहीं है फूल
मुरझाए हुए का भी है
अनगाए संगीत की भी
खबर है मुझे
शब्द और स्वर
गन्ध और छन्द
सब बन्द है उसमें
कमल में बन्द
भौंरे की तरह
भोर हुए तक वहाँ
सोया हुआ है वह
खोया हुआ है वह
समवेत अपने अस्तित्व में।

25 मई, 1975

हम तुमसे डरेंगे नहीं

हम तुमसे डरेंगे नहीं
कम-से-कम तुम्हारे मारे मरेंगे नहीं
कोरे उन बुद्धिजीवियों कवियों और कलाकारों की तरह
जो तुम्हारी एक-एक दिन में तीन-तीन तसवीरें बनाने लगे हैं
और बताने लगे हैं
तुम्हें महिषासुरमर्दिनी दुर्गा और काली
टेलीविजन और रेडियो पर सिद्ध कर रहे हैं
बातों ही बातों में कि युग अब बदला है
और करवट ली है इस महान देश ने

बल्कि जाग गया है अँगड़ाई लेकर
समाप्त हो गई है निशा
नई दिशा दे दी है तुमने प्रगति की
और अब गति हमारी कुछ रूस जैसी हो जाएगी
जय प्रकाश ने जो माँगें रखी थीं
उन्हें तुम अपना बीस-सूत्री कार्यक्रम कह रही हो
और चापलूसों की पूरी एक सेना कह रही है
कि लागू करके दिखा देंगे वे
उसमें विश्वास प्रकट कर रही है
और क्या कर रही है वह
सो हमें नहीं मालूम
तुम्हारे नाम की धूम मचाने के सिवा

हमें कोई परेशानी नहीं है इससे
नाम की तुम्हारी धूम मचती रहे
चापलूसों की सेना तुम्हारे आगे-पीछे नचती रहे
आसमान छू रहे भावों को कहा तुमने
कि वे गिर गए हैं
कहें तुम्हारे चारण कि देश के भाग फिर गए हैं
मगर इस सबसे तुम और तुम्हारे चारणों के सिवा
न किसी को लाभ है न नुकसान
पाँचों सिर्फ उनकी और तुम्हारी घी में हैं
मगर तुम्हारे और उनके पेट...

(अधूरी) 26 जून, 1975

अपनी समझ में उसने

अपनी समझ में उसने
शिशिर और वसन्त और वर्षा सब को
समाप्त कर दिया है
व्याप्त कर लिया है सिर्फ अपने को
क्या कहें ऐसे सपने को
जो भय से पैदा होकर
आभास दे रहा है

शक्ति से जन्मी हुई
किलकारी का
मैं ब्रह्ममुहूर्त में
उसको यथावत् देख पा रहा हूँ
और इसीलिए
एक प्रभाती भैरवी गा रहा हूँ।

जून, 1975

राख को और ज्वाला को

राख को और ज्वाला को उसने एक मान लिया है
एक मान लिया है उसने सर्प और माला को
और इस अर्थ में वह शिवानी है
दुर्गा है भवानी है
चितेरे ने उसे मगर समझकर नहीं खींचा है
एक दुर्दिन को भय में आकर रंगों से सींचा है
कि दुर्दिन उसको न कसे
माला आए उस तक
उसका साँप उसे न डसे
और ऐसा ही गाने वाले कर रहे हैं
पथ पर आने-जाने वाले कर रहे हैं।

दिन-दो दिन सबको हक है
मन बहलाने का
कवि और कलाकार
और द्रष्टा कहलाने का!

जून, 1975

गन्ध और रंग और स्वर

गन्ध और रंग और स्वर
इतने कि मन में

प्रतीकों का एक वन उग आया
भटक गया मेरा आपा
उस वन में
जीवन के किसी क्षण में
ऐसा भी हो सकता है
मुझे खबर नहीं थी इसकी।

जून, 1975

स्तब्ध हर पल

स्तब्ध हर पल
एक पके फल में बदल रहा है
और सामने की
आवाज करती हुई धारा तक
जा रहा हूँ मैं
कहने कि बहने के क्षण
वे नहीं हैं
जिनमें स्तब्ध
हर पल
पके एक फल में
बदल रहा है

जून, 1975

आपातकाल!

चीजों को नाम तो देने पड़ते हैं

बिना नाम दिए
सृष्टि का रूप नहीं बनता
कम-से-कम वह ऐसे लोगों के
प्राणों में नहीं घनता
जिन्हें सिवा भूख और प्यास के

और भी बातों को
बुझाना है या जलाना है
बढ़ाना है जिन्हें कुछ प्रवाहों को अकारण
सकारण कुछ के आड़े आना है

अधिकार और कर्तव्य
आशा और भय
तय होते हैं सृष्टि के रूप की
किसी अपनी कल्पना के कारण
अलग-अलग मनों में

और फिर वे फलीभूत होते हैं
प्रेम में घृणा में
सहयोग में रणों में

जुड़ पाता है आदमी
इन्हीं के बल पर
अभी शासन से और विद्रोह से
अभी राग से या फिर द्वेष से
आरोह से अवरोह से

अखंड काल
आपातकाल में बदल जाता है
विराट् हो जाता है कोई
मायावी पल
समूचे युग को निगल जाता है।

27 जून, 1975

पुकार पर

मुझे कोई हवा पुकार रही है
कि घर के बाहर निकलो
तुम्हारे बाहर आए बिना
एक समूची जाति एक समूची संस्कृति
हार रही है

मुझे कोई हवा पुकार रही है।
सोचता हूँ सुनने की शक्ति बची है
तो चल पड़ने की भी मिल जाएगी
अकेला भी निकल पड़ा पुकार पर
तो धरती हिल जाएगी।

29 जून, 1975

खादी का रिश्ता

ओ
सफेद जलधाराओं की बहनो
खून रँगे चीर मत पहनो
मैंने
तुम्हारी स्वच्छता के कारण
सागर-संगम तक
तुम्हारे साथ बहना तय किया था
खून रँगे चीर
मत पहनो
ओ
सफेद-जलधाराओं की
बहनो!

4 जुलाई, 1974

आश्वास-वाणी

रुको और झुको
और समझो कि मैं
भगवान हूँ
मैं तुम्हारे रथ पर बैठूँगा
और गति दूँगा उसे
उतनी और वैसी
जितनी और जैसी

जरूरी है
इस संगर को जीतने के लिए
अधिक नहीं है
अठारह दिन
किसी भी खयाल से बीतने के लिए

मगर तुम
अठारह के आधे
नौ अक्षौहिणी
मरने-मारने वालों को जुटाओ

कम-से-कम
अपना प्राण
इस तरह लुटाओ
भरकर मुट्ठी में
जैसे होली के दिन
उड़ाते हैं बच्चे अबीर और गुलाल

रुको और झुको और समझो
कि आते हैं भगवान
कठिन हर क्षण में
विराट् होकर

जूझो तुम अठारह दिन
इस संगर को जीतने के लिए
अधिक नहीं हैं
अठारह दिन
किसी भी खयाल से बीतने के लिए

5 जुलाई, 1975

आश्वस्त

मैं रुका हूँ और झुका हूँ
आप आएँ
और मेरा रथ चलाएँ
और अठारह दिन आपने

ठीक ही कहे हैं
संघर्षों के दिन हमेशा
अठारह ही रहे हैं
समय का मान
पक्षों के हिसाब से चलता है

अवधि मैंने समझ ली है
आप आइए
मेरा रथ चलाइए
रथ के लक्षण
आपने बता दिए थे
यह वही रथ है आइए

अगर आप
किसी झंझट में
आ नहीं पाएँगे
तो आपके हजार नाम
रथ को चलाएँगे
शौर्य और धैर्य के चक्र
घरघराएँगे
सत्य और शील की पताका उड़ेगी
रिक्त नहीं होगा तूणीर
अचल और अमल मन का

परायी पीर के सिलसिले में
इस रथ पर चढ़ा हूँ मैं
न्याय और सन्तोष
विरति और विज्ञान को सोचकर
आगे बढ़ा हूँ मैं!

6 जुलाई, 1975

खूबसूरत

खूबसूरत होते हैं
उदासी में गाए गए गीत

तरल होते हैं वे
और स्वच्छ भी
जैसे मेरे आज के आँसू!

6 जुलाई, 1975

अच्छा है कि

अच्छा है कि हमें यह सब जानने को मिला
छाती के हमारे समुद्र में तूफान उठा
और खिला हमारे सपने के
सबसे प्यारे पौधे पर जहर का फूल

अच्छा है कि तूफान के बावजूद
हमने आँखें अचंचल रखीं
और हटाया नहीं उन्हें अपने ध्रुव से
जहर के फूल को भी हमने
शाश्वत नहीं माना एक सपने की तरह माना
और आश्वस्त करने वाले स्वर सुने शोर में
कि शान्त रहो शान्ति मिलेगी
काले इस दिन को शाम हो जाने के पहले
अनोखी एक कान्ति मिलेगी
तुम देखोगे कि छाती का तूफान
क्षीर-सागर में बदल गया है।
शेषनाग शैया बन गया है
तुम जिस त्योहार के खयाल में जी रहे थे
वह हर नगर-डगर
गली और कूचे में मन गया है!

29 जुलाई, 1975

मेरे बारे में

हँसो तमाम दुनिया-भर के लोगो
मुझ पर हँसो

कि मैंने कितनी बातें की हैं
और कितनी तुमसे छुपा ली हैं

सब कुछ न मैं बताना चाहता हूँ
न बताऊँगा
इस तरह मैं तुम्हें ही नहीं
अनन्त काल को भी सताऊँगा
वह भी सब कुछ नहीं जानेगा मेरे बारे में
जो कुछ मानेगा आधा-आधा मानेगा मेरे बारे में
लगा आज सब खत्म हो जाएगा
यों आसमान साफ था
और सूरज चमक रहा था
मगर सिर जैसा धमक रहा था
वह हर बार या किसी भी बार के
धमकने से अलग था

लगा काल उस क्षण जितना सजग था
उतना मेरी हद तक
कभी सजग नहीं था
लोग मेरी तरफ एक अजीब ढंग से
देख रहे थे
और औरतें
मुझ सड़क पर चलते हुए को
यों झाँक रही थीं
जैसे किसी गुजरती अरथी को

तभी आसमान घिर गया
डूब गया सूरज
और मुझे लगा निकला एक तारा
क्षण-भर का सहारा
और फिर डूब गया वह भी
मैं सिर पकड़कर बैठ गया
लगा यह मेरा तारा था
मेरा सहारा था
और अब डूब गया है
सब डूब गया है इसके साथ!

30 जुलाई, 1975

हवा ऐसी थी

हवा ऐसी थी कि रुकती थी गले में
मैं हवा को पार करके निकल जाना
चाहता था किसी ज्वालामय जगह में

जिन्दगी आज जैसे कोष में हो
और केवल मृत्यु जैसे होश में हो
हरे वन इतने मरे थे कुछ न पूछो
सिंह-शावक तक डरे थे कुछ न पूछो
मन सघन वन की तरह थे मूकधारा
हवा ऐसी थी कि काली एक कारा
मैं हवा को पार करके
निकल जाना चाहता था
किसी ज्वालामय जगह में
जहाँ जीवन कुछ नहीं तो जल रहा हो
जहाँ आखिरकार कुछ तो चल रहा हो

इस कदर व्यवहारवादी हवा
ना जीना न होगा
मूकधारा सघन वन पीना न होगा
मुझे कल की चीख
इस पल चाहिए अपने गले में
फर्क मुझको चाहिए
हर एक पल इस सिलसिले में
जो अभी तो ढेर है बस हड्डियों का
जहाँ तक जाएँ निगाहें
इस मरे अम्बार के उस पार हैं
मनचली राहें
जहाँ जीवन कुछ नहीं तो जल रहा है
जहाँ आखिरकार कुछ तो चल रहा है

बन्द मुट्ठी फिर अगर खोले न कोई
तुम बुलाते ही रहो बोले न कोई
जहाँ चुप्पी-भर उतरती हो गगन से
गला घुटता हो जहाँ हल्की पवन से

पवन-भर उतरा रही हैं सड़ी लाशें
खींचना सम्भव नहीं है ठीक साँसें
हरे वन इतने मरे हैं कुछ न पूछो
सिंह-शावक तक डरे हैं कुछ न पूछो

मैं हवा को पार करके निकल जाना चाहता हूँ
किसी ज्वालामय जगह में
जल रहे को बुझाना कुछ शान्ति देगा
भ्रान्ति देगा अभी जीना-जिलाना सम्भव बचा है
आग ने वह मिटाया है अगर यह मैंने रचा है
मूकधारा वन सघन पीना न होगा
इस कदर व्यवहारवादी हवा में जीना न होगा।

12 अक्तूबर, 1975

ना, मत लादो

ना, मत लादो
थके-माँदे लोगों पर आशा का बोझ
हो जाने दो शान्त भाव से आकर खड़ा
उनकी सुबह को उनके सिरहाने
मत कहो उनसे कि पीढ़ियाँ
उत्सुकता से देख रही हैं तुम्हारी तरफ
मत कहो कि मैदानों और घाटियों
और पहाड़ों पर तुम्हारे निकले बिना
पत्ता नहीं हिलेगा
ना, मत लादो थके-माँदे
काम और उम्र से टूटे हुए लोगों पर
आशा का बोझ

मत बताओ उन्हें कि सन्नाटे और
समय के पतवारों वाली कोई नाव
उनकी तरफ आ रही है
उतारना है तुम्हें उसका खेवा
सँभालने हैं तुम्हें

उस पर से उतरने वाले
बच्चे और बूढ़े
मत बताओ उन्हें क्योंकि
कौल के सच्चे वे सुनेंगे यह सब
तो उठेंगे और उठ दौड़ेंगे
उसी तरह जैसे जवानी में उठ दौड़ते थे

तुम्हारा काम नहीं चलेगा
गले-गले तक आफत में गड़ जाने से
इन थके-माँदों के
उनका बल टूट गया है और
सालिम है अब तक
आत्म-गौरव की उनकी पुरानी कल्पना
मत बताओ उन्हें कि सन्नाटे और
समय के पतवारों वाली कोई नाव
उनकी तरफ चली आ रही है!

14 अक्तूबर, 1975

एक और तरीका है

एक और तरीका है
यह मैंने औरतों से सीखा है
जरूरत शायद मुझे नहीं पड़ेगी
क्योंकि जिन्दगी मुझे तो
इतनी क्या गड़ेगी
मेरा जिस्म एक तरह का पत्थर है
किसी चीज को मैं
उसमें गड़ने नहीं देता—खुद गड़ जाता हूँ कीचड़ से
ढोकर दीवारों तक में (जहाँ दिखता हूँ) नींव में भी जहाँ दिखता
नहीं हूँ—यह तरीका वैसे मैं सोचता नहीं हूँ इसलिए
कभी लिखता नहीं हूँ। मगर यह एक और तरीका है
जो मैंने औरतों से सीखा है यानी देखा है जिसे करते
हुए ज्यादातर उन्हीं को। वे ज्यादा बीमार नहीं पड़ी रहतीं
न कर्ज लेकर अपने दिन काटती हैं, कूद

जाती हैं किसी दिन बिना सोचे अपने बच्चों या
आदमी के बारे में ऊपर की किसी मंजिल से नीचे की
किसी सख्ती पर। आदमी की तरह लिखकर भी नहीं
धर जाती किसी तरह की तख्ती पर कि मैं क्यों जा रही हूँ।

1 नवम्बर, 1975

पच्चीस प्रतिशत

पच्चीस प्रतिशत
एक मकड़ी
पकड़े हुए है इस घड़ी
शत प्रतिशत एक कीड़े को

जैसे पच्चीस प्रतिशत
एक आदमी
चबा रहा है
शत प्रतिशत एक बीड़े को!

2 नवम्बर, 1975

खंड : दो

जैसे पानी

जैसे पानी बहता है नदी में
इस तरह बहा है खून
बीसवीं सदी में

अब इक्कीसवीं में शायद
समूचा आदमी बहेगा

देखें, उसके बाद
क्या कुछ बाकी बच रहेगा

चन्द्रमा शुक्र और मंगल
तो क्या रहेंगे

हमारे इतने विज्ञान को
बेचारे मंगल वगैरा क्या सहेंगे

सूरज का जरूर
कुछ नहीं कह सकते

मगर तब तक कम-से-कम
तुम और हम तो
नहीं रह सकते

न सही 'जन'
टिक जाए शायद
'जनवादी' कविता

क्योंकि रूस तब
हमारे यहाँ
आज से भी ज्यादा रहेगा

खून तब नदी के पानी से भी
कुछ ज्यादा सम और गहरा
बहेगा

बेशक समता की दिशा में
क्रान्ति के प्रभात से
पहले वाली निशा में!

2 नवम्बर, 1975

मैं सपने नहीं देखना चाहता था

मैं सपने नहीं देखना चाहता था
इसलिए उस रात में मैं
अपने बिस्तर पर लेटा ही नहीं
कल के सपने में मैंने जो
देखा था उससे वितृष्णा हो गई
मुझे सपनों से—मैंने
कुछ देर के लिए ही क्यों न हो
देखा कि मैं अपने बाप का
बेटा ही नहीं

तुम पूछती हो
तो मैं बताता हूँ माँ
मैं उस रात को
क्यों नहीं सोया
और जब नहीं सोया तो साफ है कि रात-भर जागा
और रात की सूनी सड़कों पर रात-भर भागा
उठाकर सड़क के किनारे से
बेशक तुम्हारे सहारे से
किसी की चमचमाती हुई नई गाड़ी
उसी रात-भर में मैंने समझा गाड़ी का मजा
कितनी अच्छी हो अम्मा तुम, तुमने एक गाड़ी
नहीं, गाड़ी की मुझे एक
फैक्टरी की फैक्टरी दे दी

रच ली मैंने इसीलिए
अपने हाथों अपने विवाह की वेदी
तय कर लिया है मैंने अपने बच्चों का
बाप मैं ही बनूँगा
जिससे उन्हें न आएँ मेरे जैसे सपने
और वे रातों में
सोने की तवालत से बचें नहीं
मेरे जैसे फितूर उनके दिमाग में
नचें नहीं!

2 नवम्बर, 1975

जो पीठ पर

जो पीठ पर
मकान लादे
फिरते हैं
वे खाना-ब-दोश
अक्सर
मेरी नजरों में घिरते हैं
आज की इस अपनी
नजरबन्दी के दिनों में
और ईर्ष्या तक होती है
उनसे कि कितने पहले
उन्होंने इस दिन को
देख लिया था
और व्यक्ति बने रहने की कसम
खा ली थी—पा ली थी प्रलय आने तक
अपनी जमात को स्वतंत्र
बनाए रखने की कीमिया!

1 दिसम्बर, 1975

आज तय हुआ

आज तय हुआ कि इस तरफ खाई है उस तरफ कुआँ। इसलिए
मैं न दाहिने मुड़ूँ न बाएँ जाऊँ। इन दोनों मुश्किलों के बीच
मैं खड़ा रहकर चिल्लाऊँ कि कौन हैं ये पगडंडी तक की
जगह न छोड़ने वाले। आएँ खुलकर वे दाएँ मेरे और बाएँ, समझाएँ
अपनी इस कारस्तानी के पीछे का मंशा जरा तफसील से। क्यों
ठोक रखा है इस तरह पदातिकों को ईसा की तरह एक-एक
बिन्दु पर कील से, कि वे हिल नहीं सकते एकाएक पहुँचकर यहाँ
जहाँ से उन्होंने मुड़ने का उतना नहीं बढ़ जाने का इरादा
किया था—उन्होंने अगले जमाने के यात्रियों से सुनकर यह रास्ता
लिया था, सोचा था गन्तव्य तक पहुँच जाएँगे, गाते हुए प्रभु के
गीत एक समुदाय में—मगर यहाँ समुदाय तो क्या एक के
भी आगे बढ़ने की गुंजाइश नहीं है
कोई समझाए कि कैसे यह हुआ, एकाएक
इस तरफ खाई उस तरफ कुआँ पलक
मारते! जादू-मन्तर तो खैर आप लोगों में से
कोई जानता नहीं है, जानना तो दूर कोई उसे मानता नहीं है
तब फिर यह आपका साइंस है, आपकी राजनीति का ह्रास
वह बेशक है आप दोनों के पास—उसी के
बल पर आप लोगों में से एक ने यों कि यह दाएँ
न मुड़ पाए खाई बना दी
दूसरे ने यों कि बाएँ न मुड़ पाए कुआँ तैयार कर दिया
जबकि हमें सीधा जाना था हमने
अपने दाहिनी या बाईं तरफ अपना गन्तव्य कहाँ माना था
मगर आप लोगों ने अपने भय को भूत की शक्ल में
देखा—एक रेखा तक नहीं छोड़ी
कि पाँव जमाकर उस पर यह
छोटा सा फासला तय कर सकते
हम खाई और कुएँ के बीच का!

लगता है हमें जहाँ रुके हैं वहीं से ऊपर उठकर
आकाश को मार्ग बनना पड़ेगा। नए किसी ढंग से स्वातंत्र्य-
पर्व मानना पड़ेगा कि किसी दल के गढ़े में
न गिरना पड़े—एक जगह खड़े-खड़े ऐसी शक्ति पैदा कर

लेना हमारे हाथों सिद्ध होगा
यह नया द्वन्द्व दाएँ और बाएँ का हमारे
हाथों विद्ध होगा!

13 नवम्बर, 1975

फिर आदेश दो

मैं जो हारा हूँ
अगर हारा ही हूँ
तो अपने कारण

रण तो प्रति पल मेरे पक्ष में था
मगर सन्देह एक हल्का सा
आदेश के प्रति कहीं मेरे वक्ष में था
बल तूफानों का
इसी से बढ़ा
दिमाग किरनों का इसी से चढ़ा

बजाय इसके
कि मैं उनसे काम लेता
वे मुझसे लेने लगे

देने लगे
अपने मन की दिशाएँ
यहाँ तक कि अपने मन की निशाएँ भी

ऐसा करो
एक बार फिर
आदेश दो साफ स्वर में

सन्देह
जो हल्का सा पड़ा है कहीं
पूरा-पूरा मिट जाए

तूफान और अन्धकार और प्रकाश
सबका इरादा

तुम्हारा साफ आदेश पाकर
पिट जाए मेरे हाथों

और फिर
रोज ताजगी में
बदले थकान

गान फिर
वैसे फूटें ओंठों से
जैसे फूटते हैं झरनों से आज भी!

1975

विचार के हाथ

कितनी और
कैसी अजीब है
यह बात

कि हर जिस चीज को
छूते हैं
विचार के हाथ

वह बाद में
सच नहीं निकलती

आभास निकलती है
स्मृति निकलती है
आशा निकलती है

समय निकलती है
और तो और
भय निकलती है!

13 जनवरी, 1975

जिन्दगी

जिन्दगी शोरगुल हो गई है
दो पैसे से
दस पैसे तक पहुँचने का पुल हो गई है

और लोग इस पुल पर से
यों गुजरते हुए
कि दो के दस कैसे हो जाएँ
न दाहिने देखते हैं न बाएँ

न शर्म महसूस करते हैं
न अकेलापन

मन उनका झाँककर नहीं देखता
खून की वह नदी

जिस पर बँधकर
जिन्दगी शोरगुल हो गई है
दो पैसे से दस पैसे तक
पहुँचने का पुल हो गई है!

29 जनवरी, 1976

तीन ये चीजें

एक कविता शमशेर भाई की तारीफ में
एक लेख मुक्तिबोध के बारे में
और एक गजल दुष्यन्त कुमार के मर जाने पर
साल-भर तुमको रख लेगी प्रगतिशील
और भी ज्यादा दिनों तक बने रहना हो तुम्हें
चर्चा का विषय तो कुछ वैसा कर सकते हो
जैसा हुसैन ने किया है या किया है हितेन्द्र
देसाई ने—मोरारजी भाई ने उपवास करके
चुनाव करवा दिया/जयप्रकाश ने करके आन्दोलन
अदालतों और अखबारों में मरवा दिया

वैसा कुछ मत करना तुम—दुम है जब
तुम्हारे पास तो उसे ठीक लोगों के सामने
जा-जाकर क्यों नहीं हिलाते?
अपने को अक्षय कुमार रतनलाल या श्रीकान्त वर्मा
की टोली में क्यों नहीं मिलाते?

30 जनवरी, 1976

अंजुलि-भर शब्द

एक दिन मैंने
शब्दों को अंजुलि में भर लिया
और वे

रिस-रिसकर
टपकने लगे
धरती पर

मैं अंजुलि बाँधे-बाँधे
चलता रहा धीरे-धीरे
और रिसते रहे शब्द बूँद-बूँद धरती पर

चलने दिया मैंने यह क्रम
यह मानकर
कि जब मैंने

उन्हें अंजुलि में इस तरह भरकर
गलती की है
तब और चारा भी क्या है

अंजुलि में भरे शब्दों का
धरती के सिवा
सहारा भी क्या है

विवशता यह
उनकी और मेरी
रंग भी ला सकती है

छा जा सकती है
शब्दों की शाद्वल दूर्वा
अभिनव किसी अर्थ में धरती पर

विचारों के नए पर खुल सकते हैं
सुधावर्षणशील आकाश की
ओस से

कृतार्थ होने तक धुल सकते हैं
शब्द और अर्थ और विचार!

जनवरी, 1976

अनाम तुम आते हो

तुम रोज आते हो
निभाते हो आँधी-पानी-
शीत सब में सुबह-सुबह
मुझ तक आ जाने की अपनी बान
कभी दो-चार मिनट आगे
तो कभी दो-चार मिनट पीछे
और मैं रोज उस तरह
अपने हाथों में
दो तरफ से लेता हूँ तुम्हें
जैसे थाम लेते हैं हम
प्यार में आकर
किसी बच्चे का सिर

तुम मुसकुरा उठते हो जैसे बच्चा

रोज इसी तरह मुसकुराते हो
और रोज इस तरह आते हो
जैसे सूरज आता है
अपने तयशुदा ढंग से
आसमान में कुछ सफेदी
कुछ पीलापन

कुछ सुर्खी फैलाते हुए
जगाते हुए पंछियों को
और निकालते हुए उन्हें
अपने-अपने घोंसलों से बाहर

चमकाते हुए चोटियाँ
नीले-काले पहाड़ों की
फुनगियाँ नीचे-ऊँचे झाड़ों की
फूलों के मुखड़े
दुखड़े ओस में डूबी घास के

हर जगह जैसे
हास के बादल बरसाते हो
रोज तुम आते हो
रात-भर की नींद के बाद
हल्के और ताजे और खुश इतने
कि गीत तुम्हारे ओंठों से
फूटें चाहे नहीं फूटें
मेरी आँखों से फूटते हैं

छूटते हैं कम-से-कम मेरे आसपास
लहर-लहर झरने
तेज और फेनिल इच्छाओं के
खड़ा हो जाता हूँ उनके बीच
थोड़ा चलकर तो बेशक
बदल जाती है
पाँवों के नीचे की धरती ऐसी
कि खड़ा रहकर भी
गतिवान हो जाता हूँ मैं

तरंगें
पाँवों की अँगुलियों के पोरों से
शरीर के छोरों तक के
खून को चंचल कर देती हैं
भरोसा भर देती हैं इच्छाओं में
इच्छाएँ बन जाती हैं जैसे
चक्रवात

लपेट लेना चाहती हैं
तुम तक को पाश में

तुम मगर सत्वर हो जैसे
आने में
वैसे ही सत्वर हो
बच जाने में

इच्छाओं के पाश से
बच जाते हो
और फिर भी रोज आते हो
मेरे लिए लाते हो
प्रकाश और गति और गीत
और व्याकुलता तक

थक जाता हूँ मैं कई बार
इन्हें झेलते-झेलते

तुम्हारे ढंग से तुम्हारे इशारों पर
खेलते-खेलते
चाहने लगता हूँ कि मैं फेंकूँ
प्रकाश गति गीत व्याकुलता
तुम पर
और तुम उन्हें झेलो

मैं दूँ अपने मन के इंगित
और तुम उन पर
तेज से तेजतर खेलो

बदल जाएँ महारास में
मेरे भी त्रास की ध्वनियाँ
गुजरकर तुम्हारी
पगथलियों की धमक में से

नृत्य की मुद्रा में नत उन्नत
अवनत तुम्हारी पलकें
छहरी छूटी
काली अग्नि-अलकें

रूप की चमक में से खींचकर
ले जाएँ मुझे
स्वरूप तक

तुम मानो धूप तक छाया को
छाया तक धूप को
लाते हो ले जाते हो

आने को रोज
तुम आते हो
प्याले का ओंठ तक आना
ज्यादातर तो तय है
मगर फिर भी इनके बीच में
संयोग है प्रलय का भी

छार-छार हो जाता है प्याला
ओंठों तक आते-आते कई बार

टूट जाता है समूचा आदमी
आदमी तक जाते-जाते कई बार

मगर तुम सालिम आते हो
बच्चे की तरह मुसकुराते हो
हास के बादल बरसाते हो
फिर भी सही है
तुम सत्वर हो जैसे आने में
वैसे ही सत्वर हो बच जाने में

मेरी इच्छाओं के पाश से
बच जाते हो
जबकि रोज-रोज आते हो
मुझे प्याले की तरह
ओंठ से लगाते हो
ओंठ प्याले से मिलते हैं
प्याला मिलता है ओंठ से

ओंठों से ओंठ नहीं मिलते

जड़ छोड़ देते हो मुझे तुम
मुझे तुम चेतन नहीं करते
प्रकाश और गति और गीत
और व्याकुलता
इस तरह नहीं भरते कि मैं
केतन हो जाऊँ तत्त्वों का
व्योम में

झलकूँ आसमान-भर तारों में
तारों-भर सोम में
और तुम मेरी बाँहों में ऐसे आ जाओ
जैसे मैं आ जाता हूँ
कितने लोगों की बाँहों में

सारे अथाहों को थाहना
तुम्हारे रोज-रोज ऐसे आने में
रोज-रोज इतना अवगाहना
खाली जाता है और
भटक जाती हैं
मेरे मन के तट पर बँधी नावें

जो मैं तुम्हारे पार जाने के लिए
खोलता हूँ
जिनका घनत्व मैं कई बार
तुममें लीन होने के लिए घोलता हूँ

लगता है तब
तुम्हारे रोज आने का
मेरे 'होने' से कोई ताल्लुक नहीं है

असम्बद्ध है तुम्हारा आना
मेरे होने से
तुम कोई बँधी हुई लय हो
या टुकड़े हो किसी छूटी हुई लय के
राजा नहीं हो समय के

अवज्ञा कर सकनी चाहिए मुझे
तुम्हारी

तुम जो मुझसे असम्बद्ध हो
सन्नद्ध हो
किसी और के इशारे पर छूटने को
इसलिए छूटते हो
सूर्य की किरन की तरह
धारा की तरह
गीत की तरह

मानना चाहता हूँ इतने लम्बे
अनुभव के बाद मैं तुम्हें
अतीत की तरह

तुम मुझे हक—नाहक
सहलाते हो
नाहक रोज-रोज
वर्तमान की तरह आते हो

दिन का चन्द्रमा क्या देता है किसी को

कोमलता और शक्ति और स्नेह अगर
शब्द तक न रहें

बिखर जाएँ केवल अक्षरों में तो
क्षर से भी कम हैं वे

शिखर हिमालय के हिम से ढके न हों
आसमान में रात को
नीले तारे टँके न हों
तो नाम बदल देने पड़ें
इन अस्तित्वों के

तुम ऐसे ही कोई अस्तित्व हो
जिसका नाम मालूम होता मुझे
तो नाम बदल देता मैं

तुम्हारे आने से
रात का काला आसमान
धुलने को मैले कपड़े की तरह
धुलता है

दिन पलक की तरह खुलता है

तैर जाते हैं हवा में ऐसे-ऐसे दृश्य
अब तक बँधे थे जिनके डैने

लेकिन जब तक मैं चेतन नहीं होता
प्याला ओंठ से मिलता है
या ओंठ मिलता है प्याले से
मिलते नहीं हैं ओंठ से ओंठ

समय तब तक बहुत लम्बा लगता है
लगभग पेट की मेरी आँत की तरह
या दिल की मेरी धमनी की तरह
या जरा भाववाचक शब्दों का
उपयोग कर लूँ तो
काल के दाँत की तरह

जो कुछ देखता हूँ और
सोचता हूँ
सब मुझे अपने से दूर
अपने से बाहर लगता है

जबकि मैं अनुभव करना
चाहता हूँ
सब कुछ
अपने से सटा हुआ ही नहीं
अपने भीतर

या अपने ऊपर उगा हुआ
अपने ऊपर बहता हुआ
जीवित और रहता हुआ

यह जो सागौन का वन है
या यह जो आषाढ़ का घन है
या यह जो धारा है नदी की
या यह जो समूची प्रगति है
कम-से-कम पिछली
पूरी सदी की

इन सबको मेरे भीतर होना चाहिए
जब तुम रोज सुबह आते हो
रोज मुझे सहलाते हो
भास्कर अपनी किरनों से

नहीं तो मैं केवल
एक विस्फोट हूँ अस्त हूँ
मेरा सब कुछ टूटता है
और तोड़ता है
कुछ नहीं बनता मेरे बनाए
कुछ नहीं मनता मेरे मनाए
मुझे सब कुछ याद रखना पड़ता है

याद रखना पड़ता है
कि ये मेरे पाँव हैं
या पगडंडी है
यह हूँ मैं दिल का बीमार
यह कुली के पीठ की कंडी है
जिसमें बैठूँ
तो पहुँचूँ अपने मन के
शिखर तक

जबकि होना यह चाहिए कि
याद कुछ न रखना पड़े
न भय का मजा
न नदी की लहरें
न घास के मैदान
न जलप्रपातों के गान

तकलीफदेह चीज है
चीजों को याद रखना
क्यों नहीं ले जाते हो
सारी चीजों की याद तुम
अपने साथ

रोज आते हो
नई-नई यादें
छोड़ जाते हो

और मैं ठीक से
रख नहीं पाता यादें

मैं उन्हें एक-दूसरे में मिला देता हूँ
या वे मिल जाती हैं एक-दूसरे से

धूप और छाँव
पगडंडी और पाँव
बिछुड़ना और मिलना
मुरझाना और खिलना
द्वन्द्व तक नहीं रहते
गड्डमड्ड हो जाते हैं
विन्ध्या के शिखर
सतपुड़ा के खड्ड हो जाते हैं

मेरा प्यार मेरा क्रोध
मेरा मन मेरा शरीर
मुझे जैसे के तैसे याद रहें
तो भी मैं तुम्हारी
अपने से असम्बद्धता
किसी दूसरे के इशारे पर
तीर की तरह छूटने की सन्नद्धता
सँभाल लूँ
अपनी हर चीज को
ढाल लूँ
और साबित रख लूँ दुनियादारी
दूसरे आदमियों की तरह
इस ढाल के बल पर

मगर चीजों को याद रखना
और याद न रख पाना
फिर उन्हें ठीक से
लीक से अलग है

सजग है दुनिया
एक विचित्र ढंग से
अलीक की तरफ

और तुम भी दुनिया ही हो शायद
मेरे साथ इस मामले में

आकर जब जाते हो
अलीक को लजाते हो
बँधी हुई लय से

समय से मिलाओ मुझे
मिलाओ मुझे सदियों से
भीतर और बाहर

टुकड़े मत फेंको मेरे सामने
आने और चले जाने के

और अब
मैं तुम्हारा नाम पूछता हूँ
पूछना तो चाहा था मिलते ही
पहले दिन

लेकिन एकटक देखने
और फिर डूबकर सोचने में तुम्हारा रूप
बहले मेरे इतने दिन

जैसे तूफान थम जाने के बाद
समुद्र सोचता है
अपने पानी की उथल-पुथल और
उसकी खराबी
या जैसे नशा उतर जाने के बाद
पत्नी को सोचता है शराबी

या नहीं भी सोचता है

वैसे मैं अब
तुम्हारा नाम पूछता हूँ

या नहीं भी पूछता हूँ
मगर पूछता हूँ फिर भी इतना
कि क्या अपने आप
बता नहीं देना चाहिए तुम्हें

अपना नाम अब
जब चुम्बन के छन्द में रोज-रोज
प्याला मानकर ही सही
तुम्हारे ओंठों ने मुझे छुआ है

और जब इस रोज-रोज के
प्याले का मन चुम्बन से
ओंठ हो जाने को हुआ है

हिचकिचाते हो
सो तो ठीक है मगर
बता देना था तुम्हें अपने आप
बिना पूछे अपना नाम अब तक
लेकिन समझ सकता हूँ
होते हैं कुछ लोग
जो बताते नहीं हैं अपना नाम
उनसे पूछो नहीं तब तक
मैंने आज होश में आ जाने पर
तुम्हारी वह हिचक तोड़ दी है

तुम्हारी बंजर हिचक
और बंजर अभिमान ने भी
मुझे बहुत कुछ दिया है
मगर उसके कारण तुमने
मुझसे कुछ नहीं लिया है
सिर्फ मेरा उपयोग किया है
जैसा करते हैं आज के आदमी
प्रकृति का

मत करो आज के आदमी की तरह

बतलाओ तुम क्या कहलाते हो
जो इस तरह रोज-रोज आते हो
या किसी ने रखा नहीं है
तुम्हारा नाम
इसलिए कि तुम किसी की
पकड़ में नहीं आते

आने की जगह के बारे में तुम्हारा
कुछ तय नहीं है
कई बार तुम किसी
छूटी हुई लय के टुकड़े लगते हो

कई बार तुम दिन के आसमान में
दिन के सूरज की बजाय
दिन के चन्द्रमा की तरह
जगते हो
पता नहीं चलता
नदी पार करके आते हो
या पहाड़

स्पर्श में तुम्हारे वसन्त है
या पावस

मेरे भीतर तुम जो भरते हो
वह पूर्णिमा है
या अमावस

तुम्हारे मुझे कस लेने में
जो चुभता है भीतर तक
वह प्रतिकूल है या अनुकूल है
काँटा है या फूल है

क्योंकि मैं अपनी यादों को
याद नहीं रखता यही नहीं
उन्हें गड्डमड्ड तक कर देता हूँ

उधेड़ डालता हूँ
यादों के कई बार आवरण
अप्सरा की तरह खड़ी हो जाती हैं वे
मेरे सामने निरावरण
निकलकर सरोवर के पानी से

या अर्थ की तरह नंगी
छिटककर गर्भवती वाणी से

और सम्भव है ज्यादातर
ऐसा ही हाल हो गया है लोगों का

इसलिए तुम्हारा
कोई नाम नहीं रखा गया

और खुद तुम तो वैसा
क्या रखते अपना नाम
जैसी करके अपने में
किसी गुण की कल्पना
उर्दू के कवि रख लेते हैं

तो भी अब मैंने आज
तुमसे तुम्हारा नाम पूछा है

या समझ लो
नहीं भी पूछा है

मगर वक्त आ गया है
अगर नाम है तो बताने का
और अगर नहीं है तो तय करने का

तुम रोज आते हो
और रोज चले जाते हो
बीच के वक्त को मैं
तुम्हारे रूप से भरता हूँ

लेकिन अदृश्य हर रूप में
धुँधलापन होता है
विस्तार होता है
उदारता होती है

उड़ान होती है
कभी ताजेपन से ज्यादा
कुछ होता है
यानी
खिले फूल से ज्यादा
अभी-अभी सिले
किसी कपड़े की तरह

जो जुड़कर किसी सचमुच के
रूप से
कमतर भी
हो जा सकता है
और बेशतर भी
मैं कल्पना करना छोड़ देता हूँ

तुम्हारे अच्छे-खासे
देखे-समझे रूप को
कल्पना से ही झिंझोड़ देता हूँ

इसलिए ऐसा करें
आज हम दोनों मिलकर
अगर तुम्हारा नाम न हो
तो तुम्हारा नाम तय कर लें

कहो तो लय कर लें
कहो तो समय कर लें
कहो तो अभय कर लें
जय कर लें कहो तो

अच्छा नाम है जय
हमारे यहाँ हर काम के
शुरू में यही कहने को
कहा जाता है

समझ में नहीं आता
तुमसे
इतनी लम्बी कविता
सुनने के बाद भी
अपना नाम बताए बिना
कैसे रहा जाता है

सुनते हो
और मुसकुराते हो
नाम नहीं बताते हो

तो फिर बताओ
कैसे भरूँ मैं
तुम्हारे आने और जाने के
बीच के समय को

रात की डालियों से जैसे
पंछी नहीं उड़ते
रूप बिना नामों के उसी तरह
प्राणों से नहीं जुड़ते

और अब मैं
रूप को प्राणों से जोड़ना चाहता हूँ

कह सकते हो
नाम पकड़ना चाहता हूँ
रूप छोड़ना चाहता हूँ

या फिर एक विकल्प है

कह नहीं सकता कोई
कि ऐसी परिस्थिति में
वह अल्प है

मैं भी अपना नाम छोड़ता हूँ
अपने न-कुछ रूप को
तुम्हारे अछोर रूप में
जोड़ता हूँ

न तुम कोई हो
न मैं कोई हूँ
न तुम नदी के पार से आते हो
न पहाड़ के

न मैं आया हूँ
किसी माँ के गर्भ से
बंजर और वर्षा
और गेहूँ और दर्भ के
अन्तर नाहक हैं

न आज मैं नागपुर में हूँ
न कल दिल्ली में था
न कल जाकर वर्धा में रहूँगा

यानी तुम्हारी तरह
मैं भी आज से एक नाम-हीन
निरन्तरता सहूँगा

और जो सह नहीं पाएँगे
ऐसी निरन्तरता
वे मुझ अखंड को भी
एक नाम दे देंगे

कह देंगे भवानीप्रसाद

कोई एक काम दे देंगे

कह देंगे कुछ भी नहीं बना
तो कवि

और मैं चुपचाप
उसे स्वीकार कर लूँगा
जैसे तुम्हें
इतने दिन देखने के बाद
मैं कोई नाम दे दूँ
तो तुम जो इस तरह अकारण
आना-जाना स्वीकार किए हो
वह नाम भी स्वीकार कर लोगे

जैसे अगर मैं कह दूँ
तुम जय हो
कह दूँ तुम प्रकाश हो
कह दूँ तुम जय प्रकाश हो
तो पूछता हूँ मैं
तुम मेरे मन में
इतनी उथल-पुथल
मचाने के बाद
मेरा और क्या कर लोगे

जैसे मुझे याद है
जब मैं जबलपुर में पढ़ता था
तब छोड़कर हॉस्टल
पास के गाँव गोरखपुर में
ले ली थी किराए पर
हम तीन दोस्तों ने
एक छोटी सी बँगलिया

साधारण अच्छी थी
मगर इतनी अच्छी नहीं थी
कि लोग उसे
'सुनहली' कहने लगते

मगर कहने लगे उसे लोग

'सुनहली'
और सचमुच निकलकर
रोज-रोज बीसों ओंठों से यह नाम

बँगलिया
सुनहली हो गई
तय हो जाए तुम्हारा नाम
तो जैसे वर्षा आने पर
पहले किसी दिन
एक बूँद टपकती है
और फिर दूसरी तीसरी चौथी
और फिर चकित और खुश होकर
लोग उठाते हैं आँखें आसमान की ओर
आँखें उठें-उठें तब तक
बूँदें बदल जाती हैं
अनवरत मोती की लड़ी में
मूसलाधार पानी की झड़ी में

और तप्त सारी धरती
दस-पन्द्रह मिनटों में
ऐसी बह उठती है कि बस
नाम तय हो जाए तुम्हारा

तो बहेगा वह
इसी तरह धरती पर
गरजेगा आसमान में
फूटेगा कंठों से गान में
और परिवर्तन होगा
ढंग का

मेला बासन्ती रंग का
बंजर और उदास मेरे देश में
भरेगा

हमारे चेहरे फूल हो जाएँगे
सारे प्रतिकूल देखते-देखते
अनुकूल हो जाएँगे

बाजारों में कमी नहीं रहेगी
अन्न की चीनी की
मिट्टी के तेल की

पलीत हो जाएगी मिट्टी
तुम्हारा नाम न लेने-देने के खेल की

बात अब इतनी देर में ठीक आई है

मैं तुम्हारा नाम जानता हूँ
सब जानते हैं तुम्हारा नाम

न तुम नदी पार करके आए हो
न सूरज की तरह पार करके कोई पहाड़

तुम हमारे बीच में थे
और खड़े होने लगे बीच-बीच में
आकर हमारे बीच

मगर जो जुआ खेलते-खेलते
बूढ़े हो गए हैं
उन्हें लगा कि यह क्या हुआ

बन्द न हो जाए कहीं
इस आदमी के
इस तरह बार-बार

लोगों के बीच आकर खड़े हो जाने से
हमारा जुआ
और उन्होंने लेकर
जुए के किसी देवता का नाम
पासे फेंके

सीधे पड़ गए उनके पासे
जीत गए जुआड़ी
गाड़ी लोगों की
जो तुम दल-दल में से

लगाकर अपनी ताकत
निकाल देना चाहते थे
शायद और भी गहरी धँस गई

लोग तुम्हारा नाम लेना भूल गए
पड़कर एक नई आफत में

और तुमने भी
रोज-रोज आना छोड़ दिया
या तोड़ सकने वालों ने
लोगों से तुम्हारा नाता तोड़ दिया

अब तुम बिना नाम के
शायद सिर्फ मुझ तक आते हो
और सहलाते हो मुझे
कि बातों को मैं याद रखूँ

याद रखूँ मैं
पाँव और पगडंडी
भय का मजा
नदी की लहरें
घास के मैदान
जलप्रपातों के गान

याद रखूँ मैं
कि असम्बद्ध नहीं हूँ मैं तुमसे
या तुम मुझसे

सन्नद्ध हम दोनों को रहना है
काल के इशारे पर
छूटने के लिए
तीर की तरह
गीत की तरह
गति की तरह
अति की तरह
हम किसी चीज को न पकड़ें

न हार को जकड़ें
न जीत को जकड़ें

अकेला ऐसा एक क्षण होता है
जो लम्बा संघर्ष नहीं होता
सिमटा हुआ रण होता है

क्षण वह आ रहा है
जुआड़ियों का दल
जा रहा है जीत के ध्यान में
खुश और अपने आपको अन-आप मानता हुआ

क्या जाने अनुपस्थिति तुम्हारी
कतकर सन्नाटे में
एक सपना बुन दे

ठीक है बिना नाम के आओ तुम
जिस तरह मुझ तक आते हो
उसी तरह सब तक जाओ तुम
नहलाओ तुम सबको
अपनी शिशु-सुलभ मुसकान से

सहलाओ घाव
कि चाव हरे बने रहें
चेतन हम व्योम में
केतन की तरह तने रहें

कल फिर आना
आसमान जिससे कल फिर आज की तरह धुले

पलक की तरह खुले समूचा अस्तित्व

क्योंकि किसी चीज के नहीं हैं
बने-बनाए हल
बल रोज-रोज कुछ करते रहने से
सिमटता है

चौराहों और गलियों में पहरे
कमरे-कमरे में
आँसुओं से भरे चेहरे
लहूलुहान चलते जा रहे पाँव
होने को ये सब हैं

मगर और भी चीजें हैं हमारे चारों तरफ
जैसे दूर हमारे हिमालय की चोटी पर बरफ
पास हमारे रामायण और गीता के हरफ

खिल रहे मैदान-मैदान फूल
बह रहे जंगल-जंगल झरने
चहक रहे डाल-डाल पंछी

और ठीक कहते हो तुम कि
फिर हम तो आदमी हैं

आँखों के पीछे
आसमान के पीछे
आवरण के पीछे
जीवन और मरण के पीछे और आगे
आदमी जागे
तो क्या नहीं हो सकता

हम जागेंगे
चिन्ता मत करना तुम

हम तुम्हारा
अनाम यह रोज-रोज आना
अनुरागेंगे
हिमालय के बरफ
गीता के हरफ

महक रहे फूल
चहक रहे पंछी

बहते झरने
भरने पड़ेंगे हमें अपनी-अपनी छाती में

ठीक कहते हो तुम
हम तो आदमी हैं

ये सब चीजें
जितनी प्रकृति से निकली हैं
उतनी निकली हैं हमसे

हम इन सबको
अपने मूल में खींच ले सकते हैं
इस बड़े देश का बंजरपन
फिर से सींच दे सकते हैं

और बना दे सकते हैं
पूरे इस बड़े देश को एक गाँव
सड़कों को पाँव
बिछुड़ने को मिलना
मुरझाने को खिलना
प्याले को ओंठ
ओंठ को प्याला

बेशक द्वन्द्वों का न रहना अच्छा है

अच्छा है
उनका गड्डमड्ड हो जाना
विन्ध्या के शिखरों का
सतपुड़ा के खड्ड हो जाना
अनजाने ही मैं तुम्हारे स्पर्श से
पकड़ रहा हूँ चुम्बन की गति

भरती चली जा रही है
प्राणप्रद वायु मुझमें
अपनी तरुणाई के समय के
गीत

और मैं अब सोच रहा हूँ
न हार, न जीत

सिर्फ तुम्हें सोच रहा हूँ
जो रोज आते हो
निभाते हो
आँधी-पानी शीत सब में
सुबह-सुबह
मुझ तक आ जाने की
अपनी बान!

10 फरवरी, 1976

अवधिहीन छोरों से लौटकर

बड़ी जल्दी पड़ी रहती है तुम्हें
लगभग दिशाहीन दौड़ ऐसी
कि कहा नहीं जा सकता कैसी

हर चीज को लपेटते चले जाते हो
अपनी चाल में

पिछड़े जमानों से भी
अब तुम ज्यादा जल्दबाज
हो गए हो

आज की हालत सचमुच
कल तक उलट-पुलट हो जाती है
पड़कर तुम्हारी गति में

निर्भय कभी न थमने वाले
एक तूफान हो तुम

अनुपात से तुमने अपना
पल्ला ही छुड़ा लिया है
क्या से क्या कर दिया है तुमने
बिलकुल पहले चक्के की जगह

सुपरसोनिक सैटेलाइट
स्पुतनिक और ऐसी ही चीजों के
चक्के लाकर

और हम कहें भी क्या
हम ओंठ खोलते हैं
कि आपसे कुछ कहें

मगर आप सुनने के लिए वहाँ
तब तक रहें तब तो

हमने इसलिए आज से
आपके बारे में सोचना
बन्द कर दिया है

बावजूद आपकी तेजी के
मन को शान्त एक छन्द
कर लिया है

मैं माटी का तो खैर था ही
अब अपने को मैंने
पानी का भी बना लिया है
छन्द-मन्द भी रहे और
एकाध बार एक हद तक अमन्द भी
इसलिए मैंने अब
अपने को पानी के साथ-साथ
वाणी का भी बना लिया है

और तुम्हारी बहुत परवाह
नहीं करता

दुनिया जितनी डरती है तुमसे
मैं उतना नहीं डरता

हर चीज तुम तोड़ देते हो
मुझे भी तोड़ देना

मुझे भी गई-गुजरी चीजों
के साथ जोड़ देना

मगर मेरे माटी पानी और वाणी
बनकर एक प्रकार का प्रकाश
और उससे भी ज्यादा
बनकर शून्य
सब जगह छा जाएँगे

और आज जो मुझसे
छिटककर रह जाते हैं भाव
या अभाव
वे सब मुझमें ऐसे सहज
समा जाएँगे कि तुमसे
उनका
कुछ बिगाड़े नहीं बिगड़ेगा

अर्थात् समय जो तुम हो
और जिसको सबसे अधिक
गतिवान कहा गया है
मेरे आड़े आने की
कोशिश में पिछड़ेगा

विश्वास मुझे इस बात का
यों होता चला जा रहा है

कि समूची बनावट में मेरी
और मेरे आसपास की
तत्त्व शून्य का
अधिकाधिक बढ़ता चला आ रहा है
न मैं किसी चीज को
बाधा देता लगता हूँ
न कोई दूसरी चीज मुझे बाधा
देती लगती है

मैं किसी चीज के लिए
रुका नहीं हूँ
न कोई चीज मेरे लिए रुकी है

मैं किसी चीज के सामने
झुका नहीं हूँ

न कोई चीज मेरे सामने
झुकी है
न मुझे कुछ शुरू करना है
न समाप्त करना है
न छोड़ना है कुछ
न प्राप्त करना है

तुम्हारे बारे में सोचने की जरूरत
तभी तो पड़ती है
जब कुछ शुरू करना हो
या समाप्त करना हो

किसी चीज से छुट्टी पाना हो
किसी चीज को
प्राप्त करना हो

अपने को शून्य शान्त और
विलीन कर लिया है मैंने
ऐसा कि न मेरे वर्तमान है
न भूत न भविष्य

मैं अपना नाम भी भूल गया हूँ
तुम्हें अगर मालूम हो मेरा नाम
तो तुम भी उसे भूल जाओ

किसी भी मोह में पड़कर
उच्चारण मत करो उसका
अनभ्यास से वह निकल जाएगा
तुम्हारे भी मन से

मैं एक शान्ति एक सुन्दरता
एक लय और विलय
की स्थिति में आना चाहता हूँ

और पहुँचाना चाहता हूँ
उसी स्थिति में
अपने आसपास को

ऊँचाई से इस समय
एक बड़ी सफेद चिड़िया
शायद क्रोंच की जाति की
सामने के नीले पानी की ओर
छूट रही है

और फिर उठाकर सिर
उठ रही है ऊपर की तरफ
और फिर अपनी उड़ान को
बना रही है एक मंडल

इसे क्या कहोगे तुम
शुरू करना या समाप्त करना

कुछ छोड़ना या कुछ प्राप्त करना
मैं इसे ऐसा नहीं मानता

यह विस्तृत एक अवकाश में
स्तब्ध एक सौन्दर्य है

अपनी हलचल के बावजूद
एक स्वभाव है
स्फूर्ति से भरा हुआ

इसमें न कुछ गत है
न अनागत है न मरा हुआ

और मन में शायद इसके कुछ नहीं है
आनन्द के सिवा

इसी तरह शरीर में
और कुछ नहीं है छन्द के सिवा

आँखें बन्द करता हूँ
तो रंग दिखते हैं

प्रकाश और पानी और आकाश
और पंछी के रंगों के सिवा

और भी सुन्दर कितनी तरह की
उमड़ रही हैं छवियाँ

और तिस पर होना उनका
छपाक-छपाक
मेरे भीतर के तरल विस्तार पर

सपने में जैसे
भूले हुए स्वप्न उभरे हैं
अवधि-हीन छोरों से लौटकर

किसी बात की जल्दी
न फैलते रंगों को है
न उभरते भूले सपनों को

तुम्हारी जल्दबाजी को
ऐसी भूमिकाओं में
देखता हूँ तो लगता है

कि वह आदमी और आनन्द
के बीच के सेतु को
तोड़ती है

वह आदमी को
एक ऐसी निरर्थक व्यस्तता से
जोड़ती है

जो उदासी और थकान-भर
देती है

जबकि चाहिए उसे
क्रोंच की तरह सागर के ऊपर
हमें देना आसमान में

एक उड़ान का छन्द
शरीर और मन का
ऐसा आनन्द
जो गति और अवकाश का
केन्द्रबिन्दु है

सिन्धु है जो किन्हीं ऐसी
लहरों की बुनावट का

जिन्हें तुम न क्षण कह सकते हो
न दिवस न मास

जो सचमुच में सिर्फ हम हैं
और है हमारा आसपास

तुम चाहो तो मेरी बात को मत समझो
मैं वैसे जो कह रहा हूँ वह
मेरी पूरी प्रकृति चाहे हो चाहे न हो
मगर मेरी प्रकृति का
एक खासा बड़ा हिस्सा है

और सोचो तो मेरा ही नहीं
किस्सा है समूची प्रकृति के
बनने का

जल्दी में कुछ नहीं हुआ है
न होना है कुछ जल्दी में
करोड़ों बरसों में धरती पर
एक फूल फूटा होगा

वृक्ष पर पत्ता
क्या जाने कितने करोड़ों बरसों में
आया होगा
कितने करोड़ों बरसों में टूटा होगा
हवा में तैरती हुई सुगन्ध
इस समय मुझ तक आ रही है

चलन होता वस्तु विनिमय का
तो मैं अपने पाँवों के
नीचे की धरती के बदले
इसे ले लेता

और प्राणहीनता मिलती ऐसे विनिमय में तो
सुगन्ध और प्राणहीनता मैं
चुनता नहीं

क्योंकि इस समय मैं
समूची इस सुगन्ध के आगे
किसी दूसरी चीज की
सुनता नहीं

आँखों के आगे एक
सम्पूर्णता आ रही है
आसमान-भर पंखों को तौलते हुए

छुएगी यह सम्पूर्णता
समय और अवकाश के
सिन्धु की उस बुनावट को
जिसे तुम
न क्षण कह सकते हो
न दिवस न मास
जो सचमुच में हम हैं
और है हमारा आसपास

दिनों के हिसाब से
आज मंगल
और त्योहारों के हिसाब से
होली

तो आओ समय और अवकाश की
बुनावट पर मलें हम
बिना किसी हड़बड़ाहट के
मजे में अबीर और रोली
और धुँधले हरे पेड़ों के तने
मले हुए हमारे रंग
एक मौसम का मौसम उतार दें

इस क्षण इस दिन और
इस मास पर
मुझ पर तुम पर
और आसपास पर

अनुपातविहीन गति
और जड़ता से परे

जीवन एक शान्त
सुस्थिर उड़ान से भरे
तो वह थकान नहीं देती
मन को आनन्द देती है
शरीर को छन्द देती है

और मन और शरीर के
परिवेश को रंग
प्रकाश और पानी
और आकाश और पंक्षी के रंगों के सिवा
छवियाँ मन के विस्तार पर
छपाक्-छपाक् गिरती हैं
और तिरते हैं भीतर के तरल में
भूले हुए स्वप्न
अवधिहीन छोरों से
लौटकर

18 फरवरी, 1976

दो टुकड़े देस दस टुकड़े जनम-दिन

1

क्या जाने
तब मैं दस का था कि पाँच का
मगर मन में
विद्रोह जागता था साँच-माँच का

मैं अकेले में
किसी लगभग अनजाने कारण से
बैठकर रोता था

अक्सर घर छोड़ देने का
मेरा जी होता था
देख लिया जाता था जब मैं
इस हालत में

तब पड़ना होता था हर बार मुझे
ठीक किसी तवालत में

कोई प्यार से पूछता था कोई हँसकर
एकाध बार कोई खीझकर
गाल पर चाँटा कसकर
तुम रो क्यों रहे हो
तुम्हें हो क्या गया है
तुम्हें आखिर चाहिए क्या
तुम्हारा खो क्या गया है
बोलते क्यों नहीं हो गधे कहीं के

और मैं
जवाब में ढेर लगा देता था
'कुछ नहीं कुछ नहीं' के
तब या तो लोग मुझे हारकर
छोड़ देते थे
या एकाध बार मार-मारकर
हड्डी तोड़ देते थे

और जब मैं इस सब में से
निकल चुकता था
तो जैसे नुक्ता था मेरा मन
समूची उस परिस्थिति पर

सही हो जाता था उससे
मन के भीतर और जबान पर
विद्रोह का उच्चारण

उम्र बढ़ती गई
आती गईं नई-नई परिस्थितियाँ
और मैं सचमुच विद्रोही हो गया

मगर घर मैंने छोड़ा नहीं
बसा लिया
फिर कभी रोया नहीं, खुद हँसा
आसपास को हँसा दिया

और किसी ने पूछा
क्यों हँस रहे हो तो कभी
अटपटे कभी करारे
जवाब दिए

बूढ़ों को बचपने
बच्चों को शबाब दिए

सत्ता को लातें मारीं
और खाईं उसकी लातें
रातों को दिन किया
दिनों को रातें
पत्नी परेशान रही
मैं बेखबर घूमा
गुजरने दिया मौसमों को
सिर पर से यों जैसे
वे कोई चीज नहीं हैं

जहाँ से मैं गुजरा
वहीं बताता रहा लोगों को कि
आप नाचीज नहीं हैं
दुनिया बदल देंगे आप
अपने खयालों के जोर से
इनकलाब जिन्दाबाद के शोर से

यानी खयाल हमारी-आपकी
जबान खुलवाएँगे
हमारे शब्द हमसे
तरह-तरह के धब्बे धुलवाएँगे

हमारे हाथ शब्दों के उठने के साथ-साथ
ऊपर उठेंगे
हमारे शब्दों और हाथों से
दर्शनीय अनेक दृश्य
भू पर उठेंगे

काफी अरसे तक मैंने ऐसा किया

तीस बरस की उम्र तक
कभी भारतवर्ष के खुले तो कभी
बन्द जेल में जिया

और फिर हम
दो टुकड़ों में आजाद हो गए

आजादी का हमारा मसीहा
उदास हो गया और अकेला हो गया
कल तक के उसके पिछलगुए
तोप हो गए वह माटी का ढेला हो गया

फोड़ा गया माटी का ढेला
उसकी मूरत बनाई गई
और बड़े उत्साह से बरस-दर-बरस
उसकी बरसी मनाई गई

बना रहता वह अगर माटी का ढेला भी
तो तकलीफ देता
मूरत बन जाने पर
सूरतें उससे अनन्त फायदों की
निकाल ली गईं

ढाल ली गईं मूरतें उसकी इतनी
कि 'आजाद' जो टुकड़ा
हमारे हिस्से में आया
उसके हर गाँव हर गली
हर चौराहे पर हमने उसकी
एक मूरत को खड़ा कर दिया

बरस में दो बार खड़े हो गए हम
उस मूरत के सामने
दो मिनिट चुप और झुकाकर सिर
और इतने के बल पर हमने
अपने को उस गगनचुम्बी के
मुकाबिले में
बड़ा कर लिया

दस बरस यानी तीस की उम्र से
चालीस की उम्र तक
मैंने देखा यह तमाशा
और चालीस का हो गया

काफी परेशान होकर मैं चला गया राष्ट्र से
महाराष्ट्र में और
'आफीस' का हो गया

'आफीस' भी छूटा
मगर मैंने
महसूस किया अपने को
टूटा-फूटा वैसा
जैसा रोने और पिटने के बाद
बचपन में महसूस करता था

टूटा हुआ भी मैं
न भीतर किसी से डरता था
न बाहर किसी से डरता था

विद्रोह के उच्चारण को
सही कर लेने वाला
नुक्ता था तब भी मेरा अस्तित्व
और आज भी है

अब जब न मोह का कुछ मतलब
लगता है
न विद्रोह का
न मिलन का
न विछोह का

लगता है अब मुझे सौ-पचास बरस का
एकान्त चाहिए
जिसमें बैठकर मनोयोग से
बे-सिलसिले दुनिया को
मैं एक सिलसिले से धरूँ

और जब सध जाए
भीतर की तसवीर बाहर

तो कहूँ लोगों से
लो इसे अब तुम सँभालो
मैं उठूँ बहुत बैठ लिया

जाऊँ कहीं
और इस अहसास से मरूँ
कि एकदम खाली
नहीं गई जिन्दगी

मैंने कुछ भीड़भाड़ में किया
फिर कुछ एकान्त में किया है
यानी सबके साथ और अकेले में
जितना बन सका मुझसे
उतना जिया है

और अब इस उम्मीद में जा रहा हूँ
कि फिर सब लोगों के बीच
थोड़ा ताजा होकर
वापस आ रहा हूँ!

2

एक प्रतिबिम्ब चाँद का
मैले पानी के डबरे में
स्वस्थ बैठा हुआ हूँ जैसे मैं
अपने असुरक्षित देश के किसी
सुरक्षित कमरे में

सुबह का पाँच
घड़ी ने और फिर बजाकर घंटा
बजाया है चौकीदार ने

कह सकते हो
उठा लिया है कन्धों पर
रात को हम चार ने

पुकारा है रात की देह को
भड़कते सूरज की आँच ने
और पहुँचाना उसे
तय किया है हम चार—
चाँद के प्रतिबिम्ब
डबरे के पानी
मैं और
सुबह के इस वक्त, पाँच ने

रात-दिन की लाल लपटों पर
धर दी जानी है
क्योंकि तमाम चीजों ने आज
कई चीजों की
आखिरी रात मानी है

कम-से-कम मैं
अपनी हद तक
कर सकता हूँ आज
अपना सारा लिखा रद्द तक

क्योंकि इस एक रात में
पिछले सारे दिन
बदल गए हैं

छोटे-छोटे निवास
उठ रहे हैं आँख के सामने
होने को हैं बड़े-बड़े महल

मगर वे अपनी इस शक्ल में भी
कई अर्थों में नए-नए हैं
ऐसा लगता है
उनमें जो लोग रह रहे हैं

वे कह रहे हैं कि हम
यहाँ किसी गफलत में
आ गए थे

और जल्दी ही चले जाएँगे

क्योंकि समझ गए हैं हम
कि अब हमारे चाहने
न चाहने के बावजूद
लोग इन्हें
अस्पताल या विद्यालय
बनाएँगे

और मेरा तो ऐसा है
कि मैं अब
सब नए सिरे से
शुरू कर सकता हूँ

जैसे आज के आज मैं
दिल्ली को टिघरिया
और चेकोस्लोवाकिया को
चुरु कर सकता हूँ

यानी देश की इस
निरर्थक फैली हुई राजधानी को
अपना वह छोटा-सा गाँव
जिसमें मैंने जनम लिया था
और एक दूर के देश को
छोटी-सी एक रेतीली जगह
जिसे दूसरे किसी विदेश ने
लाचारों के खून से सींचकर
हरा-भरा किया था

मेरे मनचाहे बदलावों के बारे में
देश की राजधानी
या दूर के देश जो चाहें सो कहें
मगर बदल तो दे सकता हूँ
मैं आज जगहों की जगहें

क्योंकि आज मेरा जनम-दिन है
मैं यहाँ बदलाव के लिए
भेजा गया था

लगता है सात-सात
दिल के दौरों के बाद भी
मैं हक-नाहक नहीं
सहेजा गया था

चाहूँ तो मैं आज
कलकत्ते को कालपी बना दूँ

कहो तो अभी के अभी
एक नया स्वतंत्रता दिवस
मना दूँ

ले सकता है जरा आगे बढ़कर
मेरा जन्म-दिन
पन्द्रह अगस्त की जगह

सूरज के उदय को रख दूँ
चन्द्रमा के अस्त की जगह

मगर वह तो मुझे करना नहीं है

रात गई है दिन आया है
और बदले हुए मेरे अस्तित्व ने
बदलाव गाया है

तो जहाँ बैठा हूँ
उसी कमरे में उगा दूँ
शान्ति का खेवा लेकर आने वाली
जहाजों के मस्तूल

मैले पानी के डबरे में खिला दूँ
लाल-नीले सफेद
कमल के फूल

आज का दिन मुझसे बोल रहा है
कई बन्द दरवाजे वह
मेरे इस कमरे से निकल पड़ने के लिए
खोल रहा है

सुन रहा हूँ मैं उसका उलाहना
कि कौन-सा है वह मोह
जो तुम्हें राजधानी में रोके है
कौन-सा ब्लॉटिंग पेपर
तुम्हारे मन के समुद्र को सोखे है

सुनाई नहीं पड़ रही है तुम्हें
महाराष्ट्र से उड़ीसा तक
फैले हुए सतपुड़ा के
कटते हुए पेड़ों की आवाज

कि हमें कोयला और कागज
बनाए जाने के लिए
काटा जा रहा है
और अवर्षण की जीभ से इसीलिए
हमारा-तुम्हारा समूचा प्राण
चाटा जा रहा है

सुनाई क्यों नहीं पड़ते तुम्हें
कुल्हाड़ियों से हमें
काटे जाने के खटके

खुद तुम्हें अवर्षण की जीभ से
चाटे जाने के चटके

निरर्थक कारखानों की जगह
अच्छे खासे खेतों का खयाल
क्यों नहीं भाता तुम्हें

कानपुर और कलकत्ते में भी
हरिद्वार की तरह
साफ हो गंगा का पानी
यह स्वप्न क्यों नहीं आता तुम्हें

और मैं धीरे से कहता हूँ
'आता है'
तो फिर बोलता है दिन
आवाज में ताने भरकर

और सोचने लगता हूँ मैं कि
गूँजने लगने चाहिए
छोटी-बड़ी मेरे देश की हर घाटी में
आदिम प्रकृति से समंजस
फसलों को बोने और काटने
और लाने और ले जाने के गीत
लिखी जानी चाहिए
हर छोटी-बड़ी नदी की लहर पर
स्पर्धा शोषण और बाजार की नहीं
पारस्परिकता की जीत

मुझे कभी-कभी वैसे भी
कुछ हो जाता है

हर हाजिर चीज का मतलब
मन से ऐसा कुछ खो जाता है
कि बदल देना चाहता हूँ
हर चीज को

यहाँ तक कि रबी के वक्त
बोकर देखना चाहता हूँ
खरीफ के बीज को

अब जैसे इस वक्त अपने आगे
सबसे ज्यादा मैं हाजिर हूँ

और अच्छा नहीं लग रहा है
आज के दिन
आज के अपने रूप में मुझे
अपनी यह हाजिरी

सोच रहा हूँ
अपने पैदा होने के दिन
फाड़कर आसमान
मेरे देश के कमरे में
लाचारी की यह गाज
कहाँ से गिरी

मेरे शरीर में
यह गिरा-गिरा मन
कहाँ से आ गया

तरुण और ताजी इच्छाओं को
कौन सा तत्त्व खा गया

बदल क्यों न लूँ मैं
अपने चौंसठवे जनम-दिन पर
अपना शरीर

कि मन फिर अधीर हो जाए वैसा
जैसा चालीस साल पहले
गांधी के जमाने में रहता था

मेरी
प्रभात फेरी
जब अँधेरी को काटती थी

मेरी खुशी दिन-भर जब
चौराहों पर
हिम्मत की रेवड़ी बाँटती थी

जब तक चौराहे बचे और बचे लोग

तब तक खा-खाकर
हिम्मत की रेवड़ियाँ
मेरे साथ-साथ नचे लोग

और सजाएँ हो गईं
उन्हें रेवड़ियाँ खाने
और मेरे साथ चौराहों पर नाचने पर

कई बार स्वतंत्रता दिवस पर
स्वतंत्रता की शपथ बाँचने पर

मगर मैं फिर चौराहों से
गलियों में
और गलियों से
गाँवों में चला गया

लोगों के दिलों में और
हाथों में और पाँवों में चला गया

मगर रेवड़ियों की
तादाद होती है और
मौसम भी होता है उनका

दोनों के बीतते-बीतते
हम दो टुकड़ों में आजाद हो गए

आजादी का हमारा मसीहा
उदास और अकेला हो गया
तोप हो गए कुछ लोग
वह माटी का ढेला हो गया

और चौराहों पर जहाँ लोग
खाकर हिम्मत की रेवड़ियाँ
नाचते थे
स्वतंत्रता दिवस पर
स्वतंत्रता की शपथ बाँचते थे

हमने गूँथकर उसकी माटी
जो मूरतें बनाई थीं
उन्हें खड़ा कर दिया

और केवल इतने पर
उस गगनचुम्बी के मुकाबिले में
अपने को बड़ा कर लिया

और तभी से मैं
और तुम को क्यों छोड़ूँ
तुम भी और वह भी
सब महसूस कर रहे हैं

कि जंगली एक सुगन्ध का झोंका
जो लहराता रहता था
हमारे आसपास

जेटों से भरे आसमान में
विलीन हो गया है

टूट गया है प्रभात फेरी का स्वर
खादी का तार
आजादी का हर पुराना छोटा-मोटा मसीहा
माटी का ढेला हो गया है
माटी के इन ढेलों को
मढ़ दो ताम्र-पत्रों में
तो ये और भी ज्यादा
माटी के हो जाएँगे
यह तय हुआ

जरूर मुझे अपने बारे में
ऐसा ही भय हुआ

मैं ताम्र-पत्र मढ़वाने के लिए
जब आगे नहीं बढ़ा

तो भेज दिया गया वह मेरे पास
और अच्छी नहीं लग रही है
मुझे आज के दिन
आज के रूप में अपनी यह हाजिरी

सोच रहा हूँ
अपने पैदा होने के दिन
फाड़कर आसमान
लाचारी की यह गाज
मेरे ऊपर कहाँ से गिरी

जंगली सुगन्ध से हीन
हवा का झोंका
बर्दाश्त नहीं होता

मुझे फिर नए सिरे से
पुराने वन पुराने फूल
पुरानी हवा पुराना आसमान
गढ़ना पड़ेगा

बारूद की बास में से
करौंदे की झाड़ियों की

सुगन्ध तक बढ़ाना पड़ेगा लोगों को
खुद रहकर उनसे चार कदम आगे
उन सबकी ओर बढ़ना पड़ेगा

आजादी का हमारा मसीहा
मूरत बनकर ही क्यों न हो
माटी का ढेला न रह जाए
गाँव-गली चौराहों पर
मेला न रह जाए
बिना हिम्मत के रेवड़ी के
उदास और कड़वे मुँह वालों का

क्योंकि कुछ भी कहो
दो टुकड़े आजादी में भी
एक तरह का दिन आया है

और इच्छा हो रही है
बैठा हूँ जिस कमरे में
उसी में क्रान्ति का खेवा
लेकर आने वाली
जहाजों के मस्तूल उगा दूँ

चाँद का प्रतिबिम्ब पड़ा है
मैले पानी के जिस डबरे में
उसमें लाल-नीले सफेद
कला और पूजा और
विद्रोह के प्रतीक
कमल के फूल उगा दूँ!

3

नीला आसमान
और उनकी मुसकानें
आज का दिन
मैं जानूँ या ये जानें

यों तो
जो हो रहा है सो हो रहा है

फिर भी
नीले आसमान से बरसती
मुसकानों का झला
चेहरे पर का खून धो रहा है

आज जनम-दिन है मेरा
कह सकते हो
पूरी जिन्दगी का
सनम-दिन है मेरा

आज मैं
विकल्पों को क्यों तोलूँगा
आप में अपने खून में
आसमान की
मुसकानें घोलूँगा

अच्छी सुबह में
भोले-भाले पंछियों को
गाने दूँगा

बावजूद घने कोहरे के
सूरज को ऊपर आने दूँगा

कल तुमने ही तो कहा था
आज अट्ठाइस मार्च है और
कल उनतीस
तो मैं कहता हूँ
यह आज का दिन
एक दिन आगे और क्यों
न बढ़ जाए

उनतीस की जगह
आज मेरा मन कैलेंडर में
तीस क्यों न पढ़ जाए

क्यों न जी जाऊँ आज ही
जितना जी चुका हूँ
उससे एक दिन ज्यादा

बाधा कल्पना में कहाँ है

पूछता हूँ
राधा कहाँ है उसे बुला लो

आज नौ मन तेल
जुटाया जाएगा

सूरज का सोना
लुटाया जाएगा

मेरे आस-पास इस वक्त
जो हवा लहरा रही है
उसमें आज की ही नहीं
कल की भी जिन्दगी है

कल की जिन्दगी को
अगर आज
भरा जा सकता है साँसों में
तो भर लिया जाना चाहिए

जो कुछ कल किया जा सकता हो
उसे आज कर लिया जाना चाहिए
यह कबीर का
वचन था या किसका

इसे मैंने बचपन में ही पढ़ लिया था
इसलिए आज उनतीस की जगह
तीस भी जिये लेता हूँ

यानी आज की सुबह की हवा
कम-से-कम दोगुनी मात्रा में
पिए लेता हूँ

इतनी अच्छी तो यह है ही
कि एक की जगह इसे
दो-चार दिन तक की
भीतर भर लूँ

उनतीस मार्च को
तीस इकतीस और
उससे भी दो-चार दिन
ज्यादा कर लूँ

आज सूरज की मुसकानें ठंडी हवा
नदी के किनारे की ठंडी रेत
और हल्की नीली लहरें नदी की
मेरी तरफ आती हुईं

चिड़ियाँ आज के ही नहीं
शताब्दियों के गीत
गाती हुईं

और फूल जो मैं
कभी चुनता नहीं हूँ

और एकदम पास की ध्वनियाँ
जो दूर की ध्वनियों के
मुकाबिले में मैं सुनता नहीं हूँ

सबने जैसे एक माला
गूँथी है कि मैं उसे
आज ही के ध्यान से न पहनकर
पहन लूँ जरा आगे तक के ध्यान से

सूरज की किरनों
हवा की लहरों
फूलों के रंगों
चिड़ियों के गान से आज
इतना जानकर गठिया लूँ

कि आज में आज से
कुछ ज्यादा रहता है

वर्तमान अपनी सीमा को
लाँघता है
शरीर की गति मन तक पहुँचे

प्राण इसके लिए कई बार
चुका-चुका रहता है

उनतीस मार्च
तीस और इकतीस मार्च ही नहीं
शताब्दियाँ समेटने के लिए
रुका रहता है।

4

कुछ कोमल तन्तु
मुझे साधे हैं

नहीं तो
आधे-आधे हैं
बल्कि उससे भी कम हैं
मेरे भीतर जीवन के तत्त्व
सत्त्व कहीं भी टटोलूँ
हाथ नहीं लगता
प्राण मेरा
शरीर के साथ-साथ नहीं जगता

आँख सुबह चार और पाँच के बीच
खुल जाती है
देखता रहता हूँ बरामदे से आसमान
कालिमा धीरे-धीरे धुल जाती है

आती और जाती हैं
एक के बाद एक
पीली और लाल
और सफेद
प्रकाश की परतें

मगर
प्राण के जागने की शर्तें
क्या होती हैं
कौन जाने

वह अलसाया और अधजगा
पड़ा रहता है
किसी जलाशय की तरह
अपने किनारों में
जड़ा रहता है

जितनी चीजें खुद
उसमें आकर झाँक जाती हैं
उतनी चीजें उसमें
धुँधली-धुँधली जाग जाती हैं

दूर की चीजें
नहीं झलकतीं उसमें
किसी अपार सागर की तरह

यानी
सब कुछ हो गया है मेरा
अनुरूप मेरे तने-लागर की तरह

कि अब टूटता है
कि तब टूटता है

मगर फिर भी है यह एक तारा
जिसके बारे में
खुद आकाश भी नहीं कह सकता
कब छूटता है

और जरा अलग होकर कहूँ
मन से तो
कहा जा सकता है कि
यह है एक सन्नद्ध तीर
चुटकी में किसी की

इसके छूटने में
मर्जी इसीलिए नहीं है
इसी की

लक्ष्य वेधना है किसी को
वह अपने मन के क्षण में

इसे छोड़ेगा

जिन कोमल या कठोर
तन्तुओं पर सधा है यह
उनसे इसे तोड़ेगा

तन्तुओं पर जब तक
सधा हूँ
स्नेह हँसी प्रकाश
अन्धकार या निराशा से
जब तक बँधा हूँ
तब तक सनाथ-सा हूँ

आधा-आधा जीकर भी
लगभग अबाध-सा हूँ

और अबाध चुटकी के कारण
छूटकर भी अबाध रहूँगा

टूटकर भी तारे की तरह
आज की तरह सनाथ रहूँगा

छूटकर और टूटकर
सब जगह मुझे प्यार मिलेगा
नेह का दरिया मिलेगा
श्रम का ज्वार मिलेगा

तेजी से चीरते हुए शून्य
मुझे स्थिरता
और तन्मयता मिलेगी
ओंठ से मिले ओंठों की

मैं निकलता चला जाऊँगा
सुनते हुए बातें
चोटों की

जैसे कोई जलती हुई
धारा
अँधेरे में बहे

लो मैं छूट रहा हूँ
संसार से बने तो जहाँ है वहाँ रहे!

5

सिर पर छाया
आसपास अवकाश
और दोनों को भरती हुई

आवाज शरीर से छूटी हुई साँस की
सब पेड़ों से घिरे रहकर भी जैसे
सरसराहट जंगल में
बाँस की

6

हफ्ते में सात दिन
पुराने लोग मगर इसे
अठवारा कहते थे

और आधे महीने को
पखवारा कहते थे

इस तरह अठवारे के हिसाब से तो
महीने में दो दिन
कम कर देते थे

यानी जब देते थे आशीर्वाद
शतायु होने का
अपने मन में तब भी
सौ बरसों के चौबीस सौ दिन
कम कर लेते थे

इस हिसाब से
चौबीस सौ दिन जीना आदमी का
बचा लेते थे
आशीर्वाद तक में से

सचमुच बहुत ज्यादा है
शरीर को लिये-लिये

सौ बरस जीना

अपने मुँह से लोग जो माँगते हैं
वह इतना ही है कि 'भगवान'

चलते-फिरते उठा लेना,
यानी किसी का मुँह ताकने का
मौका मत आने देना

शक नहीं है इसमें
कि जिन्दगी निकम्मी
एक दिन की भी
बहुत लम्बी समझो

आदमी काफी हद तक
निकम्मा होने लगता है
बहुत हुआ तो सत्तर के बाद

अपने काम का भी शायद ही
रह जाता है
सूरज से लेकर शून्य तक
हर तत्त्व उसके कान में
लगभग रोज-रोज यह
कह जाता है

मगर कान से वह तब तक
ऊँचा सुनने लगता है

केवल अपने मतलब
और मन के शब्द
चुनने लगता है

और मन के ये शब्द भी
भीतर कोई सुख की
छाया नहीं छोड़ते

एक मोह एक माया जुड़ी होती है
इनसे

इन्हें सुनकर और चुनकर
सोचने लगता है
सत्तर बरस से ऊपर का आदमी

कि अब ऐसा कुछ
मुझे मिलेगा किन-किनसे

पुरानी यादों में
घुमाता है उनके चेहरे

मगर महसूस करता है
मन-ही-मन
वे एक-दूसरे अर्थ में
हो गए हैं
उसकी तरफ से बहरे

मौसमों को सोचता है
तो वे उसे
आनन्द के स्रोतों की जगह
धमकियाँ लगती हैं

और आँखों के आगे
कई बार उसकी
वे चिताएँ जगती हैं

जो शरीरों को जलाने के लिए
बड़ी मुश्किल से भर-बरसात में
धधकाई गई थीं

और फिर वे लाशें
जिन्हें उठाने के लिए
आत्मीय नहीं मिले थे

जो जैसे-तैसे
मरघट तक लाई गई थीं
मैं इसलिए जब मनाए जाते हैं
मित्रों के जनम-दिन

तो उन्हें बिना हिचके
लम्बा आशीर्वाद

देने वालों को टोकता हूँ
गालिब की जबान पर तो
लगभग कीला ठोंकता हूँ

जिन्होंने अपने शाह के लिए
हजार बरस की
जिन्दगी माँगी थी

और माँगे थे एक-एक
बरस के पचास हजार दिन

और फिर खयाल रखना चाहिए कि हम
जो ज्यादातर आशीर्वाद लेते हैं
या देते हैं

उस जमात के हैं
जिन्होंने दिया हमेशा कम है
सच कहें तो
ठीक खून-पसीने के काम से
हमारा वास्ता नहीं रहा

अच्छे-अच्छे
शब्दों के माध्यम से
हमने शब्द कमाए हैं
और सिक्के

इक्के-दुक्के हम में
इसमें कुछ अलग हों
तो मैं उन्हें नहीं जानता

मैं नहीं मानता
ऐसे लोग लम्बे जमाने तक
मन से भी अच्छे
रह सकते हैं

उनके मनों का सड़ना तो
उस पद्धति में पड़ते ही
शुरू हो जाता है

और गड़ने लगते हैं
शरीर के थोड़े ही
थकते न थकते उसमें
अपने किए हुए कामों के काँटे

मरते-मरते तक मन से बेफिक्र रहना
आ नहीं सकता
हमारे-आपके बाँटे
जिनका काम
हाथ-पाँव के बल पर कम
जबान और बातचीत
और मार्गदर्शन
के बल पर ज्यादा चलता है

हमारा मन
हमारा शरीर
चिता पर जलने से पहले
हजार बार जलता है

मैं कैसे मानूँ कि मैं कम नहीं जिया हूँ
चौंसठ बरस जीकर भी
शोषण के बल पर

क्यों टालना चाहता हूँ अब
मैं अपना मर जाना
उनतीस मार्च
उन्नीस सौ छिहत्तर की जगह
तीस मार्च उन्नीस सौ छिहत्तर
यानी कल पर

क्या कर लूँगा अब मैं ऐसा
जिससे सुख मिलेगा
मुझे या किसी और को

क्यों लम्बाना चाहता हूँ मैं
रोज सुबह उठकर
दवाएँ खाने का क्रम

श्रम का नाम लेने से जब
साँस फूल जाती है

जिन्दगी अब किस अर्थ में
मुझे अनुकूल आती है

पुराने तमाम विचारों के
साथ गांधी ने नए ढंग से
एकदम नए की संगति बैठाई थी

वह संगति मेरे मन के साथ
ठीक-ठीक बैठी

और मैंने उसे कहना चाहा और कहा

कहना प्रधान था इसलिए जानता हूँ
उसमें लोग जिसे कला कहते हैं
उसका अंश उसमें कम रहा

कई बार तो इतना सीधा
हो गया कहना
कि असम्भव हो गया उसमें
बेचारी कला का रहना

कई बार कहने में अनुभव कम
कर्तव्य का भान ज्यादा रहता था
और इसलिए जिस चीज को
मैं दुनिया की सर्वाधिक
कोमल चीज मानता हूँ वह

शब्द की ध्वनि
ध्वनि से निकला अभिप्राय
मेरी बात का मोटा-मोटा अर्थ
सहता था

जैसा सह रहा है वह
जनम-दिन पर लिखे जा रहे
इस छठवें टुकड़े में

मैं एक सपने से गुजर चुका हूँ
और एक ठोस चीज
'न होने' के लिए रुका हूँ

और आयास नहीं है
मेरे लिए 'न होने' की
स्थिति को समझना

मैंने जिन्दगी की अपनी
झोली को
काम से न सही
काम की बोली से भरा है

और ज्यादातर मेरी
बोली से कोई न कोई
उत्साह, रंग, रूप
भंगिमा का सपना
झरा है

और यह अभी
कभी कम कभी ज्यादा
मेरी बोली से होता चला जाएगा

मगर मैं अगर इसी के लिए
जीता चला जाना चाहूँ
तो अब एक आधे-आधे 'होने' के हाथों
पूरा-पूरा 'न होना'
छला जाएगा

'भव रोग'
यानी 'होने' की बीमारी
अब मुझ पर

खासी ठीक उतर आई है
इसलिए 'न होने' की इच्छा
पहले से भी ज्यादा
जी में उभर आई है

चौंसठ बरस भी कम

नहीं होते
अभावों को रोने के लिए

इसीलिए मैं अब
थोड़ा व्याकुल हूँ
'न होने' के लिए

और तुम्हारे पत्र से पाए हुए
आशीर्वाद को तुम तक
वापस भेजता हूँ
कि तुम लिखो कि
वापस लिया मैंने
अपना इतना
लम्बा-चौड़ा आशीर्वाद

मैंने अपने रहने के दिनों में
जितना फैलाया है
उतने को समेट लूँ

बची-खुची जगह को जरा
व्यवस्थित कर दूँ

अपनी तमाम फैली हुई
कविताओं को
कुछ इस तरह धर दूँ
कि अगर कभी कोई

उन्हें यहाँ से वहाँ
करना चाहे तो
कर सके आसानी से

शिकायत न सुनूँ मैं
शरीर छूटने पर
कि जितनी जगह
घेरनी थी
उससे ज्यादा घेर ली है
भवानीप्रसाद मिश्र की
वाणी ने!

7

रात का सारा विस्तार
आज कमरे में सिमट आया है
लगता है दिन-भर
लिखने में जुटे रहकर
मैंने यह अन्धकार
कमाया है

8

जैसे नदी में
सिर्फ पानी नहीं बहता
फूल पत्ते नावें दीपक
और मुर्दे तक बहते हैं

इसी तरह मन में
सिर्फ विचार नहीं रहता
अच्छा या बुरा
सुगन्ध और प्रकाश
और विश्वास और
उदासी सब रहते हैं
एक साथ

बहाव का आधार पानी है
विचार का वाणी है

विचार रम न जाए
पानी की धारा थम न जाए

तो सब ठिकाने लग जाते हैं
फूल पत्ते लकड़ी नावें दीप
और शरीर

सुगन्ध और प्रकाश
और विश्वास
और इच्छाएँ अधीर!

9

ऐसा क्यों नहीं मानते तुम
कि तुम ही ब्रह्मांड हो

सारी पृथ्वी हो तुम सारा आकाश हो

सब तुममें हैं तारे और नक्षत्र
और राशियाँ

सारे जेरुसलम सारे मक्के-मदीने
और सारी काशियाँ

अँधेरा तुममें से निकलकर
घिरता है

सूरज का प्रकाश
तुम गिराते हो धरती पर
तब गिरता है

तुमने आसमान छूने वाले
पहाड़ उठाए हैं

धरती को सींच देने वाले
सोते बहाए हैं
तुममें से फूटती है लपट आग की

लावा तुम उगलते हो
भूकम्प तुम लाते हो

चार सौ मील फी घंटे का तूफान
तुम उठाते हो

तुम क्रोध को सुलगा देते हो सहज
मार्तंडों की शक्ति रखने वाली
बाती की तरह

घृणा को प्यार और उत्सुकता से
खोल देते हो तुम सायास ढकी
किसी छाती की तरह

मौत को तुम हाथ की तरह
सिर पर फेर देते हो

पृथ्वी की कटि
समुद्र की मेखला से घेर देते हो
प्राणदायी हवा से
वातावरण को तुमने भरा है

यह जो जन्म है और जरा है
सो तुम देते हो

हर चीज को तुम अपने में
समेट लेते हो

सोंधी सुगन्ध
फैला विस्तार
लचीली नदी

मजबूत ठोस नाव
मजबूत ठोस चीजों और
मजबूत ठोस आदमियों से लदी

मित्रों से ज्यादा मीठे पेड़
गाएँ बकरियाँ और भेड़

हाथी और घोड़ा और कोयल
और क्रौंच हंस और सारस

हीरा और कोयला
लोहा और पारस

सब तुम हो

सवाल कर सकते हो तुम
कि ऐसा क्यों मानें हम
दम क्या है
इतने बड़े मुगालते को पाल लेने में

समूचे ब्रह्मांड को
अपनी टुक-देही झोली के भीतर
डाल लेने में

समूचा इतिहास है दुनिया के
बनने से अब तक के बदलावों का
हमारे सामने

न कोई बनने को थामने पाया है
न बदलावों को
न कोई काट पाया है आसमान
न भर पाया है घावों को

चीजों को अपने-अपने आकार
छोटे करने पड़ रहे हैं
और तो और
छोटा होना पड़ रहा है
समय को और अवकाश को

पैमाना बनाना पड़ रहा है
समय गिनने का प्रकाश को

और दूरी को भी नापा जा रहा है
प्रकाश से

मेरे जैसे हताश से ऐसी बातें कहना
अर्थ
नहीं रखता

मैं अपने पास कुछ भी
व्यर्थ नहीं रखता
कहाँ रख लूँ चीजें जो
तुमने गिनाई हैं

कैसे मान लूँ कि ये और
इनके अतिरिक्त सारी सत्ताएँ
मैंने बनाई हैं

तोड़ने और जोड़ने वाली
पकड़ने और छोड़ने वाली

तब तुम कहोगे कि जेलखाने
मैंने बनाए हैं
जुल्म मैंने ढाए हैं

लोगों को दीवारों से घेरकर
मैंने चलाया है चलन अँधेरे का
गीदड़ रहकर
चमड़ा मैंने ओढ़ा है शेर का

और लोगों को दबाया है

सहज नहीं दबे हैं जो लोग
तो उन्हें मैंने चबाया है
जो मैं जानता हूँ
वह अलग है उससे
जो तुम कह रहे हो

अनुभव नहीं होता जिसका
उसे मानूँ और कहूँ
तो भी तुम जिस तरह कह रहे हो उसे
उस तरह कैसे रहूँ

जिन्दगी को समझने के लिए
मेरे पास
देह है बुद्धि है मन है

इन्हें मैंने बरता है जिन्दगी को समझने की
दिशा में

कभी स्वच्छ दोपहरी में
कभी काली गहरी निशा में

हर बार बुद्धि भटकी है मन दुखा है
देह टूटी है

और हर बार लगा है मुझे
बड़ी कोई भी कल्पना
सरासर झूठी है

खयाल जरूर साथ देते हैं
स्मृतियों को टिका लेते हैं
कई बार एक जगह से ले जाते हैं ये

दूसरी जगह हमें पलक मारते
और जीत जाते हैं खयालों में हम
हारते-हारते

मगर खयाल में कई चीजें मिली हुई हैं

उसमें अधूरे अनुभव हैं
और सुने हुए किस्से हैं

अपनी रायों और दूसरों की
रायों के हिस्से हैं

कई बार देखा है कि
खयाल में बुद्धि की भी
छोटी-मोटी रेखा है

और उसकी चुटकी में
छोर भी आ गया है एकाध बार
तेज उड़ती हुई कल्पना का

इसीलिए वह
देह और मन और बुद्धि
का एक मिला-जुला खेल है

अलग-अलग इन तीनों का
पूरा मेल
इसे सधता नहीं है

इसलिए खयाल बहुत देर तक
किसी को बाँधता नहीं है
और खुद भी बहुत देर
किसी के बाँधे बँधता नहीं है

स्मृतियाँ जो उसने टिकाई थीं
इसीलिए मुरझा जाती हैं

बहुत भीतर कहीं बिला जाती हैं
और आती हैं फिर कभी जब
किसी घड़ी में

तो पिरो नहीं पाते हम उन्हें
शृंखलाबद्ध किसी लड़ी में

उड़ती-उड़ती और
धुँधली-धुँधली यादें
आदमी को क्या सहारा दें
कितना साधें

इसलिए मैंने तुम्हारी बात
सुन ली है

मगर जिन्दगी की एक पद्धति
मैंने चुन ली है

वह सादी है और सरल है
वह सहारा देती है और ताकत भी

खासी बड़ी तकलीफों में
कहने लायक राहत भी

मगर मैं इस वक्त
उसकी बात नहीं करूँगा
क्योंकि वह एक व्यक्तिगत बात है

और उसे जो कटनी है
वह एक व्यक्ति रात है

अपनी हद तक उससे ताकत मिलती है
और राहत
मगर दे नहीं पाती वह
दूसरों को राहत या ताकत

बहुत हुआ तो दूसरे
उसके कारण मेरी तरफ
आँख उठाकर देख लेते हैं

और धन्यवाद दे देते हैं
कि मैंने उनकी तरफ हाथ बढ़ाना
अपने हाथ का काम माना

ज्यादा सम्बन्ध आ गया
तो उनका नाम पूछा
उनका नाम जाना

सलाह माँगी उन्होंने तो
बात जितनी समझ में आई
उस हिसाब से सलाह दे दी

उन्होंने राह माँगी
तो थोड़ा हट गया रास्ते से
और उन्हें राह दे दी

मगर यह सब बहुत कम हुआ
और लगभग व्यक्तिगत हुआ

बड़े किसी पैमाने पर मैं जुटा हूँ
जब कभी जहाँ जिस काम में
मैंने देखा है वहाँ
हल कुछ नहीं हुआ है

हजारों क्या लाखों आदमियों के
मिलकर काम करने पर भी
फल कुछ नहीं हुआ है

किसी एक पद्धति ने
सदियों के श्रम से प्राप्त फल को
समूची आदमीयत के बल को

रौंदा है तोड़ा है
गड़ाया है सड़ाया है

और फिर खुद रौंदी गई है
तोड़ी गई है
गड़ाई गई है, सड़ाई गई है

हम ज्यादातर लोग
जीते हैं और प्यार करते हैं
और मर जाते हैं

जानते नहीं हैं जीने का छन्द
परस्पर लेते-देते रहने का आनन्द
अपने को बड़ा मान लेते हैं या छोटा

और अभिमान में और आवेश में
या सिर झुकाकर क्लेश में

दिनों को घसीटते हैं
अपने साथ

या फिर जैसे-तैसे उन्हें काटते हैं

दोनों हालतों में हम
चारों तरफ तकलीफें बाँटते हैं

जैसी बातें तुमने कहीं
वैसी बातें सुनकर सुख होता है
अच्छा लगता है
अनवरत और अबाध कल्पना की
उड़ान में अहसास
असम्भव को मुट्ठी में पकड़े रहने का

मगर खटना खाना और सो जाना
यह बँधा-बँधाया एक त्रिकोण है
मेरे या मेरे आसपास के लोगों का

यहाँ तक कि कई बार
बल्कि ज्यादातर
बँधा-बँधाया भी नहीं है यह
छिन्न-भिन्न है

सम्यक् किसी भी सहारे का अभाव
जगाता रहता है जी में नए घाव

और देखने लगते हैं हम
हर बड़ी सम्भावना को
सन्देह की निगाह से

प्रकाश राह नहीं दिखाता तब
एक चकाचौंध में डाल देता है

कोई एक क्षण
छाती में उबाल देता है
सदियों से जमा तकलीफें मन में

निरर्थक लगने लगता है
जीवन का सब कुछ जीवन में
और इच्छाएँ अँधेरे के समुद्र में
पत्थर की तरह डूबने लगती हैं

समझ में नहीं आता
मैं हूँ भी या नहीं

सारी लालसाएँ ऊबने लगती हैं
कुछ बनने और बनाने की

जान पड़ता है
कोशिशें कर रहा था मैं अब तक
हथेली पर सरसों जमाने की

सब धोखा है और छल है
फल न आज है न कल है

जीना खालिस मृगतृष्णा में
खटते जाना है क्षण-भंगुर के लिए

बीज बोना
रोना है आगे पीछे
मुरझा जाने वाले अंकुर के लिए

शाश्वत कुछ नहीं है यहाँ सिवा
फैले बंजर मैदानों गंजे पहाड़ों
और बालू से भरे सागर तट के

आओ-जाओ इनमें
आशा के गीत गाओ इनमें
और फिर सोचो बैठे-बैठे
कि हमने यह क्या किया

किस वंचना में पड़कर
किस मसरफ का जीवन जिया

सीधा-सीधा अपने लिए जीते
और मजे में रहते हुए
मजे में मर जाते
तो पछताने के दिन नहीं आते

सदियों से आदमी ने
इच्छा का एक पंछी
पाल रखा है अपनी छाती में

जो फड़फड़ाता रहता है भीतर
शक्तिशाली मगर लाचार
अपने दो अदद डैने
कि दुनिया के लिए
कुछ नहीं किया मैंने

अभी तक नहीं समझा यह
कि काल को काटा नहीं जा सकता
अस्तित्व और अनस्तित्व के
बीच की खाई को पाटा नहीं जा सकता

टिका रहे जो
ऐसा कुछ यहाँ
बनाया नहीं जा सकता

रचने का त्योहार
विनाश के सिलसिले में
मनाया नहीं जा सकता

जो बना है सो
किसी के बनाने से नहीं बना

धरती और आकाश
और समुद्र और वातावरण
जरूर ये नहीं जानते
पूरा-पूरा मरण

जीते रहते हैं ये
थोड़े-बहुत बदलावों के साथ

मगर क्या इन्हें गढ़ने वाले हाथ
हमारे या तुम्हारे हैं

ये जो तारे हैं
सो क्या हमारे लगाए हुए नारे हैं
आसमान में

समझना चाहिए हमें
कि बनी रहने वाली कोई भी चीज
हमने बनाई नहीं है

मनाई है हमने भंगुरता
अमरता हमने मनाई नहीं है

इसलिए हम नहीं मान सकते
कि हम ब्रह्मांड हैं
और हममें हैं तारे-नक्षत्र
और राशियाँ

सारे मक्के-मदीने
और सारी काशियाँ

कैसे मान लें हम
कि अँधेरा हममें से घिरता है

सूरज का प्रकाश
हम गिराते हैं पृथ्वी पर
तब गिरता है

हमें यही मालूम नहीं है
कि हम मूल में क्या थे
फूल में क्या थे और फल में क्या हैं

और तुम हमें यह समझाना चाहते हो
कि आसमान छूने वाले पहाड़
हमने उठाए हैं

धरती को सींच देने वाले सोते
हमने बहाए हैं

प्राणदायी हवा से हमने
भरा है वातावरण
जन्म और जरा और मरण
हम देते हैं

हम सब कुछ निःसृत करते हैं अपने में से
और हम सब कुछ
अपने में समेट लेते हैं

इस छलावे को मैं छल मानूँगा
इसे मैं अपने को समझने का
हल नहीं मानूँगा

मैं उत्तर से एक बार
कस्तूरी लाया था
और दक्षिण से एक बार
एक काले पत्थर की मूरत

कस्तूरी सुगन्ध है
धीरे-धीरे कई तरह से
काम में लाई गई
फैल गई और गई

मगर मूरत आज भी है
उसी तरह काली और
मजबूत और नई

इसी क्षण इतना लिखते-लिखते
हवा जोर पकड़ गई है
और भड़क उठी है
मेरी खिड़की

मैं उसे अब खोले
नहीं रह सकता
एक नई स्थिति के
सामने

वातायन बन्द किए बिना
चारा नहीं है

कल्पना सहारा नहीं है
किसी नई स्थिति के
साकार हो जाने के बाद

इसलिए मैं अब तुमसे
फिर बात करूँगा
खिड़की बन्द करके
तूफान में सो जाने के बाद!

10

दुनिया
बल्कि तुम्हारा बताया हुआ ब्रह्मांड
लपटों से घिरा है

और लपटें
तेज हो रही हैं उननचास पवनों से

हाहाकार की ध्वनि
ऊँची उठ रही है त्रिभुवनों से

और हम हैं
कि बच्चों की तरह
धूप-छाया का खेल खेल रहे हैं

अपने को अमर मानकर
दोस्त को
खाई में ढकेल रहे हैं

दो टुकड़े देश की
खाई चिल्ला रही है
कि मैं मुर्दों से नहीं
भरी जाना चाहती

मुझमें पानी भरो
मुझमें विस्फोटों के स्वर नहीं
प्रेम की वाणी भरो

जो नहीं हुआ है समुद्रों से
वह हो जाए तुम्हारे किए

समुद्र तो विस्फोटों से
नपुसंक हो गए हैं

तुमने उनकी लहरों को
बुझाने वाला नहीं
भड़काने वाला बना दिया है

बिना जाने-बूझे तुमने
जीवन की छाती पर
मरण-त्योहार मना लिया है
अब त्योहार की थकान
दौड़-धूप का श्रम
तुम पर तारी हो रहा है

जीवन का एक-एक पल
भारी हो रहा है

शरीर थक रहा है
बुद्धि फट रही है

कीर्ति बढ़ रही है
शक्ति घट रही है

और सोच रहा हूँ मैं
मुझे कहो हमें कहो
विस्फोट का शौक
चर्राया था

बिना समझे
सुनी हुई बातें करना भाया था

खाई की आवाज
मुझ तक तेजी से आ रही है

भले ही अखबार की हर सुर्खी
उस आवाज को दबा रही है

ज्यादातर लोग प्रेम की वाणी को
न सुनते हैं न कुछ गुनते हैं

मगर मैं उसे सुन रहा हूँ
और खाई को भरना चाहता हूँ

पूछ रहा हूँ खाई से
क्या मैं अकेला
तुम्हें भर सकता हूँ

और खाई कह रही है
तुम अपने को
ब्रह्मांड क्यों नहीं मानते

और क्यों नहीं मानते
अपनी आँखों को ही
प्रेम के सप्त-सागर

मुझे अपनी आँखों के पानी से
भरो तो आज के समुद्रों की
बड़वानल ठंडी पड़ेगी

आदिकाल से आज तक की
हर पीढ़ी मानो
एक साथ आगे बढ़ेगी

काले धुएँ के खम्भे
हरे वृक्षों में बदल जाएँगे

तुमने जिनकी कल्पना की थी
वे ठीक दिन आएँगे
आँसुओं के बल पर

जबकि भरोसा किया था तुमने
दोस्त को ढकेलना
मेरे जल के तल पर
आज तुम्हारा जनम-दिन है

क्यों नहीं मानते तुम
कि आज तक के समूचे समय का
यह सनम-दिन है

और इसमें सब हो सकता है
तुम्हारे अकेले के किए

जिसे करने के खयाल में
बड़े से बड़े लोग जिये
हो नहीं पाया वह आज तक
इसीलिए आज नहीं होगा
ऐसा मत मानो

अपने आपको पूरा ब्रह्मांड जानो
और जानो ब्रह्मांड का
बनाने वाला तक

11

मेरा और तुम्हारा साथ
कम नहीं रहा

तिरसठ बरस
और सो भी ज्यादातर सरस

हम एक-दूसरे से तूठे ज्यादा
रूठे कम

एक-दूसरे के प्रति
सच्चे ज्यादा रहे
झूठे कम

मगर हमेशा तो कोई
किसी के साथ नहीं रहता
हमारा भी साथ छूटेगा

चाहता हूँ साथ
किसी धक्के से
भीड़-भाड़ में न छूटे

हम एक-दूसरे के सामने खड़े होकर
और एक-दूसरे से बड़े होकर
यानी किसमें ज्यादा धीरज है
समझ में न आए
इतने इतमीनान से विदा लें
गले मिलकर

और अभी जितने खिले हैं
उससे जरा ज्यादा खिलकर

इस चाव से कि
फिर मिलनेवाले हैं हम
किसी दिन
एकाएक और भी अच्छे दिनों में
और भी ज्यादा
चकित भाव से!

12

एक रात होती है
जो रात-भर रोती है

एक रात होती है
जो रात-भर सोती है

मैंने आज दोनों को मिला दिया है
एक बड़ी बोतल में भरकर
दोनों को जोर से हिला दिया है

और बदल गए हैं उनके स्वभाव

एक तो वे दोनों काली थीं
सो काली नहीं रहीं

दोनों अपने-अपने ढंग से
खाली थीं सो खाली नहीं रहीं

और तीसरे
वे दोनों हँस रही हैं
और जाग रही हैं

आमने-सामने बैठकर
दो टुकड़े भविष्य को
ताग रही हैं

जब दो टुकड़े
भूत कहो भविष्य कहो
तग जाएगा
तब एक हुई इन
दो रातों के आँगन में
मेला लग जाएगा

मेले की हलचल शोर और गुल
जुज नहीं रहने देंगे किसी को
सबको बना देंगे कुल

लोग शोरगुल सुनकर
आँखें मलते-मलते उठेंगे
और दौड़ेंगे
और गले लगेंगे
और गीत गाएँगे

दो टुकड़े भूत या भविष्य-जैसे
अब तक के टुकड़े-टुकड़े लोग
मिलेंगे अपने समूचेपन में
और जीत जाएँगे

गीत गाएँगे
दो टुकड़ों के एक हो जाने का
और संकल्प करेंगे
फिर कभी न सो जाने का

पूछते हो किससे जीत जाएँगे

किससे कहूँ
इससे कहूँ कि उससे कहूँ

फर्क कुछ नहीं पड़ता
क्योंकि तय है

टुकड़े हार जाएँगे
लोग जीत जाएँगे!

29 मार्च, 1976

औरतें जो किसी जमाने में

औरतें जो किसी जमाने में
लड़कियाँ थीं
पास-पास बैठी हैं
और बातें कर रही हैं
धीरे-धीरे
तुम्हारे उपवन में मलय-समीरे
हँस-खिल पड़ती हैं
बीच-बीच में
कि लोगों की आँखें नहीं रहीं
लावण्य नहीं दिखता
उन्हें उनके किरणों से भी स्वच्छ बदन का
घने काले उनके केशों में वे बादल नहीं
एक चाँदनी देखते हैं
हँस-खिल पड़ती हैं
वे बोलते-बोलते
मीठी अपनी वाणी में
ताने घोलते-घोलते
कि फर्क नहीं समझते लोग
कोरी लड़की और समझदार औरत का!

25 अप्रैल, 1976

ठीक है, जमाकर बातें करो

ठीक है, जमाकर बातें करो, साफ-सुथरे दिनों को
काली घनी रातें करो और लोगों से कहो, क्या
शानदार सूरज निकला है! आज इस सूरज के गीत

गाओ, आओ आओ अनोखे इस प्रभात के
प्रकाश में आओ, आओ और गाओ, हँसो और
मुसकुराओ—बताओ सारी दुनिया को कैसी
शानदार सुबह लाए हैं हम, कम लोगों से बना
होगा ऐसी सुबह लाना उस वक्त, जब रात का
घना होना शुरू हुआ था, हमने ऐसे वक्त करिश्मा
किया है, जब कोई और कर नहीं सकता था
इसीलिए हम जोश में हैं अपना भाग्य बदलने की
चाबी इस वक्त हमारे हाथ में है और मुट्ठी-
भर लोगों को छोड़कर देश तो छोड़ो सारी
दुनिया हमारे साथ में है—हम सही रास्ते पर
हैं और जोश में हैं, बेहोश हैं मुट्ठी-भर आदमी
या हमने इन्हें बेहोश कर दिया है क्योंकि
ये निरर्थक बातें कर रहे थे साफ-सुथरे दिनों की
रातें कर रहे थे, हमने एक झटके में इनको
तोड़ दिया है, बन्द अँधेरे घेरों में
तड़पने पर छोड़ दिया है और सुबह की
रोशनी देश के गाँव गली चौराहों
पर कर ही नहीं दी है, भर दी है!
ठीक है भाई करो जमाकर ऐसी
ही बातें करो—और गाओ और हँसो मुसकुराओ
तमाम गलत बातें हँसकर और मुसकुराकर कहो, ऐसा
किया जाता रहा है, आज भी किया जा सकता है—और
खास कर इस देश की राजधानी दिल्ली में!

1 सितम्बर, 1976

कविता आखिर प्यार की आवाज है

कविता आखिर प्यार की आवाज है
प्यार आदमी से है कि किसी और चीज से
तेजी है जिसमें, कोई अनोखापन है
व्यवस्था के नाम पर जमी अवस्था से जिसमें
रण है प्यार परिचय से पैदा हुआ है
या एक नजर में महसूस करके जरूरत खिंचने की

या धारा बनकर किसी प्यासी धरती-भर सिंचने की
प्यार जीव से हो सकता है जन्तु से—प्राणों को
बाँधने वाले किसी को मल तन्तु से हो सकता है
अनिवार्यता है कविता, ऐसे मनों के लिए
जो घटनाओं से हिलते हैं
हिलाने वाली घटनाओं से जो
आगे बढ़कर मिलते हैं
कौतूहल जागता है जिनके मन में
बच्चों जैसा और भय
और जागती है जिनमें इनको बाँधनेवाली बोली की लय
दुःख में सहलाने वाला हाथ है यह
सुख को दुलराने वाला हाथ है यह
इसलिए इसे पढ़ो लिखो याद करो गुनगुनाओ
इसे धीरे स्वर में जोर से गाओ अकेले में
और मिलकर कि लोग घटनाओं से हिलें
उनसे आगे बढ़कर मिलें।
लोग मुरझाने के बजाय
हर हालत में इसके बल पर खिलें।

3 सितम्बर, 1976

एकाएक उनका हाजमा

एकाएक उनका हाजमा बहुत बढ़ गया, नया शौक लगा लिया
उन्होंने पैसा खाने का और दावतें दे-देकर लोगों को पैसा खिलाने का
एक तरह से कह सकते हो वे आग खाने लगे अंगारे मूतने लगे
सारी दुनिया से अपने को अलग और बढ़कर कूतने लगे
पैसा खाना उन्हें इतना पसन्द आया कि पल-पल सवाया हो चला
उनका आहार और उन्होंने तय किया कि
कोई और देखा-देखी में न पड़ने पाए पक्का प्रबन्ध कर
दिया उन्होंने इसका कि किसी
और ने पैसा खाया और कम-से-कम पेश नहीं किया
उसका अस्सी प्रतिशत खाने के पहले उनके दस्तरख्वान पर
तो आ बनेगी उसकी नन्ही या बड़ी
जैसी भी हो जान पर! एक जमात की

जमात पैसा खा रही है और जितना खा रही है
उसका अस्सी प्रतिशत उन्हें खिला रही है जो एक तरह से
आग खा रहे हैं अंगारे मूत रहे हैं, सारी दुनिया से अपने
को अलग और बड़ा कूत रहे हैं!

4 सितम्बर, 1976

जिन इच्छाओं को पकड़ने की धुन में

जिन इच्छाओं को पकड़ने की धुन में
तुम्हारी चाल तेज हो गई है
और सोच रहे हो तुम कि कल बहुत हुआ
तो परसों तक तुम उनके पास पहुँच जाओगे
और झपटकर पकड़ लोगे उनके झोंटे
वे इच्छाएँ चकमा देकर
तुम्हारे पीछे हो गई हैं
और चली जा रही हैं
आराम से तुम्हारे पीछे आश्वस्त भाव से
कि तुम्हारा और उनका पार्थिव
संगम तो कभी नहीं होगा
इच्छाएँ मजे में हैं
मजे में हो जा सकते हो तुम भी
इस अमराई में अगर बैठ जाओ
जो इच्छाओं के मारे हुओं को
बिलमाने के लिए किसी ने लगाई थी
सुस्ता लो इसकी घनी छाँह में
और देखो समझो सुस्ती का सुख
चुस्ती का खयाल छोड़कर
तुम रुक गए और झपक गईं अगर तुम्हारी आँखें
तो इच्छाएँ जो अभी धीरे-धीरे
तुम्हारी तेजी का मजा लेकर चल रही हैं
हँसती मुसकुराती अपनी पर उतर आएँगी
लग जाएँगी उनकी पाँखें
आ बैठेंगी वे तुम्हारे सिरहाने
आँख खुलेंगी जब तब वे

अँगुलियाँ फेर रही होंगी तुम्हारे बालों में
और तुम एकटक निहारते रह जाओगे उनकी तरफ
भूल जाओगे झपटने की बात
सारा व्यक्तित्व ही तुम्हारा तुम्हें बदला हुआ मिलेगा
अमराई की छाँह में
कामना का शतदल ऐसा खिलेगा
जैसे मानसर हो अमराई

9 सितम्बर, 1976

अनुपलब्धि

मैंने एक किरन देखी है
जो सविता है

मैंने एक हँसी सुनी है
जो कविता है

एक फूल देखा है मैंने
जो सचमुच कमल है

एक रंग देखा है मैंने
जो ठीक धवल है

सारे रंग जिसमें समाए हुए हैं
तपाए हुए सोने से अलग

हर तरह के होने से अलग
यह किरन यह हँसी
यह फूल यह रंग
मगर आनन्द नहीं है मेरे जीवन का

क्योंकि मैं इसे
देखता रह गया हूँ
छन्द नहीं कर पाया हूँ अभी!

10 सितम्बर, 1976

अकिंचन

इस छोटे से फूल को
कोई नहीं जानता

लता भी इसकी विचित्र है

रोज एक फूल खिलाती है
सबेरे-सबेरे

और फिर हँसकर
आँख मिलाती है सूरज से

शाम तक
उसी भाव से बिखरता है
यह फूल

निखरता है रोज सबेरे
जिस भाव से

इस छोटे से फूल को
कोई नहीं जानता!

11 सितम्बर, 1976

अजस्त्र

वर्षा ने मेरा बरसना देखा

आई जैसे
उसके भी चेहरे पर
एक रेखा
कि हाँ कम बादल नहीं हैं
इस आदमी के पास

त्रास यह भी दे सकता है
अपने बहाव से

आसपास को

खेतों और मैदानों को तो खैर—
सींच ही सकता है

रुकता ही नहीं है
शुरू हो गया है तो

सोचती थी कि
अब थकता है
तब थकता है
यह आदमी
बरसने से!

12 सितम्बर, 1976

समयगन्धा

तुमसे मिलकर
ऐसा लगा जैसे
कोई पुरानी और प्रिय किताब
एकाएक फिर हाथ लग गई हो

या फिर पहुँच गया हूँ मैं
किसी पुराने ग्रन्थागार में

समय की खुशबू
प्राणों में भर गई

उतर आया भीतर
अतीत का चेहरा

बदल गया वर्तमान
शायद
भविष्य भी!

23 सितम्बर, 1976

एक लापरवाह सादगी के साथ

एक लापरवाह सादगी के साथ
उठाकर हाथ विदा लेने के भाव में
मैंने अपने घाव में जैसे उँगली चुभो ली
इतना सरल नहीं था चल देना
बल देना जरूरी था दूसरी तरह से
उस पल में टूटते हुए मन को
मैं समझा था ऊपर से
मजबूत बने रहना भी काफी होता है
किस्सा कोताह अब मैं
पहले से ज्यादा तकलीफ में हूँ
और भी ज्यादा इसलिए
कि जानता हूँ
जिनसे विदा ले ली है
वे लीन हो गए हैं

28 सितम्बर, 1976

चूँकि मैं हूँ

चूँकि मैं हूँ मैं गाता हूँ
चूँकि मैं हूँ
मैं अपने से बाहर जाता हूँ
और लौटकर फिर अपने में
आता हूँ सूर्य में लौटने वाली
सूर्य की किरन की तरह
हवा मुझमें से गुजरती है
मानकर मुझे वन की तरह
बढ़ाते हुए अपना और मेरा सुख
मैं हवा का मुँह
यों चूमता हूँ जैसे हवा कोई नन्ही बच्ची हो
और हवा भी झूमती है मुझसे यों
जैसे नन्ही बच्ची हो लाडली

सिकुड़ी हुई झील के किनारे
बैठा रहता हूँ पालथी मारे
ताकता रहता हूँ उसका पानी
पीले फूलों के झुक्के
फूलने को देहरी पर काँस
हरहराता बाँस
शाश्वत शरद का वातावरण
फैला है मेरे बाहर
सिमटा है मेरे भीतर

चूँकि मैं हूँ
मैं इसे गाता हूँ
बाहर की इस गनीमत को
अपने भीतर पाता हूँ।

6 अक्तूबर, 1976

जमीन में नीचे-नीचे-नीचे

जमीन में नीचे-नीचे-नीचे
बह रहा है गहरा नीला पानी आँखें मीचे
खबर नहीं है उसे
जमीन पर बहने वाले पानी की
जिसे चैन नहीं लेने देते हम
हरदम उसमें
उससे ज्यादा हमारी हस्ती
कई बार हमारी पूरी बस्ती उसकी छाती पर

जमीन में नीचे
बह रहा है जो पानी आँखें मीचे
उसने न बुझाई हमारी प्यास
न उसने हमारे बगीचे सींचे
न मौका दिया ऐसा
कि ले जाते हम उसके ऊपर
अपनी कोई छोटी-बड़ी नौका

मगर यह कब तक यों बहेगा
आदमी उसकी छाती में
छेद किए बिना कैसे रहेगा

उसके लिए धरती पूरी नहीं
पड़ रही है
नक्षत्रों की सूनी हस्ती उसे गड़ रही है
आसमान हवा आग धरती
सब उससे पनाह माँग रहे हैं
धरती के नीचे का पानी कब तक खैर मनाएगा
आदमी उसे ऊपर खींचेगा
खींचता भी है
उससे अपना अहंकार सींचेगा
सींचता भी है।

6 अक्तूबर, 1976

सच से आँखें नहीं मिला पातीं

सच से आँखें नहीं मिला पातीं
हमारी हल्की खुशियाँ
बहुत तेज है उसका उजाला
हमें तो कोई धीरे-धीरे
सावधान प्रेम और प्राण की सारी
शक्ति की ओट देकर उसके पास
ले चले तो बने कुछ बात
और इस यात्रा-भर में
न वह खुश दिखे न हम
उदासी और चिन्तन और इच्छा की तीव्रता
साथ हो जाने वाले
और ले जाने वाले के
ये जो मार्गदर्शक या गुरु सुने गए हैं
वे इसी लाचारी में से चुने गए हैं।
ले गए हैं वे लोगों को सच के पास
ऐसी ओट देकर

फिर भी ज्यादातर लौटा है
सच से आँखें चार करनेवाला
कोई चोट लेकर
या खोकर अपनी आँखें

योगी सच को इसीलिए
ध्यान में देखता है
और मैं खोजता हूँ उसे
अपने ही टपकाए गए शब्दों में

गुरु न मिला है मुझे
न मैंने खोजा है
सोचा है शब्द को मैंने अपना सहारा
और जितनी झाँकी मिलेगी
उस परम तेज की
इसी चिलमन की आड़ से लूँगा मैं
अपनी आँखें नहीं दूँगा मैं
उसे सूरदास की तरह
(क्योंकि आँखें देकर भी आखिर सूरदास ने
सच को शब्द के जरिए पाया)
आया होगा वह औरों के पास किसी और ढंग से
मेरे पास तो इसी तरह लगनेवाला है
शब्द के बिना परमर्क तक मेरे लिए काला है
और पता नहीं चलता मुझे उसके आने-जाने का।

7 अक्तूबर, 1976

जैसे जाना चाहिए वक्त को

जैसे जाना चाहिए वक्त को
वैसे ही जा रहा है वह

यानी तेजी से
फर्क करें-करें दिन और रात में
दो बरस बीत गए

तब तक बात की बात में
कितने छोटे-छोटे लोग
कितने बड़े हो गए
और बड़ी हस्तियाँ
हो गईं ओझल आँखों से यों
कि जैसे न कभी वे थीं
न फिर कभी सामने आएँगी
न ठीक निराश हो पाए थे बेचारे
न बाँध पाए कोई आशा
बदल गई इसी के बीच अधिकार और कर्तव्य की परिभाषा

दो बरस और ऐसी ही तेजी से चले जाएँगे
और फिर बरस के बाद बरस
इसी तरह पच्चीस तीस चालीस साल
काल अपनी चाल से चलता रहेगा
परिवर्तन जितनी तेजी से आया है
शायद उससे भी तेजी से जाएगा
सहने नहीं पाएगा
यह पुराना देश
परिवर्तन की इस नई
और निकम्मी ही नहीं विनाशक गति को
जिसने सात-आठ हजार बरस
गुजार दिए थे
किसी बहुत बड़ी व्याकुलता में पड़े बिना
आए आक्रमणकारी और लूट ले गए शहरों को
जिन्होंने अपने ही देश के गाँवों को लूटा था
गाँवों पर बहुत असर नहीं पड़ा
आक्रमणकारियों में से कुछ के यहाँ बस जाने पर भी
स्वतंत्रता की भावना का रस जाने पर भी
गाँव काफी हद तक स्वतंत्र बने रहे
मगर आजाद हुए जब हमारे शहर
और शहरों की रानी दिल्ली
तब प्रगति के नाम पर चला आक्रमणकारियों की तरह
गाँवों को लूटने का क्रम
केवल जमीन पर कर था
नए आक्रमणकारियों ने वहाँ आयकर लगाया

अपने मन के अत्याचारियों को पंचायतों के नाम पर
गाँव-गाँव बैठाया
और फिर बाद में उनकी फसलों को
वसूल करने का सिलसिला शुरू किया
सस्ते दामों में
अपनी चीजें मगर वे
उनके लिए महँगी करते गए
जैसे औजार खेती के
खाद और बीज और कपड़ा और नमक
जिसके लिए गांधी ने
दुनिया का सबसे अधिक
याद रखने लायक कूच किया था
शहर तो खैर इस परिवर्तन से
मोटे ही होंगे
चिन्ता गाँव की है
जिनकी पटरी नहीं बैठी कभी निरर्थक गति से
काल ने भी
जिनको बदलने के खयाल से
कभी नहीं छुआ था अब तक
अब उनके बदले जाने पर जोर है
ऊपर के ढंग से
गाँव के पिछड़ेपन का
शहरवालों में बड़ा शोर है
और वे बदलकर रहेंगे उसे
क्योंकि जितना देता आया है
वह अब तक शहर को
शहर का अब उतने से काम नहीं चलता है
कम-से-कम विदेशों में
अब उतने से उसके नाम का प्रकाश नहीं जलता
उसे कई काम करने हैं
शक्तिशाली गिने जाने के लिए
अणुबम तो खैर बनाना ही है
रूस ने मनाया है जैसा
मनाना है वैसा कुछ एक त्योहार
अपने वर्चस्व और दूसरों की

जुबानबन्दी का पाबन्दी का दौर
अपनी इच्छा के सिवा
हर इच्छा पर अभी शुरू भर हुआ है
और छाया है इस पर विनोबा की
गाँववाले अब क्या कह सकते हैं
उन्हें आदत है
और हर हालत में वे जिन्दा रह सकते हैं

अब जो दिल्ली चाहेगी
सो उन्हें पैदा करना पड़ेगा
अपने खेतों में
निकम्मी नौकरशाही और सेना की जरूरत के खयाल से
प्रकृति के हर बवाल से
दिल्ली उनके सिर पर उड़कर
हवाई जहाज से उनकी रक्षा करेगी
दिल्ली की मेहरे-नजर क्या कम है
ओ भाई गाँववाले तुझे अब किस बात का गम है
तेरे बाल-बच्चे ही नहीं होंगे जब
तो सिवा सेना और पुलिस
और पार्लियामेंट के तुझे खिलाना किसको है
इनके लिए ये जो चाहें सो पैदा कर
छोड़ अपने छोटे-से गाँव की चिन्ता
कन्याकुमारी से कश्मीर तक
फैले हुक्कामों पर
अपनी जान शैदा कर
फर्क करेगा-करेगा तू
जब तक दिन और रात में
बदल जाएगा तब तक सब कुछ
तुझे चिन्ता का वक्त ही नहीं मिलेगा
क्योंकि वह जा रहा है जिस तरह
उसे जाना चाहिए तेजी से
अँगरेजी के हिसाब से वह उड़ रहा है
हिन्दी के हिसाब से वह
तेरे पूरब जनम के पापों से जुड़ रहा है
अब तू न निराश हो पाएगा
न बाँध पाएगा आशा

बदल जो गई है तेरे
अधिकार और कर्तव्य की भाषा।

7 अक्तूबर, 1976

आत्मज

बंजर और नंगा
एक मैदान

कान मगर उसके भी थे
मैंने वहाँ अरण्य-रोदन किया

सुना उसने
मेरे आँसुओं को बूँद-बूँद
और चुना

जब फिर उसी एकान्त में
रोने पहुँचा मैं
सात-आठ दिन बाद
तो हरियाली दिखी
एक छोटे से चप्पे में
मैं बिना कुछ सोचे
बैठा-बैठा निहारता रहा

उस छोटे से
हरे अपने आत्मज को!

11 अक्तूबर, 1976

रहस्य

रहस्य
किसी गुफा में
छुपा है अभी तक
कहाँ है यह गुफा

उठो
उसे ढूँढ़ें

और रहस्य को
खींचकर नहीं
जगाकर ले आएँ अपने बीच में

रहस्य
किसी हठ के मारे
नहीं जा बैठा है गुफा में

उसे
खींचने की
जरूरत नहीं है

हमारे जो
रात और दिन होते हैं न
रहस्य के नहीं होते

सो गया है वह
जो
सोया हुआ है

और जगा दें हम उसे
बैठकर उसके पास
तो उठकर बैठ जाएगा वह
और तब
नीली हो जाएगी
वह काली गुफा

जिसमें सोया है वह
रात और दिन के
हमारे जैसे अन्तर के अभाव में

गुफा वह हमें ढूँढ़नी है
धँसना है हमें
उसके भीतर

छू देना है रहस्य को

आत्मीय भाव से
खोल देगा वह आँखें

और देखेंगे हम
कि आत्मीय एक भाव हमारी तरफ
है उसकी भी आँखों में!

17 अक्तूबर, 1976

कैसे बचोगे

कैसे बचोगे
इस भीड़ से
भीड़ में से
उठ रही इस बास से
गरुड़ नहीं हो तुम
न कोई नन्ही चिड़िया
कि स्वच्छ और फैला कोई
आसमान कर लोगे अपना पथ

इसमें घुल-मिल जाओ
आओ इस भीड़ में भी
आओ और चले जाओ
फिर थोड़ी देर के लिए
इसको ही भीड़ से व्यक्ति में
बदलने के लिए
किसी निभृत में
इससे बचने की कोशिश करोगे
तो अभी जितने थोड़े हो
उतने भी नहीं बचोगे

बचो मत इस भीड़ से
भीड़ में से उठ रही बास से
इस बास में से
प्राण खींचो

कोई गुनगुनाई जानेवाली गजल नहीं
सामूहिक गान खींचो।

17 अक्तूबर, 1976

खयाल से भी ज्यादा

खयाल से भी ज्यादा
फैले हुए मेरे हाथ
जब देखता हूँ
खाली दिखते हैं

लिखने को ये
कविताएँ लिखते हैं
मगर इनमें अभी तक
कुछ आया नहीं है

रोज-रोज इतना ज्यादा फैलाकर भी
इन्हें, मैंने कुछ पाया नहीं है

वे हिलते हैं
अपने खालीपन में
और फिर एकाएक
रुक जाते हैं
झुक जाते हैं
जैसे शाम के सूरज क्षितिज पर

ऐसे झुक जाते हैं
इन खाली मेरे हाथों पर
सहारा लेकर मेरे इरादे

मैंने जब इन्हें फैलाया था
पहली बार खयाल से ज्यादा
तो माना था
तारे तोड़कर लाऊँगा
अपने पास के लोगों को
धरकर हथेली पर ला दिखलाऊँगा

और बढ़ाऊँगा उनके भी मन कि
जीवन जो हमें दिया गया है
किसी न किसी तरह के
तारे तोड़ने के लिए है

मेरे मन में पड़ी थी
कहीं यह बात
कि मैं पहले भी आया था
पहले भी मैंने
किसी खयाल में
खयाल से भी ज्यादा
अपना एक हाथ फैलाया था
और चला गया था खाली हाथ

अबके वैसा नहीं होने दूँगा
अबके मुझे लगा था
कि पहले से एक किरण
ज्यादा बुद्धि
एक कण ज्यादा ताकत
एक लहर ज्यादा वाणी की
मेरे पास है
मैं इस एक ज्यादा
किरण के बल पर
सारे प्रकाशों को समेट लूँगा
एक ज्यादा कण के बल पर
जीत लूँगा
सारे रण
एक ज्यादा लहर को बना लूँगा
सात-सात सागर

मगर लगता है
किसी पहाड़ और मैदान के बीच
चुक गई मेरी किरण
गुम हो गया मेरा कण
समाकर रह गई मेरी लहर
और खयाल से भी ज्यादा
फैले हुए मेरे हाथ

खाली रह गए
यानी अब फिर आना पड़ेगा
तारे तोड़ने के लिए

22 अक्तूबर, 1976

मेरी आँख जो देखती है

मेरी आँख जो देखती है
उसे देख चुकने के बाद भी देखती रहती है
यही हाल कानों का है
सुनकर एक बात सुनते रहते हैं वे
जैसे पहरों प्राणों का कुछ मत पूछो
जो कुछ छू जाता है इनको
छूता ही चला जाता है

मेरे इन साथियों के मारे
जो एक बार देख लिया
सुन लिया या उतर गया भीतर
हर जगह चला आता है मेरे साथ

कई बार गुंजाइश नहीं रहती
नया कुछ भी सहेजने की
कितनी पुरानी चीजें ताजा बनी हैं
और उपस्थित जो है
कितना गैर-हाजिर है।

23 अक्तूबर, 1976

तो आदमी

पाँव ठीक रास्ते पर रहे
खून खतरे की घड़ी में भी
ठीक और सम बहे रगों में

तो आदमी
अपने ही नहीं
सबके बन्धन खोलता है

शरीर उसका
अस्तित्व की जय बोलता है
और प्राण घोलता है
अचेतन में अमरत्व!

24 अक्तूबर, 1976

झुकी हुई पहाड़ी पर

झुकी हुई पहाड़ी पर
झुके हुए चाँद ने
मुझे जाने क्यों
अभी चार दिन पहले बताया था
लगभग उँगली उठाकर जताया था कि
जिन्दगी मेरी तुम्हारी इसकी उसकी सबकी बदल गई है
अब मैं जो चाँदनी फैलाऊँगा
वह सबके लिए नहीं होगी
एक-सी नहीं होगी
क्योंकि सबका दर्जा भगवान की
इस दुनिया में
एक नहीं रहा
अब कुछ के मुँह नहीं रहे
कुछ की आँखें कुछ के हाथ-पाँव की पाँखें
और तुम तुम्हारे तो हाथ-पाँव मुँह आँखें
और पाँखें सब समाप्त हो गए हैं
क्योंकि मुक्त तुम्हारे शब्द
मृत्यु को प्राप्त हो गए हैं
और वह मैंने उसका उँगली उठाकर
ऐसा कहना तब समझा नहीं था
मेरा दिमाग तब और कहीं था
तब मैं कविता सोच रहा था

अब चार दिन के बाद देख पा रहा हूँ
ठीक कह रहा था
झुकी हुई पहाड़ी की आड़ में
झुका-झुका चाँद
समझ गया मैं
क्योंकि उस दिन चुका-चुका चाँद
चुकी हुई बता रहा था
मेरी तुम्हारी, इसकी उसकी जिन्दगी।

27 अक्तूबर, 1976

बटनें

आपने बटनें
उलटी-सीधी
लगा ली हैं
अच्छा
बड़ी अजीब चीजें हैं
ये बटनें
खोले डालता हूँ
इन सबको
सन्तुष्ट हैं अब तो
आप

नहीं
आप इन्हें
ठीक लगा लीजिए

तो ऐसा कीजिए
उस कमरे में
सो रहा हूँ मैं
मुझे
उस कमरे में जाकर
जगा दीजिए!

7 दिसम्बर, 1976

क्या जाने

सुगन्ध में
स्वर होता है कि नहीं होता

प्यार में
डर होता है कि नहीं होता

पुरानी पड़ चुकी छवियाँ
मन में नाचती हैं कि नहीं नाचतीं
डूबकर किरनें
छाया को बाँचती हैं कि नहीं बाँचती

फूल और बीज एक हैं या नहीं
पूनों और तीज एक हैं या नहीं

या चीजें सब एक हैं
उनके सिर्फ अलग-अलग रुख हैं
जैसा हमारे ये
सुख और दुःख हैं!

13 दिसम्बर, 1976

पानी को क्या सूझी

मैं उस दिन
नदी के किनारे पर गया
तो क्या जाने
पानी को क्या सूझी
पानी ने मुझे
बूँद-बूँद पी लिया

और मैं
पिया जाकर पानी से
उसकी तरंगों में
नाचता रहा
रात-भर

लहरों के साथ-साथ
सितारों के इशारे
बाँचता रहा!

1976

सिर को पीछे फेंको झटके से

सिर को पीछे फेंको झटके से
साधारण आदमी मत दिखना अभी या कभी भूले भटके से।
तुम्हें तो लोगों को भीड़ बनाकर उनके आगे-आगे चलना है
कोई न कोई प्रगति या विद्रोह का नारा देकर उनको छलना है
कि नेता और सो भी असाधारण बन जाओ तुम एक खटके से।
सिर को पीछे फेंको झटके से
साधारण आदमी मत दिखना अभी या कभी भूले भटके से।

असाधारण दिखने के तरीके सादे हैं
अगर इन्हें सीखने-समझने के इरादे हैं
तो किसी जनवादी कवि या अफसर से मिल लीजिए
गटकिए उनके साथ वह पेय जो गटका नहीं जाता गटके से
नेता हर क्षेत्र के बन जाइए
सो भी असाधारण एक खटके से
साधारण आदमी नहीं दिखना है अभी या कभी भूले भटके से।

1976

कल और आज

मुझे फिर अँधेरे में वे हाथ
दिख रहे हैं आगे बढ़ते
जिन्होंने
कल प्रकाश में
मेरा अभाग
लिखा था

कल मैं
किसी ध्यान में था
और

रोक नहीं पाया था
भाल तक आते-आते
उन हाथों को बावजूद प्रकाश के

अब मैं प्रकाश में जैसा कल था
उससे अलग हूँ
और सजग हूँ

पोंछ लिए हैं मैंने अंक भाल के
काल के हाथों को
रोक दिया है पास आने से

और यह सब हुआ है
अँधेरे में
कंठ खोलकर गाने से!

1976

उत्सव

मैं एक उत्सव
सोचना चाहता हूँ
घनी काली रात में दीपों का

बात सीपों की नहीं
मोतियों की करो
जगमगाहट में झिलमिलाती
जोतियों की करो
चर्चा पागल प्राणों की करो
हँसते हुए जवानों की करो

नाचने और गाने
और
रास रचाने की करो

चारों तरफ
सौन्दर्य के
आने-जाने की करो

होशियारी बघारने का
खयाल
ताक पर धरो

होशियारी
बास देने लगी है अब
जरा बेखबर हो जाओ

मजे को खींच लाने के
खयाल से
जरा बेसबर हो जाओ

खबर देता हूँ मैं तुम्हें
कि हम
जीत गए हैं
हम पर
अँधेरा उतारनेवालों के दिन
बीत गए हैं!

1976

प्रार्थना के पल में

प्रार्थना कर रहा हूँ
अच्छा होता तुम आकर मेरे पास
चुपचाप बैठ जाते

ऐसे न आते जैसे आए हो
आखिर तुम भी
उसी के जाए या बनाए हो
जिसने
मुझे जाया है
या बनाया है

कुछ क्षण माँगता हूँ
तुमसे
शान्ति के

मैं प्रार्थना कर रहा हूँ इस पल में
तुम्हारा भरोसा है बल में
मेरा प्रार्थना में है

दो क्षण
चुपचाप बैठ जाओ
मेरे पास!

1976

शरीर सुख

सबने देखी है तेजी साँप की
और देखा है सबने
उसका लचीलापन

देखा है मगर मैंने
उसका निश्चल मन
एक बार भरे बाजार में

खासी भीड़-भाड़ में
सब्जी खरीदकर
टाँगकर थैला कन्धे पर

चला घर की तरफ
आराम से
जैसा चलता हूँ सड़क के किनारे-किनारे

नजर पड़ी
सड़क से लगी नाली के चढ़ाव पर
एक टेढ़ी-मेढ़ी लकड़ी

खूबसूरत लकड़ी
छिछली हरी घास पर

ऐसी
कि पास बैठकर थोड़ी देर ताका
कि नहीं
साँप तो नहीं है

लगा इतना निश्चल तो
क्या होगा साँप
तो भी देख लेना चाहिए

देखा मैंने
मगर कंकर फेंककर नहीं
छूकर

समझ गया साँप
क्षण से भी कम में
कि आदमी है

निश्चल उसका मन
तन में बदल गया
निकल गया सर्र से कहीं-का-कहीं
लगा शरीर ऐसा चाहिए
निश्चल तब कितना निश्चल
गतिमान तब कैसा!

1976

सपने से बाहर

सपने देख रहा था जो आदमी
वह निकला है
अपने सपने से बाहर
लहूलुहान और भयभीत

अस्फुट-सा
मगर एक गीत
उसकी खून की बूँदों से
टपक रहा है

और देखो
अस्फुट-सा यह गीत
लपक रहा है
चीते की तरह

उस किसी दिशा में
जिसे माना था उसने
पाने लायक
अपने सपने की
घनी निशा में!

7 अक्तूबर, 1977

षष्ठ सर्ग : निर्वाण

कौन समझा है कि क्यों जो मल्लिका
साँझ को प्रस्फुटित होती वृन्त पर
बिखर जाती है उषा के पूर्व-ही?
और फिर उद्‌देश्य खिलने-बिखरने का
इस विपुल संसार में कुछ है कि है कुछ भी नहीं?

और पूछे प्रश्न कोई यह कि
क्या है अर्थ लेकर जन्म
दो दिन बाद शिशु के चले जाने का
छोड़कर माँ को बिलखते;
या टपक जाना दोपहरी में
किसी घन से निरे दो बूँद धरती पर
लगाकर आग जैसे—
कौन सा उपकार
ऐसे फूल, ऐसे शिशु
कि ऐसी बूँद से होता किसी का?

अन्त हर निर्माण का क्या नाश में है;
सोचनेवाला सदा
सिद्धार्थ की ही नियति का है?
छोड़ना ही चरम परिणति क्या

हमारे जोड़ने की?
और परिणति शून्य ही क्या
है नहीं हर छोड़ने की?
शून्य से उत्पन्न यह संसार
सार्थक है सदा क्या शून्यता में ही समाकर?
शून्यता से अलग
या अतिरिक्त जीवन-मय दिशा
क्या नहीं कोई कहीं इसकी?

ग्रीष्म वर्षा शीत में
जो नग्न है, छायारहित है—
किसलिए वह चाहता है यह
कि जीवन बचा रहता
किसलिए वह कष्ट सहता ही चला जाता है?
आशा कौन सी है, साध क्या है?
और जो न्यायी कहा जाता है
उससे अगर हम पूछें
कि वह अपराध क्या है
दंड जिसका अन्यतम दारिद्र्य, दुःख है, रोग है?
कौन से वे सुकृत जिनका फल
विभव, धन-धान्य, सुख का भोग है?

प्रश्न ये उत्तर-रहित हैं;
आदमी ने बहुत कातर कंठ
हो उद्ग्रीव इनको सदा पूछा है
और देखा है कि उत्तर स्वयं देने के सिवा इसका
न कोई मार्ग दूजा है।
सट गया है वह
गगन के निरुत्तर रहने पर
यह सब जानने में जन्मदा से;
और उसकी जन्मदा धरती
रहसि, उत्तर उसे देती रही है
वह कहाँ चूका है अथवा चूकता है
ध्यान में लेती रही है!

प्रश्न है, प्रारम्भ हर पुरुषार्थ का;
जागे न मन में प्रश्न यदि

परिवेश के प्रति
हर अभाव स्वभाव का पर्याय लगता है,
हर अनिष्ट समष्टि के आधार का
समवाय लगता है;
और जीता चला जाता है अभागा व्यक्ति
हर आपत्ति को पीता हुआ,
दुःख की दारिद्र्य की कथा
किसी सिद्धान्त-सूत्र अटूट से सींता हुआ!

प्रश्न मन में हुआ पैदा
शान्ति अथवा युद्ध;
हिंसा या अहिंसा
प्रेम अथवा क्रूरता?
शूरता के नाम से जो है प्रतिष्ठित
क्या नहीं भय-भीति है वह?

जिस मोटे तौर पर हम
राष्ट्र का कल्याण कहते हैं
किसी पर टूट पड़ना—
किस तरह से न्याय है वह, नीति है वह?

चली पहले परस्पर चर्चा हितैषी, मंत्रियों से
निभृत-वक्षे, सभा-कक्षे अलग और समूह में;
किन्तु राजा को हुआ आभास
घेरा जा रहा हूँ मैं निरन्तर
किसी ऐसे व्यूह में—
जो तर्क है, अनुभव नहीं है, मान्यता है;
जो पिटी है और पद्धति है, निरी सामान्यता है!
मोहग्रस्त विवाद है जो;
स्नेह का संगीत होने से रहा वह
कष्ट-क्लिष्ट-निनाद है जो!

परामर्श-प्रवृत्ति, पृच्छा बन गई तब
भिक्षु-शरणगति अरुणिमा घन गई तब
रवि-निकर-निष्ठा तमिस्रा चीर जागी
तर्क-तृष्णातीत, प्यास गभीर जागी!

लीन नहीं, विलीन सौख्य विधान-चिन्ता
जागरित भीतर हुई अवदान-चिन्ता
भरोसा जागा कि एक निमित्त हूँ मैं
आज अपना नहीं, सबका चित्त हूँ मैं!

भिक्षु-सुस्मित-अधर-पल्लव जब हिलेंगे
नए शतदल-पुंज प्रज्ञा के खिलेंगे
पुष्प-रथ पर स्नेह पृथ्वी-भर फिरेगा
नील-नभ में सूर्य सावन-सा घिरेगा

तप्त कुछ भी नहीं होगा, प्यार होगा
एक अभिनव राज्य का विस्तार होगा
सुष्ठु द्वार प्रकाश का मानो खुलेगा
अर्ध-उन्मीलित नयन से तम धुलेगा!

बन्द सुख से नेत्र राजा के हुए तब
और बूँद विभोर प्राणों से चुए तब
तभी आई कक्ष में देवी सभीता
'कौन जाने और क्या इस बीच बीता'

देखकर पति-गति न सूझी बात कोई
वह रही स्तब्ध फिर निरुपाय रोई
सिसकने का स्वर दबा था किन्तु फूटा
सुना राजा ने तो जैसे ध्यान टूटा!

कहा, "देवि, तुम पहेली ही रहोगी
कदाचित् ही बात कुछ अपनी कहोगी
प्रतिक्रिया क्यों नहीं तुमने तब जताई
बात अपनी जब तुम्हें मैंने सुनाई

रूपकों में कहा तुमने उस समय कुछ,
और उसमें मिला मुझको तो अभय कुछ
लगा, तुमने युद्ध से यह विरति मेरी
समर्थित की है समझकर प्रकृति मेरी!"

"स्वर्ण-वर्ण-स्वरूप उज्ज्वल भावनाएँ
आपने मुझको सुनाई, क्यों न भाएँ

आप तो उद्गम सदा औचित्य के हैं
आप भंगुर के नहीं हैं, नित्य के हैं

किन्तु यह एकान्त-रोदन, रो पड़ी मैं
क्षमा कर दें, रह न पाई चुप खड़ी मैं
सिसकने का स्वर दबा था किन्तु फूटा
आपने उसका सुना तो ध्यान टूटा!"

"रूपकों से लदी यह भाषा तुम्हारी
सर्वदा पड़ती रहती है मुझे भारी
मुझे बतलाओ कि रण को टिकाना है
या जगत को प्रेम का सुख सिखाना है!

वेद से सिद्धार्थ तक सब व्यर्थ है क्या
स्नेह नित निरुपाय, द्वेष समर्थ है क्या
रक्त पीकर ही धरा क्या हरी होगी
इस समस्या-जलधि की क्या तरी होगी?"

"नहीं, मेरा अर्थ ऐसा तो नहीं है
आप कहते हैं कि वैसा तो नहीं है
किन्तु हम व्यवहार को मानें न कुछ भी
खड्ग-हस्ता-वृत्ति पहचानें न कुछ भी

तो न शिव-रचना कहीं भी सत्य होगी
परम-पशुता मात्र जग-भर तथ्य होगी
सिंह से रक्षा गलत है क्या हिरण की
अर्थवत्ता क्या नहीं कुछ भी किरण की?

तम न भेदे सूर्य तो फिर सूर्य क्या है
नभ गुँजाया नहीं तो फिर तूर्य क्या है?"

"चलो, तुमने कहा मुझसे अलग कुछ तो
हुआ वातावरण अपना सजग कुछ तो
किन्तु थोड़ा भिन्न पशु या प्रकृति से मानो मनुज को
हृदय रिपु के है, नहीं है जड़ प्रकृति के
अलग-अलग स्वभाव हैं इनकी विकृति के
एक दृढ़ है और दूजा है लचीला
अमलताश न लाल हो सकता, न रक्त पलाश पीला

प्रकृति मानव की मगर
संस्कारशीला
हृदय-परिवर्तन नहीं है
शब्द सुख-इच्छा सजीला
हृदय-परिवर्तन परिस्थितिजन्य
क्या देखा नहीं है
परम किसी नृशंस में क्या
प्रेम की रेखा नहीं है?"

"किन्तु प्रभु,
इतना सरल तो नहीं है संस्कार देना!"

"और उससे भी कठिन है देवि,
शुभ संस्कार लेना
किन्तु यह जो कठिन है करणीय है वह
मृत्यु तक आए इसे करते हुए वरणीय है वह
युद्ध को कितना दिया अवसर
तनिक-सा शान्ति को दें
आदमी जब से हुआ तब से लड़ा है
किन्तु लड़कर किस दिशा में वह बढ़ा है?"

"सिर्फ लड़ने की दिशा में
प्रात से मानो निशा में!"

"और आगे भी दिशा यदि युद्ध की साधी
मरण की आँधी उड़ाएगी हमें
आप अपनी शक्ति खाएगी हमें
युद्ध से कोई समस्या हल न होगी
आज तक होने न पाई
कल न होगी;

एक दल फिर दूसरा दल
परस्पर लड़कर गिरेगा
तम घिरा है आज जितना
कल अधिक उससे घिरेगा;
पंचतत्त्वों के अधर पर तब मरण का हास होगा
धरा से लेकर गगन तक
रास होगा नाश का

नाम भर लेते रहेंगे हम निरर्थक
प्रगति और प्रकाश का!"

"आदमी के विषय में इतनी निराशा
मुझे लगता है कि जैसे
लहर में सागर डुबाना है
दिन-दहाड़े रात लाना है मनों में
हवा से इनकार करना है वनों में!"

"ठीक कहती हो
बड़ा है आदमी
हर बुराई से लड़ा है आदमी
किन्तु वह आड़े न आया युद्ध के;
बुद्ध तक के वचन
बँधकर रह गए उपदेश में
व्याप्त करना है उन्हें अब जगत-भर में।"

"किन्तु हो प्रारम्भ घर से—
प्रव्रज्या हम स्वयं लें, तब कुछ बनेगा
स्नेह का त्योहार पहले प्राण में अपने मने
वह तब कहीं बाहर मनेगा!"

"देवी, तुमने एक अपरम्पार से मुझको उबारा
घना अँधियारा मुझे घेरे था जैसे
झील एक अकूल, नौका थी, न था दूजा सहारा
भले इच्छा पार जाने की पड़ी थी
किन्तु घन तम झील अपरम्पार, इच्छा से बड़ी थी
एक तारा दिख रहा था
किन्तु तारा वह धरा का नहीं नभ का था
तुम धरा के किनारे तक मुझे ले आईं
तुम्हारे शब्द मेरा स्वप्न मिलकर एक हैं अब
मन्द छन्द समीर, शतदल कमल खिलकर एक हैं अब;
भिक्षु के चरणों चलें हम
और जब तक दिन नहीं होता जलें हम!"

यों निर्भ्रान्त नहीं था मन
तब भी अशोक का

बुद्ध-शरण की प्यास जगाए
जब वह पहुँचा स्थविर समीपे
उनकी 'विनत वाटिका' में जो
'उरु मुकुन्द' पर्वत के हिंसक पशुओं के प्रति
अभय विकीर्ण किए थी मानो
वनवासी प्रत्येक प्राण में।

बैठे थे उपगुप्त
शान्त निश्चल मुद्रा में
नीरव वातावरण बीच शशि-प्रभा लजाए
अर्धोन्मीलित नयन-किरण आनन्द पिए थी
प्रभा धरा की और गगन की मिलकर जैसे
वन-प्रान्तर में कोनों-कोनों
सहज प्रवाहित सुधा किए थी।

कम्पित गात अशोक झुके तब भिक्षु-चरण में
किसी प्रकम्पित शिखा सरीखे;
पूछा संन्यासी ने
'राजन्, इच्छा क्या है?'

सीधे-सादे शब्द
लगे राजा को उनके तीखे-तीखे
राज का मन सौ पन्थों पर भटक रहा था
उसे लगा, 'प्रभु सोच रहे हैं
मैं संसृति के अन्य व्यक्तियों के जैसा ही
तुच्छ स्वार्थ-साधन की कोई इच्छा लेकर
व्यर्थ संघ की शान्ति भंग करने आया हूँ
महामात्य, अमात्य युक्त प्रादेशिक राजुक
अन्त:पुर की छटा-घटा को साथ
न जाने क्यों लाया हूँ!

कैसे कहूँ अचानक
भन्ते, मैं चरणों में अपनी कौड़ी-कौड़ी
वैभव सारा बुद्धि प्राण मन
सब अर्पित करने आया हूँ;
मौर्यों का साम्राज्य आज से
'अक्कोधेन जिने कोधं' के

पथ पर चलने का अभिलाषी,
मेरे लिए आज से सम हैं—
'कपिलवस्तु कौसाम्बी काशी।'

मैं था अब तक शैव
शक्ति का पूजक था मैं परम्परा से
किन्तु कलिंग-विजय के तांडव-लास-त्रास ने
मुझे समूचा हिला दिया है
हल करने का साधन हो सकती है
शक्ति समस्याओं के
मेरा यह विश्वास
धूल में उस विनाश ने मिला दिया है।

फिर भी प्रश्न उठाए हैं सिर मन में मेरे
कितनी चिन्ताएँ अब भी हैं मुझको घेरे
लगता है मैं कौन
कि सारे राजपाट की धारा बदलूँ!
नई पद्धति गढ़ने में
चूना बदलूँ गारा बदलूँ!

अथ से इति तक
उद्गम से सागर तक की
संस्कृतियाँ समझीं
वेद उपनिषद् षड्दर्शन
मनु-याज्ञवल्क्य-स्मृतियाँ समझीं
मन की हर तृष्णा को पहले
जितना बना बुझाया मैंने
मूल तत्त्व हर जगह पड़े हैं एक सरीखे, पाया मैंने
किन्तु जगत-गति इन तत्त्वों ने
बदली भी तो कितनी बदली
बहुत हुआ तो तट बदले कुछ
धाराएँ गँदली की गँदली!

द्रविड़ आर्य शक हूण यवन सब जाने मैंने
सबके साथ सन्धि-विग्रह के क्षण आए
सनमाने मैंने;
साथ रहा हर एक जाति के
सबका रहना-सहना समझा,

देखे सबके धर्म-आचरण
करना समझा, कहना समझा;
किसी जाति समुदाय धर्म में
कहना-करना एक न पाया,
इसीलिए मन-प्राण विकल हो रहे
भले तन हुआ सवाया!

पार्थिव प्रगति हुई मानव की
मानवता हर बार लजाई
जितना सभ्य हुआ जो अंचल
उसने उतनी सैन्य बढ़ाई
यों कि शस्त्र-बल
सभी फलों का बीज बन गया
शस्त्र-सज्ज होने की धुन
विज्ञान घन गया!

मैंने कितनी बार 'तेन त्यक्तेन' सुना
क्या त्यक्त हुआ कुछ
'विश्वनीड' उपमा होकर रह गया
कभी क्या व्यक्त हुआ कुछ!
इसीलिए यदि भिक्षु-चरण में
मैंने 'धम्मविजय गति' माँगी
तो क्या स्थविर श्रेष्ठ मानेंगे यह
कि नहीं इसने 'अति' माँगी!
क्या बहुजन हिताय मेरा पथ
कृपा कटाक्षे सुगम बनेगा
क्या आगम की भाँति प्रकाशित
मेरे आगे निगम बनेगा!

कितनी बातें किन्तु एक ही क्षण में घूमीं
काल-रात्रियाँ कितनी
कितनी काल-सृष्टियाँ मन में झूमीं!
जैसे अर्जुन ने विराट् को
देखा था आविष्ट क्षणों में
भूमा से वैसे अशोक
अभिषिक्त हुआ कारुण्य-कणों में।

ममता-मूर्ति अहिंसा-प्रतिमा
स्थविर शान्त थे, शान्त पवन था
चंचल कहीं नहीं था कुछ भी
शान्त शब्द था, शान्त गगन था
भिक्षु-मंडली शान्त, शान्त राजा का दल था
शान्त त्वरित गति बहने वाला निर्झर-जल था!
क्षण-दो क्षण की शान्ति
अखिल पर आच्छादित थी
उस निमेष में सृष्टि समूची
क्लान्ति रहित थी।

क्लान्तिहीन वाणी अशोक की
उससे फूटे प्रश्न कि जैसे झरने फूटे
पंचतत्त्व खिल गए प्राण की आभा पाकर
संशयग्रस्त हृदय के बन्धन सहसा टूटे—
"मैं विमूढ़ हूँ, मुग्ध प्राण हूँ, दिशा चाहिए
पहले जिसमें गत विलीन हो
मुझको ऐसी निशा चाहिए
निशा फेरकर हाथ शीश पर
लीन मुझे निद्रा में कर दे
और जगाए परम किसी ऐसे प्रभात में
जो मेरी सारी गतिविधियाँ
शान्ति स्नेह शोभा से भर दे।

मुझे आज का जग अपूर्ण ही नहीं
असह्य जान पड़ता है
विधि-निषेध का कुशल बाण
अब जैसे भीतर तक गड़ता है
किसी अचेतन मन से मैंने
इसके पथ पर रथ दौड़ाया
किन्तु व्यथित हूँ पाकर उसको
जो कुछ इस तृष्णा में पाया।
समझ नहीं पाता कि सत्य है क्या,
क्या सत्य किसी ने जाना;
अन्तहीन है सृष्टि, कि हमने
इसे लोभ में ऐसा माना;

और नित्य गढ़कर भी इसको
फिर विनाश-तट तक ले जाते
अशुभ हमारा टिक जाता है
शुभ के पाँव नहीं टिक पाते।

आदि-काल से है यह प्रयत्न
मनु के बेटे सब एक हो सकें
सबकी आँखें खुलें हर्ष में
सब शंका से हीन सो सकें;
वेदों के ऋषि, राम-कृष्ण
फिर महावीर, फिर बुद्ध हो गए
किसी अवधि में नहीं आश्वस्त
कि हम सब शुद्ध हो गए
तो क्या मानव-नियति
घृणा रण क्रोध क्षोभ की
मद मत्सर की काम क्रोध की
मोह लोभ की!

तेज क्षमा धृति शौच
सत्य अक्रोध आर्जव
नातिमानिता दया अहिंसा
शब्द-शब्द सब
क्या इनका आचरण
प्रतिष्ठित कभी न होगा!
भले मान लें हम कि
आज या अभी न होगा
क्या ईश्वर अस्तित्ववान है
अमर तथागत
क्या भन्ते है ज्ञात किसी को
काल अनागत!
मैं विरक्त होकर
जीना नहीं चाहता
मेरी इच्छा सेवा की है
किन्तु अर्थ सेवा का कितना क्षणभंगुर है
कितने ऐसे प्रश्न कि जिनसे व्याकुल उर है!"

स्थविर एक क्षण शान्त रहे
फिर सस्मित बोले—
"ये रहस्य हैं, इनके हम पर अर्थ
किसी ने कभी न खोले
और अनावश्यक है राजा
निरे आवरण को टटोलना
आवश्यक है प्राप्त दुखों के बन्ध खोलना;
जग में दुःख है हिंसा है, है क्षमाहीनता
एक ओर है अहंकार बल दर्प
दूसरी ओर दीनता
सुखी अल्पजन बहुजन डूबे शोक-सिन्धु में
यह द्विविधा है लहर-लहर में बिन्दु-बिन्दु में
यही दिखाई देता है
तो इसे मिटाएँ
जो ओझल है उसे जानने में
क्यों अपना समय बिताए!
दुःख दूर करते-करते
अतिरिक्त ज्ञात हो जाए तो उसको भी जाने
किन्तु रहस्य खोदकर देखेंगे
इसको कर्तव्य न मानें।

समझो आकर तीर चुभ गया किसी दिशा से
तो क्या हम यह प्रश्न करेंगे
बाण कहाँ का बना हुआ है
इसे फेंकने वाला मुझ पर व्यक्ति कौन है
नाम जाति या देश जानना
क्या सबसे पहली जिज्ञासा
या है पहला काम कि
उसको खींचा जाए
घाव साफ करके औषधि से सींचा जाए?

इसी तरह यह देह आत्मा
इसी तरह यह ईश्वर और अनागत समझो
सेवा में क्या अन्तर होगा, इनको समझो
या मत समझो
क्षणभंगुर हैं देह इसी से

क्षण का अर्थ हमारे लेखे
किसी अनागत में क्या होगा
यह है व्यर्थ हमारे लेखे;
यदि हमने क्षण ठीक बिताया
तो सार्थक क्षण-भंगुर जीवन
कोरा ऊहापोह विचारों का
उघाड़ता है कोरा मन
मन संवेदनशील बने
हर छोटे-बड़े दुःख का त्राता
तो ऐसा मन किसी एक दिन
ज्ञेय समझकर बनता ज्ञाता।

तुमने जो-जो पूछा है
वह जीवन से सम्बद्ध नहीं है
और निरर्थक है सारा जो
इस पल पर सन्नद्ध नहीं है।

राजा, तुम तो शक्तिवान हो
अपनी शक्ति दुखी तक मोड़ो
ऐसे करो उपाय बढ़े सुख
हर अभाव को गहरा गोड़ो
और भाव के बीज
देश से देशान्तर तक बोकर देखो;
राजा, तुम तो शक्तिवान हो
इस कलंक को धोकर देखो!
इतना ही देखो दुःख क्या है
दुःख के स्रोत कहाँ से फूटे
दुःख दूर कैसे होता है
शान्ति-समझ से क्यों हम छूटे
इतना जाना तो सब जाना
परा-ज्ञान यह, परा-दान है
यह निर्वाण एक का होकर भी
बहुजन सुख का निधान है।

यह तो सम्भव है कि तुम्हारी बात
न कालातीत बन सके

सम्भव है त्योहार शान्ति का
अभी मने फिर कभी न मन सके
किन्तु दोष यह नहीं तुम्हारा
अपना नहीं अनागत होता
मैं तथापि कहता हूँ तुमसे
सपना नहीं अनागत होता
तुमने क्षण को ठीक सँभाला
तो वह कभी अँकुरता ही है
सत्य भले सदियों तक कुचलो
पाकर समय उभरता ही है।

तुम यदि अपने मन की पीड़ा
यदि तुम अपने मन की आशा
पत्थर की लकीर कर डालो
अंकित कर दो हर अभिलाषा
भारत-भर आसिन्धु हिमाचल
शिलालेख प्रस्थापित कर दो
यदि निर्वाण-क्षणों के सपने
जहाँ-तहाँ कण-कण में भर दो
तो वे कालातीत बनेंगे
किसी समय फिर फूटेंगे
बद्ध शिलाओं से निर्झर की तरह
कभी सहसा छूटेंगे
और भरेगी उनकी वाणी
कोलाहल से उठकर ऊपर
शब्द तथागत के फिर होंगे
आप्लावित इस नीरस भू पर!"

जो कुछ कहा स्थविर ने उसको
समझ लिया अंकित कर डाला
वर्ण-वर्ण को बोया भीतर
कम्पित लौ-सा उसे सँभाला
और स्नेह भरकर प्रकाश को किया उजागर
पार किए पर्वत-प्रदेश, सरिता-सर-सागर
धम्मविजय पर जैसे पहली सेना निकली
झुकने लगी ध्वजा पापों की

वरदानों की झड़ी लग गई
वन्या सूखी अभिशापों की;
अपआसिनवे, बहुसत्कार्यें, सचे, सोचए
अल्पव्यये, मादवे, अभांडन
सुश्रूषा, अपचिति से उसने
प्रजा-अप्रजा के अन्तर को भूल
किया ऐहिक सुख व्यापक
और आज तक इन कृतियों के ज्ञापक
उसके शिलालेख हैं मुखर
देश के भीतर-बाहर
सदापच्छवेक्खन के द्वारा
उसने कोधे माने इस्सा
दुर्गुण सारे रखे दबाकर!

× × ×

धम्मविजय के लिए लोग तब निकले बाहर
वे लालच भयभीति नहीं निष्ठा से निकले
प्रिय से प्रियतम स्वजन पुत्र दुहिताओं के मन
हुए कि हम भी बाहर जाएँ
धम्मविजय के इस अद्भुत संग्राम-श्रेष्ठ में
हाथ बँटाएँ!

थे अशोक ध्यानस्थ
शान्त बैठे थे पद्मासन में
पुत्री ने पूछा 'है जैसे
प्राण व्याप्त त्रिभुवन में
अथवा जैसे किरण गगन से
वसुन्धरा तक आती
मैं त्रिलोक में वैसे ही कुछ
तव सन्देश सुनाती!
शैल-शिखर नदियों की धारा
पारावार तरूँ मैं
मरना है ही
वचन-वस्त्र से लिपटी हुई मरूँ मैं
विकल मानवों के मन जागें

शान्ति-प्रभा में ऐसे
सूर्योदय के साथ
जाग पड़ते हैं शतदल जैसे।'

'बेटी, किन्तु किया लोगों ने
तुम्हें कहीं अपमानित?'
वह बोली—'मैं
नहीं गिनूँगी उसको भी कुछ अनुचित
धन्यवाद मानूँगी, फेंकी धूल न पत्थर मारे
बातें सुनीं विरोधी
तो बस कुछ अपशब्द उचारे!'
'और अगर वे हाथ उठाएँ
मारे तुमको ढेले?'
'तब भी धन्यवाद मानूँगी
बहन मानकर खेले
असि न कोष से खींची
उनने किया नहीं वध मेरा।'
'बेटी, और कहीं वध ही उनने
कर डाला तेरा?'
'मृत्यु मिले यदि ऐसी
उसको परम भाग्य मानूँगी
धर्म-पन्थ पर गए प्राण
निर्वाण उसे जानूँगी!'

आँखों में अशोक के पानी
ओंठों सुख की रेखा
स्नेहपूर्ण प्राणों से उसने
तब बेटी को देखा;
रखा शीश पर हाथ
कहा—'बेटी, तुम निश्चय जाओ
निर्भय होकर
विकल मनों में
शान्ति-प्रभा फैलाओ!'

दुनिया निर्णय नहीं अस्ति है
बनी हुई है

कितने सन्देहों के बल पर
घनी हुई है
यह संगीत सुनाई पड़ता है
वह सरिता दिखती है बहती
यह है श्रवण और यह दर्शन
यह है स्पर्श गन्ध है मन का
यह प्रवाह है गति है यति है
अभी छन्द है खनका-खनका;

मत अनुमान लगाओ इसका
इसे पकड़ लो!
स्नेह करो छाती तक खींचो
सहज जकड़ लो!

घृणा प्रहार गिरावट फँसना
सब हास्यास्पद, सच है हँसना
मठ-मन्दिर मन से छोटे हैं
स्नेह सही है, सब खोटे हैं!

1978

पाँव की नाव

रात ने पाँव के नीचे के
पत्थरों को ठंडा कर दिया है
और हवा में
भर दिया है
एक चमकदार सपना
मैं उस सपने को
देखता हुआ
चल रहा हूँ
ठंडे पत्थरों पर

डर ने
मेरी उँगली पकड़ ली है
और आश्वास

दे रहा है वह
पत्थरों पर चल रही
पाँव की मेरी नाव को
सपने के भीतर से
भोर तक
उतार लाने का।

25 नवम्बर, 1978

किसे अच्छा नहीं लगता

किसे अच्छा नहीं लगता
चूम लेना
चूम लेने के खयाल से
हाथ में दिया हाथ
किसे अच्छा नहीं लगता
सूनेपन में
अपने मन का साथ
और खोलकर
दरवाजे निकल जाना
अँधेरे में यों
कि
आलिंगन के लिए
फैली हुई
बाँहें हैं छोर
अँधेरे के
वे भेंटें रहेंगी हमें
भोर होने तक
कम-से-कम
थककर
किसी क्षण
सोने
तक

23 नवम्बर, 1978

हाय रे देश

हाय रे देश
जिसमें कहीं घर नहीं है
और फिर भी
हम जहाँ रहते हैं
और सहते हैं
छै-छै रितुओं को

घर के बिना
और तो और
डर के बिना
आशा के बिना
भाषा के बिना

घर नहीं है
मगर इसका डर नहीं है
क्यों करोड़ों हैं हम
बिना घर के
खयाल भर जाग जाए
कि घर चाहिए
आशा चाहिए
भाषा चाहिए
डर चाहिए
तो सब हो जाएगा
घर और
आशा
और भाषा
और डर
कि फिर
न हो जाएँ
हम
बिना घर के

23 दिसम्बर, 1978

मेरा दुःख

एक पहाड़ से
निकला था मेरा दुःख
और बहा फिर वह
मैदानों में
बियाबानों में से
खेतों तक
ले गए उसे लोग
तो वह गया

और हरे किए उसने
घावों की तरह
इनके उनके
सबके दुःख

दुःख मेरा
एक पहाड़ से निकला था
और पार करके मैदानों को
मिल गया सागर से

कई बातें हुई हैं
बहुत कुछ गुजरा है इस पर
पहाड़ से सागर तक पहुँचने में
और दुःख ने मेरा
ज्यादातर
अच्छा माना है
उस सबको

सिवा इसके कि बना दिए
लोगों ने उसके ऊपर पुल
कि छूने न पाए
मेरा दुःख उन्हें!

23 दिसम्बर, 1978

या

या कुछ नहीं बचा
दूर-दूर तक
शामों के पक्ष में

सिवा इसके कि
छूती हैं ये सिर्फ
मेरे या तुम्हारे मन को

तो छुएँ
और चली जाएँ
सोचते हुए यह कि
किसने बनाया है हमें और क्यों
कौन देखता-समझता है हमें
इन दो-चार लोगों की तरह

जो हमें ताक रहे हैं
और कर नहीं पा रहे हैं
आपस में बातें
या कह नहीं पा रहे हैं
वह जो वे कहना
चाहते हैं
क्या जाने ये हमें
देख रहे हैं या सोच रहे हैं
हमारी आड़ में खड़े होकर
अपनी कोई नई रात
जो घनी होगी
पहले की रातों से भी
क्या जाने शामों को
कौन बनाता है
इस तरह
आकर चले जाने के लिए
दिन बदल गए हैं
मगर शामें
ना ये नहीं बदलीं

कौन बनाता है इन शामों को
जो वक्त बदल जाने के बाद भी
नहीं बदली हैं
और बदली नहीं है बावजूद
घनी होती चली जाने वाली
रातों के!

25 दिसम्बर, 1978

ये कविताएँ हैं

ये कविताएँ हैं
टपकी हैं ये बूँद-बूँद
आसमान से आँख से मन से
बचपन सिसका है इनमें
फूटी है जवानी
बुढ़ापे ने रूँध लिया है गला इनमें अपना
या कहो गला इनमें बुढ़ापे का रुँधकर रह गया
एक समूचा जमाना
कन में सिमटा है रुका है बह गया है।
कविताएँ हैं ये
लिखी नहीं गई हैं
टपकी हैं बही हैं उमड़ी हैं
चढ़ी-उतरी हैं अपने बावजूद
सबूत मत माँगो इनसे इनके कविता होने का
ये कविताएँ हैं
टपकी हैं ये बूँद-बूँद
आसमान से
आँख से मन से

1978

जैसे दाँतों में से

जैसे दाँतों में से सीटी निकलती है
तेज और साफ
ऐसे निकलती है कहीं से एक नीली किरन
समेटकर ज्वाला की तेजी
और मुझ तक आती है कि
लो, तुम मुझे चारों तरफ फेंको
मैं चारों तरफ अपने आप
फिंक नहीं सकती न
प्रकाश हूँ मैं
सीधे फिंकना मेरी नियति है
तुम मुझे घरों में फेंको
वलय बनाकर उछालो मुझे
मढ़ो मुझे अपने शब्दों से
मैं अग-जग होना चाहती हूँ
उन हरे और बहरे कोनों में
अपने को बोना चाहती हूँ
जो सीधे प्रकाश की जद में नहीं आते
लहरती हुई ध्वनियों की जद में आते हैं,
तुम ध्वनियों के मालिक हो
प्रकाश मुझसे लो
और दो प्रकाश और ध्वनि
गहरे और बहरे हर कोने को

नीली किरन मैं क्या करूँ
मना करने से रहा
घना करता हूँ उसे ध्वनियों में
और हुक्म पर उसके
उछालता हूँ और फेंकता हूँ
प्रकाश और ध्वनि के गोले
गहरे और बहरे कोनों में
अगरचे कुछ होते नहीं दिखता
मैं अपने अछत अभी कुछ बोते नहीं दिखता
मगर नीली किरन आश्वस्त है

और ध्वनियों के ओंठों पर देखता हूँ मैं
हँसी की-सी एक रेखा

वे कहती हैं देखा तुमने
मगर मुझे अभी कुछ दिखता नहीं है
मगर भरोसा हो जाता है कि कुछ हो रहा होगा
जब ये आश्वस्त हैं।

18 फरवरी, 1979

भूत का भविष्य

डूब गए चुल्लू भर पानी में
सच और ईमान
और खुलापन
यहाँ तक कि साधारण
शिष्टाचार
हमारे देखते-देखते

हम समझने भी नहीं पाए
कि चारों ये
डूबने जा रहे हैं कहीं
क्योंकि न डुबाने लायक पानी था
न ऐसी कोई परिस्थिति
मगर नहीं साहब
इति कर ली इन चारों ने
डूबकर अपनी चुल्लू-भर पानी में।

और अब उनका भूत
चिल्ला रहा है ऊँची आवाज में
साफ-सुथरी वाणी में
कि न मरते हम यों तो देश मर जाता
हमने अपना खात्मा करके
देश को बचा लिया है
देखते नहीं हो
दो बरस पहले के झूठ ने

हमसे गाँठ जोड़ ली है
मान लिया है झूठ ने हमें अपना हमजोली
हमारे सामने रख दी है
कि उठा लो इसमें से
मनचाहे हथकंडे
यानी काला पैसा झूठे नारे
जरा वक्त बीत जाने पर
अच्छे-खासे डंडे
लोगों की पीठों पर
दीठों पर पाबन्दी!

अप्रैल, 1979

अपने से दूर

अपने से दूर और दूर और दूर
खुद ले गया हूँ मैं अपने को
पकड़कर हाथ ऐसे
अन्धे आदमी को जैसे कोई
ले जाए
और ठीक जगह पहुँचकर
अन्धा कोई आदमी
कहे कि ठीक है
अब आप जाएँ
बड़ी दया की आपने
ठिकाने लगा दिया
या ठहरना चाहें तो
ठहरें मेरी इस कुटिया में
सुबह तक

रात घनी हो गई है
और चला आया हूँ
मैं छोड़कर अपने को दूरी पर
यह कहकर कि नहीं
चाँद ऊपर उठ आया है

चाँदनी हो गई है
वन में
तुम्हें यहाँ पहुँचाकर मन में
रहा हूँ जब-जब मैं
अपने बिना निभृत में
खालिस ऋत में रहा हूँ
और मेरा-पन भी
रहा होगा दूरी पर
इसी तरह
छूटकर मुझसे
किसी न किसी तरह

5 मई, 1979

घिर जाना ऋजु का

घिर जाना ऋजु का
अर्जुन का आर्जव का
घेरे में
घटती तो हैं घटनाएँ ऐसी
वक्र और वर्तुल जब
खुलते नहीं हैं खोले
ऋजु के अर्जुन के
आर्जव के आसपास
तब क्या होता है
अर्जुन बिफरता है
बिंधता है घेरा तब
लक्ष्य भी अलक्ष्य
मछली का घेरा
तब कवच नहीं बचता
अर्जुन के बिफरने का
यानी और करके मेरुदंड सीधा

हो जाना है खड़ा घेरे के सामने

मछली का घेरा तब
कवच नहीं बचता!

11 फरवरी, 1980

कला

1

कला वह है
जो सत्य के अनुरूप हो
और

उठाने वाली हो
हमारी
पीढ़ियों को

यों तो हर लापरवाह
साधन बना सकता है
गिरने का सीढ़ियों को!

2

कोई अलौकिक ही
कला हो किसी के पास
तो अलग बात है

नहीं तो साधारणतया
कलाकार को तो
लौकिक का ही सहारा है

लौकिक के सहारे
लोकोपयोगी रचना ही
करनी है

और ऐसा करते-करते
जितनी अलौकिकता आ जाए
उतनी अपने भीतर भरनी है

कई लोग
लोगों को किसी
खाई की तरफ ले जाएँ

ऐसी कुछ चीजें
अलौकिक कला कहकर
रचते हैं

मगर इस तरह
न लोक बचता है
न वे बचते हैं

सब कुछ विकृत
होता है
उनकी कृतियों से

खुद भी मरते-मरते
भयभीत होते हैं वे
अपनी रचना की स्मृतियों से!

1980

न-सोचना

सोचने में से
कुछ नहीं निकलता
न-सोचने में से निकलता है

सोचना तो
एक तरह की विकलता है

और न-सोचना
अपने समूचेपन का अहसास

उसमें न आसपास है कुछ
न दूर है
कुछ उसमें

न ऊपर है
न नीचे है
न लहर है न तट है
न राधा है
उसमें न वंशीवट है

न कोई
बिन्दु ही है
न-सोचने का

अन्त नहीं है
प्रारम्भ नहीं है
नम्रता नहीं है दम्भ नहीं है

जबकि
सोचने में
ये सब अवस्थाएँ हैं—

बेतरतीबियाँ हैं उसमें
और हैं
व्यवस्थाएँ भी

न-सोचने में
सिर्फ एक अस्तित्व है
न-सोचनेवाले का

अस्तित्व
स्थिर और शान्त
एकान्त आपा है न-सोचना

सोचना जुज है
कुल है
सरापा है न-सोचना!

1980

लोग हैं मेरे साथ

अक्सर अकेले में
दो किन्हीं स्वरों को मैं
आपस में बतियाते सुनता हूँ

कह रहे होते हैं वे
आज हम
इस आदमी को बाँधेंगे

ले चलेंगे इसे अपने घर
वहाँ इसे राँधेंगे
स्वादिष्ट है यह आदमी

बाँध मगर नहीं पाए हैं वे
अब तक मुझे
राँध नहीं पाए हैं वे अब तक मुझे

शायद इसीलिए कि अकेले में भी
अकेला नहीं हूँ मैं
मेला हूँ

लोग हैं मेरे साथ

1980

ज्यादा नहीं

ज्यादा नहीं माँगता मैं

वन का एक वृक्ष
होना चाहता हूँ मैं

पंछी का पंख भी नहीं
सिर्फ पर
होना चाहता हूँ

लहर होना चाहता हूँ
अपनी नर्मदा की

ज्यादा नहीं माँगता मैं

एक दिन मुझे
किसान का पूरा दुःख दो

एक दिन मुझे
किसान का पूरा सुख दो

दो मुझे फिर से
एक दिन
मेरे बचपन का वातावरण

ज्यादा नहीं माँगता मैं
एक क्षण पकड़ लेने दो तुम
मुझे अपने चरण!

1980

जमना

जमना
बहो और बहती जाओ
कहो और कहती जाओ
किसी तरह
नए-पुराने दर्द
इन्द्रप्रस्थ के जमाने से लेकर
इन्दिराजी के काल तक
तुम्हारी धारा में
कब से
बहती आई हैं लाशें
मनसूबों की

मारकर डाले गयों की
और
खुद-ब-खुद डूबों की

तुम्हारी धारा के ऊपर-ऊपर
लगी-लगाई
चलती रही है एक मुर्दनी
ज्यादातर बनी
राजनीति की
घोटे हैं उसने गले
ज्यादातर भले
और डाल दिया है
लाशों को तुममें
कहने के लिए

बहो, बहती जाओ इसी तरह
कहो, कहती जाओ
नए-पुराने दर्द किसी तरह।

1981

बखेरूँगा कभी

चुप खड़ा हूँ
इस समय खिड़की से देखता हुआ
यह राशि-राशि सौन्दर्य
नारिकेल वनों का

नारिकेल के वनों-भर फैले
लगभग आदिम मनों का
जो उमड़ रहे हैं
अपने पाँवों से आकर
टकराने वाले सागर की तरह

सहेज लेना चाहता हूँ
इसे अपने भीतर
जो न वन है
न आदिम मन है
न सागर है

बखेरूँगा कभी
जितना सिमट जाएगा यह
मेरे भीतर के घेरे में
जहाँ और जब दिख जाएगी
गुंजाइश बखरने की इसे
दिन के प्रकाश
और रात के अँधेरे में!

फरवरी, 1982

विराट

हर दिन
अनन्त में निकलता है
बल्कि हर छिन
अनन्त में से निकलता है
और बढ़ता है आगे
पकड़कर उँगली को

निकला है आज का भी दिन
अनन्त की कोख से
रक्त एक आभा से लथपथ
मत पकड़े रहने दो उसे
आज अनन्त की उँगली
अपने उज्ज्वल रथ को
जो श्रम का है
उसके सामने कर दो

बैठाओ उसे रथ पर
अपने श्रम के
टूटने चाहिए नल
किसी दिन हमारे नन्हे श्रमों से

अनन्त के भी भ्रम यों
कि वह पूछे हँसकर
अच्छा तुम हममें

इस तरह शामिल हो गए
और हम कुछ बोलें नहीं
उसके विराट आश्चर्य में
घोलें सिर्फ अपना नन्हापन!

फरवरी, 1982

रस्सी के घिसे-घिसे

रस्सी के घिसे-घिसे
पत्थर घिस जाता है कुएँ के पाट का
हम ना कहते रहें अत्याचार सहते रहें
काँपेगा अत्याचारी
हमारी सीधी-सादी इनकारी
पड़ेगी धीरे-धीरे इतनी भारी
अपनी कमजोरी वह भाँप जाएगा
अत्याचारी हर बार 'ना' सुनते-सुनते
किसी क्षण काँप जाएगा
टूट जाएगा
छूट जाएगा
मामूली आदमी
जीतने से हारने से
मरने से मारने से

साबरमती आश्रम : 2 मई, 1982

जब सत्ता अपनी तारीफ का

जब सत्ता
अपनी तारीफ का
पुल बाँधने वालों में
अकेली रह जाती है
तब आती है
उपेक्षितों की आँखों में

कभी न बुझने वाली
किरन

3 मई, 1982

हम दुनिया के सत्ताधारियों को

हम दुनिया के सत्ताधारियों को
दुनिया की जनता के सामने
खड़ा करना चाहते हैं
दुनिया की जनता को
दुनिया-भर के सत्ताधारियों से
बड़ा करना चाहते हैं

बेछड़ी आश्रम : 3 मई, 1982

स्फूर्ति जो तल्लीन हो जाती है

स्फूर्ति जो तल्लीन हो जाती है
जड़ता उसके आगे दीन हो जाती है

स्फूर्ति जो तल्लीन होकर रचती है
क्या चीज बचती है उसका परस पाकर

उनके मन में धरती को
लाशों से पाट देना है
हमारे मन में इस सम्भावना को
तिल-तिल काट देना है
वे हमें काटेंगे
हम इस सम्भावना को
समझिए जरा
हमारी और उनकी कामना को

बेछड़ी आश्रम, 3 मई, 1982

हिंसा अब छुटपुट नहीं रही

हिंसा अब छुटपुट नहीं रही
सार्वभौम होती जा रही है

यानी हम सबके एक साथ
मरने की घड़ी आ रही है
इसे टालो

अपने शस्त्रों को किसी
बड़े गहरे गर्त में डालो
और मीनारें
बनाओ वहाँ चेतावनी की
कि कोई उन गर्तों को
उत्सुकता में आकर भी
खोदकर न देखे

किसी भी
भविष्यत् काल में!

15 मई, 1982

अगर युद्ध कभी हो ही गया

अगर युद्ध कभी हो ही गया
तो हम अपने को
उस पाप से अछूता
घोषित नहीं कर सकते

हम भी शस्त्र
जमा कर रहे हैं
अपने वित्त से
बाहर

और शर्म नहीं खा रहे हैं
बल्कि आत्मनिर्भर होते जा रहे हैं
शस्त्रों के मामले में

ऐसे दम्भ वचन
गा रहे हैं
लजाना चाहिए संस्कृति के निधान
इस देश के लोगों पर
उन लोगों पर
जो शस्त्रों
की होड़ को जरूरी
कह रहे हैं
और कायर मानना
चाहिए
अपने आपको
क्योंकि
हम चुपचाप
इन दम्भ वचनों को
रट रहे हैं!

15 मई, 1982

हमारा देश सबसे अच्छा है

हमारा देश सबसे अच्छा है
और सही है और संस्कृत है
क्यों?
यों कि वह शास्त्र है
गलत विचार है यह गलत ही नहीं
नारा यह भयानक है—सब अच्छे हैं
सब संस्कृत हैं, सही हैं
यह सच है
और हक है
ऐसा सोचो
और पूरक बनो
एक दूसरे के!

15 मई, 1982

सो गए हैं मरुस्थल में

सो गए हैं मरुस्थल में
रेत के टीले
जैसे पीले ऊँट
और हम
कम-ज्यादा टीलों की तरह
चुप हैं
पास बैठे-बैठे सिर्फ
ताक रहे हैं
चाँदनी में सोए
रेत के टीलों को
आवाजें
बाहर कुछ
झिल्लियों की हैं
और भीतर
हमारी चुप्पी की!

15 अगस्त, 1982

ह्रस्व-दीर्घ

मैं अक्सर
हिसाब नहीं लगाता
कि कितना बड़ा हूँ कितना छोटा

दूसरे नापते हैं मुझे
तो उसे
समझना चाहता हूँ

मैं दोहरी यह प्रक्रिया
हर बात में
निबाहता हूँ

अभी जो मुझ पर
हँसकर चले गए
ठीक ही रहा होगा उनका हँसना
हास्यास्पद था तब मैं
किसी न किसी कारण से
उनके लेखे

मन हमेशा देखे
इस तरह चीजों को
तो मुक्ति मिल जाए चीजों से

और मुक्त होकर भी
बँधे रहें हम
हर चीज से

टिकी क्यों नहीं रहती
हमेशा
हममें यह दृष्टि

क्यों होने लगती है चाहे जब
मन के विस्तार-भर
अहंता या दीनता की सृष्टि!

1982

प्राथमिक

याद तो हमें
अपने आदमी होने की
रखना है

क्योंकि जो कुछ भी सुख-दुःख
चखना है हमें जाति या धर्म
कौम या वर्ग या देश के

सो चखना है
आदमी होने और
बने रहने के माध्यम से

सबसे पहली आशा हमसे
आदमी बने रहने की
की गई है

और दी गई है
आदमीयत को
विकसित करने की शक्ति

दूसरी सारी बातें
इसे पूरा करने के घेरे में
आ जाती हैं

सृष्टियाँ अन्य सत्ताओं की
इसमें
इस तरह समा जाती हैं
जैसे बच्चा माँ की गोद में

अगर हमने
आगे नहीं रखा हर चीज़ से
आदमीयत को

तो और जो चाहे कर लें
जाति धर्म कौम देशाभिमान
सब छुएँगे पशुता के छोर

और चुएँगे
किसी एकान्त में
आदमीयत के आँसू!

1982

समवेत अस्तित्व

प्यार
शब्द भी है
और स्वर भी

संगीत
इसी के

सिलसिले का नाम है

मगर फूल
सिर्फ खिले का नाम नहीं है
मुरझाए हुए का भी है

अनगाए गीत की भी
खबर है मुझे

शब्द और स्वर
गन्ध और छन्द

सब बन्द है उसमें
कमल में बन्द
भौंरे की तरह

सोए हैं सब वहाँ
भोर हुए तक

खोए हैं समवेत अपने अस्तित्व में!

1982

इच्छा आसमान और सूरज की

इस हवा में
आसमान बोल रहा है

खोल रहा है सूरज
इसके लिए
दिशाओं के दरवाजे

गाजे-बाजे से
बढ़ती हुई यह हवा
जिसमें आसमान बोल रहा है

और खोल रहा है जिसके लिए
सूरज दिशाओं के दरवाजे

मुझसे आगे नहीं जाती
समा जाती है आकर मुझमें

जबकि बढ़ना चाहिए
उसे गाकर दिशाओं तक
जैसी उससे आशा की गई थी

भाषा उसे
प्रभंजन हो जाने के लिए
दी गई थी
हो क्यों नहीं रही है तब वह
प्रभंजन

वह समा जाए मुझमें
और मैं उसे अपने में
समोए रखूँ

यह मुझसे न आसमान चाहेगा
न सूरज

तब अपने भीतर
समा चुकी इस हवा में

मिलाकर कुछ अपना भी इसमें
हिलाकर बोतल में बन्द
पानी की तरह

छोड़ दूँ इसे बाहर
उच्छ्‌वास की तरह वाणी की तरह
कि वह बोझ उतार दे मेरा
और सँवार दे
आसमान और सूरज की इच्छा!

1982

अदम्य

इच्छा और बोली और जीभ
अजीब बात है
कि सबके पास हैं

सुना नहीं है क्या
हम सबने बोलते
घाटियों को और पहाड़ों को

झरनों और झाड़ों को
और पंछियों को
एकाध-बार सितारों को

और धारों को तलवारों की

तुम क्या खाकर
बोलना बन्द कर सकते हो
हमारा
हम जो
घाटी हैं और पहाड़ हैं
झरने हैं और झाड़ हैं

पंछी हैं सितारे हैं
कई बार खिंची हुई तलवार हैं
कृपाण हैं दुधारे हैं

और ज्यादातर
तार हैं सूत के
चरखे पर खिंचे हुए!

1982

चिन्तामणि

अंटी में चिन्तामणि खोंस ली
और चिन्ता में पड़ गया
कि यह एक
नया काँटा मन में
गहरे तक गड़ गया

कबिरा ने
हीरा गँठियाया था गाँठ में

तरंगें सारी मन की
अविचल कर ली थीं
समस्याएँ हमारी-तुम्हारी
सहज भाव से हल कर ली थीं

मगर यह हीरा नहीं है
चिन्तामणि है
गाँठ में बाँधो चाहे
खोंसो अंटी में
मन मस्त नहीं होता
अपरम्पार में
बहता है अपनों की
परायों की धार में
व्याकुल रहता है शहर के अन्देसों से

और कहता है मुझसे
उठो भी
काम तमाम पड़े हैं

सारे ये काम
तुम्हारी इस निगोड़ी
चिन्तामणि से बड़े हैं!

1982

विषाद-योग

बेचैन मैं पहले भी था
बेचैन अब भी हूँ
मगर अब वैसा नहीं होता

पहले लेकर
अपने मन की चिनगारियाँ
घूमता ही रहता था मैं

अंगल-जंगल गाँव-शहर
महल-अटारियों पर

और फूँकता रहता था
इनके बल पर
इसका दरिन्दापन
उसकी हैवानियत

धधका देता था राशि-राशि उपेक्षा
चमका देता था ज्वाला की झाँक
अँधेरे चेहरों पर

तब मैं बेचैन था
बेचैन अब भी हूँ
मगर वैसा नहीं कर पाता मैं

मेरे देश के जंगलों में
पंछी हिरन चीतल नील गाय
साँभर नहीं हैं अब

दरिन्दे ही दरिन्दे हैं इसमें
अब जगह-जगह
धधका नहीं पाता मैं अब

अपने मन की चिनगारियाँ यों
कि सब जगह दरिन्दे ही दरिन्दे हैं
कैसे जला दूँ समूचे अपने देश को

देखता हूँ चुपचाप
अपने शब्दों के मुखर और ज्वलन्त
और लेलिहान परिवेश को
होते मौन
और ठंडा
और कोषबद्ध!

1982

अंजुलि-भर अवधि

एक फूल
तोड़ा गया

और
फिर छोड़ा गया
किसी अंजुलि में

कर गई
तरंगित
समूचे
काल-जलधि को

अवधि वह
फूल के
तोड़े जाने

और
छोड़े जाने के
बीच की!

1982

जैसे सोते हुए बच्चे पर

यानी मुझे
अब यह सुस्त
और सोई-सोई-सी
बूँदा-बाँदी नहीं सहनी पड़ेगी

मुझे अब बात
रुक-रुककर और
टुकड़ों में नहीं
कहनी पड़ेगी

तुमने मेरा मन
भर दिया है
जैसे समुद्र और सूरज ने
मिलकर

आषाढ़ का घन भर दिया है
मैं अब दो-चार महीने
लगभग लगातार बरसूँगा
मैदान हरे हो जाएँगे
भर जाएँगी नदियाँ
किसान के कंठ से
कजरी फूटेगी
बिजली प्राणों की तरह
धड़कन देती रहेगी

आकाश को
हर अवकाश को
अब मैं
छाती से लगा पाऊँगा

शब्दों में ही नहीं
स्वरों में जगा पाऊँगा
हर सूनापन

तुमने मेरा मन भर दिया है
जैसे समुद्र और
सूरज ने मिलकर
आषाढ़ का घन भर दिया है
और खिलकर चमेली की लता ने
सारा वातावरण
चरण अब तुम्हारे
मरण तक मेरे साथी रहेंगे

मृत्यु एक नींद की तरह
आएगी अब मेरे पास
जहाँ और जिस चटाई पर
लेटूँगा सोने के खयाल से
समूचा एक नया जीवन
भेटूँगा बाँहों में

जिन्दगी चुक जाएगी
मृत्यु मुझ पर ऐसी झुक जाएगी

जैसे सोते हुए बच्चे पर
माँ।

22 जनवरी, 1983

पूर्वापर

छोटी-छोटी झाड़ियाँ चट्टानों के बीच
जहाँ-तहाँ फूटी हैं
इन्हीं के बीच चित पड़ा हूँ मैं चट्टानों पर
ऊपर का तारों भरा आसमान देखता हुआ
शायद वहीं कहीं ऊपर हवा बह रही होगी
क्योंकि हल्के-हल्के बादल धीरे-धीरे
तारों के ऊपर से आ-जा रहे हैं
हवा यहाँ नहीं है
मैं लगभग खुले बदन पड़ा हूँ
मगर वह मुझे महसूस नहीं हो रही है
कहते हैं यहाँ यानी इस दुनिया में सब तय है
कौन कब पैदा होगा, कौन कब मरेगा
कौन कल्पनातीत कोई रद्दी काम
निहायत अच्छी घड़ी में करेगा
गर्मी कब आएगी और कब आएगी बरसात
रात कब होगी कब होगा प्रभात
यानी आना तय है जाना तय है
रोना तय है गाना तय है
तब यहाँ जो मैं पड़ा हूँ चट्टानों पर
तारों-भरा आसमान देखता हुआ
सो भी तय था
अनिश्चय मेरा एक भय था यह अर्थ हुआ
और यह भी कि
इस घड़ी हवा जो ऊपर बह रही है
और नीचे नहीं, यह भी तय था

30 जनवरी, 1983

समय

समय का कोई मतलब नहीं है
जैसे लोग
बन्द होकर नहाते रहते हैं
किसी कमरे में
खयाल किए बिना वक्त का

खयाल वे उस सारी अवधि में
चाहे और किसी भी बात का करते हों
समय का नहीं करते
तब मतलब किन चीजों का है?

नहाने का है
दिल बहलाने के बहाने का है
बाजार जाने का है
निरर्थक चीजें खरीदकर लाने का है

प्याज छीलने का है, पतंग ढीलने का है
सब्जी काटने का है
अपनी बच्ची को किसी बहुत छोटी बात पर
डाँटने का है

जिनको हमसे कुछ लेना-देना नहीं है
हवाई जहाज से उनके बीच आ-जाकर
अपनी मुसकुराहट बाँटने का है

लोगों को दफनाए जाते देखने का है
या श्मशान से किसी को जलाकर
हँसते-बोलते आते देखने का है

यानी मतलब इन बड़ी-छोटी बातों का है
अच्छे दिनों या बुरी रातों का है

समय का कोई मतलब नहीं है
अर्थहीन है समूचे काल में हमारा समय!

जनवरी, 1983

जैसे ये बच्चे

चारों तरफ बरफ
बरफ की तरह ठंडे मन
एक हरफ नहीं किसी की तकलीफ में
सहानुभूति का

मेरी घिग्घी बँधी है
कि कितनी आसानी से
लोगों की यह लापरवाही
सधी है

कल तक मेरी चिक पर
(जो रस्सी खींचकर लपेट दी गई थी यों
कि दालान में उजाला जरूरी था)

गिलहरी के बच्चे थे
दिन-भर आती-जाती थी गिलहरी
उन्हें खिलाने-पिलाने

लापरवाही में किसी ने
रस्सी की गाँठ खोल दी
गिर पड़ा घोंसला उतने ऊपर से

तीन नरम बच्चे
टपके उतने ऊपर से
पक्के फर्श पर

और मातम-जैसा है आज मेरे घर-भर में
मगर गिलहरी को
क्या करें कि धीरज बँधे

वह परेशान घूम रही है
चिक-चिक करती

पड़ोस के बच्चे अधमरे तीन बच्चों को देखकर
खुश हैं और दुखी भी कि हमारे मारे वे

जान नहीं ले पा रहे हैं वे बेचारे उनकी

ज्यादातर हम सब ऐसे ही हैं अब
जैसे ये बच्चे
गिलहरी के बच्चों की तरफ

एक हरफ नहीं निकलता
किसी की तकलीफ में हमारे मुँह से
सहानुभूति का!

जनवरी, 1983

नीली रेखा तक

नहीं सोचा मैंने
भई रास्ते
कि तुम
ऊँचे हो कि नीचे हो
ऊबड़-खाबड़ हो
कि सम हो
धूप से तपे हो
गरम हो
कि नम हो
बरखा से

माटी तुम्हारी
काली है कि पीली है
नरम है कि
पथरीली है
आ गया मैं तो
बस तुम तक
और चाहा यह
कि चला जाऊँ
आगे ही आगे
तुम्हारे धागे के
सहारे उस

नीली रेखा तक
बसा लिया है जिसको
मैंने कब से अपने मन में
सबको मानकर
आकर्षित उसके प्रति

इसीलिए
अन्तर नहीं किया मैंने
गाँव नगर या वन में
और आ गया हूँ
शायद अब
बहुत आगे
चलता हुआ तुम्हारे
धागे पर

लेकिन
क्या हो गया है तुम्हें
कि तुम मुझे
अपने
नाम के बावजूद
रास्ता
नहीं दे रहे हो

पश्चात्पद
होना होता मुझे
तो लौट जाता मैं
कब का
उन्हीं के बीच
जो चलकर आए थे
मेरे आँगन तक
कुछ समझकर

मुझे समझाने के
खयाल से

चला आया मगर मैं
बँधाकर उन्हें धीरज
कि लौटूँगा वापस

तुम्हारे पास
एक बार खुद जाकर
वहाँ तक अकेला
अवहेला जिस
नीली रेखा की
न तुम्हें सहन हो रही है
न मुझे

साथ अभी नहीं लूँगा
तुम लोगों में से किसी को
यों कि रास्ता
तुम्हारा-मेरा-सबका
अनजाना है

भटक भी जाए
कोई एक आदमी
अनजाने रास्ते पर
तो उसमें
ऐसा बुरा कुछ नहीं है
अच्छा है वह
पूरे के पूरे
काफिले के भटक जाने से

सोचा नहीं इसीलिए
संग-साथ मित्रों का
हाथ पकड़ना अदृश्य का ऐसे में
अच्छा माना
अच्छा माना कि पहले खुद सब कुछ
समझ लूँ इस अनजाने
और अटपटे रास्ते के बारे में
आकर कहूँगा फिर दोस्तों से
कि हाँ अब चलो
नीली रेखा तक
निश्चिन्त भाव से

कठिन है होने को रास्ता
मगर कठिनाइयाँ उसकी

समझ ली हैं मैंने ढंग से
समझाते हुए कठिनाइयाँ वे
ले चलूँगा तुम्हें
और पहुँचेंगे हम सब वहाँ
चार कदम आगे मैं
चार कदम पीछे तुम
साधारणतया कहते हैं जिसको
'सब साथ-साथ'

इसलिए कहता हूँ
मुझको दो रास्ता
भई रास्ते
अनजानापन तुम्हारा
मन उनका
बिरस न करे
रेखा तक पहुँचे वे
भरकर उत्साह में

थका न पाए उनको
कोई अगम्य तत्त्व
गाए कंठ उनका
कुछ इस तरह
मानो वे नहीं
आए हैं रेखा तक
आई है नीली रेखा
खुद उन तक
चलकर पाँव-पाँव
पीछे नहीं जाऊँगा
इसीलिए अब मैं
किसी हालत में
पहुँचे बिना रेखा तक
और न विलमूँगा
जितना जरूरी है
उससे एक क्षण ज्यादा
शीतल होने के
लालच में

किसी सलिलवन्ती के
तट पर
या नीचे

किसी हरहराते वृक्ष की
छाया में
एकाध बार दोपहरी
एकाध बार रात में
थकान या नींद ने
अलसाया अधिक
तो न मन की सुनूँगा
न शरीर की
सुनूँगा विवेक की
तीर की तरह
छूटने की शक्ति पड़ी जो है शरीर में
याद दिलाऊँगा उसे उसी शक्ति की
चला जाऊँगा
तूफान की तरह
उड़ाता हुआ धूल
मानो तुम्हारे नाम पर
बढ़ता चला जाऊँगा
आगे-ही-आगे
चढ़ता चला जाऊँगा उदयाचल तक
नीली रेखा के
शिखर पर!

जनवरी, 1983

जैसे कुछ बम होते हैं

जैसे कुछ बम होते हैं
समय पाकर फट जानेवाले
वैसे कुछ शब्द होते हैं
लगभग चुपचाप पड़े रहते हैं
सहते हुए लोगों की अवज्ञा

और लापरवाही और फिर
फटते हैं सावधि बमों की तरह

क्षत-विक्षत करते हुए आसपास के
ऐसे अस्तित्वों को
जो अपने को अजर-अमर मानकर
मनमानी करते चले जा रहे थे
ऐसे ही हैं ये सत्य अहिंसा
सत्याग्रह असहयोग आदि शब्द
संसार की अवज्ञा से घिरे और चुप
ये फटेंगे अपने क्षण पर
अर्थात् संसार के रणवादियों पर और रण पर

बिखर जाएँगे काँच के टुकड़ों की तरह
झूठे प्रजातंत्र दम्भ के, धनी अधिनायकवाद
आपादमस्तक लदे राष्ट्र अणु शस्त्रों से
इन शब्दों के मारे बचाया नहीं जा सकेगा
कुछ भी शस्त्रों से

जिसे शस्त्रवादी सर्वस्व मानते हैं
और जिसे बढ़ाते रहने की धुन में
धरती और समुद्र और आकाश के
ग्रह नक्षत्र तक छानते हैं
ये संग्रहवादी!

मार्च, 1983

देश-काल

जगह
जहाँ मैं हूँ
वही है

और समय
जिसमें मैं हूँ
उसके सिवा है

कोई दूसरा

समय
सिवा कभी और के
शायद है ही नहीं

और जगह
जो है उसके सिवा
नहीं होती दूसरी अन्य

रात का मुँह
और नदी का मुहाना
यह है
इस वक्त मेरी जगह
कल्पना मैं
चाहे जिस जगह की करूँ
समय यह नहीं है
मेरे वहाँ जा पहुँचने का

फिर वहाँ
पहुँचने तक
क्या होगा
कौन कह सकता है

क्योंकि जगह मैं जहाँ हूँ
वह है और
पहुँचना चाहता हूँ
जहाँ
उसके लिए
सिवा और वक्त के
वक्त नहीं है

इसलिए मैंने
जगह को स्थिर
और समय को
गया-गुजरा या
'कभी' आने वाला माना है
'अभी' का

कोई मतलब नहीं है

मतलब नहीं है इसी तरह
कहीं और का
तुम जहाँ हो वहाँ हो
कहीं और
कब पहुँचोगे
अभी नहीं कह सकते तुम
इसे
ठीक क्या कहना चाहता हूँ
सो मैं
समझ रहा हूँ

समझा नहीं पा रहा हूँ
क्योंकि ऐसी बातें
समझनी भी किसे हैं
होने को आकाश है
और पंछी भी हैं
मगर अवकाश
आकाश का
उड़ने भी दे सकता है
पंछी को घोंसले तक
और उठाकर आँधी
निगल भी ले सकता है उसे

अब आकाश
जगह है
और अवकाश समय
इसे कौन नहीं जानता!

1983

बिफरे हुए विचार

कई दिनों से चुपचाप
पड़े हुए विचार एकाध-बार

मानो चिल्लाकर खड़े हो जाते हैं
और कुछ इस तरह
कर देते हैं हक्का-बक्का
जैसे अपने घर आए हुए
मेहमानों के बच्चे

आप मेहमानों के बच्चों को
टोक नहीं सकते
घर-भर को उथल-पुथलकर डालने से

यहाँ तक कि अगर
डाँटें उनके माता-पिता
तो कहना पड़ता है
खेलने दीजिए बच्चों को
हम बाद में सब जमा लेंगे

ऐसे ही बिफरे हुए विचारों के
स्रोतों से कहना पड़ता है हमें कि
उफन रहे हैं तुमसे निकले ये प्रवाह
तो बिफरने दो इन्हें
हम समय पाकर
थमा लेंगे और तब
बना लेंगे इन्हें
अपने कामों के अनुरूप

कई दिनों से
मन में धूल खाते विचार
कई बार एकाएक
उथल-पुथल मचा देते हैं
रचा देते हैं असमय में
मानो कोई अनचाहा उत्सव
और मन मारकर
निबाहने पड़ते हैं
अब रच ही जाता है उत्सव
तो उसके सारे दस्तूर

इसीलिए जरूरी
मानने लगा हूँ मैं अब

विचारों को
रोज-रोज उलटाना-पुलटाना

मन में धूल से भरे
विचारों का
अचरज में डाल देनेवाला व्यवहार
बचाना चाहता हूँ

घटनाएँ
सोच-विचार
और विचार
इनमें जितनी संगति
सध सके उतनी
तरल रह पाती हैं
हमारी भौतिक और
मानसिक गति समाज में

अकेले में तो मैं
कोई भी अति
सह लेता हूँ
घटना की
या विचार की
मगर समाज में सामंजस्य
सधना चाहिए
घटनाओं और विचारों का

निष्कर्ष यह अभी
कुछ दिनों पहले
एक धूल से ढके विचार ने
मुझे बिफरकर सुझाया
और बच गया
सौ जगह भटककर
इस तवालत से बचने का
उपाय पूछना
अपने ही धूल भरे
विचार के बल पर!

1983

घरे बाहिरे

काले
पुराने
देखे-भाले सौन्दर्य
पहाड़ी बाजों के

छाले उन पाँवों के
जो पहुँचे थे तुम तक
चुपचाप
बिना आवाजों के
वनान्तरों में
मत ढूँढ़ो बैठे-बैठे उन्हें
अब घरों में

अक्षरों में
शब्द नहीं होते
शब्दों में
अक्षर होते हैं

सौन्दर्य और प्रेम
और परेशानी
सब घर के बाहर है

घर में तो कलह है
घर के बाहर है
हर पाने लायक चीज

अब समझ में आ रहा है
कहना शंकराचार्य का
जिसने घर छोड़ा
उसने डर छोड़ा
और छुड़ाया डर दूसरों का!

1983

रूहो-गिल

तू किसी असम्भव के
फेर में रहा
इसीलिए कभी
जबर में रहा
कभी जेर में रहा
गजल में रहा
शेर में रहा

न मकता सधा
न मतला
अब मत अपनी नज्म
किसी को बतला
फेर से निकल
जबर और जेर से निकल
गजल से निकल
शेर से निकल
ये सब तुझे
महफिल तक ले जाते हैं
गिल तक ले जाते हैं!

1983

तत्सत

मुझे पकड़ो
तो वह मिल जाएगा
वह छिप गया था मुझमें
विष-बुझे बाण-सा

और भिद गया है
अब समूचे मेरे अस्तित्व में
मेरे प्राण-सा

मुझे पकड़ोगे
तो वह मिल जाएगा!

1983

एक दिन जाना

मैंने एक दिन
चुपचाप देर तक बैठे-बैठे
नर्मदा के किनारे
जाना कि
नदियों का जन्म
रात में हुआ है

और प्रकाश होते-होते तक
वे बहकर चली गईं
वनों से होकर
मैदानों तक
वे रात में भी चलीं
और दिन को भी जारी रखी
उन्होंने अपनी यात्रा

मगर हुआ यह सब
आदमी के पैदा होने से पहले
किसी आदमी को
नहीं जानने दिया उन्होंने
अपने जन्म का क्षण
और स्थिति
अपने बचपन से लगाकर
कहीं लीन हो जाने तक की

क्या जाने कब सुनी
अमरकंटक की पहाड़ियों ने
नर्मदा की पहली किलकारी
उसके पहले-पहले रोने का स्वर
मुखर कब हुआ गंगोत्री

गंगा के गान से

पहाड़ों की खोहों में तब
शायद नहीं थे पंछी भी
नहीं तो प्यास लगने पर
वे क्या करते
उड़ान भरते हैं वे आज
जिस निश्चिन्त भाव से
आकाश में
उतरते हैं जैसे धरती पर
प्रकाश की तरह
कैसे होता यह
बिना नदियों के

वृक्ष जरूर नदियों के
पूर्वज हैं
इन पूर्वजों ने मगर
दूध पिया है
अपनी अनुजाओं का
जो उनके कष्ट को समझकर
सिक्त करती रहीं
पय से अपने उनकी जड़ें

क्रोध सूरज का
वृक्षों पर इसीलिए है
कि वे उसकी किरनों के लिए
रुकते नहीं हैं

उठते चले जाते हैं ऊपर
उन्हें खुद
पकड़ लेने के लिए

साहस और
शक्ति यह उन्हें
हमसे मिली है
ऐसा कह रही थी
नर्मदा!

1983

किसी फकीर की तरह

आदि से आज तक की कविता में
जो कुछ बड़ा है
उसने आदमी को आदमी से ही नहीं

हर चीज से जोड़ा है
तोड़े हैं उसने आदमी और आदमी
और प्रकृति के बीच के द्वन्द्व
जहाँ उसने ऐसा नहीं किया है

वह किताबातों में
बन्द रह गई है
गूँजी नहीं है वह हमारे कंठों से निकलकर हवा में

पड़ी नहीं है उस पर धूप
छिटकी नहीं है उस पर चाँदनी
मिली नहीं है वह फूलों की गन्ध से

मौसमों ने उसे चूमा नहीं है
वन उसको
अपने झोंकों में लेकर

झूमा नहीं है
किसान के हँसिए के साथ
उसने छन्द नहीं पकड़ा है

लहरों पर नाची नहीं है वह
माँझी की पतवार के साथ
तलवार के साथ

उतरी नहीं है वह
किसी सिपाही को ताकत देने
भटकी नहीं है वह

जंगल-जंगल
किसी फकीर की तरह
कीड़ी और कुंजर की सुध लेने

31 अगस्त, 1983

फिर बहुत दिनों तक

रात ने एक हल्का इशारा किया
और कवि
उसके पास सरक गया
इस अप्रत्याशित घटना से
बादल का घना टुकड़ा
एक जगह से दरक गया
और उस सन्धि में से
चाँद
दिखने लगा
चाँदनी में
डुबाकर कलम
पहाड़ कुछ लिखने लगा
फिर बहुत दिनों तक
न रात को आने-जाने की
सुध रही
न कवि ने न पहाड़ ने
किसी से अपने उस सुख की
बात कही!

26 नवम्बर, 1983

मेरी ही आँख ने

किस चीज ने धोखा दिया
शायद मेरी आँख ने ही

धरती का यह टुकड़ा
जिसे बहती एक नदी की धारा
तीन तरफ से घेरे है
ओढ़े है चादर चाँदनी की

सुन्दर दिखना चाहिए था मुझे
यहाँ का सब
मगर यहाँ कुछ दिख ही नहीं रहा है जैसे

मैं कुछ भी देखने के बजाय
सुन रहा हूँ तेज हवा के स्वर
स्वर जो मानो कहीं जा पहुँचने की
त्वरा में है

मैं जैसे बचपन में
अँधेरा हो जाने पर डरकर
बढ़ा देता था अपनी चाल
चारों तरफ भौंकते हुए कुत्तों के बीच

और कम भी कर लेता था
कभी अपनी गति सोचकर यह
कि डरा हुआ समझकर मुझे

टूट न पड़ें मुझ पर कुत्ते
(कहना चाहता था आवारा कुत्ते
मगर मन में बात चाँदनी की थी
तो टाल गया वह शब्द)

सोचता हूँ चाँदनी ने सुन्दर बनाया होगा
यहाँ हर चीज को
मगर आँख ने धोखा दिया है
शायद और मन
इसीलिए चाँदनी से

नहाए वन में बहती हवा को
कई गुना करके सुना रहा है
कानों पर शंख जड़ दिए हों जैसे
असमय के हाथ ने

तभी तो सागर के गर्जन की
तरह हो गया है
स्वर हवा का!

27 नवम्बर, 1983

फासला दो लहरों का

मेरी आँखों
और तुम्हारी आँखों के
बीच में एक
फासला है

फासला यह
एक तरह के अँधेरे में
खड़ा है

अजीब बात है
कि यह रात नहीं है
दिन है

सब जगह उजाला है
सिवा उस जगह के
जो मेरे और

तुम्हारे बीच की है
देख पा रहा हूँ मैं
सब कुछ सिवा तुम्हारे

तुम मुझे धुँधली
छाया की तरह दिख रही हो
और सम्भव है कि

देख रही हो तुम भी मुझे
एक छाया के रूप में
या न हो तुम्हारी हद तक

हमारे बीच में अँधेरा
साफ-साफ ही
दिख रहा होऊँ मैं तुमको

तो तुम मुझे
देख पा रही हो या नहीं
या मैं जरा आगे बढ़कर देखूँ

देख पा रही हो तुम मुझे
क्योंकि मैं बढ़ा
तो तुम

जो छाया-जैसी हो
कुछ छाया-जैसी ही
पीछे हटती दिखीं

फटते दिखीं
आसपास की चीजें
दृश्य या दिखावे

एक मुसकुराहट में
पहले से साफ हुआ
हमारे बीच का व्यंग्य

यानी आसपास जानता है
कि हम एक-दूसरे से
नहीं मिलना चाहते

या कम-से-कम
तुम हमारे
आसपास हो सकने की स्थिति से
बचना चाहती हो

तुम नहीं चाहतीं कि हम
उजाले में
और-और अस्तित्वों की तरह

दिखें एक-दूसरे को और देखें हमें
देखते हुए एक-दूसरे की तरफ
दूसरे अस्तित्व

तुम्हारे मन में
कुछ ऐसा है शायद
कि बना रहे

हमारे बीच के फासले में अँधेरा
और घिरा रहे शेष विस्तार में
फिलहाल उजाला

विस्तार भी
धीरे-धीरे भर जाएगा
हल्के ही सही अँधेरे से

क्योंकि समय तो
सरक रहा है और
रात आ रही है

रात
मगर आज
पूर्णिमा की है

शायद
चन्द्रमा के उजाले के साथ
कर न सको तुम वैसा खेल

जैसा किया है तुमने सूरज के उजाले के साथ
और उजाला चन्द्रमा का
पड़े सब पर एक-सा

हमारे और तुम्हारे बीच की
दूरी पर भी फैले दूधिया चाँदनी
और तब तुम ठीक मानो

एक-दूसरे की तरफ देखना
और जानना-पहचानना
एक-दूसरे को

तब पीछे न हटो तुम
मुझे अपनी तरफ बढ़ते देखकर
हो जाओ प्रस्फुटित

उस तरह व्यंग्य में नहीं
जैसे हुए थे अभी आसपास के अस्तित्व
तुम्हारी तरफ मेरे बढ़ने से

एक धुँधलका सम्भव हुआ है
सूरज के रहते
मेरे और तुम्हारे बीच के फासले में

सम्भव नहीं दिखता वह
चन्द्रमा के आकाश में आ जाने पर
तुम जो अभी छाया हो मेरे सामने

चमक उठो सूरज के जाने पर
चाँद के नीचे
झील की तरह

और जब मैं बढ़ूँ
तो चादर चाँद की किरनों की
लपेटकर

रहस्य की उत्सुकता में
ठेल दे तुम्हें
मेरी तरफ

और ठीक मानो तुम
हमारा मिल जाना

बड़ी इस झील की
दो उठी हुई लहरों की
तरह!

28 नवम्बर, 1983

दया और प्रेम

दया में दम्भ की ही नहीं
निरन्तरता है
एक तरह की क्रूरता की

दया दिखाई जा सके जिस पर
ऐसा कोई दयनीय चाहिए न कहीं न कहीं

इसलिए मैंने
दया से अपने को बचाया है
प्रेम को चुना है

दया को मैंने
दूर खड़े होकर
देख-समझ लिया है सरापा

और सुना है प्रेम को
हर क्षण अपने भीतर
बजते गाते और
गुनगुनाते!

3 दिसम्बर, 1983

कविता अगर

कविता अगर पहने
ज्यादा गहने
तो वह खुद
जरूरत से ज्यादा
ढक जाती है

आती है या नहीं
यह बात तुम्हारी समझ में
किसी और भाषा में
चाहे जैसी रहे
हिन्दी में तो जैसी है यह भाषा वैसी रहे
छरहरी और हल्की।

1 जनवरी, 1984

खाई की ऊँचाई

खाई की ऊँचाई
पर्वत की गहराई
राई का पर्वत
पर्वत का राई
नाई का उसतरा
उसतरा का नाई।

1 जनवरी, 1984

विनाश के आशय में

कब सीखेंगे हम
कि बिना दुखाए
किसी को
दुःख न हमारा दूर होगा
न तुम्हारा

कब समझेंगे हम
कि भीतर की सादगी से
सब स्वच्छ हो जाता है

कब समझेंगे हम
कि हमें हमारा सब कुछ
दे देने के लिए दिया गया है

देना तो है ही हमें
अपना सब कुछ
चुन नहीं सकते हम
अपने समर्पण की जगह

मन को दर्पण हम
अवश्य बना सकते हैं
कि प्रतिबिम्बित हों
उसमें कम-से-कम हम
सही-सही

हमारे सिर पर छाए हुए
या आए हुए
काले बादलों की
कैसे होगी हमें प्रतीति

कब तक लगेगी नहीं
हमें इति
अनगढ़

क्या कभी नहीं
पढ़ पाएँगे हम

अपने सामने फैले पड़े
आज को

कभी नहीं होगी क्या
भीतर हमारे
उसको परिमार्जित
करने की इच्छा

चारों तरफ से
चलती हैं कोशिशें
मिटा देने की सार्थकता
हमारे होने की
अलग बना देने की
हमें आदमी से
और
सजग बना देने की हमें
उन तत्त्वों की ओर
जो घोर हैं
निधान हैं
पारस्परिक प्रेम के नहीं
द्वेष के
जाति सम्प्रदाय धर्म
रंग और देश के
हमें भाषण पिलाए
जाते हैं
थोपे जाते हैं हम पर
इन न-कुछ बातों की दुहाई देकर
संघर्ष ठंडे

और आग से भी ज्यादा गरम
नित नई बाधाएँ
पेश की जाती हैं
ठीक-ठीक सोच पाने के खिलाफ

अशेष है हमारा संसार
और जनमे हैं हम
इस अशेष से

द्वेष की उसमें
कोई जगह नहीं है
हर क्षण हम
अशेष के साथ हैं
उसके तमाम
निर्माण प्रकारों में
हम एक तरह से
उसके हाथ हैं

उसके ही हाथों से
उस पर चोट
न लगाई जाए

बेचारी धरती
उसी की सन्तान के हाथों
न लजाई जाए

इतना तय करने का
अवसर
हमारे पास रहना चाहिए कि
हमारी धरती पर
बहना चाहिए
निर्मल नील जल
या लाल खून की धारा

हम तय करें
कि चिपके रहें हम
केवल ठोस से
या बहें तरल सपनों में भी

अधिकार हमारा भी
माना जाए
हमारे शरीरों पर
और मनों पर

पर्वतों पर
सागरों पर और
वनों पर

शक्ति प्रेम की भी
पहचानी जाए
वाणी दुःख की भी
सुनने योग्य
मानी जाए

माना जाए कि सिवा
द्वेष और लोभ के भी
अर्जनीय है कुछ

सब का सब न सही
वर्जनीय है कुछ उसका
स्पर्धा की त्वरा में हम जिसे
चाहते चले जाते हैं

थोड़ा-बहुत
विचारणीय तो मानिए इसे
कि अन्त है कहीं न कहीं
ऊपर और ऊपर और ऊपर
उड़ते जाने का

यह मामूली बात तो
जानिए कि नुकसानदेह है
आदमी का आदमी से टूटकर
केवल चीजों से जुड़ते जाना

मैंने अपनी पूरी उम्र
इस या इसी तरह के
सोचने और करने में
गुजारी है

लाचारी है यह कि मुझे
आज तुमसे इतना सब
कहना पड़ रहा है
जो मुझसे अलग नहीं हो

रातों-दिन मेरे साथ रहकर भी
जाने किस दुर्भाग्य के फेरे में
तुम मेरे

ऐसे दर्द की तरफ
सजग नहीं हो

मगर हार मैंने
न कभी
जाहिर में मानी है
न गैब में
साथ तुम्हारा कैसे
दे सकता हूँ मैं किसी ऐब में
और तो और
ले नहीं सकता मैं
तुम्हारी शर्तों पर
अपनी जिन्दगी भी
तुमसे

जो तुमने बाँध रखी है
अपनी मुट्ठी में
और भींच रही है उसे
अब तुम्हारी क्रूरता

मगर खींच रही है उसे बाहर
चीरकर तुम्हारी अँगुलियाँ
संसार को सालिम रखने वाली
वह अपराजेयता
जिसने मुझे
गेयता दी है
और दृष्टिहीनता
दी है जिसने तुम्हें
दीवार की

और कान भी जिसने
तुम्हें दीवार के दिए हैं
कि तुम देखो कुछ मत
सुनो भर
अकेले में भी बोले गए
भयहीन शब्द
अपने विनाश के आशय में!

1984

जलवा चीजों का

ज्यादातर लोग
कुछ बो नहीं रहे हैं
कुछ काट नहीं रहे हैं
कुछ खोद नहीं रहे हैं
कुछ पाट नहीं रहे हैं
हुक्मराँ हैं ये

हाथ-पाँव हैं
हमारे लाचार गाँव
इनके हुक्म पर चलने वाले
लाखों की तादाद में
ये हुक्म चलाते हैं
वे चलते हैं हुक्म पर

ये ज्यादातर लोग
भीड़-भाड़ से भरे
सौ तरह से मरे
नगरों में रहते हैं

नगरों में
जहाँ के रहने वालों को
सिवा चीजों के
कुछ नहीं भाता
जहाँ सिवा चीजों के
और कुछ नहीं आता
जहाँ का आदमी
सिवा चीजों के
और किसी चीज को
नहीं गाता

बल्कि और भी
ठीक कहें तो यह
कि अगर वहाँ
गाती-बजाती हस्तियाँ

अगर हैं तो चीजें हैं

पूजा आरती
अजान और हवन
सब माइक से बोलते हैं

सुबह हुई कि लोग
रेडियो-सैट
ट्रांजिस्टर
टेपरिकार्डर खोलते हैं

और फिर सिनेमा भवन हैं
टेलीविजन हैं
टू-इन-वन हैं
एक सेना की सेना है
ऐसी चीजों की

तब फिर यहाँ के आदमी को
मिलने-जुलने की हद तक
किसी तरह की
दोस्ती से क्या
लेना-देना है
लोग चलते-फिरते
सोते-जागते
सुनते हैं चीजों से ठुमरी
चीजों से गजलें
चीजों से दादरे और भजन
और खयाल

खयाल यहाँ
आदमियों के पास
बचे जो नहीं हैं
क्योंकि रचनेवालों ने
नगर
सोचने के लिए
रचे जो नहीं हैं
मजे उड़ाने के लिए

रचे हैं
अन्तरराष्ट्रीय मेले
जुड़ाने के लिए
रचे हैं

बचे नहीं हैं
नगरों के पास
खयाल तो छोड़िए
दिन और रातें

एक-दूसरे के पास बैठकर
घनिष्ठ भाव से
करने लायक बातें

अवकाश नहीं बचा
रद्दी एक चीज 'टाइम'
उनके पास पड़ी है
जिसे पास करना पड़ता है
सफर में
मूँगफलियाँ खाकर
शहर में
दफ्तर-बाजार
नाटक-चेटक
सभा या सेमिनारों में
जाकर

ऋतुएँ अगर आतीं भी यहाँ
तो वे शोर में
अपने गीत
क्या खाकर गातीं
इसलिए अच्छा ही है
कि प्रकृति यहाँ
नहीं बची

ऋतु और प्रकृति-हीनता में
पले ये शहर
काट रहे हैं

चीजों के बीच
अपनी शाम
अपनी सहर

एक अनजाने ढंग से
बच्चे यहाँ
बड़े हो जाते हैं
बिना सोचे
चाहे जहाँ चल पड़ते हैं
चाहे जहाँ खड़े हो जाते हैं

बढ़ाए जाकर
वे बढ़ते हैं
पढ़ाए जाकर
वे पढ़ते हैं

बढ़ाए जाने
और पढ़ाए जाने के
ढंग तय हैं
निराले हैं
परिणाम जिनके
शुभ नहीं हैं
काले हैं

बनते और बढ़ते रहते हैं
व्यक्तियों से हीन शहर
सौ-सौ खयालों में
दीन ये शहर
जहाँ सिवा चीजों के
कहीं से कुछ नहीं आता जैसा का तैसा
न चाँद न सूरज
न वर्षा का पानी

मानसून जरूर आता है
ठंडे कर जाता है
भट्ठियों जैसे उनके घर
बेवक्त बरस जाए बादल

तो वे कहते हैं

सुहावना हो गया मौसम
क्या करना है उन्हें
खेत में खड़ी फसल से
सवाल यह उनके मन में नहीं उठता

यह सवाल तो
तब उठता है उनके मन में
जब खयाल होता
शहर के हुक्मराँ इन लोगों को
गाँवों का

गाँव तो पीढ़ी-दर-पीढ़ी
उनके बँधुआ मजदूर हैं
लातें खाएँगे
और खिलाएँगे शहर वालों को
अपने खून-पसीने से
पैदा किए गए
सोने जैसे चमकते दाने
खुद
ठीक भूखे नहीं तो रहकर
अधभूखे

और हाँ
ऊपर जिन बच्चों की
बात की
वे जवान भी तो होते हैं

पीढ़ी-दर-पीढ़ी होते हैं
वे जवान
और फिर होकर जवान
और-और लोगों की तरह ही
बोते नहीं हैं काटते नहीं हैं
खोदते नहीं हैं पाटते नहीं हैं

हुक्म चलाते हैं
जहाँ नहीं जाना चाहिए
वहाँ जाते हैं
पाँचतारा होटल खुले हैं

वहाँ भरपूर
अपेय है पीने के लिए
भरपूर अखाद्य है खाने के लिए

आवारा लड़के हैं गाने के लिए
और एक तरह की लड़कियाँ
नाचने के लिए

खुद तो वे किसी खुशी में
गाते नहीं हैं
किसी खुशी में नाचते नहीं हैं

किराए पर लोग मिलते हैं
इस सबके लिए
या फिर चीजें हैं
जो करती हैं यह सब कुछ
कहा न

अब खयाल तक
चीजों के हाथ में है
सुना है कविता भी
कुछ दिनों में
चीजें लिखेंगी

जहाँ-जहाँ दिख सकता है
आदमी
वहाँ-वहाँ अब चीजें दिखेंगी

फाजिल हो जाएगा
हमारे शहरों में
आदमी
यों शादी-वादी वह
करता रहेगा
मरता रहेगा

सुनता रहेगा
हर ऐसे मौके पर
चीजों के गाने

पेश करता रहेगा
गाँव के गरीबों के
सामने अपनी वे जरूरतें
जो कारखानों जैसी
करिश्मागरी से
पूरी नहीं होतीं
और समझाता
रहेगा उन्हें
जलवा चीजों का
कि उनको पाने के लालच में
पैदा करें वे अन्न और
फल और कपास

मगर वह यह नहीं जानता
कि किसी दिन यह
जलवा चीजों का
बदलकर
एक तरह का
मलबा हो जाएगा

तब चीजें गाएँगी नहीं
आएँगी नहीं
किसी काम में

सिर्फ फटेंगी
आसमान के छोरों से
धरती के छोरों तक

और आदमी तो
छार-छार हो ही चुका है
चीजें भी
छार-छार हो जाएँगी

रह जाएगा
चीजों का जलवा
होकर मलबा!

1984

कोरे उपभोक्ता

अब किसी को
खबर नहीं है प्यार की
दो-चार
कहीं होंगे ऐसे खबरदार
तो होंगे
हमें उनकी खबर नहीं है
और न उन्हें है
हमारी खबर

सबर भी
कहीं नहीं बचा
भगवान तो खैर
पहले भी कितना था
कौन जाने

प्यार मगर
था
हम भी चाहे गए थे
निबाहे गए थे अपनी
कमजोरियों के बावजूद
इतना ही नहीं
लपेटकर रखे गए थे
कोंपलों में
ढाँके गए थे फूलों से

सायास और सतर्क
बचाए गए थे
शूलों से

अभिषिक्त
हुए थे हम आँसुओं से
सब कुछ अतिरिक्त
दिया गया था हमें

और कदाचित्
तब जब हम उसके पात्र नहीं थे

शायद इसलिए कि तब
हम जनता-मात्र नहीं थे
व्यक्ति थे

अपनी ही नहीं
अपने आसपास और
दूर-दूर तक की अभिव्यक्ति थे
मगर तभी
घिरी एक रात
अँधेरे में बनाकर जुलूस
कूच कर गईं
हमारे गली-कूचों से
प्यार की टोलियाँ
जाने किस दिशा में

और जब प्रभात हुआ
तो देखा हमने
प्यार कहीं नहीं बचा
सहिष्णुता कहीं नहीं बची

अँगुलियाँ जो
कभी छू लेती थीं
तो भर जाती थीं
सिहरन देह में
गूँध रही हैं वे अब
आटे की तरह कहो
माटी की तरह कहो
हमें ही नहीं हमारे
सारे देश को

लोग सब-के-सब
बना दिए गए हैं
जनता और वे
माँग

वस्तुओं की कर रहे हैं
परवाह किए बिना
मूल्यों की

माटी की तरह कहो
आटे की तरह कहो
गूँधते और
करते हुए एकाकार

कोशिश की जा रही है
हमें वस्तुएँ थमाने की
बनाते हुए हमें
कोरे उपभोक्ता

उपभोग किया जा रहा है हमारा
मतदान के लिए
ताने गए
वितान में!

1984

गाओ वे नीली दूरियाँ

उठो भी
यह सुबह
जो इतनी मीठी
धूप लेकर खिली है
ऐसे ही नहीं मिली है हमें

यह आई है
कभी चढ़कर
कभी तैरकर
कभी उड़कर ऐसी दूरियाँ जिन्हें
हमारी तो छोड़ो
जाना नहीं है पूरा-पूरा
हवा और पानी और
प्रकाश और ध्वनियाँ तक ने

उठो
और समा जाओ
इसके स्फटिक-स्वच्छ
कोमल आलिंगन में
गाओ इसके प्राणों में धुली दूरियाँ
अपने स्वर में
वे दूरियाँ जिन्हें यह
कभी चढ़कर
कभी उड़कर
कभी तैरकर आई है
और गुँजाओ
उन अज्ञातों को
घनी काली रातों को
जिन्हें हवा पानी

गन्ध और छन्द
और एकाध बार
प्रकाश और ध्वनियों तक ने
पूरा-पूरा नहीं जाना है
वे तुम्हारे प्राण की तरह
तुम्हारे भीतर
समा जाना चाहती हैं
एक हो जाना चाहती हैं
समस्त अनजाने तत्त्वों के साथ
तुमसे
तुम्हारे गान की तरह

कुछ नहीं करना है
तुम्हें इसके लिए सिवा इसके
कि समझकर सबका मन
सौंप भर देना है
अपने आपको
सहज भाव से
शब्दों के हाथों

और गाना है दूरियाँ
भूलकर बाधा दूरियों की

उसी तरह
जिस तरह
आज की इस मीठी
खिली धूप ने किया है
अमान्य हर बाधा को
तुम तक आने के उत्साह में!

1984

अत्याचार

जब तुम अत्याचार
करते हो
तो किस पर करते हो
जानते हो
अत्याचार से
दूसरा जितना मरता है
तुम उससे
ज्यादा मरते हो!

1985

कहानियाँ

कवि

वसन्त के उस प्रभात में कवि घूमने निकला था, सही भी है और गलत भी—क्योंकि कह सकते हैं कि तब रात बाकी थी लेकिन हवा में वह एक कुछ नमी-सी, वह एक कुछ चेतनता-सी, वह एक कुछ जागरण-सा आ चुका था जो प्रभात का प्राण था, जिससे पंछियों को गान मिलते हैं और जिसे छूकर पत्ते चाहे पीपल के चाहे बड़ के चाहे केर के चाहे बेर के अनोखे एक ढंग से हिलते हैं। चाँद चौदस का आकाश में चमक रहा था ऐसा कि अगर सिर्फ उसकी चमक देखो तो प्रकाश पास आ गया है ऐसा नहीं लगता, पीलापन अभी उस पर कहीं नहीं था और प्रकाश जो फैला था, न झाड़ियों में मैला था न झुरमुटों में। जहाँ भी जिस पर पड़ रहा था बराबर साफ, सफेद एक-सा। पंछी अभी तक जागे नहीं थे लेकिन एकाध जगह पंखों की फड़क सुनाई दे जाती थी। गाँव के बीच से जंगल में धँसती हुई पगडंडियाँ होती हैं और जंगल से निकलकर गाँव में समा जानेवाले रास्ते, जी से निकलकर हवा में मिल जानेवाले गीत होते हैं और गीत से निकलकर जी में बैठ जानेवाले होते हैं विचार। कवि रास्तों में पगडंडियों पर पहुँच रहा था और विचारों से गीतों पर। पगडंडियों के आजू-बाजू झाड़ थे, कहीं छोटे कहीं बड़े, आम के और नीम के, बबूल के, करंजी के। सभी अपने फूलों से लदे, चाँदनी में भीगी हुई, हर एक की अपनी एक खुशबू थी, मीठी और कड़वी-भीनी और उग्र। गीतों के आजू-बाजू स्मृतियाँ थीं। शैशव और तरुणाई की, एकान्त और मेले की भी, पहाड़ों की, नदियों की, साँझ की रात की, सभी अपने सुख में डूबी, दर्द में भरी। किरनें सजकर हर एक की, अपनी एक सुन्दरता थी सादी और विशेष शान्त और अशान्त। ऐसी वह प्रभात के पहिले की रात थी, जिसमें कवि घूमने निकला था। कवि अकेला था और चलता जा रहा था गुनगुनाते हुए आकाश में चाँद की तरह। अकेला था और चलता जा रहा था।

चाँद की किरणें फीकी पड़ चलीं और पंछियों के गान बढ़ने लगे। गीत कवि के बन्द हो गए—वह अब केवल सुन रहा था। पंछियों के गीत, विचारों के गीत नहीं होते। वे स्मृतियों के गीत नहीं होते, वे आकांक्षा से परे, विचार से उदासीन, स्मृतियों से अछूते होते हैं। प्रकाश में उनका उद्गम, आनन्द में उनका स्रोत और शान्ति में उनका लय होता है। अर्थहीन वे होते हैं इसलिए समस्त अर्थों से श्रेष्ठ अपेक्षाहीन वे होते हैं। अत: समस्त आकर्षण से बलवान और अकृत्रिम होते हैं।

अतः समस्त कला से महीयान। कवि ने, कोयल बोल रही है या नहीं, यह सोचा ही नहीं कि छोटी-छोटी पीली चिड़ियाँ तो चहक रही थीं। अनेक आम, नीम, बबूल, करौंदा और करंजी की महक से घिरी हुई उस चहक के बीच अगर कोयल कूक भी जाती तो कवि घूमकर खड़ा हो जाता या उसी प्रकाश में डूबा हुआ-सा चलता चला जाता, कह नहीं सकते। कोयल और बोल जाती तो अकसर ही जिस आम के घने कुंज में बैठकर वह लिखता था, वहाँ वह रुकता या नहीं, यह भी कह नहीं सकते। अभी तो कोयल बोली नहीं थी और कवि अकेला चलता चला जा रहा था कि गाँव आ गया। रास्ते में उसे ठंडी हवा, पहले चमकती और फिर फीकी किरनें, चिड़ियों के गीत और पंखों की फड़क के सिवाय कुछ नहीं मिला था। यह इसलिए कहता हूँ कि जो एक काला तगड़ा आदमी गाड़ी पर अनमना-सा बैठा, जमुहाई लेता हुआ सतत अभ्यास के कारण जमुहाई के बीच भी बैलों को गाली देता हुआ उसके खूब पास से गाड़ी निकालकर ले गया था, उसे कवि ने कुछ नहीं-सा मान लिया था। अभी गाँव आ गया था। किरनें चाँद की तो बीत ही चुकी थीं, सूरज की आ गई थीं—स्निग्ध, सुनहरी प्राणमय और परेशान कि कुछ अभी तक सोच रहे थे। गाँव आ गया था जगा हुआ—गायोंवाला गाँव, किसानोंवाला गाँव, धूलवाला गाँव, धुआँवाला गाँव, छोटा और अजाना जिसमें रात बीत गई थी और प्रभात आ गया था। कवि गाँव में बैठा ध्यान में डूबा। गलियों में वह चल रहा था लेकिन गलियों से बेखबर कि उसका मन उस अनोखे प्रभात में उन्मन था और वह गाँव को जल्दी से काटकर फिर उस पार के जंगल जा पहुँचे, जी में परोक्ष रूप से ऐसा कहीं एक खयाल था। वह चिड़ियों में जाना चाहता था, वह झरने में नहाना चाहता था। वह करौंदों की झाड़ी में बैठेगा या गाल की घनी राड़ी कि अब तक उसका मन खूब कोमल हो चुका था। स्मृतियों ने प्रकृति से पैनी होकर उसे विचलित कर दिया था और उसके लिए यह स्वाभाविक था कि अब वह ऐसी किसी जगह बैठकर लिखे। कवि की अपने स्वभाव की ऐसी ही कल्पना थी। कवि गाँव की गलियों से होकर चला तो आसपास धूल और धुआँ, गोबर और कीचड़, पशु और उनके साथी किसान पशु की तरह लाचार, पशु की तरह डरे हुए, गोबर से भरे हुए—प्रायः कमजोर, एकाध अच्छा पुष्ट। कवि गाँव की गलियों से होकर चला तो गलियों की तरफ मिट्टी के घर, घास के घर, पत्तों के घर, काँटों के घर, टपकते हुए, उड़ते हुए, गिरते हुए, गड़ते हुए, कवि गाँव की गलियों से होकर चला तो गलियों के दोनों तरफ, ऐसे घर निहायत छोटे, निहायत नीचे घरों में घरवाले मिट्टी के यानी प्राणहीन, घास के यानी चाहे काट लो, चाहे रौंद लो, पत्तों के यानी काँपें और हवा आपको दें काँटों के यानी चुभें और कसकें। घरों में घरवालियाँ ऐसी ही इनसे ज्यादे सुकुमार, ज्यादे सुन्दर, ज्यादे मिट्टी की, ज्यादे घास की, ज्यादे पत्तों की, ज्यादे काँटों की और उनके लाड़ले सुख से अछूते, दुःख से बेभान, बिना खेल, बिना खिलौने मानो मृगछौने छलाँग बिन हों। कवि मानो आसमान से उतरने लगा कि

उसने यह सब देखा बल्कि उसे यह सब दिखा। बरबस उसकी सपनीली आँखों में जैसे एक सच उतरा। सपनों ने उसके मन को सत्य समझने के लिए ज्यादे योग्य बना दिया था। चाँद की किरनें उसके ध्यान में थीं। इसीलिए उसने धुएँ को समझा। मंजरी की महक उसके प्राण में थी इसीलिए उसने उस धूल को समेटा। पंछियों के गीत उसके गान में थे इसीलिए वे बेजुबान आँखें उसे गड़ गईं, झरनों की रवानगी उसे भाती थी इसीलिए वे बन्धन उसे खल गए। उसने गाया था इसीलिए वह रोया। उसने अभी तक वह लिखा था। इसीलिए अब उसे यह सब इतना-सा दिखा। आठ-आठ, दस-दस साल के बच्चे, जिनमें न बच्चों का खेल था न बच्चों की मस्ती—न उनके पास पढ़ना था न लिखना। कन्धों पर लाठियाँ थीं, लाचारी की लाठियाँ, कि ढोर हाँके और धूल जो वे उड़ा दें। उन्हें आठ-आठ, दस-दस साल के बच्चे जो खेल सकते थे, कूद सकते थे, जो हँस सकते थे बेमतलब, जो रो सकते थे बेमतलब—अब न उन्हें हँसना आता था, न रोना। ढोर वे हाँक सकते थे कि उन्हें और कौन सा काम देते। बीस साल के जवान कि जिनमें शक्ति होती, प्राण होते, गान होते, जिनके दिन सुनहरे होने थे और रातें रुपहली होनी थीं, जिनकी साँझ में आशा और सबेरे में उत्साह, जिनके बल में गति और अवकाश निर्माण और विनाश का दोहरा खेल चलना था, वे बीस-बीस साल के जवान, निगाहें जिनकी आसमान पर होतीं। कदम जिनके दृढ़ होते जमीन पर। वे जवान जो पिता का बल और माँ का गौरव होते, पत्नी का सुख होते जो, अभय होता जिनके प्राणों में और रस होता जिनके गानों में। वे जवान एकदम बर्फ की तरह ठंडे, पत्थर की तरह निष्प्राण, यंत्र की तरह परिचालित कि चलें और चलते रहें, न अपमान समझें न यशगान। और फिर जवान लड़कियाँ और फिर और भी, बूढ़े भी सब मानो बेसबब पैदा हुए हों या इस सबब पैदा हुए हों कि काम करें, काम करें—शान्ति बिना, मन बिना, चैन बिना, कपड़े बिना, अन्न बिना, फिर बीमार पड़ जाएँ ऐसे कि दवा न हो—दवा न हो और बेमौत मर जाएँ। न कोई जिनके लिए रोए, न धोए। ऐसा वह गाँव, ऐसी वे गलियाँ, ऐसे वे बच्चे, वे जवान, वे बूढ़े। फिर और गाँव और गलियाँ और बच्चे और जवान और जवान और बूढ़े—सबमें वही बात, वही लाचारी, वही निष्प्राणता, वही अज्ञान, वही दर्द, वही दुःख, गाँव-गाँव में, देस-देस में, समय-असमय में, रितु वसन्त और बरसात में भी वही।

(अपूर्ण) 1942

दूसरा सप्तक का वक्तव्य

कोई भी अनचाहा, बे-मन का काम करणीय नहीं होता। अपनी कविता और अपने कवि पर वक्तव्य देने की बिलकुल इच्छा नहीं थी। मगर 'सप्तक' की बनावट का वह एक आवश्यक अंग है, इसलिए बहुत लाचार होकर लिखने बैठ गया हूँ।

कवि और कविता के बारे में जितनी बातें प्राय: कही और लिखी जाती हैं, उनके आसपास जो प्रकाश-मंडल खींचा जाता है और उन्हें जो रोजमर्रा मिलनेवाले आदमियों और कृतियों से कुछ अलग स्वभाव, प्रेरणाओं और सामर्थ्यों की चीज माना जाता है, वैसा कम-से-कम अपने बारे में मुझे कभी नहीं लगा। तो हो सकता है कि मैं कवि ही न होऊँ।

मुझ पर किन-किन कवियों का प्रभाव पड़ा है, यह भी एक प्रश्न है। किसी का नहीं। पुराने कवि मैंने कम पढ़े, मुझे जँचे नहीं। मैंने जब लिखना शुरू किया तब अगर श्री मैथिलीशरण गुप्त और सियारामशरण को छोड़ दें तो छायावादी कवियों की धूम थी। 'निराला', 'प्रसाद' और 'पन्त' फैशन में थे। मेरी कमबख्ती (जिसे कहने में भी डर लगता है)—ये तीनों ही बड़े कवि मुझे लकीरों में अच्छे लगते थे। किसी एक की भी एक पूरी कविता बहुत नहीं भा गई। तो उनका क्या प्रभाव पड़ता। अंग्रेजी कवियों में मैंने वड्र्सवर्थ पढ़ा था और ब्राउनिंग—विस्तार से। बहुत अच्छे मुझे लगते थे दोनों। वड्र्सवर्थ की एक बात मुझे बहुत पटी कि 'कविता की भाषा यथासम्भव बोलचाल के करीब हो'। तत्कालीन हिन्दी कविता इस खयाल के बिलकुल दूसरे सिरे पर थी। तो मैंने जाने-अजाने कविता की भाषा सहज रखी। प्राय: प्रारम्भ की एक रचना में ('कवि से') मैंने बहुत सी बातें की थीं। दो लकीरें याद हैं :

जिस तरह हम बोलते हैं उस तरह तू लिख;
और उसके बाद भी हमसे बड़ा तू दिख

भारतीय कवियों में रवीन्द्रनाथ ठाकुर मेरे लिए एक बड़े अरसे तक बन्द रहे। अंग्रेजी या हिन्दी के माध्यम से कवि रवीन्द्रनाथ को कौन जान सकता है; जिनका लगभग कुछ भी अंग्रेजी और हिन्दी में नहीं है। इस पुण्य-क्षण से आँखें चार हुईं सन् 1942 में जब मुझे तीन साल की अवधि तक तब की सरकार ने बन्दी रखा। जेल में मैंने बंगला सीखी और कविता-ग्रन्थ गुरुदेव के प्राय: सभी पढ़ डाले। उनका

बड़ा असर पड़ा। उस असर में अनेक कविताएँ लिखीं हैं जो अगर कभी किताब के रूप में छप सकीं तो नाम सोच लिया है—'अनुगामिनी'। मगर 'अनुगामिनी' की कविताएँ मैं मेरी नहीं समझता। क्योंकि उन पर मुझसे ज्यादा छाप रवीन्द्रनाथ की है। 'दूसरा सप्तक' की 'असमंजस' कविता यद्यपि रवीन्द्रनाथ की किसी भी एक या अनेक कविताओं की छाया नहीं है, मगर मैं उसे अनुगामिनी तो मानता हूँ। उसका छन्द, उसका प्रवाह, उसकी सजावट, ये मेरे नहीं हैं। अव्यक्त की ओर उसमें जो इशारा है वह भी मेरा नहीं है। मैं भगवान की बात कम करता हूँ—जब करता हूँ तो रहस्य की तरह नहीं। क्योंकि इस सिलसिले में मेरे सामने जो कुछ साफ है वह खूब साफ है, और जो साफ नहीं है, उसकी बात करने का अर्थ दूसरों के लिए एक उलझन की सम्भावना पैदा करने जैसा है। कदाचित इसीलिए मैंने अपनी कविता में प्राय: वही लिखा है जो मेरी ठीक पकड़ में आ गया। दूर की कौड़ी लाने की महत्त्वाकांक्षा भी मैंने कभी नहीं की।

'दूसरा सप्तक' की मेरी कविताएँ मेरी ठीक प्रतिनिधि कविताएँ नहीं हैं। जगह की तंगी को सोचकर मैंने छोटी-छोटी कविताएँ ही इसमें दी हैं। 'आशा-गीत', 'दहन-पर्व', 'अश्रु और आश्वास', 'बँधा सावन' और ऐसी अन्य लम्बी कविताएँ अगर पाठकों के सामने पेश कर सकता तो ज्यादा ठीक अन्दाज उनसे लगता। बहुत मामूली रोजमर्रा के सुख-दु:ख मैंने इनमें कहे हैं जिनका एक शब्द भी किसी को समझना नहीं पड़ता। 'शब्द टप-टप टपकते हैं फूल से; सही हो जाते हैं मेरी भूल से।'

बेशक 'भूल से' ही यह सब मेरे हाथों बन पड़ता है क्योंकि कभी कोई दर्शन, वाद या जिसे टेकनीक कहते हैं, मैंने नहीं सोचा। बहुत से खयाल अलबत्ता मेरे हैं, मगर मैं देखता हूँ कि ज्यादातर लोगों के खयाल भी तो वही हैं—वे अमल भले ही उन खयालों के मुताबिक न करते हों। दर्शन में अद्वैत, वाद में गांधी का, और टेकनीक में सहज-लक्ष्य ही मेरे बन जाएँ, ऐसी कोशिश है। और अधिक क्या कहूँ! इतना भी न कहता तो ज्यादा अच्छा लगता।

(अपूर्ण)

अपनी ओर से : बुनी हुई रस्सी

कविता लिखना ठीक है मगर लिखने के बारे में कवि का खुद कुछ कहना ठीक है या नहीं मैं इस विषय में कभी असन्दिग्ध नहीं हो पाया; इसीलिए पत्र-पत्रिकाओं द्वारा सवक्तव्य कविताएँ माँगने पर वक्तव्य देते हुए और अपने कवित्त-संग्रहों में भूमिका देने का अवसर उपस्थित हो जाने पर मुझे झिझक होती रही है। अपने पहले कविता-संग्रह 'गीत-फरोश' में मैंने इस असमंजस को भूमिका के रूप में कविता

देकर निभा लिया—फिर कोई दस बरस तक कविताएँ लिखता रहा और एक हद तक ऐसा प्रसंग बचाने के खयाल से भी संग्रह देते हुए कतराता रहा। दूसरा संग्रह, 'चकित है दुःख' बिना किसी भी प्रकार की भूमिका के जाने दिया और उसके लगभग तत्काल बाद जब 'अँधेरी कविताएँ' छपवाने की परिस्थिति सामने आई तो एक भूमिका लिखी। मगर उसे मन में उलटाता-पुलटाता रहा और तय किया कि देना नहीं है। चौथा संग्रह 'गांधी-पंचशती' बहुत ही विषय-प्रधान था इसीलिए उसकी भूमिका में भी एक लम्बी कविता लगा दी और अनुभव किया कि यहाँ तक तो काम चल गया किन्तु अब तुम्हें अगले संग्रह में अपनी कविता और सामान्य रूप से कविता के बारे में भी कुछ कहना ही पड़ेगा। मैंने देखा कि मेरे संग्रहों की जहाँ-तहाँ जो आलोचनाएँ निकलीं, उनमें ज्यादातर बात मेरी कविता-शैली की ही की गई। शैली कविता की एक प्रधान बात तो होती है मगर आखिरकार यह किसी भीतरी चीज का बाहरी रूप है; सर्वाधिक प्रधान बात तो वह नहीं है। इसलिए मैंने अपना यह संग्रह प्रस्तुत करते समय बहुत संक्षेप में थोड़ा कह देना जरूरी मान लिया है।

मैंने लिखना किसी बड़ी व्याकुलता या प्रेरणा से शुरू नहीं किया था। शुरू शायद इसलिए किया था कि काफी कविता पढ़ चुका था, थोड़ा जी चुका था और मन में कहीं से खयाल आ गया था कि पढ़े लोग लिखकर सार्थक होते हैं। सार्थकता की बड़ी छोटी-सी कोई कल्पना तब मन में थी; यानी इतना ही कि आसपास के लोग उनकी तरफ ध्यान देते हैं और वे दूसरों से अलग माने जाते हैं। लेकिन मैंने कवियों को न अपना जीवन लिखते देखा था न आसपास का। लगभग सभी, कुछ बँधे-बँधाये ढंग से कुछ बँधी-बँधाई बातें कहते रहते थे। उन दिनों उसे 'छायावाद' कहा जाता था। लेकिन मैंने वह सब नहीं लिखा और उस ढंग से नहीं लिखा। क्यों नहीं लिखा, सो नहीं जानता। यह निश्चित है कि वैसा नहीं लिखा। बातें कुछ अलग कीं और कुछ अलग ढंग से कीं। देखा कि उस अलगाव में मैं व्यक्त हो रहा हूँ। यों जो कुछ कह रहा था वह खयाल था और दूसरों का था, अतीत का था; कभी वर्तमान का था, मगर दूसरों का था; दूसरों से लिया हुआ था; इसीलिए दिखने लगा कि वह गौण है और जिस तरह कह रहा हूँ उसके बारे में, लगा कि वह मैं हूँ कि और आवाज कहीं मुझसे ही उठकर आ रही है। मुझे अपनेपन की यह आवाज अच्छी लगने लगी। इससे भी यह अच्छा लगने लगा कि दूसरों को भी वह अच्छी लग रही है। फलस्वरूप कुछ मूर्खता और बहुत-से उत्साह में जितना बोलना चाहिए उससे ज्यादा बोलने लगा। आज बीच-बीच में खयाल आ जाता है कि यह मूर्खता है तो बहुत दिनों तक चुप हो रहता हूँ और जब मौन और मनन की होशियारी बेमजा हो जाती है तब फिर बोलने लगता हूँ।

पहले जो कहता था, तर्क की सीढ़ियाँ सँभालकर कहता था। क्योंकि वह खयाल था और दूसरों का होने से यह भरोसा नहीं था कि अन्त तक मेरा साथ देगा। इसीलिए उसे कुछ समाज, कुछ दर्शन, कुछ धर्म, कुछ छन्द-भाषा आदि से बाँधकर घसीटता

था। ये जंजीरें कभी-कभी बहुत बज उठती थीं और परेशानी होती थी कि यह क्या है! तब मैं जंजीरों को गढ़ते हुए भी कह उठता था कि मैं जंजीरों के खिलाफ हूँ। चूँकि बावजूद मेरे जंजीरें गढ़ने के, यह मेरा कहना सच्चा था, उसमें ताकत थी इसलिए तमाम झूठी और झनझनानेवाली जंजीरें खुलने या टूटने का उपक्रम करने लगती थीं, किन्तु पूरी तरह से खुलीं या टूटीं तो वे कभी नहीं। यह शायद इसलिए कि इस टुक समाज, धर्म, दर्शन, छन्द, भाषा तक में मेरा भी कुछ आ मिलता था। और अपना अपने से खोला जाकर विलग नहीं होने पाता, अपने से तोड़ा जाकर टूट नहीं पाता। खालिस अपने को व्यक्त करना कैसे बने?

धीरे-धीरे अपने को व्यक्त करने की जरूरत ही सबसे बड़ी लगने लगी। लगने लगा, व्यक्ति अपने को व्यक्त करने के सिवा कुछ और नहीं कर सकता, यह उसकी नियति है, खालिस अपने को व्यक्त करके आदमी पूरा व्यक्ति बन सकता है। और इसी तरह वह समाज के भी किसी काम का हो सकता है। अगर व्यक्ति के पैदा होने-बढ़ने, उसके समाज बनने आदि सबको व्यर्थ नहीं जाना है तो उसे अपने को ही अभिव्यक्त करना है।

अपने को अभिव्यक्त करने के साधनों में मुझे शब्द अपने लिए सहज-प्राप्त साधन लगता था। अभिव्यक्ति के माध्यम तो तमाम हैं, जैसे—रंग और स्वर; मिट्टी और पत्थर और लोहा और सीमेंट। कुछ माध्यम हैं जो प्रतिष्ठित हैं। कुछ प्रतिष्ठित उतने नहीं हैं। मगर उपयोगी वे भी हैं, जैसे—सूत कातना, कपड़ा बुनना, बीज बोना, निराना, फसलें काटना और उसे दूसरों के लिए मुहैया कर देना—यहाँ तक कि खुद भूखे रहकर, नंगे रहकर। अभिव्यक्ति के इन माध्यमों में से एकाध का अभ्यास भी किया। मगर लगातार नहीं कर पाया। जो लगातार कर पाया और कर पा रहा हूँ उसके प्रति नित्य अधिकाधिक समर्पित तो होता जा रहा हूँ; किन्तु आश्वस्त नहीं हूँ। मन के इस अनाश्वास के अनेक कारण हैं। एक के बारे में लिखना आवश्यक लगता है। जब कभी मैं अपने से पूछता हूँ कि कविता के सन्दर्भ में तुम अपने को क्या मानते हो और सोचता हूँ तो कुछ ऐसा मान होता है कि मैं कवि नहीं हूँ। मैं कविता नहीं लिखता, कविता मुझको लिखती है। हो सकता है, यह बात सुनने में अजीब लगे। किन्तु मैं शब्दों और प्रतीकों के विभिन्न सन्दर्भों में कविता के द्वारा नए-नए अर्थों की उद्‌भावना और इसलिए उनके माध्यम से प्राप्ति की एक सम्भावना हर क्षण बनी रहती है। देखता हूँ कि मैं एक शब्द लेता हूँ और शब्द-पर-शब्द जमने लगते हैं। और प्रवाह अर्थ का, नए अर्थ का, और नए-नए अर्थों का होने लगता है।

मैंने कई बार ऐसे में जहाँ अपने को चकित पाया है वहीं आलोचक को नाराज होते देखा है। एक बार एक आलोचक ने एक कविता के प्रति नाराज होकर कहा, लगता है कवि सूत कात रहा है। वह कहना चाहता था कि इसने न कुछ में से बात पैदा की है। मेरी समझ में वह नाराज होकर भी बात ठीक कह गया, अर्थात् उसने अनजाने ही यह कहा कि शब्दों की पूनी कवि के पास है, चुटकी उसकी सधी है

और चरखे की लय बँधी हुई है। और यह कौन नहीं जानता कि इतना तो हो ठीक सूत उससे निकलेगा और गुना या बुना जाकर वह उघाड़ों को ढाँकेगा। अजब इसमें कुछ नहीं है, नाराज होने की तो निश्चित ही कोई बात नहीं है। अभी मैंने ऊपर कहा कि फूल भी आदमी है और काँटा भी आदमी है। कोई भी चीज इसी तरह प्रतीक बन सकती है। मैंने एकाध बार यह देखा है कि इसी कारण सीधी-सादी अभिधा में व्यंजना देख ली जाती है और असम्भाव्य अर्थ तक निकालकर क्रोध प्रकट किया जाता है। मेरे पिछले संग्रह 'अँधेरी कविताएँ' की अन्तिम रचना 'संग्रह के खिलाफ' का एक मित्र ने ऐसा अर्थ निकाला कि वहाँ आशय संग्रह के खिलाफ बात करनेवाले आलोचक से है और उसमें एक जगह कुत्ते को भगाने की जो बात है उसका अभिप्राय आलोचक को कुत्ता कहना है। वह कविता, अपनी ही कविताओं को जमाकर, रूप देने के बारे में है; उसमें सूचित मैं इतना करना चाहता था कि इससे ज्यादा जरूरी काम इसी समय हो सकते हैं जैसे भौंकनेवाले कुत्तों से राहगीर को बचाना। पूर्वग्रहों के कारण कई बार बड़ी मजेदार परिस्थितियाँ उत्पन्न हो जाती हैं। अभी दो बरस पहले 'आधुनिक' कविताओं का एक संकलन प्रकाशित हुआ। सम्पादक ने जैसा सब मानते हैं, आधुनिक कविता का प्रारम्भ भारतेन्दु से माना मगर उनकी एक भी कविता उन्हें संग्रह में लेने योग्य नहीं लगी! सोचना चाहिए कि भारतेन्दु-युग में समाज-सुधार और पारतंत्र्य की समस्याएँ प्रधान थीं। इतनी प्रधान कि तब उनके सिवा किसी और बात को लिखते चले जाना ही अटपटी बात होती। इसीलिए उन दिनों ज्यादातर वही लिखा गया। भारतेन्दु-युग के कवियों को दोहरी लड़ाई लड़नी पड़ी—भाषा की और भाषा के सिवा सामाजिक तमाम समस्याओं की। इस द्वन्द्व में कविता का ज्यादा होना सम्भव नहीं था। बातें ही ज्यादा कहनी पड़ीं। आज जैसी आधुनिकता की खोज उनके लिए अप्रस्तुत थी। उन्हें प्राचीन गौरव और तत्कालीन हीनता का ही ध्यान अधिक आता रहा और अधिकतर वही उन्होंने लिखा भी। उन पर इस बात के लिए नाराज होना घायल पर अपने घाव को न भूल पाने के लिए नाराज होने जैसा है। इसी कारण कई सज्जन मैथिलीशरण को कवि कहते हुए मुसकराते हैं और उनकी दो-चार तुकों का उल्लेख करके निश्चिन्त हो जाते हैं। आधुनिकता की कौड़ी लाने को ही जहाँ परम 'काव्यार्थ' माना जा रहा हो, वहाँ ऐसा हो तो सकता है; जबकि कविता के क्षेत्र में सबसे चिन्त्य जो बात है, वह अनुकरण है। हमारी आधुनिकता इस तत्त्व से ग्रस्त है। एक कवि और दूसरे कवि की कविता में अन्तर देख पाना कठिन है। अनुकरण कहाँ-कहाँ तक और किस-किस बात का होगा?

बेचारी कविता आज झंझट में पड़ी हुई है। वह इन्हीं एक-दो कारणों से नहीं, कितनी ही चीजों से त्रस्त है। उसके लिए किसी भी एक जगह को अपना मानकर स्थिर रहना, सोचना, समझना, जानना, कहना कठिन हो गया है। यदि वह हठ करके इतना करती भी है तो किसी को उसकी हठ परखकर उससे कुछ लेने या उसे कुछ

देने की जरूरत नहीं लगती। पहले की अधिकांश कविता आशा की होती थी। किसी भी स्वर से शुरू होकर विलीन वह होती थी आशा के सागर में ही। अभी-अभी तक दुनिया छोटी थी और स्थिरता ऐसी थी कि अपना ही जीवन सब कुछ कर डालने योग्य लम्बा लगता था। फिर उसमें अपने के पीछे की कितनी ही शताब्दियों से कोई बड़ा अन्तर दिखाई नहीं देता था और न ऐसा लगता था कि आगे का काल हमारे काल से कुछ बहुत भिन्न होगा; इसलिए कविता कभी निराशा की वाणी बोलती थी तो वह आराम से बैठे शक्तिशाली व्यक्ति की क्षणिक निराशा से अधिक गम्भीर कोई चीज नहीं होती थी। किन्तु आज तो कविता का स्थायी भाव ही कुंठा और निराशा का हो गया है। तब वह स्वाभाविक था, आज यह। आदमी को और खासकर कवि को जो भावप्रवण होता है, अपने चारों ओर के वातावरण से सिवा थपेड़ों के कुछ नहीं मिलता। यों सोचें तो हर आदमी भावप्रवण है। अन्तर कम-ज्यादा का है। कोई व्यक्ति, चीजें जैसी हैं उन्हें ही देखता है, देखना चाहता है और जब चीजें देखने की बहुत बढ़ जाती हैं यानी देश और काल सिमट आते हैं तो वह अपने को घेरे में बन्द कर लेता है और चीजों को देखना-समझना बन्द या मुल्तवी कर देता है। दूसरे इस तरह अपने को बन्द तो नहीं करते, मगर वे चीजों को अलग-अलग देखना बन्द कर देते हैं। एक चीज को देखते हैं और उस पर से हर चीज तक पहुँच जाते हैं। न उन्हें सब कुछ देखना पड़ता है, न देखना मुल्तवी करना पड़ता है। एक, सरल कहिए, विशेष कहिए, सामंजस्य वे चीजों में स्थापित कर लेते हैं और तमाम कुछ जानने की न इच्छा करते हैं न दिखावा। सब कुछ जानना उनके लिए जरूरी नहीं होता—किसी के लिए नहीं होता। दुनिया क्या है और उसे क्या होना चाहिए, मन में इसकी सम्यक् तसवीर खींच लेना एक बहुत कठिन बात है। इसे सोचने लगते हैं तो समाज और राज और धर्म और साहित्य और उनके संघर्ष मन में सिर उठाने लगते हैं और बुद्धिनिष्ठ रहना कठिन हो जाता है। हम वस्तुनिष्ठ भी नहीं रह पाते; बहुत तो विचारनिष्ठ बनकर रह जाते हैं यानी अपनी-अपनी सम्मतियों का आग्रह करने लगते हैं; सही सोचना सम्भव नहीं बचता, सब धुँधला हो जाता है, खत्म हो जाता है और हम सच बोलने के बजाय बातें बनाने लगते हैं, सही करने के बजाय दिखावे में पड़ जाते हैं।

हमारे युग ने 'अभी और यहीं' को बहुत जोर दे रखा है। उसके कारण आदमी और उसकी तेजस्विता का जबर्दस्त अवमूल्यन हो गया है। निरंकुश तानाशाहों, झूठे और ढुलमुल प्रजातंत्रों और उन्हीं के कारण पनपे हुए अति बुद्धिवादियों की ह्रस्व-दृष्टि ने मिल-जुलकर 'कभी और कहीं' के आश्वास को मिटाकर रख दिया है। आदमी अपनी चेतना के सहारे बढ़ने के बजाय अवचेतन से हाँका जानेवाला पशु बन गया है।

अवचेतन जिन तत्त्वों को गति देता है, उन्हें समझा जाना है और अपने अवचेतन के इशारे पर डोलते फिरने के बजाय उसके द्वारा उभारे जानेवाले तत्त्वों की नकेल चेतन के हाथों दी जानी है। मेरी समझ में 'होने के अँधेरे तथ्य' पर चेतना की

चिनगारियाँ उछालते रहकर उसे मशाल की तरह जला देना ही आदमी के अस्तित्व का हेतु है। अवचेतन या अचेतन हमारे चेतन को जितना प्रभावित करते हैं उससे कई गुना ज्यादा चेतन के हाथों अवचेतन और अचेतन को प्रभावित किया जाना है। अलग-अलग लोग इसे अलग-अलग ढंग से करेंगे। मैं इसे कविता की प्रक्रिया से गुजरकर करना सम्भव देख पा रहा हूँ। एक बड़ी बीमारी ने मुझे अब तक के अनेक खयालों से छुट्टी दे दी है और मैं उस मुक्ति का उपयोग इस दिशा में करते रहना चाहता हूँ।

एक बात 'युगबोध' के बारे में—अक्सर कहा जाता है कि कविता अपने जमाने से बँधी हुई होती है और कोई भी कवि अपने देशकाल से अतीत होकर नहीं लिख सकता। एक सीमित अर्थ में यह बात सही है। किन्तु यों मुझे लगता है कि किसी भी काल की कविता अपने ही जमाने से बद्ध नहीं रही। क्योंकि कोई भी जमाना अपने में ही बद्ध नहीं रहता। वह सदा कम-ज्यादा अपने अब तक के जमाने से सम्बद्ध रहता है और इसलिए किसी भी समय की ठीक कविता में तब तक का समग्र काल प्रतिबिंबित होता रहा है। अपने किसी युग की कविता अपने से आगे के काल की झाँकी भले ही न दे पाती हो किन्तु उसे तत्काल तक के सारे काल की आत्मा के संस्पर्श से रोमांचित तो रहना ही पड़ता है। और आज के बारे में मुझे ऐसा लगता है कि देश और काल चूँकि सिमट गए हैं, चूँकि आज तक का पूरा काल और अभी तक की जानी हुई भौतिक दुनिया आदमी की लगभग मुट्ठी में है इसलिए आज की कविता जितनी अधिक अतीत से—अब तक की हो सकती है, वैसी होने की सुविधा उसे इसके पहले कभी नहीं रही। इसीलिए मेरी समझ में आज युगबोध का अर्थ आज के सामाजिक चलनों, मान्यताओं, विज्ञान की उन्नति, आन्दोलनों आदि का ही बोध न होकर इस बात का बोध होना है कि विकास की जो गतिशीलता हमें चेतना के प्रथम जीवचिह्न, अमीबा से आदमी तक ले आई है वह जगत को आदमी की अपेक्षा अधिक जटिल और यहाँ तक सम्भव है कि किसी नितान्त भिन्न जीवादर्श या जीवादर्शों तक ले जाएगी।

इसलिए हमें इतना तो जान ही लेना चाहिए कि हमारे कर्तव्य, कृतित्व, कविता, कला, धर्म, दर्शन, मन, प्राण और समूची सत्ता काल-सापेक्ष नित्य परिवर्तित रूप ही हैं और कालान्तर में—यह काल करोड़ों वर्षों का भी हो सकता है—कोई न कोई अधिक विकसित विचार और सत्ता रूप इनकी जगहें ले लेंगे। आदमी के पास आज जो मन या आत्मा है वह इस संलग्न, चलते ही चले आनेवाले और चलते ही चले जानेवाले विराट-दर्शन के लिए सक्षम नहीं है। आज हमारे सामने मानो समूचा विश्व-रूप उपस्थित है और हम अर्जुन की तरह घबराकर उसे छोटे रूप में देखने की माँग कर रहे हैं। आत्माभिव्यक्ति और युगबोध के नाम से लिखी जानेवाली चीजें मुझे कई बार विराट से घिरकर और घबराकर किसी बहुत ही छोटे दायरे में छुप रहने की कोशिश-भर दिखाई देती हैं। यह कोशिश स्वाभाविक

तो हो सकती है और शायद सामान्य भी यही है किन्तु मैं इसे नितान्त उचित और आवश्यक नहीं मान पाता।

अपने इस संग्रह की इन छोटी-छोटी कविताओं के बारे में भी एक शब्द। ये सारी ही कविताएँ 'अँधेरी कविताएँ' प्रकाशित होते न होते लिख ली गई थीं। इसलिए इनमें-उनमें तारतम्य ढूँढ़ा जा सकता है। उस काल की लिखी अपेक्षाकृत जरा भी लम्बी कोई कविता मैंने इस संग्रह में नहीं रखी है। इसके बाद जो संग्रह देना सोच रहा हूँ, उसमें भी उन लम्बी कविताओं को शायद न रखूँ। किसी न किसी कारण से मुझे इन दिनों अपनी छोटी कविताएँ अधिक प्रिय लग रही हैं। इन्हें लिखकर मुझे बहुत अच्छा लगा है—जितना अच्छा कविता लिखकर पहले कभी नहीं लगा। इसलिए स्वाभाविक रूप से सोचता यह हूँ कि मेरे पाठकों को पहले के संग्रहों से यह संग्रह अधिक अच्छा लगेगा। न लगे तो मैं चकित नहीं होऊँगा क्योंकि लिखना आखिरकार मेरा बोलना है। मैं जो लिखता हूँ उसे जब बोलकर देखता हूँ और बोली उसमें बजती नहीं है तो मैं पंक्तियों को हिलाता-डुलाता हूँ। बोलचाल हिन्दी की मेरी ताकत है। मगर लोग उसे भूल गए हैं और वह पहचानी न जाए तो चकित होने की कोई बात मैं नहीं मानूँगा। पिछले कितने ही वर्षों से प्रयत्न भाषा को दूसरी तरह लिखने के हो रहे हैं। मैंने जिस भाषा को दुलारा था, उसे रस संग्रह के माध्यम से मुकुट पहना रहा हूँ।

मैंने यह भी अनुभव किया है कि ये कविताएँ नीरन्ध्र नहीं हैं—यानी ये जितनी बड़ी या छोटी हैं, उतनी ही बड़ी या छोटी नहीं हैं; इनके भीतर और आसपास गुंजाइश है, आकाश है।

और अन्त में ऐसा मानिए कि भूमिका मैंने पूरी नहीं की है, यहाँ तक आकर छोड़ दी है।

प्रणामपूर्वक

29 मार्च, 1971

अपने बारे में

यह बरस और शायद आगे के जितने बचे हैं, मेरे लिए और शायद देश के लिए भी अलग साबित होगा। मैं पिछले 12 बरस दिल्ली रहा, भाड़ तो नहीं झोंका, मगर कुछ होने से भी रहा। साल-भर रेडियो पर लगभग बिना कोई बड़ा काम किए बीत गया। रेडियो पर बड़े कामों की गुंजाइश ही नहीं थी। एक-दो सर्वभाषा सम्मेलन मेरे रहते आयोजित हुए, मगर उनमें भी कई लोगों की जिम्मेदारी बँटी हुई थी, इसलिए विशेष कुछ करने को नहीं था। गांधी जी की रेडियो बायोग्राफी के प्रोड्यूसर की

तरह माथुर साहब ने बम्बई से बुलाया था, मगर फँसकर रह गया दिल्ली स्टेशन के वार्ता विभाग में। वहाँ मेरे पहले इलाचन्द जोशी थे। वे इलाहाबाद गए तो उनके सहयोगी गोपाल कृष्ण कौल का कहना था कि वे प्रोड्यूसर बना दिए जाएँगे, किन्तु माथुर साहब ने मुझे रेडियो बायोग्राफी ऑफ गांधी जी और दिल्ली स्टेशन दोनों सौंप दिए। रेडियो बायोग्राफी दिल्ली स्टेशन के रोजमर्रा के अलावा मैं देख नहीं पाया और उसका कोई काम प्राय: आगे नहीं बढ़ा। बम्बई में काम जितने हिन्दी के थे सब मेरे माने जाते थे, वार्ता, नाटक, महिलाओं और बच्चों के कार्यक्रम, त्योहार, पावन-पर्व के फीचर, ओ.बी. कार्यक्रम और इन्हीं के आसपास की सारी चीजें। दीप (प्रेमलता) के सिवा फारूखी और श्रीमती ठाकुर मिलीं। फारूखी शुरू से आत्मीय व्यवहार करते रहे। श्रीमती ठाकुर ने पहले मेरे साथियों के साथ थोड़ा अफसराना रुख रखा, फिर वे भी सबके प्रति धीरे-धीरे मेरी तरह बरतने लगीं। स्टेशन डायरेक्टर लूथरा और मूर्ति साहब और फिर मलिक थे। लूथरा तो लगभग मेरे आते ही विदेश किसी ट्रेनिंग के लिए चले गए। मूर्ति साहब और उनके प्रमुख सहयोगी वैद्य के साथ काफी दिन काम पड़ता रहा। वे बराबर मेरे हिसाब से मुत्तफिक रहे। मलिक ने बाद-बाद में एकाध बार अफसरी दिखानी चाही। कई लोग अपनी कमियाँ इस रुख या अदा या पोज के बल पर ढाँककर उम्र गुजार देते हैं। तब तक दिल्ली आ गया। दिल्ली में स्टेशन डायरेक्टर तब लूथरा थे। और फिर जो आते-जाते रहे, न उनका काम मुझे याद है, न उनकी विशेषता या नाम। कभी-कभी मराठे साहब और रामचन्द्र टंडन, ड्यूटी चीफ प्रोड्यूसर और नरेन्द्र जी से साबका पड़ता था, मगर न किसी से घनिष्ठता हुई, न मतभेद। साधारणतया डेढ़ बरस इस तरह बीत गए। हिन्दी के साहित्यकारों में भी सिवाय उमाशंकर जी भट्ट के किसी से घनिष्ठता नहीं हुई। कभी-कभी मैथिलीशरण गुप्त, दिनकर जी और नवीन जी से उनकी बीमार और प्रभागचन्द शर्मा और रुद्रनारायण शुक्ल के कारण ज्यादा। दि.प्रा.हि.सा. स. में मुझे खींचा गया। मैं वहाँ गोपाल कृष्ण कौल के कारण। वे वहाँ के तब साहित्य मंत्री भी थे। किन्तु बाद में साहित्य सम्मेलन ने मुझे वह काम सौंपा तो कुछ अटपटा उन्होंने माना, और दिल्ली के दो-चार कवि जिनमें रामावतार त्यागी, बालस्वरूप राही, देवराज दिनेश, रमानाथ अवस्थी और कुछ हद तक रामानन्द दोषी ने जो समझा था, उसे न तब समझ सका न आज़ तक समझा हूँ। किसी-किसी बात का अकारण तूल पकड़ जाना देखा नहीं जाता क्या? इसने भी ऐसा ही तूल पकड़ा और लालकिले का कवि-सम्मेलन, जिसकी दिल्ली में आने से पहले और बाद में भी मैंने महत्ता नहीं समझी, इसका एक हक-नाहक कारण कहा गया। गोपाल प्रसाद व्यास में अनेक गुण हैं, मगर वे थोड़े उखाड़-पछाड़ के आदमी हैं। अखबारों में उन दिनों हिन्दुस्तान दैनिक के सम्पादक मु. वि. वर्मा और हिन्दुस्तान साप्ताहिक के बाँके बि. भटनागर थे। मु. वि. जी की कोई अवान्तर लालसाएँ नहीं थीं। अखबार निकल गया कि हो गया। बाँके बि. जी साहित्य की राजनीति की बागडोर कुछ हद

तक मेरे प्रति भी चोट करनेवाले निमित्त बनाने की इच्छा करते रहते थे। साधारणतया मुझसे सम्बन्ध ठीक रहे। मैंने कभी बिगड़ने नहीं दिए, यह भी कह सकता हूँ। बाँके बिहारी भोले और महत्त्वाकांक्षी और गोपालकृष्ण बिना किसी झंझट के सीधे-सीधे महत्त्वाकांक्षी। नगर के और साहित्यकारों से कोई बड़ा सम्पर्क नहीं आया। बस उमाशंकर भट्ट, चतुरसेन जी, उग्र जी, नवीन जी, दिनकर जी और बच्चन और चन्द्रगुप्त विद्यालंकार, मन्मथनाथ गुप्त, विष्णु प्रभाकर, जैनेन्द्र जी, होने को एक दुनिया थी। मगर दिल्ली की दूरियाँ, वाहन के कष्ट आड़े आते रहे। ओंकारनाथ श्रीवास्तव और कीर्ति और अजित तक से जितना सम्बन्ध पहले था, उतना ही बना रहा। पन्त जी चीफ प्रोड्यूसर की तरह कभी-कभी दिल्ली आते थे। दद्दा के पास कृष्णदास जी, अज्ञेय, रघुवीर सहाय, सर्वेश्वर, मनोहर श्याम से भी कभी-कभी अलग मिलना होता था। मनोहर श्याम तो रेडियो पर ही थे और रघुवीर सहाय किसी गुनतारे में। पुराने परिचितों में सीताचरण जी ही प्रमुख थे। पहले तो मैं उनके घर ही रहा। तीन महीने। फिर रोहतक रोड में दुष्यन्त कुमार के साथ एक बरसाती ली। सुरेन्द्र भी तब तक आ गए थे। दुष्यन्त कुमार के मारफत दो-एक बार मोहन राकेश से मुलाकात हुई और जिनसे हैदराबाद में दो-एक बार अमृतलाल जी नागर के साथ मिल चुका था, उन राजेन्द्र यादव से भी। राजेन्द्र यादव अब तक दो-तीन ठीक उपन्यास लिख चुके हैं और मोहन राकेश का सूरज भी ऊपर चढ़ रहा था। यों मैंने जब उनका नाम पहली बार बम्बई के एक सहायक स्टेशन डायरेक्टर से सुना था जो पंजाब के किसी स्टेशन से शायद जालन्धर से बदलकर आए थे। तब मैंने समझा था कि ये रेडियो के लिए ठीक लेखक होंगे। मगर वे अच्छे लेखक निकले। यों मैंने अभी तक उनका नाटक 'आषाढ़ का एक दिन', न कोई कहानी पढ़ी है न उपन्यास। राजेन्द्र यादव का भी कुछ नहीं पढ़ा। उपन्यास-कहानी पढ़ना मेरे लिए कोई 15-20 बरस से एक कठिन काम हो गया है। उमाशंकर जी के सम्बन्ध में जब शायद 1962 में किताब निकली, तब भी उनके उपन्यासों के बजाय कविता पर लिखना चुना। पत्र-पत्रिकाओं तक में सिवा कविता के, मैं कुछ नहीं पढ़ता। कविता, पत्र जितने मिल जाते हैं, सो पढ़ लेता हूँ। मेरे पास जितने आते हैं, वे सब भी पढ़ता हूँ। कविताएँ प्राय: साधारण यहाँ तक कि अनेक लोगों की आँखों से छुपा देने तक की होती हैं—कुछ कवि तो गन्दे शब्दों के प्रयोग में होड़-सी करते दिखते हैं। अभी 'कल्पना' जैसी शालीन पत्रिका में वहीं के ओमप्रकाश की एक रचना खासी लम्बी ऐसी थी कि क्या कहें। कविता उसमें कहाँ थी कौन जाने! मैंने पढ़कर आनन्दी बाबू से भी पढ़ लेने को कहा और वे बोले, अरे यह तो गालियाँ बकता ही चला जा रहा है और अगले महीने की 'कल्पना' में उस कविता की अठपहलू तारीफें छपीं। फिर भी मैं कविताएँ पढ़ लेता हूँ और यह भी देखता हूँ कि लोग विचार में पड़ गए हैं यानी निरर्थक कविताएँ लिखनेवाले या अखबारी कविता लिखनेवाले या वादग्रस्त कविता लिखनेवाले मोड़ लेते हुए से दिखाई देने लगे हैं।

जिसे नई कविता कहा जा रहा है, उसने पिछले 15-20 बरसों से पर्याप्त करवटें बदली हैं। अच्छा लिखनेवाले उसके प्रभाव में पड़कर बुरा लिखने लगे हैं। बच्चन का लिखना इसी के प्रभाव में बहुत बदला है। गीत और बँधे छन्द उनके कब के छूट गए हैं, लय अवश्य वे पकड़े रहे। मगर भाषा और शैलीगत कितनी ही उनकी कमजोरियाँ जो छन्द आदि के आवरण में थीं, उनमें उभरकर दिखीं। 'कटती प्रतिमाओं की आवाज' और 'उभरते प्रतिमानों के रूप में' कुछ ठीक और ताजी कविताएँ मिलीं। दिनकर के पिछले काव्य-संग्रहों में भाषा गद्य के निकट तो पहुँची मगर उसका सौष्ठव और सामंजस्य उनकी चुटकी से छूट गया। 'हारे को हरिनाम' के बाद कुछ लिखेंगे तो उनके बारे में अधिक तय करके कुछ कहा जा सकेगा। कुछ नए कवियों में सरताज गिने जानेवाले मुझे पंक्तियों में भी नहीं बाँध सके। शमशेर ऐसे कवियों में एक हैं। मुक्तिबोध को मैं मध्य प्रदेश के नाते जानता था। कभी-कभी उनकी कविताएँ पढ़ी भी थीं, एकाध बार बात भी हुई थी। स्वच्छता और तीव्रता और व्याकुलता का प्यारा सम्मिश्रण उनके हृदय और बुद्धि और उद्‌देश्य में था। यह सब कविता में भी किसी दिन आता, मगर सागर निजामी मेरे कमरे में बाद में आए। पहले उस जगह भाई विष्णु प्रभाकर बैठते थे। ड्रामा के प्रोड्यूसर थे, मगर उन्होंने मेरे दिल्ली आने के थोड़े ही दिनों बाद रेडियो स्टेशन छोड़ दिया और सागर साहब वहाँ बैठने लगे। मेरी लगभग वहाँ कोई जगह ही नहीं बची थी, क्योंकि इलाचन्दजी की कुर्सी पर मुझे बैठना था, उस पर गोपाल कृष्ण कौल बैठे रहना पसन्द करते थे। इसलिए मैं प्राय: इन्हीं की टेबिल के सामने पड़ी कुर्सी पर बैठ जाता था। इसे लोग और कौल साहब भी एक जीत समझते थे। दूसरे मुझसे कहते भी थे। रजनी पनिक्कर बगल के कमरे में बैठती थी। स्कूल ब्राडकास्ट का काम देखती थी। कभी-कभी मुझसे कहती थी कि मैं आपकी जगह होती तो...आदि, मंशा सबकी अच्छी थी। मैं कौल को दुखी नहीं बनाना चाहता था, बस कौल इतने में अपनी प्रतिष्ठा बरकरार मानते थे तो मुझे उसे ठेस पहुँचाना जरूरी क्यों लगता। फिर दिल्ली स्टेशन में ऐसा काम भी क्या था, जिसे मैं किसी ठीक बैठने की जगह के अभाव में कर नहीं सकता था। बम्बई में था तो हिन्दीवार्ता, नाटक, बच्चों का कार्यक्रम, महिलाओं का कार्यक्रम बना लो और फिर प्रोग्राम एक्सीक्यूटिव कौल या माहेश्वरी उसे देखते रहें, मेरे लिए कोई बात बचती नहीं थी। तीन महीने की कार्यसूची बनाने में भी वार्ताकारों के नाम कौल अपने मन के रखना चाहते थे क्योंकि वह एक प्रकार के सम्बन्ध बनाने का साधन तो था। मैं यह काम भी उन्हीं पर छोड़ता रहा, या सदा उनकी सलाह से करता रहा। मगर फिर भी उनके मन में खलिस सी बनी रही। मैं इस कारण और काम की निहायत कमी के कारण सोचने लगा कि रेडियो स्टेशन छोड़ दूँ। तभी सी. चं. दीक्षित ने कहा कि मैं सम्पूर्ण गांधी वाङ्‌मय में आ जाऊँ उसी वेतन पर। काम अच्छा था। मैंने पसन्द किया और डायरेक्टर जनरल माथुर साहब से बात की। उनके मन में मेरे प्रति कोई ठीक भावना

थी। उन्होंने पहले कहा कि दिल्ली स्टेशन और रेडियो बायोग्राफी का काम और कौन सँभालेगा, तब मैंने थोड़ा विश्लेषण करके उन्हें बताया कि मेरे पास प्रायः कोई काम नहीं है और मेरे चले जाने से खास नुकसान नहीं होगा। उन दिनों सम्पूर्ण गांधी वाङ्मय के प्रधान सम्पादक जयराम दौलतराम जी थे। मेरी अनुकूलता जानकर दीक्षित जी ने उनसे कहा और उन्होंने मुझे मिलने के लिए बुलाया और बताया कि वे एक जाँच के बाद लोगों को रखते हैं। उसका मैंने जवाब दिया कि परीक्षा देना तो मैंने बी.ए. के बाद छोड़ दिया तो वे थोड़ा मुसकुराए। मैंने अपने किए गए काम देख लेने की बात सुझाई और उन्होंने उतना करके मंत्रालय से मुझे माँग लिया।

1 सितम्बर, 1959 को मैं सम्पूर्ण गांधी वाङ्मय में आ गया। तब से इस बरस तक इसी काम का वेतन पाया। काम तो और भी किए। जैसे कविताएँ लिखीं, साहित्य अकादेमी और रेडियो स्टेशन के लिए गुरुदेव की कविताओं और गीतों और एक नृत्य नाटिका 'श्यामा' का अनुवाद किया। आकाशवाणी की हिन्दी सलाहकार समिति का सदस्य रहा, दिल्ली प्रदेश हिन्दी साहित्य सम्मेलन की गतिविधियों में हाथ बँटाता रहा, भाई राजबहादुर सिंह को गांधी मार्ग के सम्पादन में अवैतनिक मदद देता रहा और जब उनका शरीर छूट गया तो अनुपम की सहायता से थोड़ा वेतन लेकर श्रीमन जी के साथ उसका सम्पादक रहा। तीन-चार कविता-संग्रह इसी बीच तैयार हुए—चकित है दुःख, अँधेरी कविताएँ, गांधी पंचशती और बुनी हुई रस्सी—मगर मुख्य काम था बापू की वाणी का अनुवाद, दूसरों द्वारा किए गए अनुवाद की देखरेख, संशोधन और खंडों के प्रकाशन की जिम्मेदारी सँभालना।

मैं जब सं. गा. वाङ्मय में आया तब उसके हिन्दी विभाग में सम्पादक दीक्षित जी, नैथानी जी, दो-एक टाइपिस्ट, एक आशुलिपिक बतरा, ओमप्रकाश ही थे। मगर काम की गति बढ़ाई जानी थी। विगत दो वर्षों में एक खंड निकला था, जबकि खयाल पाँच बरसों में पूरी योजना को सम्पूर्ण कर डालने का था। दीक्षित जी भरोसे के लोगों की फिक्र में थे। मैंने आनन्दी बाबू का नाम सुझाया, वे महिलाश्रम से सम्बद्ध रहे थे, यह दीक्षित जी जानते थे। मगर उन दिनों नवजीवन कार्यालय में रहने के कारण सम्पूर्ण गांधी वाङ्मय के खंडों की वहाँ छपाई के कारण भी दीक्षित जी का उनसे सम्बन्ध आता रहता था। इसलिए उन्हें यह नाम जँच गया और उन्होंने कहा कि मैं उनसे लिखा-पढ़ी करूँ। वे आए। तब तक दैनिक हिन्दुस्तान के उनके एक साथी ठाकुर रामसिंह को वे उपसम्पादक की तरह ले आए और केसकर साहब की सिफारिश पर ठाकुर श्री नाथसिंह भी उपसम्पादक की तरह आ गए। एक महिला को भी मैंने देखा कि आनेवाली हैं। उन्हें एकाध बार मैंने रेडियो स्टेशन पर रहते हुए कार्यक्रम देना बताया था और उनके बारे में थोड़ा सुना था, सो दीक्षित जी पर अपनी बिन माँगी राय यह व्यक्त कर दी कि उन्हें न लें तो अच्छा। मगर दीक्षित जी उन्हें लेना तय कर चुके थे। मेरे सम्पूर्ण गांधी वाङ्मय में आने पर मुझे जो नाम दिया गया, वह था सम्पादक-अनुवादक। दीक्षित जी सम्पादक थे।

मुझे उन्होंने समझाया कि तुम्हारे नाम में सम्पादक फाजिल है, तुम अनुवादक ही हो। चूँकि मेरा-उनका वेतनमान एक था, मुझे लगा, दीक्षित को मेरा यह पदनाम पसन्द नहीं आ रहा है, और मैंने जयरामदास जी से जाकर बात की कि मेरे नाम के साथ सम्पादक न लगाकर केवल अनुवादक ही रहने दिया जाए। उन्होंने परिस्थिति शायद समझ ली और ऐसा परिवर्तन आनेवाले समय के लिए भी कर दिया गया। फिर आनन्दी बाबू उसी हैसियत से आए। तब तक श्रीनाथ सिंह जी उपद्रव करने लगे थे और आनन्दी बाबू के अनुवादक की तरह आने पर उनके उपद्रव और बढ़ गए। रहते थे वे मेरे पड़ोस में ही श्री टंडन के घर में एक कमरा लेकर और उनके स्वभाव के कितने प्रिय पहलू मैंने वहाँ देखे, मगर जहाँ काम करें वहाँ छेड़छाड़ चलाते रहना उनके स्वभाव में था। तब तक दीक्षित जी को यह शक हो गया कि मैं श्रीनाथ को उकसाकर उन्हें तंग करके उनकी जगह लेना चाहता हूँ। उन्होंने मुझे नालायक अनुवादक सिद्ध करने के लिए मेरे अनुवादों को रामसिंह से सुधरवाया और रामसिंह जी जहाँ-तहाँ मेरे अनुवादों के बारे में, कभी-कभी मेरे सामने भी जो-सो कहने लगे। मैंने यह मानकर कि कहना कुछ भी जरूरी नहीं है, उनसे कुछ नहीं कहा। लड़ा-भिड़ा नहीं। दीक्षित जी इसे मेरी चालाकी समझते रहे। मैंने उन्हें जरूर परिस्थिति बता देना ठीक माना और कई बार अपनी तरफ से निश्चित किया भी। तब तक जयराम जी की जगह प्रो. स्वामीनाथन आ गए। जयरामदास जी राज्यसभा में चले गए और दीक्षित जी ने माना कि अब मैं स्वामीनाथन से मिलकर उन्हें कष्ट दूँगा। एक बेचारे माधोप्रसाद थे। उनके बारे में भी एक ऐसी गलतफहमी मुझे करा दी और मैं उनके प्रति ठंडा रहने लगा। धीरे-धीरे वातावरण काम के बजाय उसी प्रकार शंका-कुशंकाओं का बनता चला गया। श्रीनाथ सिंह ने उद्यम किया, रामसिंह ने भी। श्री नाथसिंह को इस्तीफा देना पड़ा और फिर दीक्षित जी ने भी बावजूद मेरे कहने के इस्तीफा दे दिया। तब मैं सम्पादक हुआ। रामसिंह को लगा, मैं अब उन्हें तंग करूँगा, मगर मैंने उनका भय हटा दिया। परिश्रमी आदमी थे। भाषा सधी नहीं थी। शाब्दिक और बिना समझे गति के अनुसार करते चले जाते थे बेचारे। एक परशुराम मेहरोत्रा थे। अंग्रेजी और हिन्दी और गुजराती तीनों की ठीक पकड़ थी, मगर थे बड़े बेतरतीब। अनुवाद भी अत्यन्त अव्यवस्थित कर देते थे। अब तक कार्यकर्ता बहुत हो गए थे। रामसिंह, आ.बा.ल.त्रि., आ.अना.सिंह., र.ना.ति., सरोज लूथरा, सत्यवती भार्गव, उर्मिल कटारिया, ओमप्रकाश शर्मा, और पुराने श्री नैथानी। इनमें काम करनेवाले सिर्फ दो थे। स.ल. और स.भा.। आ.बा. ने कभी मन लगाकर काम नहीं किया। आ.ना. काम कर डालते थे, मगर अनियमित बहुत थे। ओमप्रकाश कर सकते थे, करते नहीं थे, और र.ना. तो अजीब गाँठदार सज्जन थे। अपमान खोजते उनकी उम्र गुजर जाएगी और वे कभी शायद ही सुख से रह सकें। दस बरस, 59 से 69 तक स.गा. वाङ्मय में रहा। हिन्दी और अंग्रेजी विभाग में कोई 60-70 व्यक्तियों से सम्बन्ध आता रहा।

मगर घनिष्ठ सम्बन्ध नया थोड़ा-बहुत जो बना, खुशीलाल वासवानी से बना। वे अंग्रेजी विभाग के थे। उनके स्नेह के कारण साधु वासवानी के जन्मदिन पर प्रकाशनार्थ कुछ उनके वचनों को पद्य में बाँधा, जो स्नेह भेंट के नाम से छपी। वह पुस्तिका भेंट में दी गई और अभी तक पड़ी है। कुछ तो उसमें अच्छे टुकड़े बने जो लगभग मेरे अपने हुए। एक थोड़ा-सा वाक्यांश, साधु वासवानी केन्द्र में एक बार गया था तो उन्होंने बड़ा आदर किया। वीरेन्द्र मिश्र साथ थे। साधु वासवानी के रहते पुस्तिका छपकर बँट गई थी। दूसरे वर्ष वे नहीं रहे। श्री उलालराव ने मेरे दिल के दौरे के वक्त बड़ी मदद की थी। घनिष्ठता उनसे भी नहीं हो पाई; मगर वे सिवाय इसके कि कीर्तिपरायण थे, सीधे, सज्जनशाली और बुद्धिमान आदमी थे। पेट का अल्सर फट जाने से वे चले गए। तरुण थे। एक बेटी का विवाह कर पाए थे। दो बेटियाँ छोड़ गए। मगर देश में कुछ सुविधा थी। शायद परिवार कष्ट में नहीं है। नैथानी को कैंसर हो गया था। उन्हें अन्तिम दिन तक मैंने प्रधान सम्पादक से कहकर दफ्तर में हाजिर माना और डेढ़ वर्ष तक बिना छुट्टी के वे घर रह सके। वेतन पा सके और जब गए तो उनकी बेटी को (विभाग) जो उसी वर्ष हायर सेकेंडरी पास हुई थी, दफ्तर में नौकरी दिलाई। वह अब बी.ए. हो गई है। शायद मार्च में अपना चार्ज देते उसे कोई ज्यादा जगह दिलाकर जा सकूँ। गणेशगद्रे से एक नई और ठीक पहचान कह सकता हूँ। वे मुझे राजनीति के क्षेत्र के योग्य मानते हैं, और कहते हैं, मुझे राज्यसभा में चले जाना चाहिए। आ. और ह.शं. पुराने साथी हैं। ह.शं. से काम में मदद रही। आ. बाबू से दिल्ली मित्रहीन नहीं लगा। यों दफ्तर में उन्होंने मेरा वजन कम नहीं किया। अन्य लोगों में मेरा स्टेनो बत्तरा सच्चा और परिश्रमी था। उसे एक बार थोड़ी बड़ी जगह मिली थी, मगर वह गया नहीं। कहने लगा, किसी अफसरनुमा आदमी से काम पड़ेगा, आपके साथ मन पर ऐसा कोई बोझ नहीं रहता और काम का आनन्द आता है। प्रधान सम्पादक रमण महर्षि के भक्त और हिन्दू धर्म के अभिमानी नरम व्यक्ति थे। अंग्रेजी बहुत अच्छी थी, मगर कोई काम सही हो तो भी जोर देकर कभी करने या कराने को टाल जाते थे। इसके कारण दफ्तर में राजकुमार जैसे मुचर्र स्टेनो और ल.त्रि. जैसे निकम्मे और षड्यंत्रप्रिय अफसर पलते-बढ़ते रहे। 1969 का पूरा बरस मेरा 'गांधी पंचशती' को शक्ल देने में निकल गया। घर मैंने सिवा उसके कुछ नहीं किया और उसके पहले 'अँधेरी कविताएँ', फिर 1970 में 'बुनी हुई रस्सी'। यानी पिछले तीन बरस कविताओं में डूबा रहा। अब लगने लगा है कि यही मेरा काम है। मैं इसे ही शेष जीवन में साधूँ और यह मुझे साधे। इसलिए तय किया है कि मार्च 29 मेरा नौकरी से मुक्ति दिवस हो। वैसे तो चार-छह नौकरियाँ जीवन में कीं। सरकारी नौकरी प्रारम्भ में 6 महीने और अन्त में 11-12 साल। मगर न मैंने अपने को कभी नौकर महसूस किया, न किसी और ने माना। फिर भी लगता है, इससे भी कम नौकर रहकर काम चल जाए तो कविता को अपना सब दे दूँ और उससे जितना ले सकता हूँ लेकर अपने को सँवारूँ। कविता

ने मुझे बहुत दिया है—मैंने जो कुछ सीखा और समझा है, कविता लिखते-पढ़ते सीखा है। शेष दिन इसी परम गुरु के चरणों में अर्पित करके अधिक से अधिक इससे जो प्राप्य है, पा लेना चाहता हूँ। मेरी इसी के बल पर सुधरेगी। भगवान ने अपनी यही कला मेरे ऊपर उतारी है। इसीलिए मैंने ये पन्ने शुरू करते हुए लिखा कि यह बरस मेरे जीवन में बहुत महत्त्वपूर्ण होगा। देश के जीवन में भी होगा। राजनीति बहुत बदली है, एक न-कुछ व्यक्ति पिछले दो बरसों में दूज से पूना तक बढ़ी है। लोग चमत्कृत और भ्रमित हैं। वह तो भ्रमित है ही। भ्रमित व्यक्तित्व देश को किस चक्कर में डाल देगा, कौन कह सकता है! चक्कर में पड़कर मेरा देश प्रायः इसी रास्ते पर पहुँचता रहा है, इसलिए लगता है कि यह अपकारी व्यक्तित्व उपकारी तक सिद्ध हो जाए। उसके कारण देश के बाहर के हमारे कुछ उलझाव तो सुलझे ही हैं। कीमत बड़ी देनी पड़ी है। देश बहुत बड़ा है। यहाँ का छोटा-बड़ा प्राणवान है, इस बड़ी कीमत को देकर भी दिवालिया नहीं बनेगा। अगले महीने से चुनाव की धूमधाम शुरू हो जाएगी। कांग्रेस ने मध्यावधि चुनावों में संसद की अपनी सदस्य संख्या येन-केन इतनी बढ़ा ली है कि विरोधी दलों का संसद में कोई अर्थ ही नहीं रहा। तब से अब तक कोई दस महीनों में पुरानी कांग्रेस, सं.सो.पा. और जनसंघ जो सर्वाधिक बलशाली विरोधी दल थे, लगभग शून्य बना दिए गए। जनसंघ शून्य नहीं हुआ है, मगर बनाया जाएगा। बंगलादेश की जीत ने नई कांग्रेस और इन्दिरा के सारे दोषों पर एक मोटा आवरण ही नहीं डाल दिया है, उन्हें एक प्रभामंडल से घेर दिया है। प्रान्तों में इसलिए जो चुनाव होंगे, वे विरोधी दलों के लिए अभिशाप सिद्ध होंगे। मुझे तो कई बार लगता है, विरोधी दल कोई चुनाव न लड़ चुनाव का बहिष्कार कर दे और इन्हें पाँच वर्ष एकच्छत्र दुःशासन की सुविधा देकर अगले चुनावों तक उघाड़ हो जाने का पूरा अवसर दे डाले। मगर कौन सोचता है! सब अपने-अपने उम्मीदवार खड़े करेंगे। कांग्रेस कहीं हारेगी तो अपने ही अन्तर्विरोध के कारण। जैसे मध्य प्रदेश, राजस्थान या असम या आन्ध्र में इन्दिरा जी ने दल के भीतर जिन्हें अपनी निरंकुशता का काँटा मानकर अलग किया है, वे ठंडे मन से चुनाव में मदद करें या भीतर ही भीतर विरोध करें, यहाँ तक भी हो सकता है। यों यह सम्भावना एक तो कम है और ऐसा हो भी तो कारगर कदाचित न हो पाए। इन्दिरा जी के आसपास एक भ्रमजाल प्रभामंडल बनकर फैल गया है। लोग देश के सीधे हैं। वे स्वभाव से व्यक्तिपूजक भी हैं। संस्कारवश ही सही, वे इन्दिरा गांधी को वोट देंगे। नेहरू की बेटी और नाम के साथ गांधी जुड़ा है—लोग दोनों से उन्हें जोड़ते हैं। फिर स्त्रियों के मत, डरे हुए अल्पसंख्यकों के मत और बंगाल कांड के कारण जलवे में मिली कीर्ति। या मैं ही उनके विरोध में कुछ अधिक सोचने लगा हूँ। अभी लोकसभा के दरभंगा उपचुनाव का जो वर्णन जार्ज फर्नांडीस ने दिया और ज्योति बसु जैसे भयंकर नरभक्षी ने इन्दिरा जी के अनुयायियों के अत्याचारों से अपनी जो त्रस्तता वर्णित की, उससे तथा पिछले मध्यावधि चुनाव के पहले और दरम्यान

जो सबने देखा—जन्तर-मन्तर तक, उसके बाद इन्दिरा जी के लिए असम्भव तो कुछ है ही नहीं। पहले समाचार-पत्र थोड़ी-बहुत सच्ची खबरें छाप देते थे, अब वे भी डर गए हैं और कीर्तिगान ही एकमात्र काम बच गया है।

कश्मीर में मौलाना मसूदी और जनाबे कारा की गिरफ़्तारी, बेगम शेख अब्दुल्ला की दर बदरी इसी वक्त करना यह स्पष्ट करता है कि नई कांग्रेस अगले चुनावों में किसी प्रकार का कहने लायक विरोध बचने नहीं देगी। प्रजातंत्र के नाम पर हम अभी पूर्वी बंगाल में लड़े और अब प्रजातंत्र के ही नाम पर प. बंगाल के उपक्षेत्रों में विरोधियों का घर से निकलना मुहाल है। और कश्मीर में तो हद ही कर दी। भला हमें कौन पतियाएगा। जवाब में कहा जा सकता है कि रूस, चीन, अमेरिका, ब्रिटेन—सबके इनसे भी बड़ी-बड़ी सख्तियों और इससे भी भद्दे कारनामों के उदाहरण दिए जा सकते हैं। रूस ने अभी-अभी चेकोस्लोवाकिया में जो किया, ब्रिटेन उत्तरी आयरलैंड में जो कर रहा है, चीन और अमेरिका ने अभी बंगलादेश के मामले में जो रुख अख्तियार किया वह सब अन्तर्राष्ट्रीय राजनीति के ताजे शर्मनाक नमूने हैं जिन्होंने प्राय: पिछले रिकॉर्डों को तोड़ दिया है। भारत में इससे कुछ अलग कैसे हो सकता है? भारत तो गांधी के अछत्र राजनीति में नैतिकता को तिलांजलि देकर परम्परागत शाठ्य-नीति को अपना चुका था। मगर जवाहरलाल एक हद तक सोचने-समझनेवाले आदमी थे और उन्हें लगता था कि जहाँ तक बने, सोचने-समझनेवालों के सामने उनकी तसवीर भले आदमी जैसी होनी चाहिए। इस मोह में उन्होंने कई गलतियाँ कीं। वे इस मोह को तोड़कर सीधे ही भले बनते तो देश का नक्शा कुछ और होता। नीति की तरह भले बनने के प्रयत्न में उन्होंने पसोपेश की राजनीति का सहारा लिया और न घर के सिद्ध हुए, न घाट के। अन्तर्राष्ट्रीयता नहीं सधी, राष्ट्रीयता नहीं सधी। लालबहादुर इतने थोड़े दिनों रहे कि कोई असर देश पर पड़ नहीं पाया। उन्हीं थोड़े-से दिनों में पाकिस्तान से लड़ना पड़ा। यों दृढ़ता का एक आभास सज्जनता के साथ वे दे रहे थे। ताशकन्द-समझौता शायद मन के खिलाफ गया और इसलिए दिल का दौरा पड़ा। यों उन्हें प्रधानमंत्री होने के बाद एक दौरा आ चुका था। छोटे कद के दुबले आदमी थे पहले, फिर वजन बढ़ने लगा। उसका असर भी हो सकता है। ठीक याद नहीं पड़ता, किसी सिलसिले में उनसे मिला था, मगर तब अपने इतिहास के कारण उनके मोटे हो जाने पर मेरा ध्यान गया था। यों वे बिना अवसर अपने छोटे होने की बात कर देते थे और ऐसा लगता था कि जवाहरलाल के बड़े होने की छाप पर व्यंग्य होता था उसमें। बहरहाल वे रहते तो देश किस दिशा में जाता यह कहना अपेक्षाकृत कठिन नहीं है। थोड़ी अधिक भारतीयता, थोड़ी अधिक आत्मनिर्भरता, प्रजातंत्र को थोड़ा अधिक मौका उसमें होता। उनके जाने के बाद इन्दिरा जी आईं। मुरार जी को हराकर जब आईं तब से अपने को धीरे-धीरे प्रकट करने लगीं और फिर राष्ट्रपति के चुनाव से लेकर अब तक का इतिहास तो उनकी व्यक्तिगत विजय और सत्य की हर जगह

हार का इतिहास है। वे अगर दो-चार इसी तरह जीतती रहीं और सच बातें हारती रहीं तो कोई बड़ा परिवर्तन आएगा। या तो तानाशाही के पाँव पक्के हो जाएँगे या कोई आन्दोलन चलेगा और फल उसका ज्यादा बड़ी तानाशाही भी निकल सकता है। आन्दोलन अहिंसात्मक चल सका तो लोकतंत्र लौटेगा नहीं, साम्यवादी ढंग की तानाशाही अभी जो आती दिख रही है, वह भी एकदलीय राज्य के ढंग की तो है ही।

सवाल इन दिनों लोगों के सामने चाहे जो हो, मेरे सामने तो यही है कि इससे किस तरह अलग रहकर मन का लिखना-पढ़ना कर सकूँ। नरसिंहपुर, वर्धा, करजगाँव, सेवाग्राम, भोपाल, सिवनी, ओंकारेश्वर आदि विकल्प आते हैं। जी ज्यादातर महिलाश्रम और सेवाग्राम में से चुनने का था। तय यह होते दिखता है कि सेवाग्राम जाऊँ। कोटला खेड़ी, पहेड़ी आदि भी मन में आते हैं किन्तु मुख्य प्रश्न रहने का नहीं, जीविका का भी नहीं है। यह है कि दिल का दौरा पड़ने की परिस्थिति में चिकित्सा की सुविधा तत्काल कहाँ मिल सकती है। पिछले दिनों सेवाग्राम में स्वाध्याय शिविर की अवधि इस दृष्टि से निर्णय में मदद दे रही है। मेडिकल कॉलेज आश्रम के सामने ही है। सुशीला बहन से पहले दो बार कुल मिला था। इस बार प्राय: रोज मिलना होता रहा। लगता है, वे मुझे ठीक व्यक्ति मान रही हैं, और अगर मैं सेवाग्राम चला जाऊँ तो जो भी सहायता चिकित्सा की दिशा में जरूरी होगी, मुझे मिलती रहेगी। वर्धा और सेवाग्राम और आश्रम से सम्बद्ध सारी संस्थाओं ने मुझे उस 15-20 दिन की अवधि में बड़ी आत्मीयता दी।

(अपूर्ण) 1970 की डायरी से

'दादा' की अक्षर-देह तो है, उसे बन्द किताब मत बनाइए

यह खंडवा है और खंडवा का मेरा रिश्ता जिसे साधारण तौर पर अनिर्वचनीय कहते हैं, जिसका वर्णन नहीं किया जा सकता, ऐसा मेरा रिश्ता है। मैं बहुत छोटी उम्र से इस देश के बहुत बड़े आदमी को जानने लगा था। और उसका मुझे प्यार मिला था। आप सब लोग उनको दादा माखनलाल चतुर्वेदी के नाम से जानते हैं।

हम जहाँ बैठे हैं खंडवा में, माणिक्य स्मारक वाचनालय में, वहाँ हम दादा से बात करना चाहते हैं। मैं करना चाहता हूँ, ऐसी बात नहीं है। आपसे कराना चाहता हूँ। इस देश में दादा कहीं भी जाकर रह सकते थे। उनके लिए हर जगह खुली हुई थी। सब जगह पलक-पाँवड़े बिछे हुए थे। वे जहाँ भी जाते, उनका स्वागत होता। सब लोग उनको सिर-आँखों पर लेते। यह मेरा और आपका सौभाग्य है कि उन्होंने खंडवा चुना और चुना ही नहीं, एक तेजस्वी जीवन यहाँ जिया और आसपास के लोगों में जब दादा यहाँ थे तो ये जो प्रेम और तेजस्विता लोगों में दिखाई देती

थी, उसका देश में कहीं दूसरी जगह दर्शन नहीं होता था। मैं आपसे यह कहना चाहता हूँ कि आप लोग ऐसे बड़े आदमी के गाँव में रहते हैं और मेरा खयाल है, हम लगभग उनको भूल गए हैं। ऐसी स्थिति नहीं होनी चाहिए और क्या नहीं होनी चाहिए, इस बारे में एक छोटी-सी बातचीत करूँगा। दादा का नाम यहाँ चलता रहे, और उनका काम यहाँ चलता रहे, इसका कोई न कोई प्रबन्ध बहुत छोटे पैमाने पर करना चाहिए। बड़े पैमाने पर नहीं।

मैं बड़े पैमाने और छोटे पैमाने का फर्क बताऊँ। छोटे पैमाने पर किए गए काम अपने हाथ में रहते हैं और बड़े पैमाने पर किए गए कामों के हाथ में हम हो जाते हैं। जैसे जब शादी होती है तो हम कहते हैं, हम शादी कर रहे हैं अपनी लड़की की, जबकि शादी आपको करनी है। कहाँ ले जाएगी आपको पता नहीं। लड़ाई छिड़ जाए तो यह कहना गलत है कि हम लड़ रहे हैं। लड़ाई लड़ रही है हुजूर। उसका अपना तर्क है। चाहे जहाँ उठाएगी, चाहे जहाँ बैठाएगी। इसलिए माखनलाल जी के नाम पर कोई विवशता आप मत ओढ़ लेना। मुक्त आदमी थे वे और मुक्त रहकर जितना काम किया जा सकता है उतना काम करना चाहिए और जितने काम संस्थागत हो जाते हैं, मेरी समझ में तो हिन्दुस्तान में व्यक्ति का जो महत्त्व था वह संस्था का कभी नहीं रहा। केवल चार संस्थाओं का महत्त्व था जिन्हें हम आश्रम कहते हैं। ब्रह्मचर्य आश्रम का महत्त्व था। गृहस्थाश्रम का महत्त्व है। वानप्रस्थ का था और संन्यास का था। संन्यास में तो सब काम छोड़ दिया जाता था। सबसे बड़ा काम व्यक्तिगत ही हो सकता है। संस्थाओं से नहीं।

दादा एक मुक्त पुरुष थे। अतएव इस तरह के लोग मुक्त होने की कोशिश करें। कैसे होंगे, इसको सोचें-सीखें। ये भगवान बड़ा दिल्लगीबाज है। उसने आदमी को आँख दे दी। सबसे ऊँचा अंग है वो। लेकिन इसके साथ-साथ स्वयं बुद्धि पैदा कर दी। हम जो देखते हैं, उसको अनदेखा कर देते हैं। जो ठीक देखता है, उसको ठीक सोचना आता है। जिसको ठीक सोचना आता है, उसको ठीक करना आता है। तो आप कुछ मत कीजिए। दादा की तसवीर देखिए। क्या आँख है इस आदमी की! छोटी तेजस्वी आँख। किरण की तरह प्रकाश डालनेवाली आँख। आपकी आँख में वह तेज आना चाहिए कि जहाँ देखें वहाँ लगे देखनेवाले को कि यह देख रहा है। अगर आप दीवार को देखें तो उसका स्पर्श हो। पहाड़ को देखें तो उसका स्पर्श हो। हवा की तरफ मुँह करें तो वह कहे कि हाँ, हमारी तरफ किसी ने मुँह किया है। ऐसा आप एक व्यक्तिगत शानदार जीवन जीने की कोशिश कीजिए और उसका तरीका कोई नहीं बता सकता आपको। यह खुद से शुरू होता है। खुद आप जिएँगे तब समझ में आएगा। अलबत्ता सहारा कई लोगों का लेना पड़ेगा। जैसे मैंने दादा का सहारा लिया। मुझको सहारा नहीं मिलता तो मुझको देखना नहीं आता।

उन्होंने पहली मुलाकात में मेरी कविता सुनी। बैतूल में था। मेरे पिता डिप्टी इंस्पेक्टर ऑफ स्कूल थे और एक शिक्षक था हमारे प्रदेश का। बहुत अच्छा कवि,

सब भूल गए उसको, विनय कुमार नाम था। दादा बहुत प्यार करते थे उसको। मैं नहीं जानता था उसको। गर्मी की छुट्टी में जब वे बैतूल आए तब स्कूल मास्टर होने के नाते वे मेरे पिता के पास आए और जब जाने लगे तो पिताजी ने कहा, "अरे मास्टर, ये मेरा लड़का भी कविता सीखता है। जरा देखें कि कैसी हैं इसकी कविता।" तो विनय कुमार ने मेरी कविता देखने के बजाय कहा, "आप अपनी कविता की कॉपी उठा लीजिए और मेरे घर चलिए।" कैसा होता है कवि? ये जो कांजीहौस होता है न, उसी के पड़ोस में एक बहुत छोटा सा घर, कांजीहौस से भी गन्दा। दीवारों में सीलन। पत्नी, एक भाई, एक बच्चा और कवि। बाकायदा कवि था वह आदमी। सो उसने कविताएँ देखीं मेरी, और कहा, पढ़कर सुनाओ। सो मैंने दो-एक कविताएँ सुनाईं? मैंने कहा, क्यों? कहने लगे, आज दादा आनेवाले हैं उनके सामने सुनेंगे। दादा जब बैतूल जाते थे तो वहाँ दीपचन्द गोठी के यहाँ ठहरते थे। एक बगीचा था उनका। तो रोज शाम को ताँगे में बैठकर घूमने जाते थे वहाँ तक और एक-दो हम सरीखे जवान बच्चे उनके साथ होते थे। बूढ़े उनके साथ नहीं रहते थे। वे जवान बने रहने का तरीका जानते थे। अगर जरूरत हुई तो सलाह ले ली बूढ़ों से। लेकिन साथ में हम बच्चों को ही रखते थे। ताँगे में ले जाते। कविताएँ सुनाते, गप्पें लड़ाते।

तो उस दिन उन्होंने ताँगे में कहा, "विनय कुमार ने हमको बताया कि तुम कविता लिखते हो तो हमको कविता सुनाइए।" हमने उसी दिन एक कविता लिखी थी, 'चाँदनी'। उसमें दो-चार पंक्तियाँ थीं :

वो खजूर पर चढ़ जाती है
वो लहरों से लड़ जाती है।

दादा एकदम चकित बोले, "ये जरा-सा लड़का कितना साफ कह रहा है।" सो उन्होंने मेरा कान पकड़कर कहा कि इतनी छोटी उमर में कवि! और फिर मुझसे कहा, "देखो बेटा, अपने ऊपर भरोसा रखना। समालोचक तुझको बुरा कहेंगे। हम बता देते हैं। दूसरी तरह का लिखा जा रहा है आज। तुम उसके फेर में मत पड़ना। अपने ढंग से लिखना।" और एक शब्द दिया, उन्होंने कहा—"साहित्यिक ब्रह्मचर्य की जरूरत है तुमको। अपनी कोई चीज जब तक बहुत जरूरी न हो जाए, छपने मत देना अखबारवालों को।" सो मेरा पहला संग्रह साहब जैसे ही प्रकाशित हुआ, पंडित भवानीप्रसाद मिश्र की धूम मच गई, क्योंकि पहले से ही लोग जानते थे कि ये आदमी छपता है। बड़ी मुश्किल से छपता है। जो कुछ होता है, बाकायदा होता है। ये है कौन? कहाँ का है?

सो पहली ही कविता ने इतना शोर मचा दिया कि मैं एक कवि-सम्मेलन में पटना गया तो दिनकर जी प्रेसाइड कर रहे थे। और ये दादा का आशीर्वाद है कि दिनकर जी ने कविता पढ़ी और जैसे ही वे उठकर चले, मैंने सामने आकर

साभिवादन परिचय दिया, "भवानी," तो झट से उन्होंने बाँहों में समेटकर कहा, "गीत-फरोश?" मैंने कहा—"हाँ।" तो कहने लगे—"चलो, दोबारा मंच पर चलते हैं।" कवि-सम्मेलन समाप्त हो चुका था। दिनकर जी मुझे मंच पर ले गए और बोले—"मैं गीत-फरोश को साथ लेकर आया हूँ। मुझको मालूम नहीं था कि ये मेरे पीछे बैठे हैं। अब तुम इनकी कविताएँ सुनो।" और ऐसी अनजानी जगह में मैंने अपनी कविताएँ सुनाईं। एक जबर्दस्त वट-वृक्ष के नीचे बैठकर तो वट-वृक्षों का सहारा मिलता रहे, ये ठीक है। लेकिन अगर सहारा नहीं मिले तो बेसहारा महसूस न करें, यह मैं आपसे कहना चाहता हूँ।

आज खंडवा में अगर कोई बड़ा आदमी नहीं है तो ऐसा नहीं मानना चाहिए कि आप छोटे आदमी हैं। आप सब लोग बड़े हैं और कवि कोई अनोखा आदमी है, ऐसा मत मानिए। हर आदमी अनोखा है, हर एक के पास ऐसी शक्ति पड़ी है जो दूसरों के पास नहीं है। इसलिए आप व्यक्ति रहें हमेशा और भीड़ में खो न जाएँ।

जबान को रुपए के लिए बेचना, भाषा को रुपए के लिए बेचना पाप है, मैंने दादा से सीखा। दादा गरीबों में रहे। उन्होंने बड़े कष्ट के दिन बिताए। लेकिन अगर दस आदमी आ गए तो उन्हें इतने शान से रखा कि क्या कहने! हम चार-छह, आठ-दस लड़के आ जाते थे। महीने-महीने भर रहते थे। बज्र बाबू की छाती पर। दादा तो पलंग पर पड़े थे दस साल से। एक पैसा नहीं ला सकते थे कहीं से। लेकिन हमारी ऐसी खातिर होती कि क्या कहने! खाना क्या, पीना क्या, बातचीत क्या! हँसना क्या! बोलना क्या! यानी एक प्रकार की प्रेम की गंगा हम लोगों के ऊपर से बहती थी।

आज कई वर्षों के बाद एक अवसर आया है दादा के शहर में। दादा की याद कर रहा हूँ, उनके बारे में बोल रहा हूँ। लेकिन एक सौभाग्य की तरह याद रखिए यह बात कि एक बड़ा आदमी आपके बीच आकर रह गया। और उस आदमी के लायक हम बनें। ऐसी कोशिश हमें करनी चाहिए। वे राष्ट्रकवि थे। जिसे पूरे राष्ट्र की चिन्ता होती है वह होता है राष्ट्रकवि। दादा को पूरे देश की चिन्ता थी। उनकी कविताओं में नर्मदा जितनी थी, गोदावरी भी उतनी थी। कावेरी भी, गंगा भी। हिमालय भी था। विन्ध्याचल भी था, सतपुड़ा भी था। क्या नहीं था उनकी कविताओं में! पूरे देश की मिट्टी पूरे देश की गन्ध। पूरे देश की हवा, पानी उनकी कविता में होता था।

ये दादा की सब बातें हैं जो मैं कह रहा हूँ। आप लोग उनको इज्जत दें। उनको समझें। उनको देखें, उनको पढ़ें। अब तो वे चले गए। मगर उनकी अक्षर-देह यहाँ पड़ी है, जो कभी बन्द नहीं होगी। उसे पढ़िए। बन्द किताब मत बनाइए। मैं भाषण तो दे सकता हूँ। कविता भी कर सकता हूँ। बहुत थक गया हूँ। फिर भी कुछ पंक्तियाँ सुनिए—

सच कहो तो कह नहीं सकता
शब्द से मगर मेरा नाता है कुछ।
सुबह उठकर पूछता हूँ हैलो
और वह कहता है चलना है, चलो।

इस तरह कहते-सुनते वे स्वयं हमारे बीच से चले गए।

30 जनवरी, 1985

कविताएँ अधिकतर मैं अपने को खोजने के लिए लिखता हूँ

(श्रीकान्त जोशी के प्रश्नों के उत्तर)

प्रिय भाई श्रीकान्त,

पत्र और प्रश्न बहुत दिन हुए, मिल गए थे। बैठकर लिखना कठिन होता है, इसीलिए जवाब नहीं दे पाया। आज बोलकर लिखवा रहा हूँ।

1. 'गीत-फरोश' 1956 में प्रकाशित हुआ था और उसमें की कोई-कोई कविता तो आज लगभग 40 वर्ष पुरानी हो गई है। फिर भी वे मुझे अच्छी लगती हैं। अर्थात मैं यह बात तटस्थ भाव से कह रहा हूँ। यह बात केवल 'निज कवित्व केहि लाग न नीका' के अन्तर्गत न समझी जाए। यह तो ठीक है कि वे मुझे पुरानी लगती हैं। उसी तरह जिस तरह मुझे अपनी उन दिनों की कोई तसवीर पुरानी लगे। लेकिन इसमें कोई सन्देह नहीं है कि वे मेरी आज की कविताओं से ज्यादा तरुण हैं अर्थात तरुणाई में लिखी गई वे कविताएँ तरुणाई के सभी गुण-दोषों को समेटे हुए हैं। उनमें आज की कविताओं के मुकाबले में ज्यादा ओज है, ज्यादा तरलता है, ज्यादा प्रवाह है और दोष गिनें तो ज्यादा लापरवाही है, एक गैरजिम्मेदाराना ढंग भी उनमें जहाँ-तहाँ झलकता है। और यों तो यह हाल है कि आठ दिन पहले की लिखी हुई कविता मुझे पुरानी लगने लगती है और मैं बहुत लिखता हूँ। इसलिए मुझे 'गीत-फरोश' ही नहीं, अपनी पिछले वर्ष की कविताएँ काफी पुरानी लगती हैं। मगर उन सब पर लेखन के समय मेरी शरीर-स्थिति और मन:स्थिति की आभा और अँधेरापन है। शब्द-संकल्प जो भूमिका में लिया था, मुझे लगता है पूरा हो रहा है। मैं अधिकाधिक अपने से हटता जा रहा हूँ। मेरी व्यक्तिगत से व्यक्तिगत कविता मेरी नहीं रहती। जाने किस स्पर्श से वह सबकी हो जाती है। और इस अर्थ में मेरा वह शब्द-संकल्प मुझे आज भी सार्थक लगता है।

2. 'अनुगामिनी' के नाम से जो काव्य-संग्रह देना चाहता था, उसका महत्त्व मेरी दृष्टि में जैसा-का-तैता बना हुआ है। कुछ तो इसलिए कि उसे मैं पितृ-ऋण की तरह चुकाना चाहता हूँ। मैंने रवीन्द्रनाथ से बहुत लिया है। कई बार तो उनकी आठ-आठ, दस-दस पंक्तियों अविकल, जैसी की तैसी अपनी लम्बी-लम्बी कविताओं में डाल ली हैं। उन्हें उद्धरणचिन्हों में इसीलिए नहीं डाला, कि कोई भी उन्हें पढ़कर जान ले सकता है कि वे रवीन्द्रनाथ की हैं, अलबत्ता उसके लिए रवीन्द्रनाथ से परिचय होना आवश्यक है। 'गीत-फरोश' की 'दहन पर्व' नामक कविता इसका उदाहरण है। 'अनुगामिनी' की योजना अब थोड़ी विस्तृत हो गई है, अर्थात मैं उसमें रवीन्द्रनाथ की रचनाओं के अविकल अनुवाद, छायानुवाद और उनके समूचे असर में लिखी गई ऐसी कविताएँ भी शामिल करना चाहता हूँ जो उनकी किसी कविता का न अनुवाद है, न छायानुवाद। टैगोर मेरी परम्परा में हैं। मैं वारिस हूँ उनका। इसमें टैगोर को पाने और खोने की क्या बात है। गंगा बह रही है। आप बहुत करेंगे, तो उसका जल नल के माध्यम से अपने घर तक ले आएँगे, नहर काटकर उससे अपने खेत सींच लेंगे, या उसमें डुबकी लगा लेंगे, या उसको निहार लेंगे, या उसकी उपेक्षा कर देंगे। किन्तु इसलिए गंगा का बहना खत्म नहीं हो जाता। मैं समय को भी नदी ही मानता हूँ, विशाल—न जाने कहाँ से ऊबकर, न जाने कहाँ जाने वाली कल्पनातीत जबरदस्त एक धारा। इतिहास जो उसे बाँटता है, सो विभाग कृत्रिम होते हैं। ऐसा ही बड़े काव्य के बारे में भी है। रवीन्द्रनाथ में मोड़ मिलेंगे, कहीं कम गहराई मिलेगी, कहीं अधिक क्षिप्रता। किन्तु समाप्त रवीन्द्रनाथ कहीं नहीं हैं। ये गंगोत्री से निकल सागर में मिले हैं, और इसलिए जब तक समय की धारा है और समय का सागर है, वे रहेंगे। हम उनकी उपेक्षा कर सकते हैं, उनके तीर से बहुत दूर जाकर बस जाना जरूरी हो सकता है, किन्तु वे रहेंगे नहीं, ऐसा नहीं है। वे अपनी जगह बह रहे हैं और जिन्हें अपने तापशमन की जरूरत है, वे इसमें डुबकी लगाते ही चले जाएँगे। मुझे इसमें कोई सन्देह नहीं है। लोगों का क्या? तुलसीदास उनके लेखे कवि नहीं रहे, शेक्सपियर को गया-गुजरा कहने वालों की कमी नहीं है। मैं इसे ठीक कैसे मानूँ। हमारा काल महत्त्वपूर्ण हो सकता है और हमारा लिखना भी। लेकिन जो लिखा जा चुका है उसी ओर पीठ देकर खड़ा हो जाना ने आधुनिक के पक्ष में है भविष्य के।
3. आपने मुझे जेल जाने की हद तक अज्ञेय जी के साथ जोड़ा है। इस हद तक मेरा उनका साथ जोड़ा जाना ठीक है। किन्तु संघर्ष की उनकी कल्पना अलग थी, मेरी अलग। मेरा खयाल है, वे स्वतंत्रता के लिए उन दिनों अहिंसक युद्ध में विश्वास नहीं करते थे। मैं उन दिनों करता था, आज भी

करता हूँ। मैं तो यहाँ तक मानता हूँ कि सशस्त्र युद्ध किसी काल में, किसी मसरफ की चीज नहीं है। कभी उससे एक समस्या हल होते दिखी भले हो, किन्तु उसने साथ-साथ कितनी नई समस्याओं को जन्म नहीं दिया। जब तक यह समाप्त नहीं होता, आदमी की समस्याएँ हल नहीं होंगी। तीन वर्ष की लम्बी अपनी जेल अवधि में मैंने सोचा, लिखा, पढ़ा, दोस्त बनाए और विनोबा, दादा धर्माधिकारी जैसे ठीक बड़े आदमियों के निकट सम्पर्क में आया, इतना तब निरर्थक कैसे जाता। उसका मेरे लिखने पर बहुत प्रभाव पड़ा है। व्यक्ति की महत्ता उसके विच्छिन्न होकर रहने से नहीं बढ़ती, वह सबसे मिलकर ही खुश हो पाता है—जैसे बूँद—उपमा पुरानी लग सकती है, लेकिन सही है—धारा से अलग होकर कोई अर्थ नहीं रखती अथवा उतना अर्थ नहीं रखती, जितना धारा रखती है। वह एक निरी बूँद है जो वैसा कोई काम नहीं कर सकती जो धारा करती है। न किसी को हरा कर सकती है, न डुबा सकती है। जेल में विच्छिन्न होकर रह जाने का भाव कई बार मन में आता था और उन्हीं दिनों में मैं समझ सका हूँ कि अपने को अकेला बनाना गलत है। हम अकेले तभी बनें जब हमें तटस्थ होकर समूची धारा को सोचना हो और फिर उसमें मिलकर बहने लगें या अपने जैसी अनेक बूँदों को एक साथ करके धारा को नया मोड़ देने का प्रयत्न करना हो। मेरा यह खयाल मेरी कविताओं में जहाँ-तहाँ झाँकता है, किन्तु मैंने जितना लिखा है, उसका कितना छोटा अंश छपकर सामने आया है। अगर कभी सब कुछ छप सका, तो मैं क्या कहना चाहता हूँ, यह स्पष्ट हो जाएगा। 'अँधेरी कविताएँ' के बाद मेरा चौथा संग्रह होगा 'गांधी पंचशती', उसमें यह बात बहुत स्पष्ट देखी जा सकेगी, ऐसा मेरा खयाल है।

4. 'दूसरा सप्तक' के दिनों में मैं जो चाहता था, वही आज भी चाहता हूँ। अर्थात सारी दुनिया को अपने रूप में देखना चाहता हूँ, गांधी की तरह सबके साथ स्नेह से निभाना चाहता हूँ और जो कुछ करना चाहता हूँ, बिना खींचतान के यानी सहज भाव से। ये सारी बातें बहुत कठिन हैं। इसीलिए इनके लिए प्रयत्न करते रहना पड़ता है। यह सामंजस्य सध जाए, इसकी तुकतान में हूँ। किन्तु जानता हूँ, कभी तुक टूट जाती है, कभी तान। और इसीलिए कभी-कभी उदास हो जाता हूँ। किन्तु हर बार मैंने उदासी को परास्त किया है। 'अँधेरी कविताएँ' उतनी अँधेरी नहीं हैं। उनमें जो अँधेरा है, वह निराशा का नहीं है, ध्यान में डूबकर सोचने का है। सोचता हूँ, मेरे पाठक अब अनायास ही उन्हें पढ़कर अनायास ही मेरी इस बात से सहमत होंगे।
5. अभिव्यक्ति के ढंग में सचमुच नहीं सोचता। जिस कविता का आपने उल्लेख किया है, उसमें मैंने जो दृष्टान्त दिये हैं, वे विभिन्न स्थितियों में

स्वाभाविक प्रतिक्रियाओं के द्वारा सहज अभिव्यक्ति के उदाहरण हैं। मेरी कविताएँ आपको शैली में लगभग एक-सी लगती हैं। यह तो अच्छी बात है। यानी उन सबके पीछे मैं ही हूँ, अलग-अलग व्यक्ति नहीं। वैसे समीक्षक दृष्टि से देखा जाए, तो मैंने छोटे घंटों में लिखा है, बड़े छंदों में लिखा है, सरल भाषा में लिखा है, संस्कृत शब्द-समस्त-भाषा में लिखा है। कई बार बोली गाँव की हो गई है, कई बार लगभग उर्दू। मोटे तरीके से इनको शैलियों की विभिन्नता कह सकते हैं। फिर मैंने हजार-हजार पंक्तियों की कविताएँ लिखी हैं और तीन-तीन पक्तियों की भी। 'पीके फूटे' जैसे गीत और क्यों नहीं लिखे, यह एक सवाल आपने किया है। इससे सिद्ध होता है कि मैं अभिव्यक्ति के ढंग नहीं सोचता। अगर सोचता, तो किसी काल में केवल गीत ही गीत, किसी काल में लम्बी-लम्बी छन्दबद्ध कविताएँ और किसी काल में तुकी-बेतुकी कविताएँ ही कविताएँ होतीं। किन्तु ऐसा नहीं होता। यदि होता, तो कविताएँ प्रधान हो जातीं और कवि गौण। मैंने अपने कवि की अवज्ञा कभी नहीं की। अक्सर अपनी तरफ से बिना सोचे कवि को ही सोचने दिया है और उसे ही लिखने दिया है। उसने जब जैसा उचित समझा, लिखा। और मैं कहना चाहता हूँ कि जब मैं लिखता हूँ, उस समय को छोड़कर मैं कदाचित ही कवि रहता हूँ। मैं हर समय एक अत्यन्त साधारण व्यक्ति हूँ। दफ्तर में सरकारी नौकर, यथाचित् अपने काम में दत्तचित्त। घर में पति, पिता, भाई—यथासम्भव हर कर्तव्य को निभाने के लिए व्याकुल। बाजार में कभी ठीक दर्शक, कभी ठीक ग्राहक। बस और रेलगाड़ी में ठीक यात्री और समाज में एक अदना नागरिक। कविता मेरा बहुत कम समय लेती है। किन्तु जितना लेती है, उतना अनन्यभाव से कोई दूसरी चीज नहीं लेती, इसका मुझे अनुभव है। मैंने गीत नहीं लिखे, ऐसा नहीं है। लिखे हैं, पुस्तक-रूप में प्रकाशित नहीं कराए, शायद कराऊँगा। प्रकाशन की ओर से मैं बहुत उदासीन हूँ। अब, जब शरीर थक गया है, मुझे डायरी में बन्द कविताओं का बोझ लगने लगा है और मुझे लगता है उन्हें किताबों की शक्ल में प्रकाशित किये बिना छुटकारा नहीं है। अभिव्यक्ति की विभिन्नता मेरी समस्त रचनाओं के सामने आने पर मुझे भी चकित करेगी, ऐसा खयाल है। तथापि कहना चाहता हूँ कि मैं उसके ढंग नहीं सोचता।

6. मैं गद्य साधारणतया नहीं लिखता, यह सच है। उसके दो कारण हैं—एक तो यह कि जब मैंने लिखना शुरू किया, तो अनायास पद्य में ही शुरू किया और मुझे उससे तृप्ति होती रही। अपने को अभिव्यक्त करने के लिए अथवा अपने को खोजने के लिए मुझे गद्य आवश्यक नहीं लगा। दूसरे, मेरे सामने पाँच-सात ऐसे व्यक्ति थे जिनका गद्य देखकर मैं मुग्ध हो जाता

था। उनमें से एक को तो मैं बहुत दिनों तक पत्र भी कविता-बद्ध लिखता रहा और इसका कारण समझाते हुए मैंने उन्हें एक चिट्ठी में लिखा—

गद्य तुम-सा लिख सकूँ, बनता नहीं है
और कमतर लिख रहूँ, मनता नहीं है

जब लिखने ही बैठा हूँ, तो किसी से कम क्यों लिखूँ। और अगर गद्य लिखता हूँ तो वह निश्चय ही पं. माखनलाल चतुर्वेदी के गद्य से कमतर होगा। भाई मोहनलाल वाजपेयी के गद्य से कमतर होगा। और भी नाम हैं। इस समय सबसे अधिक ये दो ही नाम मन में आ रहे हैं।

समीक्षा की दृष्टि है, अथवा नहीं, सो कौन जाने। आप कहते हैं, तो होगी। मैं जो कुछ पढ़ता हूँ उसका बहुत विश्लेषण तो मैं कभी नहीं कर पाया। विश्लेषण की दृष्टि से लिखने बैठूँ, तो शायद थोड़ी-बहुत विश्लेषण हो जाए। फिर भी इस तरह बैठा नहीं हूँ। फिर भी उसका एक कारण यह है कि मैं कविताओं पर रायें देना, सो भी लिखकर अपनी हद तक गलत मानता हूँ। क्योंकि मैं कवि हूँ। वह अपनी ही निन्दा या तारीफ करने-जैसा होगा। या कहिए, अपने ही आत्मीयों की निन्दा या स्तुति करने जैसा होगा।

7. यह आपने बड़े मार्के की बात पूछी। पहले मैं मानता था कि जो पकड़ में आ जाए, वही कविता का विषय हो सकता है। किन्तु मैंने देखा है कि यह बड़ी अधूरी मान्यता है। पकड़ के आगे-पीछे बहुत जगह है। अब तो मैं अधिकतर अपने को अभिव्यक्त करने के लिए कविताएँ नहीं लिखता, अपने को खोजने के लिए कविताएँ लिखता हूँ, अपने को जानने के लिए कविताएँ लिखता हूँ। अपने को जानना व्यक्ति की सबसे बड़ी जरूरत है। वह जो कुछ जाना गया है, उसको कहना सबसे बड़ी जरूरत नहीं है, कम-से-कम उसको अपने को खोजने या जानने का किसी के पास एक उपाय हो सकता है, तो किसी के पास दूसरा। कोई अपने को रंगों के माध्यम से खोज सकता है, कोई शब्दों के माध्यम से, कोई सेवा के माध्यम से, कोई ध्यान-धारणा के माध्यम से। यह मेरी लाचारी है कि मैं शब्दों के अतिरिक्त किसी और माध्यम से अपने को खोज नहीं पाता। लिखते-लिखते ही मालूम कर पाता हूँ कि मेरे मन में क्या चला है, या मेरे मन में गहरे किसी स्तर में क्या हो रहा है, अथवा क्या हो सकता है, अथवा क्या हो गया है। मैंने कविता को अपनी कमजोरी मानना शुरू कर दिया है, क्योंकि मेरी जरूरत है और जरूरत भाव नहीं है, अभाव है, शक्ति नहीं है, लाचारी है। अलबता यह लाचारी मुझे कई बार शक्ति दे जाती है।
8. यह एक बड़ा सवाल है और इसके लिए मुझे अपने तमाम लेखन को मन में घुमाना पड़ेगा जो मैंने अभी तक नहीं किया है। ज्यादातर तो लिख-

लिखकर डालता गया हूँ। कितनी तो कविताएँ ऐसी हैं, जिन्हें लिखकर दुबारा नहीं पढ़ा। इसलिए इस सवाल का जवाब नहीं दूँगा। देने बैठ जाऊँगा, तो उसमें गलतियों की बड़ी गुंजाइश रहेगी। और भी बातें आप पूछ सकते थे, मैं कह सकता था। किन्तु आपने इतना ही कहलवा लिया और मैंने कह दिया, क्या इतना ही कम है। अन्त में कहना चाहता हूँ कि आपने जो प्रश्न पूछे, उसके लिए मैं आपका कृतज्ञ हूँ। इस बहाने मैंने अपने बारे में इतना सोचा।

विनीत,
भवानीप्रसाद मिश्र

1969

सभी पढ़े-लिखे निरक्षर हो जाएँ

(अशोक ओझा से बातचीत)

एक कवि के लिए इससे अधिक पीड़ाजनक स्थिति और क्या हो सकती है कि उसे प्रेम का खोता हुआ अर्थ नजर आने लगे। अपने स्नेह और सहज व्यवहार से सबको ओत-प्रोत कर देनेवाला भावुक हृदय जब लाखों की भीड़ में भी अपने को अकेला महसूस करने लगे तो उसे चिड़ियों की चिचिआहट और पीपल की दोपहरीवाली शीतल छाया से बढ़कर सुख कहाँ मिलेगा! धान के खेतों और सतपुड़ा के जंगलों में उन्मुक्त विचरनेवाले मन को दूषण-भरे वातावरण से युक्त मशीन बने लोगों में जबर्दस्ती ठूँस दिया जाए तो वह कैसे जिएगा? फिर जिस वातावरण में मन की बात बाहर निकलकर मन की न होकर कुछ और हो जाए, तो जीना कैसे सम्भव है?

जिन्दगी के साठ तनावमुक्त वर्षों को बिताकर, 'बुनी हुई रस्सी' का कवि 'खुशबू के शिलालेख' लिखकर अपनी व्याकुलता और सहजता से जीने की अदम्य इच्छा को जाहिर करता है। वह आम आदमी की तरह पैदा हुआ, जी रहा है और आगे भी जब तक जीवन है, जी लेना चाहता है—बिना किसी ऊँचे खयाल के और आकांक्षा के। लिखना उसकी आदत है, जैसे पत्नी के नाराज होने पर भी रसोईघर में घुसकर सब्जी चलाने की। रोजमर्रा की तरह वह इसे भी करता जाता है। शब्द उसके आराध्य हैं, उसकी जननी हैं, जिन्होंने उसे उँगली पकड़कर चलना सिखाया है। कवि को इसीलिए चिन्ता है कि शब्दों के अर्थ खो न जाएँ। अगर खो रहे हैं तो उसे दुःख होता है क्योंकि वह जानता है, इनका नया अर्थ मिलना कठिन है।

प्रश्न : अपनी षष्ठि-पूर्ति पर आपको कैसा लग रहा है?

उत्तर : जैसा रोज लगता है। कल (29 मार्च) मेरा जन्मदिन है, लेकिन जन्मदिन को मैं ज्यादा महत्त्व नहीं देता। इतना तक कि 50 साल की उमर तक मुझे अपना ठीक-ठीक जन्मदिन याद भी नहीं था। एक-एक दिन अच्छी तरह बीत जाए, यही चाहता हूँ। एक साधारण आदमी की तरह खाते, पीते, उठते, बैठते, लिखते बिता देना चाहता हूँ, प्रसन्नतापूर्वक। कोई गलत काम, कोई अनिष्ट न हो जाए, इस बात से अवश्य सचेत रहता हूँ। कोई भी दिन मेरा अन्तिम दिन हो सकता है। हार्ट के पाँच 'अटैक' हो चुके हैं। फिर भी बचा हूँ तो ध्यान रखता हूँ और सोचता हूँ रोज सोते वक्त कि हे भगवान, कौन-सा बुरा काम किया।

प्रश्न : मृत्यु को लेकर भयभीत होते हैं क्या?

उत्तर : भयभीत काहे का? प्रसन्न और बुराई के प्रति सावधान एक दिन भी अच्छा रह लेना कम है क्या? प्रसन्नता इसी बात की होती है। कोई गलत नहीं करूँगा, इसकी सावधानी भी रखता हूँ।

प्रश्न : लिखना कब और कैसे शुरू किया?

उत्तर : कह नहीं सकता। शायद प्राइमरी स्कूल में था तभी से। कविता, कविता के लिए नहीं की; बल्कि अन्तर्मन की प्रेरणा से वशीभूत होकर।

कविता का संस्कार मेरे पिता से मिला जो बराबर संस्कृत का पाठ किया करते थे। सुबह चार बजे से ही घर में छन्द की गूँज होती थी। इसी परिवेश में मैं ऐसी रचनाएँ पढ़ने लगा जो मेरी समझ में नहीं आती थीं। एक दिन पिता ने कहा, सिर्फ पढ़ते ही हो, लिखते क्यों नहीं? मेरे घर में एक घोड़ा था। मैंने घोड़े पर कविता लिखी। मुझे खुशी है कि मेरी पहली कविता एक चेतन पदार्थ पर थी जो मनुष्य के करीब का एक जीव है।

प्रश्न : कविता का सृजन करने के लिए किस चीज को जरूरी मानते हैं?

उत्तर : आन्तरिक प्रेरणा और विचारों को आत्मसात् कर सकने की क्षमता को। कवि बनने में अभ्यास का कम हाथ है। ठीक है, अभ्यास से आदमी बढ़िया कवि बन सकता है, लेकिन वैसे ही जैसे अभ्यास से कोई बढ़िया दर्जी बन सकता है। वह प्रथम श्रेणी का भी माना जा सकता है। परन्तु कविता की कोई श्रेणी नहीं होती है। कवि कवि होता है। वह बढ़िया, खराब, साधारण, असाधारण, अद्वितीय भी हो सकता है, परन्तु उसे श्रेणीबद्ध नहीं किया जा सकता।

मैं यह भी मानता हूँ कि ज्यादा पढ़ने से कविता खराब हो जाती है। विभिन्न तर्कों को आत्मसात् करने पर बजाय मन और आत्मा के, कविता पर खयाल बोलने लगते हैं। मैं चाहता हूँ कि कविता तरल

और सरल और प्रांजल हो। उसमें मानवता का भाव हो। वह दुरूह और प्रचारात्मक न हो। उसमें कवि के विचार हावी न हों, बल्कि उसकी आत्मा के स्वर गुँथे हों।

प्रश्न : आप भी तो गांधीवाद से प्रभावित हैं?

उत्तर : लेकिन गांधी मुझ पर कभी हावी नहीं हुआ। मैंने गांधीवाद को ऐसे अपनाया जैसे वह सिर्फ गांधी का ही नहीं, मेरा हो। गांधी का भाव पूरे मानवता का भाव है, इसलिए वह मेरा है, बिना किसी तर्क के सहज भाव से। यह मेरी दृढ़ प्रतीति है।

प्रश्न : आज के असन्तोष और क्षोभ की क्रूर परिस्थिति में, जबकि हमारे बीच सिर्फ आक्रोश और तनाव ही पनप रहे हैं, गांधीवाद से लगाव होना कैसे सम्भव है?

उत्तर : असन्तोष मुझे भी रहा है, मैंने उसे अपनी कविताओं में प्रकट भी किया है। वह आक्रोश भी रहा है, आप यह भी कह सकते हैं। मेरी अपनी जिन्दगी तनावहीन रही है। मेरे जीवन में कोई लड़ाई नहीं हुई। लेकिन आपको पता होना चाहिए कि आज भी नब्बे प्रतिशत जनता की जिन्दगी तनावहीन है। अगर वहाँ तनाव दिखाई पड़ता है तो वह पैदा किया गया है। अभाव, तनाव नहीं हो सकता। जनता उससे त्रस्त नहीं हुई कभी जबकि अभाव अतीत में सदा रहे हैं। जनता को विचलित करने में सफल नहीं रहे। परिस्थितियों का बदलाव जरूर नजर आता है और वह है शहरीकरण के कारण। गाँव की शोभा शहरों में आ गई है। यहाँ के आडम्बर में पड़कर यह सुन्दरता कुरुचिपूर्ण और भौंडी हो गई है। इसी अरुचिकर शोभा की प्रतिष्ठा हो रही है और उसने जनता को कस लिया है। गाँव का आदमी शहर में आता है तो उसे सबसे पहले आकर्षित करनेवाली यही भद्दी चीजें सिनेमा और ट्रांजिस्टर होती हैं। आम आदमी उनके लिए लालायित हो जाता है। यानी गलत चीजें प्रतिष्ठित होकर भोले आदमी को फाँसती हैं।

प्रश्न : इसका हल क्या है?

उत्तर : एक ही हल है। सारा भारत निरक्षर हो जाए। क्योंकि आज सबसे बड़ा अशिक्षित पढ़ा-लिखा वर्ग है, उसमें प्रेम और सहजता नहीं रही। उसका मानदंड पैसा हो गया है। उसका छपा हुआ अक्षर और नंगी तसवीर की कला सब झूठी बन गई है। वह अपने मार्ग से भटक गया है। यह बुद्धिजीवी या कलाकार अपने शिल्प का सृजन इसलिए करता है कि लोगों का ध्यान उसकी कला की ओर नहीं, उसकी ओर आकर्षित हो। यह वह भूल जाता है कि 'न्यूड' और 'सेक्स' को, खजुराहो को हमारे धर्म में सुरुचिपूर्ण स्थान मिला है, लेकिन

वहाँ दृष्टि अश्लील नहीं हुई। वहाँ का मानदंड ज्यों का त्यों बना हुआ है। फिर आज क्यों कला का मानदंड गिरकर पैसे पर आ रुका है? क्यों उसे लाभ तक सीमित रखा गया है? सिनेमा और विज्ञापन ही नहीं, सारा साहित्य आज इसी ओछी दृष्टि का शिकार हो रहा है। आप कहते हैं, जो कुछ है, उसे लिखो। मैं कहता हूँ, वह कैसा है, उसे सोचने की ताकत तुम्हारे लिखने से मिलती है? आपका लिखा मन को छूता है? या कि समाज का नुकसान कर रहा है। संयम बना रहा है या इसे समाप्त कर रहा है।

आप 'न्यूड' को अपना रहे हैं लेकिन क्या आपके समाज ने उसे उस रूप में ग्रहण किया है या कभी कर भी सकता है क्या? जो हो रहा है साहित्य में और कला में, वह असहज है, इसलिए असामाजिक है। इसलिए कहता हूँ कि पढ़ना-लिखना खत्म हो जाए, तभी सब ठीक होगा। खोई हुई घनिष्ठता तभी लौटेगी। शहर में इकट्ठे होने से कभी नहीं। काफी हाउस के टेबल पर बैठकर भी प्रेम नहीं बरसेगा, सिर्फ जरूरतें बरसेंगी; तब तक जब तक कि एक-दूसरे के मन को छुओगे नहीं। प्रेम की सुगन्ध सबके प्राणों में जब तक नहीं फैलाओगे, तब तक लाख-लाख की बस्ती में सभी एक-दूसरे से अनजाने रह जाओगे।

प्रश्न : आपने साहित्य के बारे में जो कुछ भी कहा, लेकिन क्या साहित्य समाज का दर्पण नहीं है? समाज में जो भी हो रहा है, उसे साहित्य में क्यों नहीं लिखा जाना चाहिए?

उत्तर : समाज में जो हो रहा है, लिखो, लेकिन तुम्हारे पलंग पर जो हो रहा है, उसे क्यों लिख रहे हो? साहित्य को समाज का दर्पण ही नहीं होना चाहिए, उसे समाज के प्रति अर्पित होना चाहिए—देने के लिए, लेने के लिए नहीं। तभी प्रेम मिलेगा। सबसे बड़ा प्राप्य वही है। सारा गाँव कृष्ण को प्यार करता है। वह गाँव ही कर सकता था, कोई महानगर नहीं। प्रेम छोटे दायरे में ही पैदा हो सकता है।

प्रश्न : क्या आप नए साहित्य से बिलकुल ही निराश हैं?

उत्तर : निराश नहीं हूँ। सच तो यह है कि सारी बुराइयों की जड़ व्यवस्था है, जबकि साहित्य का स्वर सारे संसार में नैतिक रहा है। आज भी कुछेक धनलोलुप साहित्यकारों और प्रकाशकों को छोड़ दें, तो नए साहित्य का स्वर नैतिक है। लेकिन उसकी भाषा अपनी सम्प्रेषणीयता खो चुकी है। इसलिए वह नैतिक स्वर लोगों तक पहुँच नहीं पाता। एक कवि दूसरे की भाषा नहीं समझता। इस भाषा के संकट ने अपनी बात दूसरों तक पहुँचाने की व्याकुलता बढ़ा दी है। इसी को मैंने वाणी का संकट कहा है, जो अपने को लोगों से अलग दिखाने का मोह रखता

है, अपने को सबसे भिन्न रखना चाहता है। यही कारण है कि आज साहित्य में बँधे-बँधाए मुहावरे प्रचलित हो गए हैं। जैसे गोरखपुर की साहित्यिक गोष्ठी में कृष्णनारायण कक्कड़ हावी हो जाएँ।

प्रश्न : अपनी बात को जरा स्पष्ट कीजिए?

उत्तर : स्पष्ट है कि प्रचलित शब्दों ने अपना अर्थ खो दिया है, उनकी प्रतिष्ठा नहीं रही। यही मेरी व्याकुलता है। शब्दों का पुराना अर्थ ही रहने दो। वे पाँच हजार वर्षों से चले आ रहे हैं। उन्हें नया अर्थ दे नहीं पाओगे। वे सही नहीं बैठेंगे।

प्रश्न : कई अर्थों में आप पुराने कवि लगते हैं। ऐसा आपने कहा भी है। यह बताइए कि अगर आज आप जवान होते तो व्यवस्था सेट कराकर मार्क्सवादी बने होते या गांधीवादी?

उत्तर : मैं सिर्फ कवि हूँ। नया-पुराना का भेद नहीं होना चाहिए। जहाँ तक व्यवस्था का प्रश्न है, हम उससे टकरा रहे हैं। मेरी नाराजगी 'गांधी पंचशती' में साफ जाहिर है।

मार्क्स के बुनियादी सिद्धान्त, समानता में मैं आस्था रखता हूँ। सबसे पहले आर्थिक समानता होनी चाहिए, बल्कि मैं तो आध्यात्मिक समानता की बात करना चाहूँगा। पूरी दुनिया को हमें जानना चाहिए। यह साधारण-सी बात है। मैं नहीं सोचता कि आर्थिक समानता के लिए खून की जरूरत है। क्रूर से क्रूर व्यक्ति भी समाजवाद की इस शर्त को मानेगा।

प्रश्न : अपनी नई पुस्तक के बारे...

उत्तर : कुल सत्रह-अठारह कविताएँ जिन्हें मैंने 25 जनवरी से 22 मार्च तक लिखी हैं (कुछ तो प्रेस में कल, 26 मार्च तक भेजता रहा हूँ), 'खुशबू के शिलालेख' में संकलित है। 29 मार्च को यह बाहर आ जाएगी। इसमें आप वही प्रेम की तड़प पाएँगे जिसके लिए मैं सदा जीता रहूँगा।

प्रश्न : आपके जीवन की सबसे बड़ी अभिलाषा क्या रही है?

उत्तर : अभिलाषा तो कोई बड़ी नहीं रही, एक असन्तोष जरूर उभरता है। मैं शरीर-श्रम से पैसा पैदा कर जीविका चलाना चाहता था। मेरी इच्छा थी, गाँव में खेती करता और कविता करता। वह पूरी नहीं हुई। मुझे जीविका का स्रोत लेखन को बनाना पड़ा और शहर में ही एडजस्ट करना पड़ा।

प्रश्न : कविता आजीविका का साधन क्यों नहीं बन सकती?

उत्तर : कविता अन्तर्मन से निकली हुई चीज है। जीविका का साधन बनकर वह समझौता करके चलेगी। यह कविता के साथ अन्याय होगा। लेख

लिखकर और अन्य तरीकों से पैसा कमाने की बात तो समझ में आती है लेकिन कविता लिखकर पैसा कमाना कष्टदायक है। इसी कष्ट को मैंने 'गीत-फरोश' में उजागर किया है, जब मैंने 'स्वयंसिद्धा' के लिए गीत लिखे थे।

प्रश्न : अपने जीवन के एकसठवें वसन्त में प्रवेश करते हुए आपके मन में आशा है या निराशा?

प्रश्न : मैं आशान्वित हूँ कि यह व्यवस्था जो दुनिया-भर में शायद हर कहीं से सड़ी-गली है, जल्दी ही बदलेगी। काल बहुत बड़ा है। आज शासन असन्तोष और भय पैदा कर रहा है इसलिए यह ज्यादा दिन नहीं चलेगा। इस कार्य में गांधीवाद को सहायक होना चाहिए।

28 मार्च, 1973

लेखक गांधी : एक-लफ्ज़े दर्द

गांधी जी की सारी जिन्दगी आदमी की मुक्ति के लिए बेचैन व्यक्ति की जिन्दगी रही। यह बेचैनी मन, वचन और कर्म तीनों स्तरों पर निरन्तर प्रवहमान रही। जगह-जगह बहकर और स्थिर होकर इसने अनन्त बंजर विस्तारों को हरा-भरा बनाया। एक तरह से कह सकते हैं, 'यह है लफ़्ज़े-दर्द, जिस पहलू से देखो दर्द है।'

गांधी की बेचैनी रचनात्मक बेचैनी थी। वे अपने को किसी भी स्थिति में असहाय महसूस नहीं करते थे। उन्होंने कहा है, "मैं अपने को लाचार और बेचारा नहीं मानता।" उन्हें भरोसा था कि दूसरे भी लाचार या असहाय नहीं हैं। हम अपनी स्थिति को किसी भी कठिनाई के बीच से उबार लेकर बदल सकते हैं। भीतर का यह भरोसा उन्हें एक साथ सन्त और राजनेता बनाता था। "मैं राजनीतिज्ञ हूँ, ऐसी राजनीति का, जो अपनी सारी शक्ति भगवान को जानने में लगा रहा है।" राजनीति के क्षेत्र को अपनाना, सत्य को सब जगह प्रतिष्ठित करने की उनकी इच्छा की पहली अनिवार्यता थी। राजनीति के क्षेत्र में अनादिकाल से झूठ सममान्य और प्रतिष्ठित था। "राजनीति का साँप हमें अपने गुंजलक में कसे है। वह हमें छोड़ता नहीं है। मैं इससे संघर्ष किए बिना कैसे रह सकता हूँ?"

वे दक्षिण अफ्रीका में इसीलिए 21 वर्ष रहे, जबकि वे वहाँ गए थे, केवल एक बरस के लिए। दक्षिण अफ्रीका की जमीन पर पाँव धरते ही उन्हें मेजबानों ने बताया कि वहाँ भारतीयों को 'जिमि दसनन महँ जीभ विचारी' के मुताबिक रहना पड़ता है। यह समझने में गांधी जी को बहुत वक्त नहीं लगा कि दाँतों के बीच जीभ की तरह रहकर ठीक शब्द के उपयोग से वहाँ बसे हुए तमाम दबे लोगों को

मुक्त कराया जा सकता है। उन्होंने तय किया कि "अगर बने तो मुझे इस रोग को नेस्तनाबूद करना चाहिए और इस कोशिश में कहर जो मुझ पर ढाए जाएँगे, उन्हें खुशी-खुशी बर्दाश्त करना चाहिए।" उन्होंने अपने धन्धे, वकालत के सिलसिले में ही इस सबको समझा और शब्द का उपयोग सत्य के हित में करना शुरू कर दिया। वकालत के सिलसिले में उन्होंने देखा कि तथ्य तीन-चौथाई कानून है। अगर मामले के तथ्यों को सँभाल लिया जाए तो बचा हुआ नगण्य चौथाई कानून अपने-आप सध सकता है। उन्होंने आत्मकथा में ही लिखा है, "तथ्य का मतलब सत्य। सत्य को पकड़ें तो कानून और दूसरी चीजें तो हाथ बाँधकर हमारे आगे खड़ी ही हैं। तथ्यों के प्रति विनम्र आदरभाव रखो तो सत्य उसी भावभूमि पर अंकुरित होकर और जड़ पकड़कर महावृक्ष बन जाता है।" गांधी ने इसलिए शब्द का जो उपयोग किया, वह सत्य के विकास का कारण बना।

गांधी ने शब्दों का कितना उपयोग किया है! सम्पूर्ण गांधी वाङ्मय का अक्षर-विराट-देह इसका चकरा देनेवाला प्रमाण है। रायल-आकार के सात सौ से आठ सौ पृष्ठों का एक खंड। ऐसे पचासी खंड अभी तक तैयार हो चुके हैं, और नई सामग्री हाथ लगती जा रही है। लगभग पचहत्तर हजार पृष्ठों की सामग्री। कोई इसकी अगर बैठकर प्रतिलिपि भी तैयार करना चाहे तो इसके लिए एक जीवन पर्याप्त नहीं होगा। और उन्होंने सो भी कब किया जब दूसरे हजार काम थे। आश्रम के एक-एक बच्चे की चिन्ता से लेकर दुनिया के सभी हिस्सों में बसे लोग ही नहीं, जीव-जन्तु और जड़ प्रकृति तक से बाखबर, इस प्राणवान व्यक्ति की मिसाल ढूँढ़े नहीं मिलती। सम्पूर्ण गांधी वाङ्मय के बारे में यह 'असितगिरि समस्यांत' वाला श्लोक बड़े मजे में दोहराया जा सकता है।

गांधी ने पत्र, सम्पादकीय, श्रद्धांजलियाँ, संस्मरण, प्रस्ताव, निवेदन आदि क्या नहीं लिखा। ये सब नित्य जरूरत के कारण सामने आकर खड़े हो जाते थे कि लो हमें शब्द दो और गांधी उन्हें शब्द देते थे। गांधी के शब्द सीधे होते थे। सीधे होने से उनका प्रभावकारी होना अनिवार्य था। गांधी जी अपनी मातृभाषा गुजराती और अंग्रेजी में प्रवाहपूर्ण प्रांजल और सरल शैली में भीतर के हर छाया-प्रकाश को जैसा का तैसा बाहर रख देते थे। वे हिन्दी में ज्यादातर पत्र ही लिखते थे। पहले अफ्रीका में 'इंडियन ओपिनियन' के लिए और बाद में 'नवजीवन' और 'हरिजन' के लिए सम्पादकीय टिप्पणियाँ हिन्दी में लिखते थे। 'इंडियन ओपिनियन' में अंग्रेजी, गुजराती, तमिल और हिन्दी ऐसे चार भाग होते थे। तमिल और हिन्दी के विभाग सहायता के अभाव में कुछ अरसे के बाद बन्द कर देने पड़े। 1903 से 1914 तक हिन्दी विभाग रहा। उसे मुख्य रूप से गांधी जी ही सँभालते रहे। भाषा की शुद्धता पर गांधी जी का बहुत जोर था। वे हिन्दी कभी सही-सही लिख-बोल नहीं पाए तथापि वे यह अवश्य सोचते रहे कि उन्हें अच्छी हिन्दी जाननेवाले सहयोगी मिलें। 13 जनवरी, 1905 को श्री गोखले के नाम लिखे पत्र में उन्होंने अपनी यह इच्छा

प्रकट की थी कि बिना पारिश्रमिक लिये या पारिश्रमिक लेकर साप्ताहिक टिप्पणियाँ लिखनेवाले लोग मिल जाएँ तो अच्छा। उस समय हिन्दी के काम में मदद देनेवाला कोई हिन्दी प्रेमी व्यक्ति उन्हें प्राप्त नहीं हुआ, तो भी वे जब तक बना, खुद लिखते रहे। 4 फरवरी, 1913 के अंक में उन्होंने रवीन्द्रनाथ का चित्र देकर जो चार-आठ पंक्तियाँ लिखीं, वे इस तरह हैं :

"रवीन्द्र बाबू हिन्द के एक महाकवि और बंगला साहित्य के अद्वितीय ज्ञाता हैं। कई एक सुललित, मधुर और मनोहर उपन्यास लिखने के लिए लन्दन के विद्वत्त-सभा ने इनको 500 पौंड पारितोषिक दिया है। इनके पिता महर्षि देवेन्द्रनाथ टैगोर ने 'शान्ति निकेतन' नामक विद्यालय स्थापित किया था जिसको आज तक रवीन्द्र बाबू परिचालित कर रहे हैं।" इस तरह वे देश और दुनिया के विशिष्ट व्यक्तियों पर केवल टिप्पणियाँ ही नहीं, उन पर लेख भी लिखते थे। उन्होंने तोल्सताय, लिंकन, मैजिनी, एलिजाबेथ फ्राई, फ्लारेंस नाइटेंगेल, ईश्वरचन्द्र विद्यासागर आदि पर लिखने के सिवा उन सत्याग्रहियों के बारे में भी लिखा है जिन्होंने दक्षिण अफ्रीका के सत्याग्रह में जान और माल का नुकसान उठाया। भारत के किसी प्रकाशक ने उन्हें अब तक संकलित करके प्रकाशित नहीं किया। अवश्य ही अब ये सारे लेख सम्पूर्ण गांधी वाङ्मय के खंडों में सुरक्षित हैं।

गांधी जी को पत्रकारिता और सार्वजनिक कामों के बाद अलग से लिखने का समय कदाचित् ही मिल पाता था। गांधी जी ने इसलिए अपनी पुस्तकें भी 'इंडियन ओपिनियन', 'नवजीवन' और 'हरिजन' में धारावाहिक रूप में लिखीं। अपने साप्ताहिक पत्रों में इस प्रकार उन्होंने अंग्रेजी से दो किताबों का संक्षिप्त और दो किताबों का सम्पूर्ण अनुवाद गुजराती में किया। ये दोनों रूपान्तर और अनुवाद भी रचनाएँ हैं, सर्जन हैं, कृतियाँ हैं। उन्हें रूपान्तर या अनुवाद की श्रेणी में डालना इसलिए गैर-मुनासिब है कि गांधी जी ने उनकी विषय वस्तु को जब तक आत्मसात् करके अपना नहीं बना डाला तब तक उनको अपनी भाषा का जामा नहीं पहनाया। ये किताबें तोल्सताय की 'किंगडम ऑफ गॉड इज विदिन यू', जान रस्किन की 'अनटु दिस लास्ट' और प्लेटो की 'ट्रायल एंड डैथ ऑफ सोक्रेटीज' थीं। पहली किताब को उन्होंने पूरा और शेष दो को अपने ढंग से गुजराती में पेश किया। 'अनटु दिस लास्ट' का रूपान्तर इस बात को जाहिर करने के लिए काफी है कि उन्होंने किसी किताब का रूपान्तर नहीं किया था, उसे अपने चलने-बढ़ने का रास्ता मानकर और सबको साथ लेकर उस पर चलना या डूब जाना तय किया था। भवानी भट्टाचार्य ने इस घटना पर टिप्पणी करते हुए लिखा है कि 'खुद किताब लिखनेवाले का इरादा अपने जीवन में ऐसा कोई परिवर्तन नहीं था।' मगर गांधी जी ने कई बरसों बाद इंग्लैंड के अपने ऊपर अहसान गिनाते हुए कहा, "ग्रेट ब्रिटेन गेव मी रस्किन, हूज 'अनटु दिस लास्ट' ट्रांसफार्म्ड मी ओवरनाइट फ्रॉम ए लायर एंड सिटीड्वैलर इन टु ए रस्टिक, लिविंग अवे फ्रॉम डरबन आन ए फार्म, थ्री माइल्स द नियरेस्ट रेलवे स्टेशन।"

लुई फिशर ने अपनी किताब में यह मजे की बात लिखी है कि 'रस्किन' की किताब में ऐसा कुछ नहीं था कि कोई अपना जीवन बदल डाले। वह तो गांधी जी की भीतर पड़ी हुई 'उनींदी-सी इच्छा ही थी जो एक आवाज पर अँगड़ाई लेकर खड़ी हो गई।' गांधी जी इस तरह सर्जनशील अनुवादक, रूपान्तरकार या लेखक ही नहीं थे, एक सर्जनशील पाठक भी थे। किताब के असर को गांधी जी अपने भीतर मानो शिलालेखों की तरह उकेर लेते थे। वे उन अंकित प्रभावों को अपना अभिप्राय और अर्थ सौंपते थे और फिर इस कृतज्ञभाव से ग्रहण करते थे, जैसे सारा-का-सारा उस किताब से ही मिला है। एक जगह उन्होंने खुद लिखा है, "जो पसन्द नहीं आया उसे भूल जाना और जो पसन्द आया उस पर अमल करना मेरा स्वभाव बन गया।" गांधी जी ने 'अनटु दिस लास्ट' का जो गुजराती अनुवाद किया, वह मूल पुस्तक से कुछ छोड़ देने और सहज ही नए अभिप्रायों को प्रतिबिम्बित कर सकने के कारण एक ऐसी मौलिक कृति हो गई कि इस अनुवाद का अंग्रेजी में नया अनुवाद किया गया। इस अनुवाद के बारे में और भी बहुत-सी बातें हैं जिनका उल्लेख मुझे खींचता है, मगर नहीं, मैं उन सबको छोड़कर सीधे इस बात पर आता हूँ कि 1920 के सत्याग्रह संघर्ष में गांधी जी की दो किताबों पर सरकार ने पाबन्दी लगाई। इनमें यह अनुवाद एक, और हिन्द स्वराज्य नाम की पुस्तिका दूसरी थी।

मूल किताबों में 'ग्रीन-पैम्फलेट' पहली है, 'लन्दन-डायरी' तो किताब के रूप में कभी छपी नहीं। उसकी सामग्री का उपयोग 'आत्मकथा' में ज्यादा अच्छे ढंग से गांधी जी ने किया, इसलिए भी वह बहुत विचारणीय नहीं बनती। ध्यान देने की बात उसके बारे में इतनी ही है कि तब लेखक न बापू था, न महात्मा, न मोहनदास करमचन्द गांधी, तब वह घर के लोगों के निकट 'मोनिया' और बाहर के लोगों के लिए झेंपा-झेंपा सा अनाकर्षक किशोर था। 'लन्दन-डायरी' लिखना शुरू किया, तब 'मोनिया' 19 वर्ष का था। फिर भी उस डायरी के पन्नों में भविष्य के विकास की झाँकी देख पाना कठिन नहीं है।

'ग्रीन-पैम्फलेट' एक चौपतिया विवरण-भर था। इसे बैरिस्टर गांधी ने जुलाई, 1986 में, कुछ दिनों के लिए भारत लौटने पर, अपने देशवासियों की दक्षिण अफ्रीका में जो गत बन रही थी, उसे उजागर करने के लिए लिखकर बँटवाया था। ये चार पन्ने कितने शक्तिशाली रहे होंगे, इसका अनुमान केवल इसी बात से लगाया जा सकता है कि जब गांधी कुछ दिनों के बाद अपने परिवार को लेकर अफ्रीका के लिए रवाना हुए, तो डरबन के गोरे निवासियों में क्रोध का समुद्र ही उफन उठा। उन्होंने 'कुरलैंड' स्टीमर के कप्तान को धमकी-भरे सन्देश भेजना शुरू कर दिया कि "अगर तुम्हारा स्टीमर और साथ का 'नादरी' स्टीमर जिसमें 800 भारतीय आ रहे हैं, डरबन बन्दरगाह पर आया तो इन दोनों स्टीमरों को डुबा दिया जाएगा। गद्दार गांधी अब दक्षिण अफ्रीका की धरती पर पाँव नहीं रख सकता।" गांधी जी ने आत्मकथा में 'ग्रीन-पैम्फलेट' के बारे में लिखा है, "मैंने हिन्दुस्तान में नेटाल

के अंग्रेजों के बारे में एक भी ऐसे शब्द का उपयोग नहीं किया था जो नेटाल में न कर चुका होऊँ।" मगर इससे क्या होता है! जहाज पर गांधी जी ने एक छोटी-सी सभा के सामने भी अपने विचार रखे। अहिंसा की बात सुनकर शायद जहाज के कप्तान ने ही पूछा, 'गोरे अपनी धमकियों के मुताबिक अगर आपको मारें-पीटें, तो क्या आप अपनी अहिंसा पर अमल करेंगे? गांधी ने कहा, "मुझे आशा है, ईश्वर मुझे उन्हें माफ कर देने की बुद्धि देगा...आज भी मुझे उन पर रोष नहीं है। उनके अज्ञान और उनकी तंगदिली को देखकर मुझे खेद होता है।"

20 दिसम्बर, 1896 को जहाज डरबन पहुँच गया था, मगर यात्रियों को उतरने की इजाजत नहीं दी गई। कहा गया कि उसके यात्रियों के साथ कुछ छूत की बीमारियाँ देश में आ सकती हैं, इसलिए अभी कुछ दिनों तक उन्हें जहाज पर ही रखा जाए। छूत की बीमारी से मुक्त होने पर देखा जाएगा। आखिर तेईस दिन बाद 13 जनवरी, 1897 को यात्रियों को उतरने की इजाजत मिली। अब गांधी और उनका परिवार कैसे उतरा, कैसे ठिकाने लगा, यह कहानी आदमी के ओछेपन और महानता की मिली-जुली कहानी है। गांधी ने इसे बिना किसी प्रकार का रंग चढ़ाए जिस तरह आत्मकथा में प्रस्तुत किया है, शब्दों के संयम का वह नमूना अद्‌भुत है।

'हरी पुस्तिका' (ग्रीन पैम्फलेट) उन्होंने हिन्दुस्तान में 14 अगस्त, 1896 को प्रकाशित कराया था। हिन्द-स्वराज्य (इंडियन होमरूल) पुस्तिका उन्होंने लन्दन से दक्षिण अफ्रीका लौटते हुए 1908 में जहाज पर प्रश्नोत्तर शैली को अपनाकर लिखी। मूल पुस्तिका गुजराती में लिखी गई थी। पहले यह 'इंडियन ओपिनियन' में किस्तों में प्रकाशित हुई। पुस्तिका अन्य अनेक बातों के सिवा लन्दन में उन भारतीय तरुणों को ध्यान में रखकर भी लिखी गई थी जो आजादी पाने के लिए हिंसा को अनिवार्य मानते थे और उसी के अनुसार योजनाएँ भी बना रहे थे। गांधी तब तक चालीस बरस के हो चुके थे। गांधी का तब तक रूस के महान चिन्तक साहित्यकार और सन्त तोल्सतोय से पठन-पाठन और पत्रों के माध्यम से पर्याप्त परिचय हो चुका था। 4 अप्रैल, 1910 को गांधी जी ने 'इंडियन होमरूल' (हिन्द-स्वराज्य) के अंग्रेजी अनुवाद की प्रति उनको भेजी। तोल्सतोय ने गांधी जी के लेखन और काम के तरीके के बारे में 7 सितम्बर, 1910 को लम्बा पत्र लिखा। उसमें उन्होंने लिखा, "लोग जिसे अ-विरोध (नान रेसिस्टेंस) कहते हैं, वह प्रेम के अनुशासन के सिवा और कुछ नहीं है।...तुम्हें यह जानकर अच्छा लगेगा कि यहाँ रूस में भी एक ऐसा ही आन्दोलन उभर रहा है और वह फौजी सेवा में भरती होने या भरती किए जाने के विरोध का रूप ले रहा है।" यसनाया पोलियाना का यह सन्त गांधी के ट्रांसवाल में चल रहे 'सत्याग्रह' को दक्षिण अफ्रीका के लिए ही नहीं, सारे संसार के लिए महत्त्वपूर्ण मानता था।

'हरी पुस्तिका' और 'हिन्द-स्वराज्य' के पहले गांधी जी 1904 में 'आरोग्य की कुंजी' 'इंडियन ओपिनियन' में लेखमाला की तरह दे चुके थे। बाद

में 'गाइड टु हेल्थ' नाम से इसका अंग्रेजी अनुवाद भी छपा। 1907 में नीति-धर्म (एथिकल रिलीजन) भी आठ लेखों के रूप में इसी तरह प्रकाशित होकर पुस्तक बन चुकी थी।

गांधी जी ने पहले अपनी पुस्तकें क्रमशः 'इंडियन ओपिनियन' में और फिर बाद में 'नवजीवन' और 'हरिजन' में लेखों और अध्यायों के रूप में प्रकाशित कीं। उन्होंने 'दक्षिण अफ्रीका के सत्याग्रह का इतिहास' 22 नवम्बर, 1925 से प्रारम्भ करके पूरा किया। 'आत्मकथा सत्य के प्रयोग' की प्रकाशन-तिथि एक मार्गशीर्ष 1992 है; अर्थात् इस तिथि से इसे 'नवजीवन' में प्रारम्भ किया गया था। 'आत्मकथा' की प्रस्तावना में गांधी ने लिखा, "मेरे यह मार्ग तलवार की धार पर चलने जैसा है, तो भी मुझे यह सरल-से-सरल लगा है। यदि इन प्रकरणों में पाठकों को अभिमान का आभास हो तो वे समझ लें कि मेरी खोज में कमी रह गई है।...मेरे समान अनेक का क्षय भले हो जाए, सत्य की जय हो। अल्पात्मा को मापने के लिए हम सत्य का गज कभी छोटा न करें।"

गांधी जी की मूल पुस्तकों में 'मंगल प्रभात' और 'गीताबोध' का विशेष स्थान है। 'मंगल प्रभात' में आश्रम के एकादश व्रतों का यरवदा जेल से प्रति सप्ताह मंगलवार को आश्रमवासियों के नाम पत्र में विवेचन लिखकर भेजा जाता रहा और बाद में इसी प्रकार 'गीताबोध' का। 'मंगल प्रभात' 22 जुलाई, 1930 से शुरू होकर 14 अक्तूबर, 1930 तक और 'गीताबोध' 11 नवम्बर, 1930 से शुरू होकर 21 फरवरी, 1932 को पूरा हुआ था। 'अनासक्तियोग' नाम से गांधी जी गीता का अनुवाद 24 जून, 1929 में पूरा कर चुके थे और यह प्रकाशित हुआ था 12 मार्च, 1930 को ठीक दांडी-कूच के दिन। इसके विषय में स्वयं गांधी जी ने लिखा था, "सब अनुवादों के पीछे अनुवादकों का आचरण-रूपी अनुभव का दावा हो, इसका मुझे ज्ञान नहीं है। इस अनुवाद के पीछे गत 38 वर्षों के प्रयत्न का मेरा दावा है।" इस अनुवाद में गर्भित अर्थों को आश्रमवासी और आसानी से समझ सकें, इस आग्रह पर गांधी जी ने 'गीताबोध' के अठारह अध्याय लिखे।

गांधी जी लिखने को मन-बहलाव या कोई अन्य सुख लेने-देने का साधन न मानकर अपने साध्य, सत्य की ओर बढ़ने का उपाय मानते थे। उन्होंने लिखा, "इस कारण से मैं यह अवश्य चाहूँगा कि ऐसे सब लोग, स्त्री और पुरुष जो धर्म के आचरण में उतरना चाहते हों, इस अनुवाद को पढ़ें, इस पर विचार करें और इसमें से शक्ति प्राप्त करें।" अर्थात् गांधी जी का सारा लेखन लगातार विकास की क्रिया है। जिराल्ड हर्ड ने गांधी जी के लेखन के बारे में कहा था कि "सारे जगत् को उससे मतलब है, उसका महत्त्व युगों तक कायम रहेगा क्योंकि उसके पीछे राष्ट्रीय और जागतिक पैमाने पर प्रयोग करने की कोशिश का दर्द है।"

गांधी जी से एक बार मीरा बहन ने कहा कि मैं चाहती हूँ कि आप मेरे लिए कोई प्रार्थना लिखकर दे दें। मैं रोज आपके मन की प्रार्थना करना चाहती हूँ। तब

गांधी जी ने अंग्रेजी में एक कवितानुमा प्रार्थना उन्हें लिखकर दी। उस प्रार्थना से हम बापू के लेखन पर कलश रखते हुए इस लेख को समाप्त करना चाहते हैं :

हे नम्रता के सम्राट्
भंगी की जीर्ण-शीर्ण कुटिया के निवासी
हमें इस योग्य बना कि हम
गंगा ब्रह्मपुत्र यमुना के जल से सिंचित
इस देश में
सब जगह तेरा अनुभव कर सकें।

हमें मदद कर
कि हम ग्रहणशील बन सकें
हमें उदार बना और खुला दिल दे
हमें अपनी-जैसी नम्रता दे

ऐसी दया कर कि हम
भारत के हर अदना आदमी से
एकरूप होने की शक्ति पा जाएँ
और सदा उसकी
सेवा के लिए तत्पर रहें।

हे प्रभु, जब आदमी
समर्पित होकर
स्वयं शून्य बन जाता है
तब तू उसे अपना हाथ देता है
हमें इसलिए समर्पित होने की
शक्ति और जनता की
सेवा में खप जाने की
भक्ति दे
हमें उसका अंतरंग सखा
और सेवक बना।

हमें अपनी विभूतियों का पात्र
और भाजन बना कि
हम निःस्व होकर

साकार अकिंचनता बनें
और समझकर प्यार कर सकें
इस देश को
इस धरती को।

साहित्यिक डायरी

अशोक वाजपेयी के 'पूर्वग्रह' के लिए लेख लिखने का समय ही नहीं मिल रहा है। सोचता हूँ 'पूर्वग्रह' को लेकर लोग जगह-जगह कई आरोप-प्रधान लेख लिख रहे हैं, मैं लिखूँ कि आरोपों का कोई ठीक कारण नहीं है। 'पूर्वग्रह' ने काफी कम अरसे में ठीक काम किया है। यों उसमें जो समीक्षाएँ निकली हैं वे अन्धे की रेवड़ियाँ हैं। मगर कौन-सा पत्र ऐसा नहीं करता। और तो और, 'अज्ञेय' जी ने 'नया प्रतीक' में मेरी किताबें माँग लीं। 'खुशबू के शिलालेख' संग्रह की अन्तिम कविता पर तो वे ऐसे मुग्ध हुए कि अपना नया संग्रह 'मैं सन्नाटा बुनता हूँ' उसी कविता का उल्लेख करके मुझे समर्पित किया है। मगर उसमें जो आलोचनाएँ छपीं, वे क्या थीं? दोनों आलोचनाओं में संग्रह और कविताओं का उल्लेख नहीं है। केवल 'खुशबू के शिलालेख' को गालियाँ दी हैं। अब उस कविता का जैनेन्द्र जी जैसे विचारक श्रोता पर जो असर हुआ था, क्या लोगों के सामने उसे रखूँ? भगवतीचरण वर्मा ने उसे सुनकर कहा था—इसमें रवीन्द्रनाथ की ऊँचाई और भवानीप्रसाद मिश्र की तत्काल सम्प्रेषणशीलता है। ऐसी कविताएँ किसी भी भाषा में विरली ही होंगी। तो 'पूर्वग्रह' ने कुछ लोगों की कविताओं पर छींटे मारे और कुछ के माथे सेहरे बाँधे तो इसमें अजीब क्या है! एक अरसे से अज्ञेय, भारती, जैनेन्द्र, कमलेश्वर मूषक-विडाल वैर के हंगामे हम सब देखते आ रहे हैं। क्या चीज किस सिलसिले में शुरू हो जाती है, समझ में आता है। बेचारे गजानन माधव मुक्तिबोध मरने पर कोरस में गाए जाने लगे। उसमें साहित्य की राजनीति के सिवा सीधी-सीधी राजनीति भी थी। इस तरह की बात धूमिल के बारे में भी देखी जा सकती है। जगदीश चतुर्वेदी ने कम अश्लील शब्दों का उपयोग नहीं किया लेकिन शायद वे इतना ठोंक-बजाकर मार्क्सवादी नहीं हैं, जितने धूमिल थे। धूमिल की अश्लील शब्दप्रधान पंक्तियाँ कुछ गुण दिखाने के लिए उद्धृत हो रही हैं और जगदीश चतुर्वेदी की दुर्गुण दिखाने के लिए होती थीं। अब तो होती ही नहीं हैं। दिनकर एक जमाने में रातों-दिन कोसे गए। फिर उन पर फूलों की वर्षा शुरू हुई। उनके जाने के जरा पहले यह सुख दोस्तों ने उन्हें दिया, यह मशहूर होने की बात है। कुछ दिनों उनके चले जाने पर खास

अंकों की धूम रही और अब मामला ठंडा है। पुण्यतिथि पर उनकी तसवीर और एकाध लेख पत्रादि देते रहेंगे।

सम्भावित रचनाकाल : 1976

'इदं न मम' की पांडुलिपि के लिए 150 कविताएँ छाँटी। उन्हें एक क्रम दिया। जी नहीं भरा। फिर यह झंझट आ गई कि दोपहर को अरुण आकर कह गए कि कल भरती हो जाइए। गुप्ताजी ने बिस्तर खाली करवा दिया है। पाँव के नीचे से जमीन ही निकल गई। मैंने अरुण से कहा, सरला को घर में अकेली इस हालत में दिन-भर रहना पड़ेगा। नमिता 27-28 तक आएगी। मैं भी अपने कुछ काम निपटाकर जाना चाहता हूँ। 'गांधी मार्ग' के दो नहीं तो एक अंक की सामग्री तो तैयार करनी चाहिए। फरवरी का अंक 15 तक लोगों के हाथ में चला जाए और मार्च का भी समय से, तो दो अंक चुनाव के सन्दर्भ में सामग्री लेकर जा सकेंगे। पैसा का भी सवाल है। बम्बई के लोगों को खबर कैसे दें? बैरागी को लिखा है कि कुछ करो जल्दी। नहीं तो वह प्रयत्न यों ही चला जाएगा। पेंशन के कागज पूरे हो गए हैं। इस महीने के अन्त तक वह प्राप्त हो जाएगी। तसवीरें जरूर तहसीलदार से सत्यापित करानी पड़ेंगी। ऐसा नया ट्रेजरी एकाउंटेंट कहता है। मुकुन्द मिश्र से इसमें भी मदद लेनी पड़ेगी। श्रीमन् अपनी बैठकों में लगे रहते हैं। वैसे कमजोर हो गए हैं। जाहिर नहीं होने देते। भागीरथ भार्गव का पत्र आया था। परिणाम तो कुछ नहीं दिखा। लड्ढा जी को मैंने नाहक परेशान किया। लेकिन एक तरह से यह अच्छा है। उन्होंने स्वयं सेवा की बात पिछली बार उठाई थी। अब जब मिलेंगे तो उन्हें संकोच नहीं करने दूँगा।

20 जनवरी, 1977

रूपक को फोन करो कि हमारी किताबों के आवरण आज और कल 12-1 बजे तक हो जाएँ। किताबें तत्काल बाहर भेजनी हैं। 'किरन के कसीदे' की प्रतियाँ भी। अग्रवाल को कानपुर-लखनऊ का बिल बना देने को कहा। 200 पेशगी लिया था। अब्बी आज दीदी के घर गए। इनका मन, सोचना नहीं, चिन्ता करना और नतीजे दुनिया के खिलाफ निकालना जानता है। वहाँ से लौटेंगे तब जैसे गए हैं उससे कुछ उदास लौटेंगे। दि.प्र. भी गए हैं, वहाँ से भी कोई ऐसा मुद्दा लेकर आएँगे कि तुम भी हमारे साथ न सही, दूसरी तरह से, मगर चिन्ता करो। हाफीज ऑडीशन कांड शुरू है ही। अब नए कांड जुड़ेंगे। मगर सँभालना तो सबको है। मैं खुद इस बार नया पेसमेकर लग जाने पर दौड़ूँगा-भागूँगा और कुछ न कुछ कराऊँगा। मगर मुख्य प्रश्न इनके मन लगाकर गाने का है। अभी दो दिन गाया था। फिर नहीं गा रहे हैं। अनुपम

के विवाह की भी झंझट ही सिद्ध होनेवाली है। मेरा उत्साह नहीं है। नायक जी का है। अप्रैल में अनुपम जाएगा। वही बात कर लेगा। आज पावर हाउस के पास जनता पार्टी की सभा है। इस चुनाव में कांग्रेस की धूमधाम, झंडे-पंडे उतने नजर नहीं आते। 'सन् सतहत्तर की ललकार दिल्ली में जनता सरकार'—यह एक नारा चल रहा है। मगर जादूगरनी बाई क्या चालाकी ठाने बैठी है, कौन जाने! 24 को लखनऊ और 27 को रोहतक जाऊँगा। अगर चुनाव के नतीजे ठीक निकले। 22 तक मालूम हो जाएगा, क्या हुआ है। 24 को गांधी शान्ति प्रतिष्ठान की बैठक है। मेरी तरफ से प्रभाष जोशी को हाजिर होने को कह दूँगा। 20 तक कानपुर चला जाऊँगा। 23 को या 22 को लखनऊ रहूँगा। 24 की रात को किसी गाड़ी से रिजर्वेशन कर रखने को कह देता हूँ। 25 को यहाँ आ जाऊँगा। 27 को तीसरे पहर रोहतक किसी बस से निकल सकता हूँ। 29 को जन्मदिन है। रोहतक बचा भी सकता हूँ। 29 तक 'इदं न मम' और 'एंटीगोनी' निकल जाएँ, ऐसी इच्छा है। माई तो तब तक चली जाएँगी।

आज अखबार नहीं आए—कल हड़ताल थी। दिन-रात का उपवास रहेगा। परसों दीदी के घर जो साँस चल गई थी, उसके कारण उसी रात बुखार-सा आ गया था। कल भी बहुत कमजोरी रही। इसी हिसाब से आज पूरा उपवास न करके शहद लेते रहना तय किया।

9 मार्च, 1977

आज लगभग चुनाव के सारे परिणाम शाम तक आ गए थे। रात 12 बजे अन्तिम परिणाम आ गए हैं। जनता पार्टी का स्पष्ट बहुमत है। जे.पी. 23 की शाम को आ जाएँगे। 24 को राजघाट पर शपथ ली जाएगी। जगजीवनराम और बहुगुणा और चरणसिंह का रुख थोड़ा परेशान करनेवाला लग रहा है। जोड़-तोड़ की कोशिशें भी की जा रही हैं। सबको सत्ता दिखने लगी है। श्रीमन्जी कल सबेरे आ गए थे। उनसे कल काफी बातें हुई थीं। आज उन्होंने निधि के अध्यक्ष के नाते एक वक्तव्य भी दिया है। काफी हिम्मत से बातें करने लगे हैं। ऐसे कई लोग जो जरूरत से ज्यादा सतर्क ही नहीं थे, सीधी-सीधी लाजहीनता ओढ़कर चापलूसी कर रहे थे, कितने नाम सामने आते हैं। श्रीमन्जी यों साफ रहे, मगर राधाकृष्ण या दिवाकर जी की तरह कोई ध्येय की ओर व्याकुलता नहीं दिखा सके। साहित्यकार, कलाकार, पत्रकार तो 99 प्रतिशत शर्मनाक व्यवहार करने लगे थे। अब बदलेंगे, बदलने लगे हैं। मगर रात में जब ललिता दी के घर दावत पर गया था, भार्गव घर आए, खबर लेकर कि चौहान चरणसिंह और जगजीवन मिलकर, जनता ने जो किया है उस पर अपने हक में पानी फेरना चाहते हैं। यह हो नहीं सकता। मगर कोशिश हो रही है। मैंने चार-पाँच जगह फोन वहीं से किया। कुछ ऐसा लगा कि भार्गव की खबर कच्ची

है। अब सुबह तक तो रुकना ही पड़ेगा। दीदी के घर जैसे लोग जमा हो सकते हैं वैसे हुए थे। यों ठीक थे। मगर एक तरह का काला धन तो ज्यादातर चेहरों पर था। औरतें दो-तीन तो पी रही थीं। आदमी शायद सभी। यह एक नई संस्कृति उभरी है। इसका भी ध्यान रखकर जनता पार्टी चलेगी तो अच्छा रहेगा। मैं न हुआ तो कल गोमती से कानपुर चला जाऊँगा और सब ठीक है। जैसे हो जाए। यों एकाएक गलत कुछ होना अभी सहज नहीं है।

22 मार्च, 1977

रात नींद ठीक हुई। एक बार उठा। तभी थोड़ी खाँसी भी चली। मगर फिर ठीक नींद आई। टाँग में दर्द हुआ। 8 बजे मुन्नो को सुनकर उठे। मोहिनी बहन का तभी फोन। नन्दिता से बात की थी। बीच में फोन टूट गया। वह रीवा रवाना हो चुकी होगी। पत्रों में ज्यादातर नववर्ष के। अंचल को (भोपाल के) पहले एक और फिर दूसरा कार्ड लिखा। 5 को प्रभाष वहाँ जाएँगे। एन.के. सिंह से सम्पर्क रखकर उनसे मिल लें। श्रीवास्तव (दूरसंचार) के दो बधाई पत्र आए। उन्हें आज लिखा। शाम को 4 बजे सुमित्रा आई। श्री कुलकर्णी भी। परसों दोनों काबुल जाएँगे। सुमित्रा ठीक से तो जब लौटेगी तब मिलेगी। कहता था, बनवारी लालजी ने सेवाग्राम में रहना स्वीकार कर लिया है। कनु भाई ने नहीं बताया। वे तो कृषि विशेषज्ञ परसाई की बात करते थे। रात को उन्हें होशंगाबाद के पते पर लिखूँगा। सुमित्रा मजेदार है। ताजा हवा का झोंका—यह आया, वह गया। कुलकर्णी सा. बड़े कमसुखन आदमी हैं। मगर कल कांग्रेस की जीत और तौर-तरीकों का दुखी मन से चर्चा करते रहे। प्रभाष भाई भोपाल, इन्दौर जाकर लौट आए। नन्दिता आज रीवा गई होगी। घर तय करके ही अब यहाँ आएगी। लगता है, 8-10 के पहले नहीं आ पाएगी। कल शीला झुनझुनवाला को शास्त्री जी के दो लेखों के बारे में फोन करूँगा। कविताएँ भी भेजूँगा। 27 मार्च के खयाल से। दो-चार जगह। कल के क.स. में जाना ठीक नहीं है। पारिश्रमिक तो कारण नहीं बनना चाहिए जाने का। जब नगर में कहीं नहीं जाता, ऐसे कार्यक्रम में जाना गलत ही होगा। तबीयत को भी इतना अच्छा मानना, अपने को भरमाना ही है—जाओ और चले जाओ, यह लोग एक मान सकते हैं। मेरा इसे ठीक मानना गलत है। 6 से 10 तक। ना बाबा।

2 जनवरी, 1985

यूनियन कारबाइड क. के भोपाल स्थित कारखाने से गैस रिसने का जो भयानक कांड हुआ, उसकी विदेशों में ज्यादा चर्चा हुई। हमारे यहाँ के अखबार समाचार देते

रहते हैं। एकाध सम्पादकीय तभी छाप दिया गया। म.प्र. सरकार बिलकुल लज्जित नहीं है। 24 को वहाँ चुनाव नहीं कराए। लोग ही नहीं थे। क्या चुनाव होते! लोगों को क्या राहत दी जा रही है और क. से जिन्हें हानि पहुँची है, उन्हें क्या मुआविजा दिलाया जाएगा, इसके प्रसार में लगी है। आज प्रभाष का जनसत्ता में एक बड़ा लेख है। जनसत्ता ने इस घटना पर बराबर खबरें और भेंटवार्ताएँ और लेख छापे। अनुपम ने भी दो-तीन बार लिखा। आज दोपहर को बाबू और पप्पू आए। 3 बज गए। कल्पना (बाबू की बहू) 3 बजे करोलबाग पहुँचेगी आज। गुड्डी कल यहाँ आ जाएँगे, जो एक दिन रहेंगे। अनुपम लौट आया। छोटे के घर ही ठहरा था। सबसे मिल गया। महेश ने परसों फोन किया था। कल भी। सर्दी के कारण ही नहीं आ पाए शायद। वर्धा से बाबू कल आएँगे। एक कविता शुरू की है। कुछ बड़ी हो सकती है। कुछ दिनों से कोई कविता नहीं लिखी है। उमा नारायण (भरतनाट्यम) आया। फरवरी में कोई कार्यक्रम। उसके समारोह के लिए लेख। 20 जनवरी तक शायद कर दूँगा। बंगाल विचित्र प्रान्त है। एक मंत्री है म.प्र. में। पिछले में दो थे। इस पर लगभग आन्दोलन। राजीव कुछ उपाय निकालेगा। बेचारा!

6 जनवरी, 1985

सवेरे वीना पर चाय के पहले मुँह-हाथ धोया। आज भी नाक से खून का थक्का छूटा, कल की ही तरह। थोड़ा खाकर एसथिलिन भी ले ली। भोपाल पर मंडलोई आ गए। देर से। मैं तो गाड़ी रुकते ही प्लेटफार्म पर खड़ा हो गया था। गाड़ी ठीक आई थी। हबीबगंज बहुत देर रुकी रही। भोपाल से इटारसी तक अपनी जमीन का परस पाकर कविता का सा जी हुआ। 5-7 छोटी-छोटी कविताएँ लिखीं। पहचान के लोग किसी स्टेशन पर नहीं दिखे—लेकिन जानी-पहचानी जमात दिखी, बोली सुनी। दिल्ली के काठ में पी के से फूटने लगे। इटारसी से पहले हो. बाद उतरकर पानी पिया और साथ धर भी लिया कि खंडवा तक यही पी सकूँगा। भोपाल से शायद इटारसी तक 5-7 कविताएँ। खंडवा स्टेशन पर श्रीकान्त, अरश्रे सा., रा.ना. जी और अन्य मित्र मालाएँ लेकर। टिकट देकर ताँगे तक, मगर फिर किसी जीप में रा.ना. के घर। देर रात तक लोग आते रहे। जाधव जी, मारू चौरे, डॉ. अक्षय कुमार और रा.ना. कामू के परिवार के लोग। बज्र बाबू भी बाद में आए। भोजन के बारे में पूछा तो बताया, वनस्पति घी और बोर की भाजी, दाल-मिली सब्जी। साधना बड़ी चिन्ता से सब करती है। रात को नींद ठीक नहीं हुई। शायद यात्रा की थकान। डॉ. अक्षय वर्मा से इसनोफीलिया की बात।

28 जनवरी, 1985

जीवनवृत्त

नाम : भवानीप्रसाद मिश्र

जन्म : 29 मार्च, 1913; ग्राम टिगरिया, तहसील सिवनी, मालवा, जिला : होशंगाबाद (म.प्र.)

माता : श्रीमती गोमती देवी

पिता : पं. सीताराम मिश्र

पत्नी : श्रीमती सरला मिश्र

पुत्र : अमिताभ मिश्र, अनुपम मिश्र

पुत्रियाँ : नन्दिता मिश्र, नमिता मिश्र, स्व. नीता मिश्र।

शिक्षा : प्राथमिक शिक्षा सोहागपुर में; हाईस्कूल : होशंगाबाद और नरसिंहपुर; जबलपुर के रॉबर्टसन कॉलेज से हिन्दी, अंग्रेजी, संस्कृत विषयों में स्नातक

1930 : नियमित काव्य रचना आरम्भ

1931 : इटारसी स्टेशन पर महात्मा गांधी का प्रथम दर्शन; बी.ए. के लिए जबलपुर आगमन; साहित्यिक मित्र-मंडली की शुरुआत

1932 से 37 : कवि माखनलाल चतुर्वेदी से परिचय। 'कर्मवीर' में प्रकाशन। कॉलेज के दिनों में 'सन्नाटा' जैसी प्रसिद्ध कविता की रचना। छिन्दवाड़ा हाईस्कूल में कुछ महीनों तक अध्यापक के रूप में कार्य। पिता के सुझाव पर प्रचलित शिक्षा में प्राचीन भारतीय शिक्षण के तत्त्व को समाहित करने हेतु बैतूल में एक पाठशाला की स्थापना एवं शिक्षण।

1939 : सरला देवी से विवाह
'सतपुड़ा के घने जंगल' कविता की रचना
गांधी की आत्मकथा पुस्तक से प्रथम साक्षात्कार

1942 : अगस्त के ऐतिहासिक 'भारत छोड़ो आन्दोलन' में हिस्सेदारी
नागपुर सेंट्रल जेल में दो वर्ष आठ माह आठ दिन का कारावास
जेल में मित्र महेश दत्त मिश्र और सत्यनारायण बजाज के अलावा

विनोबा भावे, काका कालेलकर, दादा धर्माधिकारी, किशोर भाई मश्रुवाला, एच.वी. कामथ का सान्निध्य।

1945 : जेल से मुक्ति
अमृत राय से परिचय
'हंस' पत्रिका में कविताएँ प्रकाशित

1946 : महिलाश्रम वर्धा में शिक्षण का प्रारम्भ

1947 : प्रसिद्ध कविता 'गीत-फरोश' की रचना

1951 : 'दूसरा सप्तक' का प्रकाशन
इस सप्तक के प्रथम कवि के रूप में समादृत
'प्रतीक' त्रैमासिक में भी छपे

1952 : न्यू थियेटर्स, कलकत्ता की फिल्म 'स्वयंसिद्धा' की कथावस्तु और संवाद रचना में सहयोग।
हैदराबाद में 'कल्पना' पत्रिका का सम्पादन जुलाई 1952 से मई 1954 तक

1956 : प्रथम काव्य-संग्रह 'गीत-फरोश' का प्रकाशन
बम्बई आकाशवाणी में चीफ प्रोड्यूसर नियुक्त एवं
हिन्दी कार्यक्रमों का संचालन

1958 : 'गांधी वाङ्मय' के हिन्दी खंडों के सम्पादन-कार्य से जुड़े

1959 : दो विदेशी उपन्यासों का अनुवाद—हेलेन केल्लर का 'मुक्त द्वार' (ओपन डोर) और स्टेन बैक का 'रेड पोनी'

1961 : गांधी शान्ति प्रतिष्ठान की पत्रिका 'गांधी मार्ग' का सम्पादन।

1962 : माँ गोमती देवी का देहावसान

1964 : पिता पं. सीताराम मिश्र का देहावसान
पहली बार दिल का दौरा पड़ा
दूसरी बार दिल का दौरा पड़ा

1968 : दो काव्य-संग्रहों का प्रकाशन—'चकित है दुःख' और 'अँधेरी कविताएँ'

1971 : 'बुनी हुई रस्सी' काव्य-संग्रह का प्रकाशन
दिसम्बर में तीसरी बार दिल का दौरा पड़ा

1972 : साहित्य अकादेमी पुरस्कार 'बुनी हुई रस्सी' काव्य-संग्रह पर

1973 : 'खुशबू के शिलालेख' काव्य-संग्रह का प्रकाशन

1974 : 'व्यक्तिगत' काव्य-संग्रह का प्रकाशन

1975 : आपातकाल की घोषणा
विरोध में रोज तीन कविताएँ लिखने (त्रिकाल सन्ध्या) का संकल्प

1977 : आपातकाल की समाप्ति

'इदं न मम' काव्य-संग्रह, बाल कविताओं का संग्रह 'तुकों के खेल' एवं सोफोक्लीज के नाटक 'एंटीगनी' के काव्यानुवाद का प्रकाशन।
'परिवर्तन जिए' काव्य-संग्रह को अ.भा. हिन्दी प्रकाशक संघ और आथर्स गिल्ड द्वारा वर्ष के सर्वश्रेष्ठ काव्य-संग्रह के रूप में सम्मान,
उत्तर प्रदेश हिन्दी संस्थान ने भी विशिष्ट पुरस्कार देकर सम्मानित किया।

1979 : भारतीय सांस्कृतिक सम्बन्ध परिषद की त्रैमासिक पत्रिका 'गगनांचल' के मानद सम्पादक नियुक्त।

1981 : संस्मरणात्मक पुस्तक 'जिन्होंने मुझे रचा' का प्रकाशन।

1983 : मध्य प्रदेश कला साहित्य परिषद के 'शिखर पुरस्कार' से सम्मानित।
दिल्ली प्रशासन कला परिषद द्वारा 'गालिब' पुरस्कार से सम्मानित।
जनधर्म साप्ताहिक एवं जनधर्म प्रकाशन, भोपाल, द्वारा 'सारस्वत' पुरस्कार

1985 : दिल्ली से गृहनगर नरसिंहपुर लौटे।
29 एवं 30 जनवरी को खंडवा में अन्तिम दो भाषण।
20 फरवरी की सुबह निधन

प्रकाशित पुस्तकें

काव्य-संग्रह

(1) गीत-फरोश—1956
(2) चकित है दु:ख—1968
(3) अँधेरी कविताएँ—1968
(4) बुनी हुई रस्सी—1971
(5) खुशबू के शिलालेख—1973
(6) व्यक्तिगत—1974
(7) अनाम तुम आते हो—1976
(8) परिवर्तन जिए—1976
(9) इदं न मम—1977
(10) तुकों के खेल (बाल कविता)—1977
(11) कालजयी (खंडकाव्य)—1978
(12) त्रिकाल सन्ध्या (आपातकाल पर)—1978
(13) लोकप्रिय कवि भवानीप्रसाद मिश्र (संपादक वि.ब. सिंह)

(14) शरीर कविता फसलें और फूल—1980
(15) मानसरोवर दिन—1980
(16) सम्प्रति (काव्य-संग्रह)—1982
(17) नीली रेखा तक—1984
(18) तूस की आग (मरणोपरान्त)
(19) ये कोहरे मेरे हैं (प्रेम-कविताओं का संग्रह; सम्पादक—वि.ब. सिंह)—1992

गद्य

जिन्होंने मुझे रचा (1981); कुछ नीति कुछ राजनीति (निबन्ध-संग्रह)

अनुवाद

(1) हेलेन केल्लर : मुक्तद्वार—1959
(2) स्टेनबैक : रेडपोनी—1959
(3) पूजागीत : एक चिन्तन—रवीन्द्रनाथ के 54 गीतों का अनुवाद
(4) एंटीगॉनी—सोफोक्लीज के नाटक का पद्यानुवाद

सम्पादन

(1) हनुमानप्रसाद तिवारी के साथ नागपुर से प्रकाशित 'विचार' साप्ताहिक का सम्पादन—1949
(2) हैदराबाद की मशहूर पत्रिका 'कल्पना' का सम्पादन—52-54
(3) गांधी वाङ्मय के हिन्दी खंडों का संपादन—1959
(4) गांधी शान्ति प्रतिष्ठान की पत्रिका 'गांधी मार्ग' का संपादन—1961
(5) आज के लोकप्रिय कवि शृंखला में : बालकृष्ण शर्मा 'नवीन' की कविताएँ—1967
(6) श्री मन्नारायण अग्रवाल के साथ 'महात्मा गांधी की जय' पुस्तक का सम्पादन; 'मृत्युंजयी गांधी' का सम्पादन प्रभाकर माचवे के साथ—1970
(7) समर्पण और साधना (जानकी देवी बजाज स्मृति ग्रन्थ)—1973
(8) भारतीय सांस्कृतिक सम्बन्ध परिषद की त्रैमासिक पत्रिका 'गगनांचल' का सम्पादन—1979